Die Abgeltungsteuer

Bochumer Schriften zum Steuerrecht

Herausgegeben von Roman Seer

Band 31

PL ACADEMIC RESEARCH

Christopher Klotz

Die Abgeltungsteuer

Eine verfassungsrechtliche Analyse unter Einbeziehung rechtspolitischer, steuersystematischer und europarechtlicher Aspekte

PL ACADEMIC RESEARCH

Bibliografische Information der Deutschen Nationalbibliothek
Die Deutsche Nationalbibliothek verzeichnet diese Publikation in der Deutschen Nationalbibliografie; detaillierte bibliografische Daten sind im Internet über http://dnb.d-nb.de abrufbar.

Zugl.: Bochum, Univ., Diss., 2016

Abbildung auf dem Umschlag: Siegel der Universität Bochum.
Abdruck mit freundlicher Genehmigung der Universität Bochum.

D 294
ISSN 1613-933X
ISBN 978-3-631-67707-0 (Print)
E-ISBN 978-3-653-07205-1 (E-PDF)
E-ISBN 978-3-631-70426-4 (EPUB)
E-ISBN 978-3-631-70427-1 (MOBI)
DOI 10.3726/b10632

PL Academic Research ist ein Imprint der Peter Lang GmbH.

Peter Lang – Frankfurt am Main · Bern · Bruxelles · New York · Oxford · Warszawa · Wien

Diese Publikation wurde begutachtet.

www.peterlang.com

Meinen Eltern

Vorwort

Die vorliegende Arbeit wurde von der Juristischen Fakultät der Ruhr-Universität Bochum im Wintersemester 2015/2016 als Dissertation angenommen. Das Manuskript ist auf dem Stand von August 2015. Vereinzelt konnten aber noch Gesetzgebung, Literatur und Rechtsprechung bis Mitte 2016 in der veröffentlichten Fassung Berücksichtigung finden.

Danken möchte ich zuallererst meinem Doktorvater, Herrn Professor Doktor *Roman Seer*, für die Betreuung meiner Dissertation und die vielen gewinnbringenden Anregungen. Genauso dankbar bin ich ihm jedoch auch für die vielen Jahren, die ich an seinem Lehrstuhl als studentischer und wissenschaftlicher Mitarbeiter tätig sein durfte und in denen er mir jeden erdenklichen Freiraum ließ, um mich fachlich und persönlich weiterzuentwickeln. Zu Dank verpflichtet bin ich des Weiteren Herrn Prof. Dr. *Matthias Loose* für die überaus zügige Erstellung des Zweitgutachtens.

Dank schulde ich meiner Ehefrau *Christina*, die während des gesamten Promotionsvorhabens und vor allem in dessen Endphase mir klaglos die erforderliche Zeit einräumte, auch wenn sie mich dafür an zahllosen, eigentlich zur gemeinsamen Gestaltung angedachten Samstagen entbehren musste. Von Herzen danke ich meinen Eltern *Dieter* und *Eva Klotz*. Kaum etwas von dem, was ich heute bin und habe, wäre ohne ihre bedingungs- und grenzenlose Unterstützung denkbar gewesen. Ihnen ist daher diese Arbeit in Liebe gewidmet. Meiner Mutter gilt darüber hinaus noch ein ganz besonderer Dank für die unzähligen Stunden des Korrekturlesens.

Als bekennender Christ gebührt mein letzter und größter Dank indes meinem himmlischen Vater. Allein seiner Gnade verdanke ich alles. Wie die Werke von J. S. Bach, dessen Suiten für Violoncello solo mich schon im Studium und auch während der Dissertation intensiv begleitet haben, soll deshalb auch dieses Vorwort abschließen – Soli Deo Gloria!

Wuppertal, im Oktober 2016 — Christopher Klotz

Inhaltsverzeichnis

§ 1 Einleitung

A. Thematische Einführung

Die Abgeltungsteuer hat durch die Veränderung insbesondere der §§ 2 II 2, 20 EStG sowie der Einfügung der §§ 32d, 43a EStG tiefgreifende Einschnitte in das System des Einkommensteuerrechts verursacht. Bis zum heutigen Tag hat sie eine Flut an medialen, politischen und literarischen Stellungnahmen mit sich gebracht. Dass die damaligen Oppositionsparteien (FDP, Grüne und Linke) mit der Einführung einer Abgeltungsteuer bzw. deren Ausgestaltung unzufrieden waren, lag in der Natur der Sache. Eine solche Reaktion gehört zum politischen Alltag einer Demokratie und bedarf regelmäßig keiner ausführlichen rechtswissenschaftlichen Erörterung. Ganz anders verhält es sich hingegen mit dem gewaltigen Echo, das die Abgeltungsteuer im juristischen Schrifttum ausgelöst hat. Hier finden sich unzählige kritische Ausführungen, die von maßvoller und zurückhaltender bis hin zu teilweise vernichtender Kritik reichen. Uneingeschränkte Zustimmung zu dem Werk der Abgeltungsteuer als Ganzem sucht man jedenfalls vergebens. Aus diesem Grund ist eine nähere Untersuchung der Abgeltungsteuer erforderlich. Dabei sollen steuersystematische und verfassungsrechtliche Probleme ausführlich erörtert, ökonomische Erwägungen[1] dagegen bewusst vernachlässigt werden.

B. Gang der Untersuchung

Im Folgenden wird zunächst die Abgeltungsteuer als solche charakterisiert und ein Überblick über ihre gesetzliche Ausgestaltung gegeben. Dabei wird zugleich aufgezeigt, welch weitreichende Nebenfolgen mit ihrer Einführung verbunden sind. Sodann schließt sich eine historische Betrachtung an, in der auf die geschichtliche Entwicklung von Kapitalertragsteuern und Quellenbesteuerung in Deutschland eingegangen wird. Es folgt ein internationaler Vergleich, in dem zunächst untersucht wird, ob die deutsche Abgeltungsteuer einen nationalen Alleingang darstellt und inwieweit sie sich ggf. in ihrer rechtlichen Ausgestaltung, in ihrem Umfang und im Bereich des Steuersatzes von den Regelungen anderer Länder unterscheidet.

Den Ausgangspunkt der nachfolgenden Überlegungen bilden die Gesetzesbegründungen zur Abgeltungsteuer und die damit verbundenen Stellungnahmen der Oppositionsfraktionen, des Bundesrates und des Finanzausschusses. Bereits hier werden erste Ansatzpunkte für verfassungsrechtliche Probleme der Abgeltungsteuer zu suchen sein. Anschließend werden die mit der Abgeltungsteuer verbundenen steuerrechtlichen Systemveränderungen kritisch gewürdigt. Konkret handelt es sich hierbei um die Aufgabe der synthetischen Einkommensteuer, die Durchbrechung

---

1 Dazu ausführlich *Knebusch* (2008), S. 68 ff.; *Rockoff* (2014), S. 1–188 u. 233–246.

des objektiven Nettoprinzips sowie die Ungleichbehandlung von im Privatvermögen gehaltenen Gesellschaftsanteilen gegenüber solchen, die sich im Betriebsvermögen befinden. Gleichfalls an dieser Stelle erörterungsbedürftig sind die Missbrauchsmöglichkeiten der Abgeltungsteuer und die damit untrennbar verbundene enorme Komplexität der einfach-rechtlichen Ausgestaltung.

Die darauf aufbauende und hieran anknüpfende verfassungsrechtliche Prüfung wird von Art. 3 I GG geprägt. Er ist der zentrale Maßstab, an dem sich vor allem Steuergesetze messen lassen müssen, die regelmäßig besonders stark in die grundrechtlich geschützte Sphäre des einzelnen Bürgers eingreifen. Auch das BVerfG hat in seinem Urteil zur Zinsbesteuerung betont, dass der Gleichheitssatz eine tatsächlich und rechtlich gleiche Belastung des Steuerpflichtigen durch ein Steuergesetz verlange[2]. Somit muss sich die Abgeltungsteuer ebenfalls dieser verfassungsrechtlichen Prüfung stellen und den grundrechtlichen Anforderungen genügen.

Weil darüber hinaus auch das Europarecht in Form des in EUV und AEUV niedergelegten Unionsrechts von immer weiter wachsender Bedeutung ist, soll die Abgeltungsteuer auch aus dem Blickwinkel der Grundfreiheiten des Vertrags von Lissabon sowie des unionsrechtlichen Sekundärrechts – dort konkret mit Blick auf die bei Einführung der Abgeltungsteuer geltende Zinsrichtlinie sowie auf die aktuelle Rechtslage nach Änderung der Amtshilferichtlinie – analysiert werden.

Abschließend soll aufgezeigt werden, ob und inwieweit die mit der Einführung einer Abgeltungsteuer verbundenen Ziele erreicht werden konnten, ob die Abgeltungsteuer reformbedürftig und -fähig ist und wie eine solche Reform ggf. aussehen könnte.

2 BVerfGE 84, 239.

§ 2 Zum Inhalt der deutschen Abgeltungsteuer

A. Das Wesen der Abgeltungsteuer

Der Begriff „Abgeltungsteuer“ verleitet bei unbefangener Betrachtung[3] zu der Annahme, dass es sich um eine eigene Steuerart handeln könnte. Dass dies aber schon nach der Systematik des Einkommensteuergesetzes nicht der Fall sein kann, ergibt sich aus einer vergleichenden Wortlautbetrachtung. Während sechs der sieben Einkunftsarten des EStG die zugrunde liegende Einkunftsquelle (etwa Gewerbebetrieb, selbständige Arbeit, Vermietung und Verpachtung) beim Namen nennen oder im Falle der §§ 22, 23 EStG zumindest eine Subsumtion unter „Sonstiges“ möglich ist, müsste es sich in entsprechender Anwendung dieser Systematik bei der Abgeltungsteuer um Einkünfte aus der Einkunftsquelle „Abgeltung“ handeln. Eine solche existiert indes schon dem Begriff nach nicht. Möglich erscheint es aber, die Charakteristik der Abgeltungsteuer durch einen anderen Vergleich zu erschließen. Behält man den oben eingenommenen Blickwinkel bei, so kommt dem Betrachter im Sinne einer Parallelwertung in der Laiensphäre der geläufige Begriff der „Lohnsteuer“ in den Sinn. Wenngleich man hierbei an eine Besteuerung der Einkunftsquelle „Lohn“ denken könnte, so ist doch auch dem Laien überwiegend bekannt, dass es sich lediglich um eine Vorauszahlung der Einkommensteuer im Bereich der Einkünfte im Sinne des § 19 EStG handelt. Ähnlich verhält es sich mit der Abgeltungsteuer, die ebenso eine Vorauszahlung darstellt, allerdings auf Einkünfte aus Kapitalvermögen und – wie ihr Name schon sagt – mit abgeltender Wirkung. Folglich ist der Begriff „Abgeltungsteuer“ insofern nicht eindeutig, als er nicht zu erkennen gibt, dass es sich um eine Kapitalertragsteuer handelt. Insgesamt lässt sich die Abgeltungsteuer damit als besonders ausgestaltete Kapitalertragsteuer mit Quellensteuerabzug und letztlich als besondere Erhebungsform der Einkommensteuer charakterisieren. Sie ist weder eine eigene Steuerart[4] noch erweitert sie den Umfang einer bestehenden Steuerpflicht[5].

---

3 Einen solchen Blickwinkel werden vor allem die zahlenmäßig besonders stark betroffenen privaten Kleinanleger einnehmen, die regelmäßig nur über laienhafte Kenntnisse im Steuerrecht verfügen.

4 Vgl. *Schmidt/Weber-Grellet*, EStG[27], § 43 Rdnr. 1; *Worgulla*, FR 2013, S. 921.

5 Vgl. *Blümich/Lindberg*, EStG, § 43 Rdnr. 8.

B. Die Abgeltungsteuer im Überblick

Im Zuge der am 14.08.2007 gesetzlich verankerten[6] Unternehmensteuerreform 2008 wurde von der großen Koalition aus CDU/CSU und SPD u.a. auch für das deutsche Steuerrecht die Einführung einer Abgeltungsteuer auf Kapitalerträge endgültig beschlossen. Damit verbunden waren zahlreiche Änderungen des EStG[7]. Die bedeutendsten sollen an dieser Stelle nun kurz dargestellt werden, ebenso die Auswirkungen der Abgeltungsteuer auf weitere Teile des Einkommensteuerrechts.

I. Veränderungen und Neuregelungen

Bereits § 2 EStG wurde nicht unwesentlich verändert. Nach dessen neuem Absatz 2 Satz 2 gelten im Bereich der Einkünfte aus Kapitalvermögen nicht mehr die Überschüsse der Einnahmen über die Werbungskosten als Einkünfte. Vielmehr tritt der ebenfalls neu eingeführte § 20 IX EStG nun an die Stelle der §§ 9, 9a EStG. Danach stehen dem Steuerpflichtigen nur noch 801 € bzw. Ehegatten bei Zusammenveranlagung nur noch 1602 € als sog. Sparer-Pauschbetrag zur Verfügung. Der Abzug der tatsächlichen Werbungskosten ist dagegen ausgeschlossen. Darüber hinaus wurde § 20 EStG von vormals sechs auf zunächst neun und inzwischen elf Absätze erweitert. Bedeutsam ist hier insbesondere der neugefasste § 20 II 1 Nr. 1 EStG. Er entzieht die Gewinne – vor allem aus Aktienverkäufen – dem Anwendungsbereich des § 23 EStG und unterwirft sie nunmehr unabhängig von der früher maßgeblichen einjährigen Haltefrist in vollem Umfang der Besteuerung. Vollständig neu ist § 32d EStG. Er führt in Absatz 1 für Einkünfte aus Kapitalvermögen einen gesonderten, einheitlichen Steuertarif von 25 Prozent ein. Im Falle einer Kirchensteuerpflicht ermäßigt sich die Einkommensteuer um 25 Prozent der auf die Kapitalerträge entfallenden Kirchensteuer. Das genaue Berechnungsverfahren erfolgt nach § 32d I Sätze 3–5 EStG in kurzer, aber nicht ganz einfacher Weise[8]. Weil aber danach die Kirchenzugehörigkeit des Steuerpflichtigen bekannt sein muss, die Erhebung dieser Daten jedoch längere Zeit in Anspruch genommen hat, sah § 51a IIc-IIe EStG a.F. umfangreiche Übergangsregelungen vor[9]. Inzwischen ist eine endgültige

6 BGBl. I 2007, 1912; vgl. stellvertretend für die kritische Würdigung der Unternehmensteuerreform 2008 die ersten Stellungnahmen von *Jonas*, WPg 2007, S. 407 ff. und *Endres/Spengel/Reister*, WPg 2007, S. 478 ff.

7 Für einen ersten Überblick mit grafischen Darstellungen, auch unter Gegenüberstellung der Rechtslage bis Ende 2008 und ab 2009, s. *Schönwald*, SteuStud 2008, S. 524, (528, 529, 531 ff.); ebenfalls ausführlich zum neuen Recht *Axer*, Stbg 2007, S. 201 ff.; *Behrens*, BB 2007, S. 1025 ff.; *Brusch*, FR 2007, S. 999 ff.; *Gemmel/Hoffmann-Fölkersamb*, NWB 2007, S. 2935 ff.; *Paukstadt/Luckner*, DStR 2007, S. 653 ff.; *Schmitt*, Stbg 2009, S. 55 ff., 101 ff.; ferner, auch alle übrigen Normen, die durch das Unternehmensteuerreformgesetz 2008 eine Änderung erfahren haben, darstellend *Melchior*, DStR 2007, S. 1229 ff.

8 Vgl. dazu etwa *Ravenstein*, StuB 2007, S. 527 (531).

9 S. hierzu *Schmitt*, Stbg 2009, S. 101 (110); *Weber*, in: *Birk/Ehlers* (Hrsg.), S. 149 (159 ff.).

Regelung verabschiedet worden (§ 51a IIc, IIe EStG n.F.)[10], die ein automationsunterstütztes Kirchensteuerabzugsverfahren mit Sperrvermerksoption zugunsten des Kirchensteuerpflichtigen vorsieht. Mit einer für die Praxis erfreulich großzügigen Vorlaufzeit[11] traten diese Regelungen gemäß § 52 XLIX EStG zum 01.01.2015 in Kraft.

Um zu verhindern, dass Einkünfte, die ihrer Natur nach einer anderen Einkunftsart zuzurechnen sind, durch künstliche Gestaltung in Kapitalerträge umgewandelt und damit der progressiven Besteuerung entzogen werden, schließt § 32d II EStG für bestimmte Konstellationen die Geltung des § 32d I EStG, aber zugleich auch des bereits dargestellten § 20 IX EStG, aus. Erfasst werden Konstellationen, in denen Gläubiger und Schuldner der Kapitalerträge einander nahestehende Personen sind, Finanzierungen von Kapitalgesellschaften oder Genossenschaften, an denen der Gläubiger oder diesem nahestehende Personen zu mindestens 10 Prozent beteiligt sind, sowie sog. Back-to-back-Finanzierungen[12]. § 32d VI EStG eröffnet zudem die Möglichkeit einer sog. Günstigerprüfung. Danach gilt auf Antrag des Steuerpflichtigen der genannte lineare Steuertarif für seine Kapitaleinkünfte dann nicht, wenn seine gesamten steuerbaren Einkünfte bei der Anwendung des eigentlich geltenden progressiven Steuertarifs zu einer geringeren Einkommensteuerbelastung als 25 Prozent führen. Die zentrale Vorschrift ist aber in § 43 V EStG neu eingefügt worden[13]. Dort wird bestimmt, dass für Kapitalerträge im Sinne des § 20 EStG, die bisher der Kapitalertragsteuer unterlegen haben, nunmehr die Einkommensteuer auf derartige Einkünfte grundsätzlich mit dem Steuerabzug abgegolten ist. Dies ist folglich die Geburtsstunde der Abgeltungsteuer. Die bei einem solch umfangreichen Gesetz wie dem Unternehmensteuerreformgesetz 2008 naturgemäß erforderlichen Anwendungsvorschriften wurden zunächst in § 52a EStG niedergelegt. Vor allem dessen Absätze II, X und XV bestimmten, dass die Abgeltungsteuer erstmalig für den Veranlagungszeitraum 2009, und damit später als andere Teile des Gesetzes[14], zur Anwendung kam.

---

10 Dies geschah im Rahmen des BeitrRL-UmsG v. 07.12.2011, BGBl. I 2011, 2592 (2609 f.); zum näheren Inhalt der Regelung vgl. an dieser Stelle nur *Hörster*, NWB 2011, S. 4208 (4215 f.). Im Rahmen der Prüfung der Vereinbarkeit der Abgeltungsteuer mit Art. 4 I GG wird an späterer Stelle (§ 6 D. IV.) noch detaillierter auf den Kirchensteuerabzug bei Kapitalerträgen eingegangen.

11 Ebenso auch *Blümich/Treiber*, EStG, § 51a Rdnr. 17.

12 Eine ausführliche Darstellung zu den genannten Fällen findet sich bei *Behrens/Renner*, BB 2008, S. 2319 ff.

13 A.A. aber *Axer*, Stbg 2007, S. 501 (502) und *Homburg*, DStR 2007, S. 686, die § 32d EStG benennen, dabei aber verkennen, dass § 32d EStG ohne die Existenz des § 43 V EStG nicht zwingend zu einer Abgeltungsteuer führt. Wie hier dagegen *Schmidt/Weber-Grellet*, EStG[34], § 43 Rdnr. 5; *Weber-Grellet*, NJW 2008, S. 545; *Melchior*, DStR 2007, S. 1229 (1233); *Niemeyer/Stock*, DStR 2011, S. 445 (446); wohl auch *Jochum*, in: *GS Schindhelm*, S. 405.

14 S. BGBl. I 2007, 1912 (1938), nach dem die übrigen Teile der Unternehmensteuerreform 2008 bereits am Tag der Verkündung (17.08.2007) oder im Bereich der Gemeindefinanzreform zum 01.01.2008 in Kraft traten.

II. Weitergehende Auswirkungen

Die Abgeltungsteuer hat aber weit über die soeben dargestellten gesetzlich niedergelegten Regelungen hinausreichende Wirkungen. Mehr denn je gewinnt nun z.B. die Zuordnung einer Beteiligung an einer Kapitalgesellschaft zum Betriebs- oder Privatvermögen des Steuerpflichtigen an Bedeutung. Nur im erstgenannten Fall können Aufwendungen, die im Zusammenhang mit der Beteiligung stehen, weiterhin uneingeschränkt geltend gemacht werden. Des Weiteren stellt sich § 17 EStG als gleichfalls relevant heraus, da auch er es ermöglicht, die Folgen der Abgeltungsteuer bei mindestens einprozentiger Beteiligung zu vermeiden[15]. Auch die Unterschiede zwischen Abgeltungsteuer und dem ebenfalls neu eingeführten Teileinkünfteverfahren des § 3 Nr. 40 EStG wirken sich erheblich aus. Während danach etwa Dividenden aus unternehmerischen Beteiligungen nur zu 60 Prozent der Einkommensteuer unterliegen (bei gleichzeitiger Möglichkeit eines entsprechenden Aufwandabzugs), unterfallen die privaten Dividendeneinkünfte vollumfänglich der Abgeltungsteuer (ohne die Möglichkeit über den Pauschbetrag hinausgehende Aufwendungen geltend machen zu können). Schließlich stellen sich die Auswirkungen auch hinsichtlich der Belastungs- bzw. Entlastungsfolgen als gravierend dar. Während Steuerpflichtige, die dem Spitzensteuersatz unterliegen, von einer starken Absenkung der Steuerlast profitieren können, bleibt die Belastung für Steuerpflichtige im Bereich der unteren Progressionskurve bestenfalls gleich (s.o. zur Günstigerprüfung). Letztlich nimmt die absolute Belastungshöhe aber doch regelmäßig zu, weil die Bemessungsgrundlage infolge der vollumfänglichen Einbeziehung von Dividenden in die Abgeltungsbesteuerung verbreitert wird, sofern nicht das Teileinkünfteverfahren zur Anwendung gelangt. Dies dürfte aber gerade im Bereich der unteren Progressionskurve regelmäßig nicht der Fall sein.

---

15 Zum Zusammenspiel der §§ 17 und 20 EStG *Förster*, Stbg 2007, S. 559 (568 ff.).

§ 3 Geschichtliche Entwicklung, status quo ante sowie rechtsvergleichende Aspekte

A. Historie der Kapitalertragsbesteuerung

Die Kapitalertragsteuer kann in Deutschland inzwischen auf eine fast 100-jährige Vergangenheit zurückblicken[16]. Nach der im Jahre 1920 erfolgten erstmaligen Einführung einer zusätzlichen Abgabe in Höhe von 10 Prozent (u.a. auf Einkünfte aus Dividenden und Zinsen)[17], die aber nicht auf die Einkommensteuer angerechnet wurde[18], haben seitdem etwa 30 Gesetzesänderungen das System der Kapitalertragsteuer in unterschiedlichem Ausmaß verändert. Sehr häufig betroffen waren die Zinseinkünfte, die zeitweise vom Steuerabzug ausgenommen, dann wieder miteinbezogen und phasenweise im Bereich der festverzinslichen Wertpapiere mit 60 Prozent besteuert wurden. In Bezug auf die Abgeltungsteuer besonders interessant sind die Gesetzesänderungen der Jahre 1988 und 1989. War der Gesetzgeber zunächst dazu übergegangen, erstmals eine sog. kleine Quellensteuer auf bestimmte Zinsen einzuführen[19], so veranlassten ihn der damit verbundene erhebliche Verwaltungsaufwand und die einhergehende Kapitalflucht dazu, diese kleine Kapitalertragsteuer nicht einmal ein Jahr später wieder abzuschaffen[20]. Insofern verwundert auch der Optimismus der Gesetzesbegründung[21], wonach die Abgeltungsteuer die

---

16 Vgl. zu den nachfolgenden Ausführungen auch die Darstellungen bei *Harenberg*, in: *H/H/R*, EStG, Vor § 43 Anm. 6 und *Blümich/Lindberg*, EStG, § 43 Rdnrn. 2–7; s. ferner auch *Titgemeyer* (2009), S. 27 ff.; zur gegenwärtigen Funktion der Kapitalertragsteuer im System der Abgeltungsteuer ausführlich *Weber-Grellet*, DStR 2013, S. 1357 ff. (Teil I) und S. 1412 ff. (Teil II).

17 §§ 2 I Nrn. 1–5, 5 I und 6 I des Kapitalertragsteuergesetzes v. 29.03.1920, RGBl. I 1920, 345 f. und 350.

18 Vgl. § 13 I Nr. 1 lit. a) des Reichseinkommensteuergesetzes v. 29.03.1920, RGBl. I 1920, 359 (364), wonach im Rahmen der Veranlagung zur Einkommensteuer lediglich ein Abzug der Kapitalertragsteuer vom Gesamtbetrag der Einkünfte erfolgte; anders als in der Folgezeit diente die Kapitalertragsteuer also ursprünglich nicht der Erleichterung und Sicherstellung der steuerlichen Erfassung von Kapitalerträgen. Vielmehr ging es um die Verwirklichung der nach damaligem Verständnis erforderlichen stärkeren steuerlichen Belastung des auf Vermögensbesitz beruhenden sog. fundierten Einkommens [zu der literarischen Diskussion dieser Zeit vgl. die zahlreichen Nachweise bei *Titgemeyer* (2009), S. 27 Fn. 169], aber auch die „trostlose Finanzlage des Reiches" spielte eine Rolle (s. insgesamt die Gesetzesbegründungen der Deutschen Nationalversammlung, abgedruckt in den Reichstagsprotokollen 1919/1920, Aktenstück Nr. 1625, S. 7 ff. und Aktenstück Nr. 2157).

19 Vgl. für die genaue gesetzliche Umsetzung BGBl. I 1988, 1093 (1106 ff.).

20 Zu den konkreten gesetzlichen Änderungen s. BGBl. I 1989, 1267 (1268).

21 Hierzu § 4 A.

Kapitalflucht eindämmen soll, obwohl es sich hierbei ebenfalls um eine Quellensteuer handelt, die zudem gegenüber der Ausgestaltung vor über 20 Jahren einen höheren Steuersatz und einen umfassenderen Anwendungsbereich aufweist. Immerhin hat die Abgeltungsteuer, die sich insofern auch als große Quellensteuer bezeichnen ließe, bereits jetzt länger bestanden als ihr kleiner Bruder. Bereits 1992 wurde jedoch infolge des BVerfG-Urteils zur Verfassungswidrigkeit der Besteuerung von Zinseinkünften[22] wieder eine Steuerabzugspflicht an der Quelle für bestimmte Kapitalerträge eingeführt. Dabei ergab sich in der Folge eine praktizierte Gesetzesauslegung dergestalt, dass ein Steuerabzug in Höhe von 25 Prozent auf tatsächlich ausgezahlte Kapitalerträge vorgenommen wurde. Im Zuge der nächsten besonders bedeutsamen Reform im Jahre 2000 wurde dieser Steuersatz bei Gewinnausschüttungen auf 20 Prozent abgesenkt, in manchen Bereichen (Einnahmen aus sonstigen Leistungen und Gewinnen von Betrieben gewerblicher Art im Sinne des § 4 KStG und diesen gleichgestellten wirtschaftlichen Geschäftsbetrieben) sogar auf nur noch zehn Prozent. Außerdem ging der Gesetzgeber vom Anrechnungsverfahren zum sog. Halbeinkünfteverfahren[23] über. Seit 2008/2009 gilt schließlich das sog. Teileinkünfteverfahren – allerdings nur noch auf betriebliche Kapitaleinkünfte – während im Bereich der privaten Kapitaleinkünfte die Abgeltungsteuer greift.

Somit zeigt die Historie der Kapitalertragsbesteuerung, dass eine solche Besteuerung zwar bereits seit langer Zeit stattfindet, ansonsten aber in ihrer Ausgestaltung zu keiner Zeit mit der heutigen Abgeltungsteuer vergleichbar war. Dies gilt weniger hinsichtlich der Tatsache, dass die Abgeltungsteuer an der Quelle erhoben wird und einen Sondersteuersatz aufweist. Vielmehr stellen sich der sehr breite Anwendungsbereich der Abgeltungsteuer, ihre abgeltende Wirkung unter Wegfall der bisher praktizierten Anrechnungsmethode und ganz besonders die unterschiedliche Behandlung von privaten und betrieblichen Kapitaleinkünften im Steuertarif als in der Historie der Kapitalertragsbesteuerung nie da gewesene und damit neuartige Ausgestaltungsformen dar[24].

B. Die Ausgangslage vor Einführung der Abgeltungsteuer

Eine gesonderte Betrachtung der Situation der Kapitalertragsbesteuerung in der Zeit unmittelbar vor Einführung der Abgeltungsteuer soll nachfolgend verdeutlichen, mit welchen Herausforderungen und Problemen sich der Gesetzgeber seinerzeit konfrontiert sah. Hieraus lassen sich dann bereits zentrale Antriebspunkte für sein

22 BVerfGE 84, 239 ff.

23 Hierzu einschließlich der historischen Bezüge *Höller* (2011), S. 123 ff.; vgl. dort auch schon S. 51 f.

24 Sieht man demgegenüber, dass die Politik nun schon z.B. die Erhöhung des Arbeitnehmer-Pauschbetrags auf 1.000 € als Reform verkündet, stellt sich die Einführung der Abgeltungsteuer sogar als geradezu revolutionär dar, vgl. *Sikorski*, NWB 2011, S. 1064.

Handeln herausfiltern[25]. Ebenfalls thematisiert wird der Standpunkt der Wissenschaft zum damaligen „Status quo" der Kapitalertragsbesteuerung. Auf diese Weise wird verdeutlicht, dass die Idee einer grundlegenden Reform der Besteuerung von Kapitalerträgen nicht allein praktischen Gegebenheiten geschuldet war, sondern auch einer vor einem theoretisch-wissenschaftlichen Hintergrund entstandenen und so begründeten Forderung entsprach.

I. Das Problem der Besteuerung privater Kapitaleinkünfte/ Veräußerungsgewinne

Die Besteuerung der Einkünfte aus Kapitalvermögen ist Teil der Einkommensteuer. Letzterer aber kommt eine besondere Stellung innerhalb der deutschen Steuerrechtsordnung zu und auch im Bewusstsein der Bürger hat sie ein hervorgehobenes, wenn nicht sogar überragendes Gewicht[26]. Gerade weil jeder Erwerbstätige durch die direkte Erhebung diese Steuer auch wesentlich spürbarer wahrnimmt als indirekte Steuern, stellt er infolgedessen auch hohe Anforderungen an eine gerechte Verteilung der Steuerlast[27]. Davon – aufgrund der Mobilität von Kapitalvermögen – besonders stark betroffen ist der Teil der Einkommensteuer, der auf Kapitalerträge entfällt. Umso mehr sahen sich die jeweiligen Bundesregierungen hier einem Spannungsverhältnis ausgesetzt, das häufig auch als zur Zerreißprobe geeignet erscheint. Somit wurde die Besteuerung privater Veräußerungsgewinne und entsprechender Kapitalerträge über Jahrzehnte zu einem ungelösten Grundsatzproblem des Einkommensteuerrechts[28]. In der jüngeren Vergangenheit war der Gesetzgeber offenbar der Ansicht, dass eine möglichst umfassende Besteuerung in diesem Bereich die (sach)gerechteste Lösung sei. Dementsprechend wurde die Besteuerung privater Veräußerungsgewinne wesentlich ausgeweitet[29]. Dennoch befindet sich die steuerrechtliche Gesetzeslage insoweit nach wie vor in einem Dilemma. Einerseits entspräche eine sogar umfassende Unterwerfung sämtlicher privater Veräußerungsgewinne dem Leistungsfähigkeitsprinzip am besten, andererseits kann eine solch vollständige Besteuerung aber auch eine erhebliche Scheingewinnbesteuerung bewirken[30]. Außerdem erwies sich die Gemengelage von steuerfreien, steuerpflichtigen und zum Teil steuerbefreiten Einkünften als misslich; dies gerade auch unter Berücksichtigung der hieraus resultierenden Notwendigkeit einer Werbungskostenaufteilung[31]. Folglich war man lange auf der Suche nach einer empfehlenswerten Alternative zu dem als unbefriedigend

25 Der Gliederungspunkt „Gesetzgebungsverfahren" (§ 4 der Arbeit) beschäftigt sich im weiteren Verlauf der Arbeit noch ausführlich mit den Motiven des Gesetzgebers.
26 Vgl. *Arndt/Schumacher*, AöR Bd. 118 (1993), S. 513 (515).
27 *Arndt/Schumacher*, a.a.O.
28 Vgl. etwa schon *Lang* (1981/1988), S. 514.
29 *Watrin/Lühn*, DB 2003, S. 168.
30 *Lang* (1981/1988), S. 514 f.; vgl. hierzu ausführlich unten § 6 C. III. 4. a).
31 Vgl. hierzu *Pelka*, StuW 2005, S. 378 (383).

empfundenen Zustand der Besteuerung von Kapitalvermögenseinkünften[32]. Neben der beschriebenen „Dauerbaustelle“ ist zudem über die Jahre noch ein weiterer Problempunkt für den Gesetzgeber hinzugekommen. Durch die Kapitalverkehrsfreiheit und die Globalisierung wurden die Einkünfte aus Kapitalvermögen zu „Heimatlosen“, da sie infolge des virtuellen Wegfalls der Staatsgrenzen gegenüber den Einkünften aus nichtselbständiger Arbeit nun wesentlich schwieriger steuerlich zu erfassen waren und daher über eine praktisch unbegrenzte Mobilität verfügten[33]. Auch vor diesem Hintergrund galt es nach Lösungsmöglichkeiten zu suchen. Mit der Abgeltungsteuer glaubte der Gesetzgeber nun nach langer Zeit am Ziel angekommen zu sein.

II. Die Defizite im Vollzug der Kapitalertragsbesteuerung als Kern des Problems

Doch nicht nur im materiellen Bereich litt die Kapitalertragsbesteuerung unter dem ständigen Wechsel der gesetzlichen Regeln. Viel einschneidender wirkte sich aus, dass die Besteuerung von Kapital über Jahrzehnte an etlichen Stellen an gravierenden Vollzugsmängeln litt[34]. Die Verwaltungskapazitäten reichten (und reichen auch heute) nicht aus, um jeden materiellen Steueranspruch zu ermitteln und durchzusetzen, wobei insbesondere für die Erfassung von Spekulationseinkünften den Finanzbehörden kein hinreichendes gesetzliches Instrumentarium zur Verfügung stand[35]. Hinzu kam das offenbar speziell deutsche Phänomen, dass der Informationsaustausch zwischen Banken und Finanzbehörden nicht nur wenig selbstverständlich vonstattenging, sondern kaum stattfand[36]. Die Ursache hierfür ist im verfehlten, inzwischen bedeutungslosen und bereits hinreichend umfangreich kritisierten § 30a AO zu sehen[37]. Im Ergebnis führte dies dazu, dass aufgrund von strukturellen Defiziten bei der Erhebung der Einkommensteuer auf Zinseinkünfte, deren – geschweige denn gleichmäßige – Erfassung nicht möglich war und dass nur Steuerehrliche Spekulationsgewinne versteuerten, während unwillige Steuerpflichtige der Besteuerung unerkannt und ohne Sanktionen befürchten zu müssen entgehen konnten[38]. Weil aber die Steuergesetze so auszugestalten sind, dass sie als Recht akzeptiert werden und eine Hinterziehung nach Möglichkeit ausgeschlossen

32 Vgl. *Kanzler*, FR 1999, S. 363 (366).

33 Vgl. *Calle*, StuW 2010, S. 121 (124).

34 Stellvertretend etwa *Hey*, DB 2004, S. 724; *Jachmann*, in: *Schick* (Hrsg.), S. 15, s. dort auch Fn. 1 m.w.N.

35 *Seer* (1996), S. 228; *Kraft/Bäuml*, DB 2004, S. 615 (617).

36 Vgl. *Hey*, DB 2004, S. 724 (725).

37 Hierzu einschließlich Kritiknachweisen *Drüen*, in: *Tipke/Kruse*, AO, § 30a Rdnrn. 13 ff. sowie *Seer*, in: *Tipke/Lang*, SteuerR[22], § 21 Rdnr. 199 mit der (leider wohl zutreffenden) Prognose, dass mit einer Abschaffung des § 30a AO wegen der Einführung der Abgeltungsteuer auf absehbare Zeit nicht zu rechnen sei.

38 *Osterloh/Nußberger*, in: *Sachs*, GG, Art. 3 Rdnr. 143; *Kraft/Bäuml*, DB 2004, S. 615.

ist, mithin die Steuergleichheit auch tatsächliche Durchsetzung erfährt[39], hatte das BVerfG eingegriffen. In zwei bedeutsamen Entscheidungen hat es die genannten Mängel gerügt und die darauf beruhende Besteuerung der betroffenen Kapitalerträge für verfassungswidrig erklärt[40]. Auch um diesen Mängeln zu begegnen und auf der Suche nach einer schlüssigen Gesamtkonzeption, die den Vollzug der Kapitalertragsbesteuerung verbessert, hat sich der Gesetzgeber nunmehr für einen Quellenabzug in Form der Abgeltungsteuer entschieden. Damit begegnet er zugleich einem Dilemma der Finanzverwaltung. Hätte er stattdessen deren Kontrolltätigkeit verringert, so hätte er wider besseres Wissen auf die Richtigkeit der Steuererklärungen vertraut und sich den Vorwurf eingehandelt, das Gebot gesetzmäßiger und gleichmäßiger Steuererhebung bestehe weiterhin nur auf dem Papier[41]. Umgekehrt hätte eine Verschärfung der Kontrolltätigkeit die ohnehin geringe Bereitschaft der Steuerpflichtigen zur Steuerehrlichkeit und zur Erfüllung ihrer Mitwirkungspflichten bezogen auf Kapitalerträge verringert[42].

III. Steuerflucht und Steuerhinterziehung als Folge

Die soeben erörterte Vollzugsproblematik blieb natürlich nicht ohne Folgen. Vielmehr ergab sich mit der Zeit ein nicht mehr zu übersehender „Trend" zur Steuerhinterziehung und zur Verlagerung von Kapitalvermögen ins Ausland. Dies führte zu einer dauerhaften und unerträglich hohen Hinterziehungsquote[43]. So wird vermutet, dass sich das Guthaben der Deutschen allein in der Schweiz auf 280 Milliarden Schweizer Franken beläuft, wobei geschätzte drei Viertel dieser Summe unversteuert sein sollen[44]. Doch weder mit Zuckerbrot noch mit Peitsche gelang es dem Fiskus gegenzusteuern. So blieben sowohl Strafbefreiungserklärungsgesetz als auch Einführung der Kontenabfrage letztlich ohne nennenswerten Erfolg[45]. Allerdings lässt sich die Verantwortung für diese Entwicklung nicht allein dem Steuerpflichtigen oder den Banken zuweisen[46]. Als gewichtiger Aspekt ist nämlich auch das Akzeptanzproblem, bezogen auf die Qualität des Einkommensteuerrechts und seines Vollzugs im Bereich

---

39 *Weber-Grellet* (2001), S. 21; *Heun*, in: *Dreier*, GG, Art. 3 Rdnr. 76.

40 BVerfGE 84, 239 ff. „Zinsurteil" und BVerfGE 110, 94 ff. „Spekulationsgewinne".

41 Vgl. *Eckhoff* (1999), S. 35.

42 Vgl. *Eckhoff*, a.a.O.; die Abgeltungsteuer führt nun dazu, dass insoweit die Mitwirkungspflichten des Steuerpflichtigen erheblich an Bedeutung verlieren und Hinzuschätzungen von Kapitaleinkünften (hierzu FG Münster EFG 2012, 1764 ff.) wohl nur noch in den wenigsten Fällen erforderlich sein werden.

43 *Thiel*, in: *FS ArbgemFAfStR*, S. 75 (86).

44 Vgl. *Götzenberger*, BB 2010, S. 2544.

45 *Brusch*, FR 2007, S. 999; zuvor schon *Schenk/Brusch*, DStR 2005, S. 1254 mit der zutreffenden Feststellung, dass eine Brücke zur Steuerehrlichkeit allein nicht ausreiche, weil diese nur eine Auffahrt darstelle. Es bedürfe aber ferner nach dem Brückenkopf auch einer eindeutigen Regelung für die Weiterfahrt in Form von mehr Rechts- und Planungssicherheit, an der es aber fehle.

46 *Thiel*, in: *FS ArbgemFAfStR*, S. 75 (86).

der Kapitaleinkünfte, zu betrachten. Zum einen erträgt der Bürger eine als hoch oder zu hoch empfundene Steuerlast umso schwerer, als er erkennt, dass nur ihn und vielleicht einige wenige andere die Steuerlast trifft, während die Mehrheit mit Tricks oder sogar ohne großen Aufwand mit einer geringeren oder sogar ganz ohne Belastung auskommt[47]. Besonders schwer wiegt hier die mangelnde Akzeptanz der vollen Zinsbesteuerung, die unberücksichtigt lässt, dass die Inflation regelmäßig fast die Hälfte der Einnahmen aufzehrt und das reale Zinseinkommen im Ergebnis zweifach besteuert wird[48]. Zum anderen trägt die Unsicherheit des Steuerrechts auch ihren Teil bei. So wird mobiles Kapitalvermögen aufgrund von Frustration und Verärgerung gegenüber einer sich ständig ändernden Gesetzeslage ins Ausland transferiert und das, obwohl die fremde Rechtsordnung ebenfalls ein erhebliches Unsicherheitspotenzial aufweist[49]. Insgesamt zeigt sich hierin die überragende Bedeutung eines akzeptierten (Kapitalertrag)Steuerrechts und wie sehr der Gesetzgeber hierauf angewiesen ist[50]. Mit der Einführung der Abgeltungsteuer startete der Gesetzgeber nun den Versuch, einem über die Jahre entstandenen Doppelproblem entgegenzuwirken. Sowohl die psychologischen Voraussetzungen für eine Akzeptanz von Kapitalertragsbesteuerung als auch die verwaltungstechnischen Voraussetzungen für ihre tatsächliche und wirksame Durchsetzung[51] mussten endlich in der Wirklichkeit sichergestellt werden.

IV. Die Situation des Steuerpflichtigen und seine Bedürfnisse

Auch die Wünsche der zahlreichen Kapitalanleger in Deutschland, seien es Kleinsparer oder Personen, die Kapitaleinkünfte in großem Umfang beziehen, sollen zumindest kurz beleuchtet werden. Steuerpflichtige verfolgen in der Regel finanzielle Ziele[52]. Eine Kapitalertragsteuer mit abgeltender Wirkung führt in der Mehrzahl von Besteuerungsfällen zu einem zumindest auf dem Papier nominell geringen Steuersatz. Der Wunsch der Steuerpflichtigen ging daher in Richtung einer abgeltenden Wirkung der Kapitalertragsteuer[53]. Hierin zeigt sich im Übrigen abermals die schon angesprochene psychologische Auswirkung eines niedrigen Steuersatzes auf die Meinung der Steuerpflichtigen. Als weiterer Punkt tritt daneben der mit der Abgeltungswirkung der einbehaltenen Kapitalertragsteuer verbundene Anonymisierungseffekt[54]. Ganz allgemein lässt sich feststellen, dass die Lage des Gesetzgebers sich regelmäßig so darstellt, dass von Seiten der Bürger erwartet wird, dass in ihrer

---

47 *Pelka*, StuW 2005, S. 378.

48 Vgl. *Schenk/Brusch*, DStR 2005, S. 1254 (1255).

49 Vgl. *Hey* (2002), S. 101; zur Bedeutung solider rechtsstaatlicher Verhältnisse *Di Fabio*, JZ 2007, S. 749 (753).

50 Vertiefend hierzu *Eckhoff* (1999), S. 12 f., 63; *Weber-Grellet* (2001), S. 21 f.; s. auch *Arndt/Schuhmacher*, AöR Bd. 118 (1993), S. 513 (515).

51 Vgl. *Eckhoff* (1999), S. 64.

52 *Arqus*, DB 2008, S. 957 (958).

53 Vgl. *Rädler*, in: *FS Raupach*, S. 97 (102).

54 Vgl. *Schießl*, StWa 2009, S. 93.

Privatsphäre – wozu ganz besonders die Vermögensverhältnisse zählen – so wenig wie nur möglich „herumgeschnüffelt" wird. Auch diese Sichtweise der Bürger war mithin im Zuge der Unternehmensteuerreform 2008 und der mit ihr verbundenen Abgeltungsteuer vom Gesetzgeber in seinen Überlegungen zu berücksichtigen.

C. Deutschland im internationalen Steuerwettbewerb

Mindestens ebenso schwer wie die nationalen Probleme, die sich im Zusammenhang mit der Besteuerung von Kapitaleinkünften stellen, wiegt der durch den internationalen Steuerwettbewerb erzeugte Druck auf den Gesetzgeber. Denn gerade hier geht vom Steuertarif eine besonders starke psychologische Wirkung aus[55]. Aus diesem Grund kann das Kapitalvermögen als die mobilste Besteuerungsgrundlage nur dann im Inland gehalten werden, wenn der dafür ggf. geltende niedrige Steuersatz auch international wettbewerbsfähig ist[56]. Zahlreiche EU-Staaten haben sich vom tradierten Einkommensverständnis gelöst und sich Fragen der wirtschaftlichen Zweckmäßigkeit von Einkommensquellen zugewendet[57]. Danach ist unter den Bedingungen des Standortwettbewerbs nicht mehr dasjenige Steuersystem das beste, das die Steuerlast am gerechtesten und gleichmäßig nach der individuellen Leistungsfähigkeit der Zensiten verteilt, sondern dasjenige, das mobile Steuerquellen möglichst gering belastet und trotzdem aufkommenseffizient ist[58]. Anders ausgedrückt geht es bei der Besteuerung international mobiler Kapitaleinkünfte um die Kunst „die Gans so zu rupfen, dass man möglichst viel Federn mit möglichst wenig Gezische bekommt"[59]. Um zu verdeutlichen, welche Rahmenbedingungen außerhalb Deutschlands der Gesetzgeber deshalb zu berücksichtigen hatte, soll nachfolgend ein Überblick über abgeltende Kapitalertragsbesteuerung auf internationaler Ebene gegeben werden. Zugleich wird eine Vorstellung davon vermittelt, welch unterschiedliche Möglichkeiten sich dem Gesetzgeber im Hinblick auf die konkrete Gestaltung einer Abgeltungsteuer bieten.

I. Internationaler Vergleich

Obwohl das Steuerrecht von Staat zu Staat deutliche Unterschiede aufweist (zumindest im Bereich der direkten Steuern und damit auch der Einkommensteuer) und damit noch weitestgehend autonom nach den Vorstellungen der einzelnen

---

55 *Wernsmann*, DStR 2008 Beihefter zu Heft 17, S. 37.

56 *Strunk*, Stbg 2007, S. 101 (102); *Schenk/Brusch*, DStR 2005, S. 1254 (1256); vgl. auch *Stratthaus*, in: *Schick* (Hrsg.), S. 83 (85).

57 *F. W. Wagner*, DB 1999, S. 1520.

58 *Hey*, JZ 2006, S. 851 (852); zu weitgehend dagegen *Hänsch*, SteuStud 2012, S. 275 (280), wonach es sich allenfalls um einen Steuerhinterziehungswettbewerb handeln soll.

59 *Jean Baptiste Colbert* (1619–1683), zitiert nach *Tipke*, StuW 2007, S. 201 (214).

EU-Mitgliedsländer ausgestaltet ist[60], so ist es doch angezeigt, in anderen Ländern nach einer Abgeltungsteuer zu suchen. Wenngleich der Schwerpunkt der Darstellung auf Europa liegt, sollen auch die Regelungen anderer Staaten von besonderer Bedeutung kurz vorgestellt werden.

1. *Abgeltungsteuer als bekanntes Konstrukt*

Bereits nach dem Zinsurteil des BVerfG[61] begann in Deutschland die Diskussion über die Einführung einer Abgeltungsteuer auf Kapitalerträge[62]. Seitdem sind fast zwei Jahrzehnte vergangen und die Abgeltungsteuer ist – obwohl dies lange Zeit nicht vorhersehbar war[63] – nun Gesetz. Deutschland ist mit der Einführung einer Abgeltungsteuer aber kein Einzelfall. Vielmehr ist eine Abgeltungsteuer in zahlreichen Staaten fester Bestandteil der jeweiligen Steuerrechtsordnung. Eine Abgeltungsteuer auf Zinsen und/oder Dividenden wird innerhalb der EU in Belgien, Bulgarien, Finnland, Griechenland, Irland, Italien, Litauen, Luxemburg, Malta, Österreich, Polen, Portugal, Rumänien, Schweden, Slowakei und Tschechien praktiziert[64]. Darüber hinaus werden in weiteren EU-Staaten, darunter Dänemark, Frankreich[65], Niederlande, Spanien und das Vereinigte Königreich, Kapitaleinkünfte zumindest durch eine Quellensteuer direkt bei ihrer Ausschüttung erfasst[66]. Wenngleich also die Mehrheit der EU-Staaten bereits eine Abgeltungsteuer eingeführt hat, so ist doch auffällig, dass gerade die Deutschland in ihrer Wirtschaftsleistung und politischen Bedeutung nahestehenden großen Nationen Frankreich und Großbritannien auf eine Abgeltungsteuer verzichten.

Betrachtet man wirtschaftlich bedeutsame Staaten außerhalb der EU, sieht man auch hier ein ähnliches Bild. So verfährt etwa China – geprägt von zahlreichen Ausnahmeregelungen und Befreiungen im Bereich der Kapitalertragsbesteuerung[67] – dergestalt, dass auf Kapitalvermögenseinkünfte eine Quellensteuer ohne

---

60 Vgl. instruktiv zu den Möglichkeiten der EU-Mitgliedstaaten ihr Steuerrecht noch autonom zu gestalten und dem Einfluss des europäischen Rechts auf das (Umsatz) Steuerrecht *Birkenfeld*, StuW 1998, S. 55 ff.; *Englisch*, in: *Tipke/Lang*, SteuerR[22], § 17 Rdnrn. 4 ff.

61 BVerfGE 84, 239 ff.

62 Aus jüngerer Vergangenheit s. etwa *Seer*, BB 2004, S. 2272 (2277); zu den älteren Beiträgen im Anschluss an BVerfGE 84, 239 ff. s. die zahlreichen Nachweise bei *Jachmann*, BB 2003, S. 2712 (2713 Fn. 13).

63 Vgl. *Thiel*, in: *FS ArbgemFAfStR*, S. 75 (87); *Jachmann*, DStJG Bd. 23 (2000), S. 9 (50).

64 BT-Drs. 16/4714, S. 1.

65 Zur Veräußerungsgewinnbesteuerung in Frankreich allgemein *Schultze*, IWB 2010, S. 631; dort S. 632 ff. auch speziell zum Fall der Veräußerung von Wertpapieren durch natürliche, privat handelnde Personen.

66 Vgl. *Jachmann*, BB 2003, S. 2712 (2714).

67 Vgl. hierzu *Möhrle*, in: *Mennel/Förster*, Steuern, China, Rdnrn. 58 ff. u. 80 ff.; auch die Steuersätze weisen in diesem Bereich eine sehr breite Streuung auf (von 0% über 20% bis 40%), s. *Möhrle* ebenda Rdnrn. 99 f. u. 102.

Abgeltungswirkung erhoben wird[68]. Um die Einbehaltung der Quellensteuer abzusichern, wird bei Nichtbeachtung die Möglichkeit eröffnet, Strafzuschläge bis zu 100 Prozent, bei fortdauernder Nichteinbehaltung auch darüber hinaus, festzusetzen[69]. Auch in Japan bestehen viele Sonderbestimmungen zum Steuersatz und den im Rahmen der Kapitaleinkünfte überhaupt erfassten Besteuerungsgegenständen[70]. Besonders weit verbreitet und den Regelfall bildend ist dort die Quellenbesteuerung, die mit einem Steuersatz von 10 oder 20 Prozent greift[71]. In bestimmten Ausnahmefällen kann sie – dann aber mit einem erhöhten Steuersatz von 35 Prozent – auch definitiv wirken[72], sodass zumindest eine gewisse Nähe zur deutschen Abgeltungsteuer in diesen Fällen gegeben ist. Ein abschließender Blick in die USA zeigt, dass das Thema Abgeltungsteuer im Bereich von Kapitaleinkünften bei der Wirtschaftsnation Nummer eins überhaupt keine Rolle spielt. Stattdessen wird dort bei Steuerinländern noch nicht einmal eine Kapitalertragsteuer als Quellensteuer erhoben[73], sondern die gesetzmäßige Besteuerung über ein System automatischer Kontrollmitteilungen sichergestellt[74]. Hieraus folgt auch, dass es insoweit keine Schedule Kapitaleinkünfte gibt, vielmehr auch die Kapitaleinkünfte grundsätzlich Bestandteil des dem Regeltarif zu unterwerfenden (Gesamt)Einkommens sind[75].

2. *Die Ausgestaltungsmöglichkeiten*

Obwohl, wie gerade aufgezeigt, die Abgeltungsteuer als weit verbreitet bezeichnet werden kann, besagt dies noch nichts über eine identische Ausgestaltung in den jeweiligen Staaten. Vielmehr eröffnet sich bei genauerer Betrachtung eine Vielzahl an Möglichkeiten, wie ein Staat eine Abgeltungsteuer konkret umsetzt. So kann der abgeltende Steuersatz zwischen Dividenden- und Zinseinkünften differieren. Außerdem stellt sich dem Anwenderstaat die Frage, ob ein Steuersatz ausgerichtet

---

68 *Möhrle*, a.a.O., Rdnrn. 115 ff.: die Quellensteuer dient als Vorauszahlung auf die Einkommensteuer.

69 *Möhrle*, ebenda, Rdnr. 120.

70 Vgl. hierzu *Arnold*, in: *Mennel/Förster*, Steuern, Japan, Rdnrn. 108 ff. und 148 ff.; so existieren im japanischen Einkommensteuerecht bei Kapitaleinkünften Befreiungen sachlicher und vor allem persönlicher Art, etwa für alte, alleinerziehende oder behinderte Menschen.

71 *Arnold*, a.a.O., Rdnr. 201; Ausnahmen gelten für Zinsen und sonstige Bankeinlagen sowie Ausschüttungen aus Investmentanteilen.

72 So bei Dividendeneinkünften bis zu einem Betrag von umgerechnet ca. 800 € oder bei Ausschüttungen bis ca. 4.000 € bei einer Beteiligung unter 5 Prozent, s. *Arnold*, ebenda, Rdnr. 161 u. 201.

73 Vgl. hierzu *Bomm/Hölscher*, in: *Mennel/Förster*, Steuern, USA, Rdnrn. 134 f.; eine Ausnahme ergibt sich nur dann, wenn Kontrollvorschriften nicht beachtet werden.

74 Sog. „information returns“, s. *Bomm/Hölscher*, a.a.O., Rdnr. 185.

75 *Bomm/Hölscher*, ebenda, Rdnr. 132 und 167; in einigen Fällen existiert ein privilegierter Steuersatz, z.B. für Veräußerungsgewinne, die mit max. 15 Prozent oder, falls dies günstiger ist, dem regulären Einkommensteuertarif besteuert werden.

an der Höhe von Eingangs- oder Spitzensteuersatz gewählt wird. Schließlich ist es denkbar, dass die Abgeltungsteuer nur den Grundsatz bildet, der Steuerpflichtige diese aber aufgrund einer Veranlagungsoption vermeiden kann.

3. Ländervergleich im Detail – Gegenüberstellung zur BRD

Der deutsche Steuergesetzgeber hat sich für einen einheitlichen Steuersatz auf die von der Abgeltungsteuer erfassten Kapitalerträge entschieden. Dies entspricht der Regelung in einer Reihe weiterer EU-Mitgliedstaaten wie etwa Finnland, Irland, Luxemburg, Österreich, Polen, Schweden und Tschechien[76]. Daneben finden sich einige Staaten, die Zinsen höher als Dividenden besteuern, darunter Griechenland, Italien und Malta sowie eine etwa gleich große Zahl an Staaten, die genau umgekehrt verfahren, wie etwa Belgien, Dänemark und Litauen. Hinsichtlich der Höhe des gewählten Abgeltungsteuersatzes reicht die Spanne sowohl bei Dividenden als auch bei Zinsen von zehn Prozent in Luxemburg bis zu dreißig Prozent in Schweden; auch zwischen diesen beiden Grenzen sind die Steuersätze in großer Bandbreite auf die verschiedenen Staaten verteilt[77]. Eine Extremposition nahmen lediglich die beiden jüngsten EU-Mitgliedstaaten Bulgarien und Rumänien ein, die auch Steuersätze von sieben bzw. sogar nur einem Prozent vorsahen[78].

Vergleicht man nun die Höhe des jeweiligen Abgeltungsteuersatzes mit dem Spitzensteuersatz dieses Staates, so finden sich auch in diesem Bereich nahezu alle denkbaren Möglichkeiten. Diese reichen von einer Abgeltungsteuer auf (allerdings sehr niedrigem) Spitzensteuersatzniveau in Rumänien und der Slowakei über eine Abgeltungsteuer in Irland, Österreich, Polen und Tschechien, die 50 Prozent des jeweiligen Spitzensteuersatzes erreicht, bis hin zu Gestaltungen, in denen der Abgeltungsteuersatz im Durchschnitt nur etwa ein Drittel des Spitzensteuersatzniveaus erreicht, wie etwa in Belgien, Luxemburg und Malta[79]. Insgesamt zeichnet sich damit innerhalb der EU-Staaten ein sehr uneinheitliches Bild ab. Viele Staaten kennen eine Abgeltungsteuer, bedeutende EU-Mitglieder belassen es aber auch bei einer Quellenbesteuerung ohne Abgeltungswirkung. Ferner ist die Ausgestaltung hinsichtlich der erfassten Kapitalerträge mannigfaltig; die Steuersätze weichen zum Teil sehr stark voneinander ab. In zusammenfassend vergleichender Betrachtung lässt sich daher festhalten, dass sich aus den genannten Unterschieden äußerst komplexe Mischsysteme ergeben, die darüber hinaus auch vielfach noch ein Nebeneinander von Quellenbesteuerung mit Abgeltungswirkung und Quellenbesteuerung mit

---

76 Vgl. *S. Wagner*, Stbg 2007, S. 313 (314).

77 S. *S. Wagner*, a.a.O.

78 Vgl. BT-Drs. 16/4714, S. 3; inzwischen hat aber Rumänien die Ausnahmen für Devisengeschäfte und Anteilsübertragungsgewinnen aufgehoben und besteuert auch insoweit mit einem Steuersatz von 16 Prozent (s. *European Tax Handbook 2015,* Romania, Individual Taxation, 1.9.2.), während Bulgarien die Dividendenbesteuerung hingegen auf 5 Prozent abgesenkt hat (s. a.a.O., Bulgaria, Individual Taxation, 1.9.2.).

79 Vgl. hierzu nochmals BT-Drs. a.a.O.

Veranlagungsoption bzw. Anrechnungsmöglichkeit vorsehen[80]. Daher lässt sich weder von einer EU-weit einheitlichen Linie in Bezug auf die Steuerpolitik im Bereich der Besteuerung von Kapitalerträgen sprechen, noch stimmt die deutsche Abgeltungsteuer in ihrer rechtlichen Ausgestaltung mit einer der weiteren Mitgliedsländer überein.

II. Schnittmengen nach der Vergleichsbetrachtung

Unternimmt man gleichwohl den Versuch, wesentliche Übereinstimmungen der deutschen Abgeltungsteuer mit der weiterer EU-Staaten zu finden, so weist das deutsche System eine deutliche Nähe zu den Systemen in Polen und Schweden auf. Dies ist vor allem darin begründet, dass die genannten Staaten ebenso wie die BRD nahezu alle Kapitalerträge (die in diesen Fällen sowohl Dividenden als auch Zinsen erfassen) gleich besteuern. Auf der anderen Seite unterscheiden sich die genannten Staaten von der BRD durch ihren deutlich niedrigeren (19 Prozent in Polen) bzw. deutlich höheren (30 Prozent in Schweden) Steuersatz. Aus diesem Grund steht die deutsche Abgeltungsteuer im Ergebnis der österreichischen am nächsten, wenngleich letztere mit einer Veranlagungsoption ausgestaltet ist[81]. Weil eine solche Wahlmöglichkeit aber zumindest im Rahmen der sog. Günstigerprüfung[82] auch in Deutschland besteht und die österreichische Abgeltungsteuer sich ebenfalls durch einen unterschiedslosen Steuersatz von 25 Prozent auf Dividenden und Zinsen auszeichnet, sind die Schnittmengen hier am größten.

D. Im Ergebnis: Gesetzgeberische Nöte in vielerlei Hinsicht

Es lässt sich bis hierhin festhalten, dass der Gesetzgeber vor einer großen Herausforderung stand, als er sich zur Einführung der Abgeltungsteuer entschloss. Er musste dem Grundsatzproblem begegnen, dass im Bereich der Besteuerung von Kapitalerträgen eine große Gerechtigkeitslücke bestand, die sich zu einem Übermaß an Ungerechtigkeit auszudehnen drohte[83]. Somit war der Gesetzgeber zum Handeln gezwungen, weil er andernfalls seine Macht dadurch missbraucht hätte, dass er sie nicht gebraucht, Gesetze nicht durchgesetzt hätte[84].

---

80 Vgl. zu den genannten Unterschieden und den komplizierten Mischsystemen die ausführlichen Darstellungen in BT-Drs. 16/4714; ferner die tabellarischen Übersichten bei *Jachmann*, BB 2003, S. 2712 (2714); *S. Wagner*, Stbg 2007, S. 313 (314).

81 Sog. Regelbesteuerungsoption des § 27a V des österreichischen EStG; die Möglichkeit einer Besteuerung mit dem hälftigen Durchschnittssteuersatz ist dagegen zum 01.04.2012 abgeschafft worden (s. *European Tax Handbook 2012*, S. 84 f.).

82 S. dazu zunächst nur oben, § 2 B. I.

83 Diese m.E. sehr zutreffende Formulierung stammt – dort in einem anderen Zusammenhang – von *R. Wendt*, FR 1993, S. 1 (8).

84 Hierzu *Tipke*, FR 1991, S. 480 (481).

Um Akzeptanzprobleme bei der Steuerpflicht von Kapitalerträgen zu reduzieren, bedurfte es einer Veränderung in zwei wesentlichen Punkten. Zum einen ging es um die sehr wichtige psychologische Wirkung einer Abgeltungsteuer[85], weil auf dem Papier ein attraktiv geringer Steuersatz entstehen konnte. Zum anderen befand sich der Gesetzgeber in einem systemzerstörenden internationalen Wettbewerb, bei dem es nicht um die Rechtsordnung mit dem besten, dem gerechtesten System ging, sondern es sich allein um einen Steuersubstratwettbewerb um nahezu jeden Preis handelt[86]. In die Diskussion um eine Reform der Kapitalertragsbesteuerung mussten schließlich nicht nur die materiellen Vorschriften, sondern auch das Verfahrensrecht miteinbezogen werden[87]. Die Notwendigkeit hierfür ergab sich zwingend aus den Vollzugsdefiziten bei der Besteuerung von Kapitaleinkünften. Außerdem dient ein solches Vorgehen auch der Verwaltungsökonomie und damit einem stets vorliegenden Erfordernis. Bei einer solchen Fülle an zu bewältigenden Aufgaben verwundert es nicht, dass es „die eine und ausschließlich richtige Lösung" nicht geben kann und immer auch Kompromisse eingegangen werden müssen. Letztlich musste sich der Gesetzgeber entscheiden: Pragmatismus oder Gerechtigkeit?[88]. Wie er mit den verschiedenen Ansätzen für oder gegen eine Abgeltungsteuer umging, mit welcher Tiefe in den inhaltlichen Auseinandersetzungen und mit welchen Begründungen er die Abgeltungsteuer am Ende verabschiedete, soll Gegenstand des folgenden Abschnitts sein.

---

85 Vgl. *Stratthaus*, in: *Schick* (Hrsg.), S. 83 (84).

86 Vgl. auch *Hey*, JZ 2006, S. 851 (852); fast ein Jahrzehnt nach dieser Aussage von *Hey* ist indes zu konstatieren, dass nicht nur der innerstaatliche, sondern auch der zwischenstaatliche, auf eine gesetzmäßige Besteuerung zielende Druck deutlich zugenommen hat, denn letztlich wollen auch die sog. Steueroasen Steuereinnahmen generieren. Hierzu sind sie – gerade auch im Rahmen der EU – auf eine gute Zusammenarbeit mit anderen Staaten, z.B. beim Auskunftsverkehr, angewiesen. Dies wiederum setzt ein Mindestmaß an konsentierten Maßstäben zwischen den verschiedenen Ländern bzgl. der Steuerpolitik voraus und wirkt einer beliebigen, von zahllosen Steuerprivilegien für Kapitalanleger und Unternehmen geprägten Steuergesetzgebung entgegen. Daher hat sich der o.g. Steuersubstratwettbewerb inzwischen zumindest abgeschwächt. Schon vor diesem Hintergrund erscheint eine Abgeltungsteuer als nicht gerade zeitgemäße Besteuerung von Kapitaleinkünften.

87 *Breithecker/Garden/Thönnes*, DStR 2007, S. 361 (366); vgl. zudem *Noack*, in: *Schick* (Hrsg.), S. 79 f.; als grundverschiedene Alternative zur Einführung der Abgeltungsteuer hätte sich insoweit auch eine rein verfahrensrechtliche Reform der Kapitalertragsbesteuerung durch Abschaffung des § 30a AO und gleichzeitige Anordnung von automatischen Kontrollmitteilungen der Banken an die Finanzbehörden angeboten. Diesem Ansatz fehlte es indes an o.g. psychologischen und wettbewerblichen Wirkungen. Vgl. gleichwohl zu dieser Konzeption noch unten § 8 C.

88 *Stratthaus*, in: *Schick* (Hrsg.), S. 83 (85).

§ 4 Das Gesetzgebungsverfahren

Nachdem die wesentlichen Regelungen der Abgeltungsteuer aufgezeigt, die Entwicklung der Kapitalertragsbesteuerung betrachtet und ein internationaler Vergleich angestellt wurde, soll nun die deutsche Abgeltungsteuer im Rahmen ihrer Entstehung näher untersucht werden. Dabei ist zunächst die Frage nach den Beweggründen für die Einführung einer Abgeltungsteuer zu beantworten. Ferner sollen der erste Regierungsentwurf und das „Endergebnis" miteinander verglichen werden; zudem ist auf etwaige Veränderungen der Abgeltungsteuer in ihrer noch jungen Existenz einzugehen. Die Auswertung der politischen Stellungnahmen aller damaligen Oppositionsparteien sollen sodann erste Hinweise auf rechtliche Schwachstellen der Abgeltungsteuer geben. Besondere Bedeutung kommt schließlich den Stellungnahmen des Finanzausschusses und den von ihm vorgenommenen Anhörungen zu. Berücksichtigt man, dass die gesetzliche Regelung im Finanzausschuss regelmäßig auch von steuerrechtlich vorgebildeten Abgeordneten erörtert wird, vor allem aber, dass nicht weniger als 31 Sachverständigen, Verbänden und Institutionen Gelegenheit zur Stellungnahme gegeben wurde[89], so sollten spätestens an dieser Stelle eigentlich alle (verfassungs)rechtlichen Probleme der Abgeltungsteuer erstmalig beim Namen genannt worden sein. Zusammenfassend erfolgt am Ende dieses Abschnitts eine an dieser Stelle noch schwerpunktmäßig rechtspolitische Betrachtung, die insbesondere der Frage nachgeht, ob die Aussage des Finanzausschusses, dass die soeben genannten Anhörungen und Stellungnahmen in die Beratung eingegangen sind[90], sich inhaltlich als belastbar erweist und daraus auch eine Überzeugung in der Sache zu erkennen ist, oder ob nicht vielmehr bereits das Gesetzgebungsverfahren sich als Stückwerk darstellt, in dem ein Gesetzeswerk allein aus politischem Kalkül und aller berechtigten Kritik zum Trotz nach dem ursprünglichen Willen der politischen Mehrheit verabschiedet wurde. Daran schließt sich dann der Schwerpunkt der Untersuchung an, indem die gerade gewonnenen Erkenntnisse ausführlich unter steuersystematischen Gesichtspunkten und vielmehr noch unter dem Blickwinkel des Verfassungsrechts gewürdigt werden.

A. Die Beweggründe für die Einführung einer Abgeltungsteuer

Im Gesetzentwurf des Unternehmensteuerreformgesetzes 2008 vom 27.03.2007[91] wird darauf hingewiesen, dass nicht nur bei Unternehmen, sondern auch bei privaten Haushalten die Gefahr einer Kapitalflucht ins Ausland bestehe, sodass

89 Vgl. BT-Drs. 16/5491, S. 8 f.
90 BT-Drs. 16/5491, S. 9.
91 BT-Drs. 16/4841.

als Hauptziel der Reform neben der Erhöhung der Standortattraktivität Deutschlands für Unternehmen die längerfristige Sicherung des deutschen Steuersubstrats trete, wobei gerade die Einführung einer Abgeltungsteuer geeignet sei, das Interesse privater Anleger, Kapital allein aus steuerlichen Gründen ins Ausland zu transferieren, zu mindern. Zur Begründung der Reform wird zunächst als Generalargument die Verbesserung der internationalen Wettbewerbsfähigkeit und Europatauglichkeit sowie die Einschränkung von Gestaltungsmöglichkeiten angeführt[92]. Des Weiteren wird gerade die Abgeltungsteuer als moderne Form der Besteuerung privater Kapitaleinkommen angesehen, mit denen auch andere EU-Staaten – allen voran Österreich[93] – gute Erfahrungen gemacht hätten, indem das Steueraufkommen im Bereich Kapitaleinkünfte stark gestiegen und damit nicht zuletzt auch ein gerechterer Beitrag des Faktors Kapital am gesamten Steueraufkommen feststellbar sei[94].

Durch die Reform der Besteuerung von Kapitaleinkünften im Privatvermögen werde die vormals bestehende unterschiedliche Besteuerung von Dividenden, Zinsen und privaten Veräußerungsgewinnen beseitigt und darüber hinaus auch die Anonymität der Anleger durch die Einführung der Abgeltungsteuer zukünftig gewahrt[95]. Allgemein sei sie zudem mit einer massiven Vereinfachung der Besteuerung von Kapitaleinkünften verbunden und führe zu einer nicht unerheblichen steuerlichen Entlastung der Bürger[96].

In den Detailbegründungen zur konkreten Ausgestaltung der Abgeltungsteuer wird zunächst auf den grundsätzlichen Ausschluss, tatsächliche Werbungskosten anzusetzen, eingegangen. Der Gesetzgeber nimmt für sich insoweit das Recht in Anspruch, hinsichtlich der Werbungskosten in den unteren Einkommensgruppen durch den Pauschbetrag eine Typisierung vorzunehmen und sieht die Werbungskosten in den oberen Einkommensgruppen durch den seiner Meinung nach niedrigen Proportionalsteuersatz als mitabgegolten[97]. Die Tatsache, dass nunmehr Verluste aus Kapitalvermögen nicht mit Einkünften aus anderen Einkunftsarten ausgeglichen oder nach § 10d EStG abgezogen werden dürfen, wird zwar als von den allgemeinen einkommensteuerrechtlichen Regelungen abweichend anerkannt, aber dadurch gerechtfertigt, dass andernfalls Einkünfte, die unterschiedlichen Steuersätzen unterliegen,

---

92 BT-Drs. 16/4841, S. 29.

93 Zur österreichischen Abgeltungsteuer und ihrer Vergleichbarkeit mit der deutschen Abgeltungsteuer s. die Nachweise bei *Höller* (2011), S. 171 Fn. 799; ferner *Weyss*, in: *Schick* (Hrsg.), S. 63 ff.

94 BT-Drs. 16/4841, S. 30.

95 BT-Drs. 16/4841, S. 33.

96 BT-Drs. 16/4841, S. 35; zum Entlastungsvolumen im Detail s. dort S. 44.

97 Vgl. BT-Drs. 16/4841, S. 57; diese vom Gesetzgeber behaupteten Rechte werden indes noch an anderer Stelle, schwerpunktmäßig bei der verfassungsrechtlichen Prüfung der Abgeltungsteuer, kritisch zu würdigen sein.

miteinander verrechnet werden könnten[98]. Aus diesen Steuergerechtigkeitserwägungen heraus sei auch der Verlustrücktrag nicht geboten, weil dem Steuerpflichtigen die Möglichkeit verbleibe, Verluste aus Kapitaleinkünften in den folgenden Veranlagungszeiträumen abzuziehen[99]. Zur Neueinführung des § 32d EStG wird ausgeführt, dass dessen Einführung geboten sei, um Missbräuche dergestalt, dass betriebliche Gewinne abgesaugt werden und dadurch die steuerliche Belastung auf 25 Prozent sinkt, auszuschließen[100]. Zur sog. Günstigerprüfung wird ohne nähere Begründung darauf verwiesen, dass hierdurch für Steuerpflichtige, deren persönlicher Steuersatz unter dem Abgeltungsteuersatz liegt, eine Möglichkeit geschaffen werde, auch die Kapitaleinkünfte diesem niedrigeren Steuersatz zu unterwerfen[101].

B. Stellungnahme zu den Gesetzesbegründungen

Obwohl die steuer- und verfassungsrechtliche Würdigung erst an späterer Stelle erfolgt, so erscheinen doch bereits an dieser Stelle einige grundsätzliche Anmerkungen zu den Gesetzesbegründungen angezeigt. Denn wenn vielfach der schlechte Zustand des deutschen Steuerrechts bemängelt wird[102], dann ist hierfür ja der Gesetzgeber verantwortlich. Folglich muss vom ihm erwartet werden, dass er alles unternimmt, um diesen Zustand zu verändern und gerade auch im Bereich des Steuerrechts gerechte und verständliche Regelungen zu treffen. Die Grundvoraussetzung für ein entsprechendes Gesetz ist, dass der Gesetzgeber sich bei seiner Ausarbeitung in angemessener Breite mit dem Für und Wider auseinandersetzt und nicht unter Zeitdruck sich mit der zuerst gefundenen und offenbar am leichtesten umsetzbaren Lösung zufrieden gibt. Folglich gibt die Tiefe der Argumentation in den Gesetzesbegründungen schon einen deutlichen Hinweis auf die Qualität des späteren Gesetzes. Entschuldigungsgründe kann der Gesetzgeber in diesem Bereich aufgrund der ihm umfassend zur Verfügung stehenden Beratungsmöglichkeit seitens diverser Experten keinesfalls geltend machen.

Sofern mit der Einführung der Abgeltungsteuer der Kapitalflucht ins Ausland entgegengewirkt werden soll, so ist diesem Anliegen uneingeschränkt beizupflichten, da dies der Verwirklichung von Steuergerechtigkeit dienlich ist. Einen

98 Vgl. BT-Drs. 16/4841, S. 58; aus dieser Sichtweise ergibt sich jedoch das Folgeproblem einer möglicherweise verfassungsrechtlich unzulässigen Verletzung des objektiven Nettoprinzips, dazu ausführlich § 6 C. VII. 2. d).

99 BT-Drs., a.a.O.

100 Vgl. BT-Drs. 16/4841, S. 60.

101 BT-Drs. 16/4841, S. 62.

102 Exemplarisch sei hier nur auf das bereits mehr als vier Jahrzehnte alte „Klagelied“ von *Tipke*, StuW 1971, S. 2 hingewiesen; ferner *Raupach*, in: *Birk* (Hrsg.), S. 15 ff. sowie aus jüngerer Vergangenheit *Hey*, in: *Tipke/Lang*, SteuerR[22], § 3 Rdnrn. 1 ff.; vgl. schließlich auch *Lang*, DStJG Bd. 24 (2001), S. 49 (50): „Ende der Siebziger Jahre […] war die dogmatische Welt der Besteuerung von Einkommen noch in Ordnung […].“

gewissen Beigeschmack hat indes wieder einmal die Tatsache, dass der Gesetzgeber aber auch fiskalische Interessen klar ausspricht. Seine diesbezügliche Motivation widerspricht zugleich der weiteren Aussage, dass die Bürger steuerlich entlastet würden. Zwar lässt sich durchaus von einer Entlastung bzgl. des Steuersatzes auf Kapitalerträge sprechen, doch werden auf der anderen Seite nun auch Gewinne außerhalb der vormals einjährigen Spekulationsfrist besteuert und die Bürger insoweit steuerlich gerade nicht entlastet[103]. So wird wieder einmal die Belastungswirkung verschwiegen, weil sich politisch allein Entlastungen breiten Bevölkerungsschichten (wahl)gewinnbringend verkaufen lassen. Ferner gibt zu denken, dass es dem Gesetzgeber scheinbar genügt, dass er im Nachbarland Österreich einen Erfolg der Abgeltungsteuer zu beobachten glaubt, ohne sich auch mit Misserfolgen oder unliebsamen Konsequenzen der Abgeltungsteuer in anderen Staaten auseinander zu setzen[104]. Betrachtet man die Detailbegründungen zur konkreten Ausgestaltung der Abgeltungsteuer, so ist zunächst keine Kritik angebracht, weil der Gesetzgeber grundsätzlich zur Typisierung befugt ist[105] und es ihm auch nicht ohne weiteres verwehrt sein kann, Folgen aus den nunmehr innerhalb der verschiedenen Einkunftsarten geltenden unterschiedlich hohen Steuersätzen zu ziehen. Dies schließt indes nicht aus, dass er hierbei verfassungsrechtliche Vorgaben nicht beachtet hat, sodass auch auf die soeben genannte Thematik an späterer Stelle nochmals einzugehen sein wird. Ein abschließender Blick auf die fehlende Begründung zur sog. Günstigerprüfung[106] lässt allerdings bereits vermuten, dass der Gesetzgeber überhaupt nicht berücksichtigt hat, dass eine solche Regelung unter dem Gesichtspunkt einer Besteuerung nach der wirtschaftlichen Leistungsfähigkeit geboten sein könnte, denn sonst hätte er dieses sehr gewichtige Argument ohne weiteres zur stichhaltigen Begründung anführen können. Dies legt den Verdacht nahe, dass der Gesetzgeber sich

103 Zur Berechtigung der Besteuerung aller Veräußerungseinkünfte s. bereits den Beschluss des 57. DJT in Mainz 1988, Bd. II, N 212 dort unter IV. 3. sowie ferner unten unter § 6 B.; unentschlossen hingegen *Bäuml* (2005), S. 57 ff., 144 f., der sich nur für eine Gleichbehandlung von betrieblichen und privaten Veräußerungsgeschäften ausspricht.

104 Zu den Erfahrungen mit dem österreichischen Modell einer Abgeltungsteuer *Weyss*, in: *Schick* (Hrsg.), S. 63 ff.; darüber hinaus ist Österreich im Hinblick auf durch eine Abgeltungsteuer möglicherweise steigende Steuereinnahmen schon deshalb kein geeigneter Maßstab, weil es dort zuvor überhaupt keine Quellensteuer für Zinseinkünfte gab, sodass Einkünfte aus Kapitalvermögen vor Einführung der Abgeltungsteuer de facto kaum versteuert wurden. Aus diesem Grund lagen die staatlichen Steuereinnahmen im Bereich der Kapitalertragsteuer vor Einführung der Abgeltungsteuer nahe Null und stiegen sodann (logischerweise) schlagartig und in erheblichem Umfang an.

105 Vgl. zuletzt etwa den Vorlagebeschluss zum ErbStG BFH BStBl. II 2012, 899 (904, 912) und nachfolgend BVerfG BStBl. II 2015, 50 (81) = DStR 2015, 31 (56).

106 Dazu soeben unter A. a.E.

auch insgesamt der steuer- und verfassungsrechtlichen Vorgaben nicht hinreichend bewusst gewesen sein könnte.

C. Der Regierungsentwurf zur Abgeltungsteuer, die Endfassung und bisherige Änderungen

Auch der Bundesrat hat sich naturgemäß intensiv mit den gesetzlichen Regelungen zur Abgeltungsteuer befasst[107]. In seiner Stellungnahme zum Gesetzentwurf der Bundesregierung hat er an einigen Stellen Änderungswünsche geäußert. Die Vorstellungen des Bundesrates werden nachfolgend erörtert und auf ihre inhaltliche Konsistenz hin untersucht. Ferner soll aufgezeigt werden, an welchen Stellen der Abgeltungsteuer sich noch Veränderungen zwischen Regierungsentwurf und Gesetzesfassung ergeben haben und ob in den Jahren ihrer Geltung bereits Änderungen an der Ausgestaltung vorgenommen worden sind.

Der erste Kritikpunkt des Bundesrates an der Ausgestaltung der Abgeltungsteuer bezieht sich auf § 20 I Nr. 7 EStG[108]. Der Bundesrat fordert eine Steuerfreiheit für einzelne, einmalig im Kalenderjahr gutgeschriebene Zinserträge bis zu einer Grenze von 5 Euro. Zwar sei es konsequent, dass unter dem Regime einer Abgeltungsteuer nunmehr an der Steuervorauszahlung in Form des Quellensteuereinbehalts nach § 43 I 1 Nr. 7 lit. b) Satz 4 lit. dd) EStG nicht mehr festgehalten werde. Dies sei aber noch kein Grund, nunmehr jeden Bagatellfall, in dem die Erteilung eines Freistellungsauftrags versäumt worden ist (als Beispiel wird ein Sparbuch mit minimalem Guthaben genannt) oder in dem ein Freistellungsauftrag rechtlich unzulässig ist (so etwa bei Konten von Personenmehrheiten), dem Quellensteuereinbehalt zu unterwerfen. Andernfalls führe die Abgeltungsteuer nämlich dazu, dass der Gläubiger dieser Kapitalerträge zum Verzicht auf eine Steuererstattung oder zum Antrag auf Veranlagung gemäß § 32d IV EStG gezwungen werde. Dann aber sei eine übermäßige Belastung der Finanzämter mit derartigen Bagatellfällen zu befürchten. Dem werde durch die vorgeschlagene Kleinbetragsregelung vorgebeugt und zugleich durch die geringe Höhe der Freigrenze das Risiko nennenswerter Steuerausfälle vermieden.

Die Bundesregierung hat diesem Vorschlag indes widersprochen[109]. In der Lebenswirklichkeit werde auch eine Freigrenze von 5 Euro regelmäßig überschritten, sodass der damit verbundene Vereinfachungseffekt nicht erreicht werden könne. Somit sei es auch unverhältnismäßig, die Kreditinstitute mit dem durch eine solche Regelung zusätzlich entstehenden Verwaltungsaufwand zu belasten, weshalb der Vorschlag im Ergebnis abzulehnen sei.

---

107 S. dazu BR-Drs. 220/07, 220/1/07, 220/2/07; 384/07, 384/1/07.

108 Vgl. zu der folgenden Darstellung BT-Drs. 16/5377, S. 13.

109 Vgl. dazu BT-Drs. 16/5377, S. 26.

Der nächste Änderungswunsch des Bundesrates betraf die Regelung des § 32d II Nr. 1 lit. b)[110] und lit. c) Satz 2 lit. cc) EStG[111]. Im Rahmen sog. Back-to-back-Finanzierungen oder bei Kapitalüberlassung eines Gesellschafters an seine Körperschaftsgesellschaft führte nach dem Regierungsentwurf bereits eine Beteiligung des Gläubigers der Kapitalerträge von einem Prozent zur Nichtgeltung der Abgeltungswirkung. Der Bundesrat sieht aber in Fällen solch geringer Beteiligungen nicht die Gefahr, dass der Steuerpflichtige zu missbräuchlichem gestalterischen Wirken in der Lage wäre. Dies setze vielmehr voraus, dass der Steuerpflichtige zumindest in gewissem Maße das Verhalten der Gesellschaft beeinflussen könne. Aus diesem Grund sei die schädliche Beteiligungsgrenze auf zehn Prozent heraufzusetzen.

Die Bundesregierung hat diesem Vorschlag zugestimmt[112].

Ebenfalls die Zustimmung der Bundesregierung fand die Forderung des Bundesrates, die Ausnahmeregelungen des § 32d I, II EStG auch auf den Bereich der Überschusseinkünfte auszuweiten, weil gestalterische Back-to-back-Finanzierungen von progressiv besteuerten Einkünften, die zur Anwendung des Abgeltungsteuersatzes führten, auch in diesem Bereich nicht auszuschließen seien[113].

Ein weiterer Wunsch des Bundesrates betraf die Höhe der Ersatzbemessungsgrundlage des § 43a II 7 EStG. Diese kommt immer dann zur Anwendung, wenn ein Steuerpflichtiger Wirtschaftsgüter veräußert, deren Anschaffungskosten sich nicht mehr nachweisen lassen. Nach dem Regierungsentwurf war hier vorgesehen, dass in derartigen Fällen ein steuerpflichtiger Gewinn in Höhe von 30 Prozent des Veräußerungserlöses anzunehmen sein sollte. Der Bundesrat kritisiert, dass bei der Veräußerung von Aktien, Zertifikaten oder im Bereich von Termingeschäften und sog. Finanzinnovationen regelmäßig Sachverhalte anzutreffen seien, deren Erträge deutlich über 30 Prozent lägen[114]. Weil in diesen Fällen aber gemäß § 43a II 2 in Verbindung mit § 20 IV EStG eigentlich der vollständige Veräußerungsgewinn der Abgeltungsteuer unterliegt, der Steuerpflichtige jedoch kein Interesse daran haben wird, sich durch Beantragung einer Steuerfestsetzung gemäß § 32d IV EStG einer höheren Steuerlast auszusetzen, bittet der Bundesrat darum zu prüfen, ob nicht eine höhere Ersatzbemessungsgrundlage gesetzlich verankert werden könne. Dies sei zur Vermeidung von Besteuerungslücken angezeigt und könne durch einen höheren Prozentsatz im Rahmen des § 43a II 7 EStG oder den Ansatz des feststehenden Erstausgabekurses bei fehlendem Nachweis der Anschaffungskosten geschehen. Eine Überbesteuerung sei nach beiden Vorschlägen ausgeschlossen, da der Anleger, der

---

110 Zu dessen Verfassungsmäßigkeit BFH BStBl. 2014, 884 [Verfassungsbeschwerde 2 BvR 2325/14 durch Beschluss v. 07.04.2016 nicht zur Entscheidung angenommen]; FG Münster EFG 2014, 1005 f. und EFG 2014, 1793 (1794 f.) [Rev. VIII R 49/14].

111 Vgl. zu diesem Punkt BT-Drs. 16/5377, S. 14.

112 BT-Drs. 16/5377, S. 26.

113 S. BT-Drs. 16/5377, S. 14, 26.

114 Vgl. zu diesem Punkt und zur nachfolgenden Argumentation des Bundesrates BT-Drs. 16/5377, S. 15.

tatsächlich weniger Erträge als dann gesetzlich vermutet erzielt, jederzeit von seinem Wahlrecht auf Steuerfestsetzung nach § 32d IV EStG Gebrauch machen könne.

Die Bundesregierung hat den Antrag indes mit der Begründung abgelehnt, dass die Ersatzbemessungsgrundlage aufgrund der Regelung des § 24c EStG nur noch für Alterwerbsfälle vor dem Jahr 2004 von Bedeutung sei, der neue § 43a II 3 EStG nunmehr ab 2009 dafür sorge, dass die Daten über die Anschaffungskosten bei den Kreditinstituten vorhanden seien, dass damit aufgrund der wenigen Anwendungsfälle eine höhere Ersatzbemessungsgrundlage entbehrlich sei und dass schließlich auch eine mit deren Ausweitung verbundene Zunahme der Wahlfestsetzungsanträge nach § 32d EStG nicht wünschenswert sei[115].

Abschließend bittet der Bundesrat noch darum, in § 45a EStG eine Rechtsgrundlage für eine elektronische Übermittlung der Kapitalertragsteueranmeldung zu schaffen, weil durch das Zusammenspiel von Abgeltungsteuer und Weiterleitung der einbehaltenen Kirchensteuer Erschwernisse in der verwaltungstechnischen Abwicklung zu erwarten seien, denen aber dadurch begegnet werden könne, dass die anmeldepflichtigen Stellen verpflichtet würden, die Kapitalertragsteuer auf elektronischem Wege zu übermitteln, um die Betriebsfinanzämter bei der Bündelung der sich aus den verschiedenen Kapitalertragsteueranmeldungen ergebenen Daten zu unterstützen[116]. Wenngleich die Bundesregierung den Vorschlag einer elektronischen Übermittlung der Kapitalertragsteueranmeldung grundsätzlich begrüßt, lehnt sie den Antrag des Bundesrates ab, weil ihr eine Regelung dieser Thematik in einem späteren Gesetz, das die angemessene Beteiligung der betroffenen Verbände gewährleistet und dadurch die praktische Umsetzung besser einzuschätzen ermöglicht, vorschwebt[117].

Sämtliche Vorschläge des Bundesrates sind ambivalent zu beurteilen. Positiv hervorzuheben ist, dass sie fast ausnahmslos sinnvolle Ergänzungen zum Regierungsentwurf darstellen. Einzig die Forderung nach einer höheren Ersatzbemessungsgrundlage erscheint unangebracht, da – entgegen der Annahme des Bundesrates – zumindest im Regelfall keine Sachverhalte mit Erträgen jenseits der 30 Prozent vorliegen, sondern häufig (wesentlich) geringere Erträge erzielt worden sein dürften. Ansonsten dienten sowohl die übernommenen als auch die abgelehnten Änderungsvorschläge einer besseren und auch gerechteren Umsetzung des Gesetzes an sich. Sie zeugen von einer intensiven Befassung mit der Frage nach der optimalen Durchführbarkeit einer Abgeltungsteuer. Andererseits kommen auch von Seiten des Bundesrates (und damit aus einem zur tatsächlichen [Mit]Gestaltung fähigen

---

115 BT-Drs. 16/5377, S. 26.

116 BT-Drs. 16/5377, S. 15.

117 BT-Drs. 16/5377, S. 26; kurze Zeit später, nämlich mit dem JStG 2008 v. 20.12.2007, BGBl. I 2007, 3150 (3157) wurde dann aber die Kapitalertragsteueranmeldung mit Wirkung zum 01.01.2009 auf ein elektronisches Verfahren umgestellt, ohne dass hierüber nähe geführte Diskussionen ersichtlich wären, vgl. BT-Drs. 16/7036, 17 sowie Finanzausschuss, Protokoll 16/71.

politischen Organ) keine Anregungen, sich doch nochmals mit den grundlegenden Problemen und Kritikpunkten der Abgeltungsteuer zu beschäftigen. Hierdurch hätte das Projekt Abgeltungsteuer vielleicht noch verhindert werden können. Es scheint aber, dass die Bundesländer das Gesamtprojekt Unternehmensteuerreform möglichst nicht mehr gefährden wollten und sich deshalb auf die bereits dargestellten punktuellen Korrekturen beschränkt haben. Hier wäre eine konfrontativere Position wünschenswert gewesen, da sie in diesem Fall nicht zu politischer Blockade, sondern (möglicherweise) zu einer systematisch überzeugenderen und rechtlich weniger angreifbaren Lösung geführt hätte.

So wurde nachfolgend der Vorschlag der Bundesregierung mit den geringfügig vom Bundesrat initiierten Änderungen Gesetz. Das Paket Abgeltungsteuer wurde also nicht nochmals aufgeschnürt.

Auch in den ersten Jahren ihrer Geltung hat die Abgeltungsteuer keine wesentlichen Änderungen erfahren. Wiederum blieb es bei punktuellen Änderungen und Ergänzungen. Insbesondere das Jahressteuergesetz 2009 beschränkte sich auf einige wenige technische Änderungen, die für den hier zu behandelnden Untersuchungsgegenstand ohne weitere Bedeutung sind[118]. Schon mehr Bedeutung hatte dagegen das Jahressteuergesetz 2010, mit dem u.a. die umstrittene Besteuerung von Erstattungszinsen[119] geregelt wurde[120]. Als für die Abgeltungsteuer wesentliche Neuerung durch das Steuervereinfachungsgesetz 2011 ist die Aufhebung des § 2 Vb Satz 2 EStG zu nennen[121]. Die zuletzt verabschiedete bedeutsame Regelung ist das im Rahmen des Beitreibungsrichtlinie-Umsetzungsgesetzes eingeführte automatisierte Kirchensteuerabzugsverfahren bei Kapitalerträgen[122].

D. Die politischen Stellungnahmen

Bereits am Tage nach der Veröffentlichung des Gesetzentwurfs der Bundesregierung für ein Unternehmensteuerreformgesetz 2008 äußert die Fraktion Bündnis 90/Die Grünen Kritik. Bzgl. der hier allein interessierenden Punkte zur Abgeltungsteuer wird deren Eignung zur nachhaltigen Sicherung des deutschen Steuersubstrats bezweifelt, weil sie vielmehr zu erheblichen Steuerausfällen führe und außerdem der angestrebten Rechtsform- und Finanzierungsneutralität zuwiderlaufe[123]. Auch eine Vereinfachung und steuerliche Gleichbehandlung aller Kapitaleinkünfte werde nicht erreicht[124]. Daher müsse eine Abgeltungsteuer so ausgestaltet werden, dass

118 Für die Details s. *Melchior*, DStR 2009, S. 4 (6–10).

119 Zu der hierdurch begründeten Rückwirkungsproblematik ausführlich unten in § 6 F. II. 3.

120 Vgl. hierzu und zu den übrigen nennenswerten Änderungen im Bereich der §§ 20, 32d und 43 V EStG *Melchior*, DStR 2010, S. 2481 (2484–2486).

121 Zur verfassungsrechtlichen Bedeutung s. unten § 6 C. VIII. 3. d) bb).

122 Dazu noch näher in § 6 D. IV.

123 Vgl. BT-Drs. 16/4855, S. 1.

124 BT-Drs. 16/5491, S. 13.

die Eigenkapitalfinanzierung nicht noch weitergehend gegenüber der Fremdkapitalfinanzierung benachteiligt werde[125]. Auch die Fraktion Die Linke befürchtet haushaltsbedrohende Mindereinnahmen und weist ferner darauf hin, dass eine Entlastung im Bereich der Kapitaleinkünfte aufgrund des in Deutschland ohnehin schon niedrigen Steuersatzniveaus nicht angezeigt sei[126]; dies gelte umso mehr, als die Steuerbelastung der Bruttolöhne seit Jahren stiege, während sie im Bereich der Gewinn- und Vermögenseinkünfte kontinuierlich sänke[127]. Die Linke spricht sich auch insgesamt gegen die Einführung einer Abgeltungsteuer aus. Stattdessen fordert sie, Kapitalvermögen zukünftig, bei Anfall im Inland, durch obligatorische Kontrollmitteilungen der Banken an die Finanzämter zu erfassen und überdies wie bisher mit dem progressiven Einkommensteuertarif zu besteuern[128]. Auch um der Kapitalflucht ins Ausland wirksam entgegenzutreten sei eine Abgeltungsteuer nicht geboten. Vielmehr sei deshalb eine intensive Kooperation zwischen den Finanzbehörden der einzelnen Staaten mit Vehemenz voranzutreiben[129]. Zur Begründung ihrer Position verweist die Linke auf das Gebot der Gleichbehandlung aller Steuerpflichtigen, das Gebot der Besteuerung nach der wirtschaftlichen Leistungsfähigkeit, auf die Verteilungsgerechtigkeit sowie die Annahme, dass allein ein niedriger Steuersatz ungeeignet sei, einen Anreiz für eine Versteuerung von Inlandsgewinnen im Inland zu schaffen[130]. Die FDP äußert sogar verfassungsrechtliche Bedenken, weil die Einschränkung von Verlustverrechnungsmöglichkeiten dem Prinzip der Besteuerung nach der wirtschaftlichen Leistungsfähigkeit dermaßen zuwiderlaufe, dass dadurch die Abgeltungsteuer einer Überprüfung durch das BVerfG möglicherweise nicht Stand halten könne[131]. Ferner lehnt sie die Einbeziehung privater Veräußerungsgewinne in die Abgeltungsteuer mit der Begründung ab, dass hiermit erhebliche Probleme für den Finanzierungsstandort Deutschland sowie im Hinblick auf die private Altersvorsorge über Fondssparpläne ausgelöst würden[132]. Schließlich widerspricht die FDP auch der Annahme der Bundesregierung, dass die weit gefassten Möglichkeiten zum Kontenabruf für steuerliche Zwecke eingeschränkt würden, weil sich tatsächlich eine Ausweitung derartiger Möglichkeiten zugunsten der Finanzverwaltung feststellen lasse[133]. Einhellige Zustimmung aller Oppositionsfraktionen erfährt das Gesetzeswerk allein unter dem Gesichtspunkt des damit verbundenen Bürokratieabbaus[134].

---

125 BT-Drs. 16/4855, S. 2.
126 Vgl. BT-Drs. 16/5249, S. 1.
127 BT-Drs. 16/5249, S. 2.
128 Vgl. BT-Drs. 16/5249, S. 3.
129 Vgl. BT-Drs. a.a.O.
130 Vgl. BT/Drs. 16/5249, S. 6 f.
131 Vgl. BT/Drs. 16/5491, S. 12.
132 BT-Drs. 16/5491, S. 12.
133 BT-Drs. 16/5491, S. 15.
134 BT-Drs. a.a.O.

Insgesamt werden damit zahlreiche Kritikpunkte genannt, die Verfassungsmäßigkeit der Abgeltungsteuer aber dennoch entweder gar nicht oder nur verhalten in Frage gestellt. Obwohl Politiker aus den Oppositionsreihen regelmäßig keine Scheu zeigen, ein Gesetzesvorhaben ausdrücklich als offensichtlich bzw. in weiten Teilen verfassungswidrig zu bezeichnen und mit der Aussage, dass „Karlsruhe der Regierung mal wieder die Grenzen aufzeigen müsse“ oder ähnlichen Floskeln sehr schnell „schwerstes Geschütz“ in Stellung bringen, sucht man eine derartige Kritik im Rahmen der Abgeltungsteuer vergebens. Dies verwundert und verleitet zu der Annahme, dass die Oppositionsfraktionen diese Wertung gescheut haben, weil sie sich entweder inhaltlich nicht tiefgehend genug mit den Problematiken der Abgeltungsteuer befasst haben oder weil auch sie dem politisch weit verbreiteten, aber dennoch unzutreffenden Irrglauben unterliegen, dass fiskalische Interessen geeignet wären, praktisch jedes Steuergesetz irgendwie zu rechtfertigen. Gleichwohl bieten die hier bereits genannten politischen Kritikpunkte auch Ansätze für eine steuersystematische und verfassungsrechtliche Untersuchung.

E. Die Stellungnahmen der Sachverständigen und Interessenverbände sowie die Anhörung vor dem Finanzausschuss

Nicht allein die Politik hat sich Gedanken zur Abgeltungsteuer gemacht – auch 31 Einzelsachverständige, Verbände und Institutionen[135] haben vor dem Gesetzesbeschluss die Gelegenheit gehabt, zur Einführung einer Abgeltungsteuer und ihrer konkreten Ausgestaltung Stellung zu nehmen und auf Einladung des Finanzausschusses darüber hinaus auch an der öffentlichen Anhörung zu diesem Thema am 07.05.2007 teilzunehmen, um dort die jeweiligen Positionen vorzustellen und zu verteidigen. Von dieser Möglichkeit wurde in mehr als zwei Drittel der Fälle Gebrauch gemacht. Im Folgenden werden nun sämtliche der in diesem Rahmen geäußerten Kritikpunkte vorgestellt und auch die in zahlreichen Punkten konträren Standpunkte verschiedener Sachverständiger aufgezeigt. Die auf diese Weise gewonnenen Erkenntnisse bilden dann die Basis einer umfassenden steuersystematischen und verfassungsrechtlichen Kritik der Abgeltungsteuer.

Die Liste der mit der Abgeltungsteuer verbundenen Fragen und Probleme ist lang. Neben der Grundsatzfrage „Abgeltungsteuer einführen: ja oder nein?“ stehen diverse erörterungsbedürftige Punkte, die hier nach übergeordneten Themen gegliedert zunächst einmal im Überblick aufgelistet werden.

Ganz allgemein stellt sich zuerst die Frage, ob die Abgeltungsteuer zu einer Vereinfachung oder weiteren Verkomplizierung des deutschen Steuerrechts führt. Ferner ist aus Sicht der Finanzverwaltung, aber auch der Banken und Steuerpflichtigen bedeutsam, ob die Abgeltungsteuer die Bürokratie und den Verwaltungsaufwand

---

135 Eine detaillierte Auflistung dieser Gruppe findet sich in BT-Drs. 16/5491, S. 8 f.

zunehmen lässt oder doch geeignet ist, hier den Arbeitsaufwand für alle Beteiligten zu senken. In Anbetracht der immensen Staatsverschuldung des Bundes und der künftigen Bundeshaushalten aus den europäischen Rettungsschirmen drohenden erheblichen finanziellen Haftungsrisiken ist weiter zu fragen, ob die Abgeltungsteuer zu Steuermehreinnahmen führt oder Steuerausfälle zu befürchten sind. Aus wirtschaftlicher Sicht stellt sich die Frage, ob die Abgeltungsteuer eine Tendenz zur Fremdfinanzierung begründet, indem sie Eigenkapital gegenüber Fremdkapital benachteiligt und damit der von der Unternehmensteuerreform 2008 postulierten Finanzierungsneutralität zuwiderläuft. Der Steuersystematiker und Steuerrechtler sieht sich mit der Frage konfrontiert, ob es überhaupt eine Rechtfertigung für eine besondere Besteuerung von Kapitaleinkünften etwa gegenüber den Erwerbseinkünften gibt, inwieweit also eine Abgeltungsteuer mit dem bisherigen System der synthetischen Einkommensteuer brechen muss oder brechen darf, ferner, ob sie die grundlegenden Prinzipien des deutschen Steuerrechts wie die Gleichmäßigkeit der Besteuerung und die Besteuerung nach der wirtschaftlichen Leistungsfähigkeit unter Berücksichtigung des Nettoprinzips wahrt. Ebenfalls in diesem Rahmen zu thematisieren ist die Frage nach der (richtigen) Höhe des Abgeltungsteuersatzes und der entsprechenden Bemessungsgrundlage. Damit ist zugleich § 32d I EStG angesprochen, womit des Weiteren das Zusammenspiel von Abgeltung- und Kirchensteuer ebenso zu behandeln ist wie die Frage nach der Begründetheit der Ausnahmeregelungen in § 32d II EStG. Eine Grundsatzfrage gilt es im Bereich der Besteuerung von privaten Veräußerungsgeschäften zu beantworten: Sollen diese Geschäfte umfassend in die Abgeltungsteuer miteinbezogen werden und wie verhält sich die Abgeltungsteuer zu langfristigen Veräußerungsgewinnen, insbesondere auch unter Berücksichtigung von Altersvorsorge und Inflation? Nicht außer Betracht bleiben soll schließlich auch die Frage nach der Sinn- und Statthaftigkeit des Wegfalls von § 24c EStG einerseits und der Neufassung des § 93 VII AO andererseits. Über all diesen Fragen steht dann zuletzt auch die Frage nach der Steuergerechtigkeit. Das Steuerrecht, und damit auch ganz konkret die Abgeltungsteuer, verfolgt keinen Selbstzweck. Es dient gerade nicht in erster Linie dem (zweifellos legitimen) fiskalischen Interesse des Staates. Vielmehr stehen die individuellen (Grund)Rechte des Bürgers als Steuerpflichtigem im Vordergrund. Diese zu wahren und ihnen zu entsprechen hat zuvörderst der Maßstab zu sein, an dem sich die Abgeltungsteuer messen lassen muss. Hierhinter haben Befindlichkeiten von Politikern und Sachverständigen, von Finanzverwaltung und Wirtschaft, genauso aber auch von Steuertheoretikern und -praktikern zurückzutreten.

F. Die Fragen und Kritikpunkte im Detail

I. Die Grundsatzfrage

Wie bereits aufgezeigt, stellt die Einführung der Abgeltungsteuer eine nachhaltige Zäsur im deutschen Steuerrecht dar[136]. Trotz der vielfältigen Kritik an ihrer Ausgestaltung im Einzelnen spricht sich mit der Allianz SE, dem Bund der Steuerzahler (BdSt), der Bundesteuerberaterkammer (BStBK), dem Bundesverband Investment und Asset Management (BVI), dem Deutschen Aktieninstitut (DAI), dem Deutschen Steuerberaterverband (DStV), den Sachverständigen Gerke und Loritz, den Spitzenverbänden der Industrie, dem Verband der Auslandsbanken (VAB), dem Verband Geschlossene Fonds (VGF), dem Zentralen Kreditausschuss (ZKA) und dem Zentrum für europäische Wirtschaftsforschung (ZEW) eine Mehrheit der Sachverständigen für die Einführung einer Abgeltungsteuer aus. Ohne eine aus ihren Stellungnahmen erkennbare klare Position für oder gegen die Abgeltungsteuer an sich äußern sich der Bundesverband der Verbraucherzentralen, die Deutsche Bundesbank, das ifo-Institut für Wirtschaftsforschung sowie die Evangelische und Katholische Kirche in Deutschland. Der Deutsche Gewerkschaftsbund (DGB) spricht sich zumindest im Bereich der Besteuerung von Zinserträgen gegen eine abgeltende Besteuerung aus. Gänzlich abgelehnt wird eine Abgeltungsteuer von der Deutschen Steuer-Gewerkschaft (DSTG) und den Sachverständigen Hickel und Homburg. Damit lässt sich konstatieren, dass das Meinungsbild der Sachverständigen dem der politischen Parteien[137] entspricht – es reicht von einer breiten Zustimmung zur Idee einer Abgeltungsteuer über ein „Ja, aber“ bis hin zu einem strikten „Nein“ zu allen Spielarten einer Abgeltungsteuer.

Dass allerdings auch sämtliche Befürworter der Abgeltungsteuer Änderungsbedarf hinsichtlich der Art und Weise ihrer konkreten Ausgestaltung sehen, zeigt die nachfolgende Darstellung, in der nicht mehr ein Ja oder Nein zur Abgeltungsteuer im Mittelpunkt steht, sondern allein die verschiedenen Ansichten zum „Wie“ bzgl. ihrer Ausgestaltung aufgezeigt werden.

II. Vereinfachung vs. Verkomplizierung

Dies ist der Punkt, zu dem sich in den Stellungnahmen der meisten Sachverständigen Ausführungen finden. Das deutet darauf hin, dass aufgrund der ohnehin immensen Komplexität des deutschen Steuerrechts die große Sorge besteht, dass durch ein solch einschneidendes Werk wie der Abgeltungsteuer weitere – vielleicht nicht mehr hinnehmbare – undurchschaubare Paragraphen oder Absätze in das EStG eingefügt werden. Auf der anderen Seite zeigt dies aber auch die Hoffnung auf einen „großen Wurf“ im deutschen Steuerrecht, der dieses zumindest im Bereich der Kapitaleinkünfte wieder verständlicher werden lässt. Bezeichnend ist

136 Vgl. hierzu § 3 A.
137 Hierzu bereits in diesem § unter D.

auch, dass sich mit Gerke, Hickel, Homburg und Loritz alle vier Wissenschaftler des Sachverständigengremiums, also der Gruppe jener, die sich traditionell mit stetigen Bemühungen um ein transparentes und verständliches Steuerrecht und mit entsprechenden Forderungen hervortun, gerade auch zu diesem Punkt geäußert haben. Indes stimmen die vier in der Frage nach einem Vereinfachungseffekt nicht überein. Während Hickel, obwohl Gegner einer Abgeltungsteuer, ihr einen erheblichen Vereinfachungseffekt im Bereich der Kapitalertragsbesteuerung bescheinigt[138], kommt Homburg, gleichfalls Gegner der Abgeltungsteuer, zu dem Ergebnis, dass eine wesentliche Verkomplizierung des Steuerrechts zu befürchten sei, weil neben den diversen Gesetzesänderungen und -ergänzungen vor allem sowohl die Planungskosten der Steuerpflichtigen als auch die der Verwaltung deutlich zunehmen würden[139]. Gerke wiederum sieht zwar eine ganz erhebliche Vereinfachung der Kapitalertragsbesteuerung[140], weist aber zugleich darauf hin, dass aufgrund der komplizierten Erhebung der Kirchensteuer im Rahmen der Abgeltungsteuer insoweit leider kontraproduktiv verfahren werde, was zu einer Reduzierung der Verfahrensvereinfachung führe[141]. Auch die BStBK sieht die grundsätzliche Chance einer Vereinfachung des Steuerrechts, die aber aufgrund des hohen Verwaltungsaufwands im Zusammenhang mit der Kirchensteuer sogar vollständig vertan werde, sodass am Ende eine weitere Verkomplizierung des Steuerrechts festzustellen sei[142]. Eine Verkomplizierung nehmen auch der BdSt, der dazu vor allem auf die 40 neuen Informations-, Mitteilungs- und Aufzeichnungspflichten hinweist, und der Bundesverband der Verbraucherzentralen an[143]. Dagegen sieht der VGF eine Vereinfachung und mehr Klarheit der Besteuerung verbunden mit einem deutlich entbürokratisierten Verfahren[144]. Auch das DAI teilt die Ansicht und sieht in der Vereinfachung der Besteuerung sogar das gewichtigste Argument für die Abgeltungsteuer[145]. Loritz schließlich sieht ebenfalls einen starken Vereinfachungseffekt und erwartet einen spürbaren Bürokratieabbau[146]. Er geht sogar so weit anzunehmen, dass durch die Abgeltungsteuer einer der sehr seltenen Fälle eintrete, in denen ein neues Steuergesetz das Steuerrecht nicht ein weiteres Mal verkompliziere und Deutschland damit auch international Imagepflege betreiben könne, indem bewiesen werde, dass die BRD in der Lage sei, durch eine grundlegende Neuerung den Steuerpflichtigen zu ermöglichen, selbständig und fehlerfrei die eigene Steuerlast im Bereich der Kapitalerträge zu berechnen[147]. An diesen Äußerungen zeigt sich einmal mehr, dass

138 *Hickel,* Stellungnahme, S. 1 f.
139 *Homburg,* Stellungnahme, S. 4.
140 *Gerke,* Stellungnahme, S. 2.
141 *Gerke,* a.a.O., S. 4.
142 *BStBK,* Stellungnahme, S. 2, 30 f., 37.
143 *BdSt,* Stellungnahme, S. 2; *Verbraucherzentrale Bundesverband,* Stellungnahme, S. 3.
144 *VGF,* Stellungnahme, S. 2.
145 *DAI,* Stellungnahme, S. 1.
146 *Loritz,* Stellungnahme, S. 3 f.
147 *Loritz,* Stellungnahme, S. 4; *ders.,* Finanzausschuss, Protokoll Nr. 16/57, S. 5 f.

jede Steuerreform auch daran zu messen ist, inwieweit sie zu einer Vereinfachung des Rechts beiträgt.

III. Bürokratie und Verwaltungsaufwand

Eng mit der Frage nach der Komplexität der Abgeltungsteuer verbunden ist die Frage nach ihren Auswirkungen auf Bürokratie und Verwaltungsaufwand, und zwar sowohl im Hinblick auf die Finanzverwaltung als auch auf Wirtschaft und Steuerpflichtige. Ohne dies näher zu konkretisieren, erwartet Loritz einen spürbaren Bürokratieabbau[148]. Dem widerspricht allen voran die DSTG. Sie ist der Auffassung, dass gerade die Finanzverwaltung in besonderer Weise von der Abgeltungsteuer nachteilig betroffen sei, weil entgegen der Ansicht des Gesetzgebers die Abgeltungsteuer zu einem erheblichen Mehraufwand auf Ebene der Steuerverwaltung führe; dieser Effekt werde zudem noch dadurch verstärkt, dass dieser Mehrarbeit ein kontinuierlicher Stellenabbau in der Finanzverwaltung gegenüberstehe[149]. Ferner wird auch auf die durch die Abgeltungsteuer zu befürchtenden Bürokratiekosten für die Wirtschaft in Höhe von fast 300 Millionen Euro kritisch hingewiesen. Auch der ZKA sorgt sich um den bürokratischen Mehraufwand insbesondere für die Kreditinstitute und verlangt daher, dass dieser gerade auch im Hinblick auf die Kirchensteuererhebung auf das absolute Minimum beschränkt werde[150].

IV. Steuermehr- vs. Steuermindereinnahmen

Die Folgen einer Abgeltungsteuer für den Finanzhaushalt abzusehen, gestaltet sich schwierig[151], denn anders als z.B. bei einer Senkung oder Erhöhung der Einkommensteuersätze, hängen die Auswirkungen einer Abgeltungsteuer stark mit dem Anlageverhalten der Steuerpflichtigen zusammen. Dieses zu prognostizieren ist jedoch mit vielen Unwägbarkeiten behaftet und damit nur eingeschränkt möglich. Dementsprechend gehen auch die Meinungen der Sachverständigen zu dieser Frage deutlich auseinander. So rechnet Loritz damit, dass die Abgeltungsteuer einen äußerst positiven Anreiz bildet, um Kapital in Deutschland zu investieren, sodass bereits ab dem Jahr 2011 oder spätestens 2013 mit deutlichen Steuermehreinnahmen gerechnet werden könne, ohne dass zuvor nennenswerte Steuerausfälle zu befürchten seien[152]. Auch der BVI erwartet steigende Steuereinnahmen und begründet dies mit der durch die Abgeltungsteuer stark ausgeweiteten Veräußerungsgewinnbesteuerung[153].

---

148 *Loritz*, Stellungnahme, S. 4.

149 *DSTG*, Stellungnahme, S. 3 f.

150 *ZKA*, Stellungnahme, S. 3.

151 So auch *Loritz*, Finanzausschuss, Protokoll Nr. 16/57, S. 25 f. Dass sich letztlich keine der nachfolgenden Prognosen als zutreffend erwies, zeigt die in § 8 B. dargestellte tatsächliche Entwicklung.

152 *Loritz*, a.a.O.

153 *BVI*, Stellungnahme, S. 4.

Dagegen befürchten der DGB, die DSTG und Homburg Steuerausfälle in zweistelliger Milliardenhöhe[154]. Dies liege vor allem daran, dass die Annahme von Steuermehreinnahmen durch Rückfluss von bisher im Ausland angelegten und dem deutschen Fiskus nicht angezeigten Geldern verfehlt sei[155].

V. Finanzierungsneutralität oder Benachteiligung des Eigenkapitals gegenüber Fremdkapital?

Die Begründung der Unternehmensteuerreform 2008 weist als ein Ziel die steuerrechtliche Gleichbehandlung von Eigenkapital und Fremdkapital aus, will also weitestgehend Finanzierungsneutralität erreichen und zudem steuerliche Anreize setzen, um die Eigenkapitalquoten der Unternehmen zu erhöhen[156]. Die Sachverständigen können allerdings nicht feststellen, dass die Abgeltungsteuer dieses Ziel zu fördern vermag. Vielmehr sehen sie die Abgeltungsteuer gerade auch im Hinblick auf Unternehmensfinanzierungen als nicht neutral an, weil sie eindeutig die Eigenkapitalfinanzierung gegenüber der Fremdfinanzierung benachteilige[157]. Damit laufe die Abgeltungsteuer nicht nur der gesetzgeberischen Intention zuwider, sondern führe vielmehr zu einer mit der Diskriminierung eigenfinanzierter Unternehmensinvestitionen einhergehenden Verstärkung der Fremdkapitalfinanzierung und beeinflusse folglich unternehmerische Finanzierungsentscheidungen negativ[158]. Darüber hinaus entstehe eine starke Tendenz zur Steuerarbitrage, also der Verlagerung unternehmerischer Gewinne in den Bereich der Kapitalerträge, um in den Genuss des günstigeren Abgeltungsteuersatzes zu kommen; dies lasse sich auch nicht allein dadurch verhindern, dass die hierfür besonders anfällige Gesellschafterfremdfinanzierung von der Abgeltungsteuer ausgenommen sei, weil in der Praxis Gestaltungsmöglichkeiten gefunden würden, um diese Konsequenz zu vermeiden[159]. Schließlich wird die Auffassung vertreten, dass auch allein aufgrund der in diesem Bereich bestehenden Schwachpunkte der Abgeltungsteuer überhaupt nur die Einführung der Zinsschranke erforderlich gewesen sei, sodass bei einem Verzicht auf die Abgeltungsteuer auch die Zinsschranke überflüssig würde[160].

---

154 *DGB*, Stellungnahme, S. 3; *DSTG*, Stellungnahme, S. 2 f.; *Homburg*, Finanzausschuss, Protokoll Nr. 16/57, S. 15.

155 Vgl. *DGB*, Stellungnahme, S. 4; *Homburg*, Stellungnahme, S. 3 f.

156 BT-Drs. 16/4841, S. 29, 31.

157 *DGB*, Stellungnahme, S. 5; *DSTG*, Stellungnahme, S. 10; *Verbraucherzentrale Bundesverband*, Stellungnahme, S. 2.

158 *Deutsche Bundesbank*, Stellungnahme, S. 3 f.; *ZEW*, Stellungnahme, S. 2, 5 ff.

159 *BStBK*, Stellungnahme, S. 32; *Reister* (ZEW), Finanzausschuss, Protokoll Nr. 16/57, S. 16.

160 *Homburg*, Finanzausschuss, Protokoll Nr. 16/57, S. 17; zur – im Vergleich mit der Abgeltungsteuer nicht minder starken – Kritik an der Zinsschranke exemplarisch *Höller* (2011), S. 204 ff.; auch die Rspr. hatte hier zwischenzeitlich durch einige AdV-Beschlüsse (s. etwa FG Berlin-Brandenburg EFG 2012, 358; BFH BStBl. II 2012,

VI. Rechtfertigung der steuerlichen Sonderbehandlung von Kapitaleinkünften

Schon die Politik hat – wenngleich nur sehr zurückhaltend formulierend – erkannt, dass „es nicht ganz selbstverständlich ist, dass für Kapitaleinkünfte eine andere Besteuerung gewählt wird, als für andere Einkünfte“[161]. Dementsprechend haben sich auch die Sachverständigen mit der Frage nach einer tragfähigen Begründung für diese Konsequenz der Abgeltungsteuer beschäftigt, ebenso mit der eng damit verbundenen Systemfrage in Bezug auf die bisher synthetische Einkommensteuer. Die Meinungen sind auch an dieser Stelle gespalten. So sieht etwa der DGB in der Abgeltungsteuer eine ungerechtfertigte Privilegierung der Einkünfte aus Kapitalvermögen[162], während die Deutsche Bundesbank darauf hinweist, dass eine Rechtfertigung grundsätzlich unter zwei Gesichtspunkten in Betracht komme: zum einen durch die Abmilderung der durch die synthetische Einkommensbesteuerung bedingten Verzerrung intertemporaler Konsumentscheidungen, zum anderen durch die Tatsache, dass im Bereich der Kapitalerträge erzielte Vermögenszuwächse häufig lediglich einen Inflationsausgleich darstellen, der gerade nicht mit einem nennenswerten Zuwachs an wirtschaftlicher Leistungsfähigkeit einhergeht[163]. Homburg gibt zu bedenken, dass zu der Frage, wie Kapitaleinkünfte in Relation zu anderen Einkünften zu besteuern seien, seit geraumer Zeit alle drei denkbaren Ansichten vertreten werden: geringere Besteuerung der Kapitaleinkünfte, gleich hohe Besteuerung oder höhere Besteuerung[164]. Wenngleich dies aber letztlich auch eine sich wissenschaftlicher Beurteilung entziehende Frage der Steuergerechtigkeit sei, so ließe sich doch zumindest attestieren, dass breite Schichten der Bevölkerung, insbesondere die Arbeitnehmer, einer Privilegierung der Kapitaleinkünftebesteuerung nicht zustimmen würden[165]. Dagegen will Loritz etwaige einer Rechtfertigung entgegenstehende Bedenken dadurch ausräumen, dass er pragmatisch darauf abstellt, dass die Diskrepanz zwischen der Nichtbesteuerung steuerunehrlicher Bürger und der vollumfänglichen Besteuerung der Steuerehrlichen wesentlich größer sei

611; 2014, 947 m. zustimmenden Anm. von *München/Mückl,* DStR 2014, 1469 ff.), in denen die Verfassungsmäßigkeit der Zinsschranke bezweifelt wird, für Bewegung gesorgt, bevor schließlich BFH DStR 2016, 301 ff. an das BVerfG vorgelegt hat [Az.: 2 BvL 1/16]; stellvertretend für die Bejahung der Verfassungsmäßigkeit aus jüngerer Zeit FG München EFG 2015, 1126 f., 1127 [Rev. I R 21/15] und 1127 f. [Rev. I R 18/15] sowie *Heuermann,* DStR 2013, S. 1 ff. mit Replik und anderer Wertung von *Prinz,* FR 2013, S. 145 ff.; im Rahmen einer sehr breit angelegten Untersuchung kommt *Heyes* (2014), S. 404 ff., 487 f. zu dem Ergebnis, dass die Zinsschranke nur verfassungskritisch, aber nicht verfassungswidrig sei.

161 So das Finanzausschussmitglied *Spiller* (SPD) in Protokoll Nr. 16/57, S. 6.

162 *DGB,* Stellungnahme, S. 7.

163 *Deutsche Bundesbank,* Stellungnahme, S. 2 f.

164 *Homburg,* Stellungnahme, S. 2 f.

165 *Homburg,* a.a.O., S. 3.

als die nun auftretenden Unterschiede zwischen den jeweiligen Steuersätzen[166]. Der durch die Abgeltungsteuer erreichte Fortschritt in der Besteuerungsbreite soll also die als weniger gravierend empfundene Ungleichbehandlung hinsichtlich der Besteuerungshöhe rechtfertigen. Ebenfalls praxisorientiert will Gerke die steuerliche Sonderbehandlung der Kapitaleinkünfte rechtfertigen. So will er lieber auf ein einheitliches synthetisches System, vom dem aber nur Spezialisten mit besonderen Detailkenntnissen profitieren, zugunsten des durch die Abgeltungsteuer geschaffenen und einige Brüche aufweisenden Systems, das dafür aber allgemein verständlich sei, verzichten[167]. Damit wäre auch schon zur Frage nach einer Systemverschiebung im Einkommensteuerrecht durch die Abgeltungsteuer übergeleitet. Eine solche Systemverschiebung kann die Deutsche Bundesbank nicht erkennen. Sie sieht die synthetische Einkommensteuer weiterhin als Grundlage an, die durch die Abgeltungsteuer nur modifiziert werde; insofern wird auch auf die bereits vor der Abgeltungsteuer bestehende umfangreiche Sonderbehandlung privater Kapitaleinkünfte hingewiesen[168]. Hickel hingegen spricht von einem fundamental-historischen Systemwechsel, dem aber nicht zu folgen sei, weil auch bei der Neuordnung der Kapitalertragsbesteuerung eine Lösung im Rahmen der bisherigen synthetischen Einkommensbesteuerung gefunden werde könne und müsse, um die aus systematischen Gründen erforderlichen Prinzipien einer Besteuerung zu wahren[169]. Auch der Bundesverband der Verbraucherzentralen vertritt diese Auffassung und begründet sie damit, dass die synthetische Einkommensteuer die gerechteste Lösung sei und zudem allgemein akzeptiert werde, weshalb eine gravierende Abkehr von diesem System, wie sie mit der Abgeltungsteuer verbunden sei, keine Zustimmung finden könne[170].

1. *Besteuerung nach der wirtschaftlichen Leistungsfähigkeit und Nettoprinzip*

Die besondere Brisanz gerade auch des Werbungskostenabzugsausschlusses und der gleiche wirtschaftliche Leistungsfähigkeit suggerierenden, aber unterschiedlich hoch besteuerten Erwerbs- und Kapitaleinkünfte wird besonders im Rahmen der Sachverständigenanhörung deutlich. Hier werden die Sachverständigen zum Teil etwas emotionaler[171]. Auch in den Stellungnahmen der Sachverständigen nimmt dieser

---

166 *Loritz*, Stellungnahme, S. 3.

167 *Gerke*, Finanzausschuss, Protokoll Nr. 16/57, S. 7.

168 *Deutsche Bundesbank*, Stellungnahme, S. 2.

169 *Hickel*, Finanzausschuss, Protokoll Nr. 16/57, S. 11 f.

170 *Verbraucherzentrale Bundesverband*, Stellungnahme, S. 2.

171 Exemplarisch hierzu vor allem die Ausführungen von *Homburg*, Finanzausschuss, Protokoll Nr. 16/57, S. 14 und des DGB-Vertreters *Tofaute*, ebenda, S. 27 f. Im Hinblick auf die in diesem Zusammenhang in der Anhörung häufig behauptete Verfassungswidrigkeit der Abgeltungsteuer sah sich der Vorsitzende des Finanzausschusses sogar veranlasst, darauf hinzuweisen, dass der Deutsche Bundestag

Punkt besonders breiten Raum ein. Allein die Deutsche Bundesbank stellt zurückhaltend fest, dass die Abgeltungsteuer nicht einer umfassenden und gleichmäßigen, an der wirtschaftlichen Leistungsfähigkeit orientierten Einkommensbesteuerung entspricht[172]. Deutlicher wird dagegen schon der Zentrale Kreditausschuss, der im Rahmen der steuerlichen Behandlung von Stillhalterprämien durch die umfassende Wertzuwachsbesteuerung eine prohibitiv wirkende Besteuerung feststellt, die das Nettoprinzip eklatant verletze[173]. Umfassende Kritik an der Einschränkung des Nettoprinzips überhaupt äußert die Bundessteuerberaterkammer und sieht hier gerade im Bereich von Fremdfinanzierungskonstellationen zum Teil untragbare Steuerfolgen[174]. Auch Loritz und der Deutsche Steuerberaterverband kritisieren die Einschränkung des Verlustausgleichs bei privaten Veräußerungsgeschäften, weil hierin ein Widerspruch zum Prinzip der Besteuerung nach der Leistungsfähigkeit und zum Nettoprinzip zu sehen sei[175]. Dem ZEW erscheint daneben auch das Abzugsverbot für tatsächlich angefallene Werbungskosten als Verletzung des Nettoprinzips verfassungsrechtlich problematisch[176]. Starke verfassungsrechtliche Bedenken äußert schließlich auch Hickel, der diesbezüglich vor allem moniert, dass das Prinzip der Besteuerung nach der wirtschaftlichen Leistungsfähigkeit abgeschafft werde und verschiedene Einkünfte bei der Besteuerung eklatant ungleich behandelt würden[177].

2. Steuersatz und Bemessungsgrundlage

In dieser Frage kristallisiert sich eine einheitliche Meinung unter den Sachverständigen heraus: Die Höhe des Abgeltungsteuersatzes sollte unbedingt abgesenkt werden. Dass dies ein Anliegen nahezu aller Sachverständigen ist, zeigt sich gerade auch im Rahmen der Anhörung vor dem Finanzausschuss. Hier wird kaum eine Gelegenheit ausgelassen, eine entsprechende Kritik vorzubringen. Aber auch die vorherigen Stellungnahmen der Sachverständigen weisen schon unmissverständlich in diese Richtung. So ist das DAI der Auffassung, dass der Abgeltungsteuer zu ihrer nahezu perfekten Ausgestaltung nur noch ein Steuersatz von maximal 20 Prozent fehle, wobei Kirchensteuer und Solidaritätszuschlag dabei schon miteinbezogen werden müssten, was einem reinen Abgeltungsteuersatz von 17,5 Prozent entspreche[178]. Ähnlich im Hinblick auf den Steuersatz äußern sich auch der Bund der Steuerzahler und der VGF. Sie weisen darüber hinaus darauf hin, dass der Abgeltungsteuersatz

---

immerhin auch ein Verfassungsorgan ist und daher zunächst und vor allen anderen Verfassungsorganen über die Verfassungsmäßigkeit eines Gesetzes aus seiner Sicht entscheiden könne.

172 *Deutsche Bundesbank*, Stellungnahme, S. 2.

173 *ZKA*, Stellungnahme, Anlage, S. 2 f.

174 *BStBK*, Stellungnahme, S. 33 ff.

175 *Loritz*, Stellungnahme, S. 9 f.; *DStV*, Stellungnahme, S. 3 f.

176 *ZEW*, Stellungnahme, S. 8.

177 *Hickel*, Stellungnahme, S. 1, 3.

178 *DAI*, Stellungnahme, S. 1, 5.

auch deshalb niedriger anzusetzen sei, weil die Bemessungsgrundlage aufgrund des Werbungskostenabzugsausschlusses deutlich verbreitert werde[179]. In diesem Zusammenhang wird von anderer Seite darauf abgestellt, dass auch die nun uneingeschränkte Veräußerungsgewinnbesteuerung zu einer weiteren Verbreiterung der Bemessungsgrundlage führe[180]. Ein wesentlicher Vorteil eines dergestalt geringeren Abgeltungsteuersatzes sei ferner, dass dieser die Wahlveranlagungen im Rahmen der Günstigerprüfung entbehrlich mache und damit zu einer nochmaligen spürbaren Verringerung von Bürokratie und Verwaltungsaufwand führe[181]. Ein weiterer Aspekt findet sich im Zusammenspiel von Abgeltungsteuer und Wegfall des Halbeinkünfteverfahrens unter gleichzeitiger Berücksichtigung internationaler Rahmenbedingungen. Denn zum einen könne ein Abgeltungsteuersatz von 25 Prozent die bisherige Entlastung durch das Halbeinkünfteverfahren nicht ausreichend kompensieren, zum anderen führe er dadurch in Verbindung mit der steuerlichen Vorbelastung von Körperschaftserträgen zu einer Gesamtbelastung von etwa 50 Prozent, was weder im europäischen Vergleich noch darüber hinaus der Attraktivität des Investitions- und Finanzmarktes Deutschland dienlich sei[182]. Als Alternative zur Absenkung des Abgeltungsteuersatzes sei zudem die Einführung des Teileinkünfteverfahrens auch im Bereich privater Wertpapierveräußerungsgewinne und bei Dividenden denkbar[183]. Der ZEW plädiert schließlich ebenfalls für eine partielle Befreiung von Ausschüttungen und Gewinnen von Anteilsverkäufen von der Abgeltungsteuer sowie für einen übereinstimmenden Steuersatz für Abgeltungsteuer und Unternehmensgewinne. So ließe sich eine Belastungsgleichheit zwischen Selbstfinanzierung und Fremdfinanzierung, wie auch eine annähernde Belastungsgleichheit der Beteiligungsfinanzierung erreichen[184]. Um die Akzeptanz der Abgeltungsteuer zu stärken und die BRD zu einem steuerlich attraktiveren Standort für Unternehmen zu machen, sei dabei die Unternehmenssteuerbelastung von etwa 30 Prozent auf die Höhe des Abgeltungsteuersatzes abzusenken[185].

VII. Abgeltungsteuer und Kirchensteuer

§ 32d I Sätze 3–5 EStG sieht vor, dass die Kirchensteuer im Bereich der Abgeltungsteuer ebenfalls bereits im Quellenabzugsverfahren erhoben wird. Darüber hinaus gewährleistet der Verweis des § 43a I 3 EStG, dass auch der Sonderausgabenabzug der Kirchensteuer bei der Bemessung der Abgeltungsteuer in gleichem Maße wie bisher berücksichtigt wird. Diese Ausgestaltung entspricht dem Anliegen

179 *BdSt*, Stellungnahme S. 14 f.; *VGF*, Stellungnahme, S. 2.
180 *ZKA*, Stellungnahme, Anlage, S. 9.
181 *DAI*, Stellungnahme, S. 5; *VGF*, Stellungnahme, S. 2; *ZKA*, Stellungnahme, Anlage, S. 9.
182 *Loritz*, Stellungnahme, S. 6.
183 *Loritz*, a.a.O.
184 *ZEW*, Stellungnahme, S. 7.
185 *ZEW*, a.a.O.

der beiden großen Kirchen in Deutschland und wird von ihnen folglich ebenso befürwortet wie der Umstand, dass Kapitalerträge nach wie vor als Einkommen deklariert werden, das wiederum die Grundlage für die Erhebung der Kirchensteuer darstelle und zudem von Bedeutung für den Erhalt des Spendenabzugs sei[186]. Weil aber den Kreditinstituten die Aufgabe des Einbehalts der mit der Abgeltungsteuer zusammenhängenden Kirchensteuer zugewiesen wurde, regt sich von Seiten der Kreditinstitute Kritik. So sei es nicht hinnehmbar, dass die Kreditinstitute nun in den Fällen, in denen die Abgeltungsteuer endgültig einbehalten werde, eine Vollveranlagung durchführten und dafür keinerlei Entgelt erhielten, während der Staat eine dem genau entsprechende Leistung im Rahmen der übrigen Einkunftsarten von den Kirchen entgolten bekomme[187]. Erschwerend komme hinzu, dass die Kreditinstitute aufgrund der Übergangsregelungen in §§ 52c, 52d EStG gezwungen seien, für den Kirchensteuereinbehalt ein nur kurze Zeit währendes System aufzubauen, das den Verwaltungsaufwand der Kreditinstitute weiter erhöhe und nach kurzer Zeit wieder abgeschafft werde[188]. Auch Gerke weist darauf hin, dass ein bislang von staatlicher Seite getragener Verwaltungsaufwand nunmehr auf die betroffenen Finanzinstitutionen übertragen werde und dass diese ferner mit einem überaus komplizierten Erhebungsverfahren konfrontiert würden, in dem nicht nur die unterschiedlichen Kirchensteuersätze, sondern auch Veränderungen in der Religionsgemeinschaft während eines Steuerjahres zu berücksichtigen sowie Aufteilungen der Kirchensteuer bei Ehepartnern vorzunehmen seien[189]. Auf die beschriebene Komplexität der Kirchensteuer und ihrer Berechnung stellt auch die DSTG ab, wenn sie bemängelt, dass für einen Normalbürger diese Regelungen nicht mehr verständlich seien[190]. Die BStBK äußert hierzu schließlich auch datenschutzrechtliche Bedenken, da das Verfahren des Kirchensteuereinbehalts im Rahmen der Abgeltungsteuer die Offenbarung der Kirchenzugehörigkeit gegenüber der die Kapitalerträge auszahlenden Stelle erforderlich mache[191].

VIII. Die Ausnahmeregelungen des § 32d II EStG

Zwar wird dieser Punkt nur in verhältnismäßig wenigen Stellungnahmen thematisiert, dafür aber vom ZKA besonders breit erörtert. Allen voran die Regelung in § 32d II Nr. 1 lit. c) EStG zur sog. Back-to-back-Finanzierung sei ersatzlos zu streichen[192]. Begründet wird dies mit dem andernfalls erfolgenden massiven Eingriff in

---

186 *Rat der Evangelischen Kirche in Deutschland und Kommissariat der deutschen Bischöfe*, Gemeinsame Stellungnahme, S. 4 f; *Niclas* (Deutsche Bischofskonferenz), Finanzausschuss, Protokoll Nr. 16/57, S. 39 f.

187 *Tischbein* (ZKA), Finanzausschuss, Protokoll Nr. 16/57, S. 38 f.

188 *Tischbein* (ZKA), a.a.O., S. 38; *ZKA*, Stellungnahme, S. 3.

189 *Gerke*, Stellungnahme, S. 4.

190 *DSTG*, Stellungnahme, S. 10.

191 *BStBK*, Stellungnahme S. 31.

192 *ZKA*, Stellungnahme, S. 2; *ders.*, Stellungnahme, Anlage, S. 10.

die Geschäftsbeziehungen zwischen Kreditinstituten und Kunden sowie dem Umstand, dass dies in der Praxis zu einer fast vollständigen progressiven Versteuerung bei Einzel-, Mitunternehmern und Kapitalgesellschaftsgesellschaftern führe[193]. Diese werden nämlich wohl kaum Geschäftsbeziehungen zu mehreren Kreditinstituten aufbauen oder unterhalten, sondern ggf. erforderliche Kreditverträge gerade bei ihrer bekannten und bewährten Hausbank abschließen. Die Finanzämter wiederum müssten, um eine ordnungsgemäße Anwendung der Norm zu gewährleisten, umfangreiche Prüfungen hinsichtlich der Kreditverhältnisse der Betriebe und ihrer privaten Geldanlagen anstellen, was die Anwendung der Norm nachhaltig erschwere[194]. Ferner sei in besonderem Maße zu berücksichtigen, dass sich aus sog. Back-to-back-Finanzierungen regelmäßig keine wirtschaftlichen Vorteile ziehen ließen, weil die Unterschiedsspanne zwischen den (höheren) Kreditzinsen und den (niedrigeren) Anlagezinsen dafür zu groß sei[195]. Auch im Bereich des § 32d II Nr. 1 lit. a) EStG sei eine Streichung oder zumindest eine Korrektur anzuraten, da die dortige Ausnahme von der Abgeltungsteuer bei Kapitalüberlassungen zwischen nahestehenden Personen einerseits nicht zu administrieren und kontrollieren, andererseits im Hinblick auf den Gleichbehandlungsgrundsatz bedenklich sei[196]. Ähnliche verfassungsrechtliche Probleme sieht Loritz im Hinblick auf die Behandlung nahestehender Personen und Art. 6 I GG[197]. In Bezug auf die Ausnahmeregelung des § 32d II Nr. 2 EStG äußert sich der Bundesverband der Verbraucherzentralen kritisch und fordert, dass die nach wie vor bestehende Privilegierung von Kapitalerträgen aus Kapitallebensversicherungen (vgl. § 20 I Nr. 6 Satz 2 EStG) beseitigt werde, indem man diese Erträge wie alle sonstigen Erträge auch behandele[198], was im Ergebnis als Forderung einer Streichung des § 32d II Nr. 2 EStG zu verstehen ist.

IX. Die Ausweitung der Besteuerung privater Veräußerungsgewinne

Der DGB sieht hierin einen Fortschritt, weil ein Beitrag zu mehr Steuergerechtigkeit geleitstet werde, indem eine bisher bestehende Besteuerungslücke geschlossen werde[199]. Zu bemängeln sei jedoch, dass auch für Wertzuwächse im Bereich der Spekulationsgewinne der Abgeltungsteuersatz gelte und die Einkünfte nicht

193 *ZKA*, Stellungnahme, Anlage, S. 11.

194 *ZKA*, a.a.O.

195 *ZKA*, Stellungnahme, Anlage, S. 11 ff., mit umfangreichen Beispielsberechnungen, die selbst im Falle einer unwahrscheinlich geringen Spanne zwischen den genannten Zinssätzen immer noch zu keinen wirtschaftlichen Vorteilen führen.

196 *ZKA*, ebenda, S. 10.

197 *Loritz*, Stellungnahme, S. 9.

198 *Verbraucherzentrale Bundesverband*, Stellungnahme, S. 2 f.

199 *DGB*, Stellungnahme, S. 6; *Tofaute* (DGB), Finanzausschuss, Protokoll Nr. 16/57, S. 28.

der allgemeinen Einkommensbesteuerung unterlägen[200]. Genau umgekehrt argumentiert der BdSt und verweist hierfür darauf, dass die gegenwärtig erhobene Einkommensteuer auf dem Quellensteuerprinzip basiere, während einmalige oder vereinzelte Vermögensveräußerungsgewinne nur in einer Einkommensteuer, die dem Reinvermögenszuwachsprinzip folgt, zu berücksichtigen wären[201]. Daher sei die Ausweitung der Abgeltungsteuer auf private Veräußerungsgewinne bei Kapitalanlagen zumindest dadurch wieder einzugrenzen, dass eine Spekulationsfrist von mehreren Jahren eingeführt werde, die berufsmäßig erzielte Veräußerungsgewinne von sporadisch anfallenden zu trennen geeignet sei[202]. Ähnliche Kritik kommt von Seiten des BVI. Allein die Sorge darum, dass immer wieder Dividenden und Zinsen in Finanzprodukten in Veräußerungsgewinne umgewandelt würden, rechtfertige keine ausnahmslose Besteuerung von Veräußerungsgewinnen in diesem Bereich[203]. Vielmehr entstehe ein Kollateralschaden, weil die angesprochenen Umgehungsversuche doch eher kurzfristige Gestaltungen beträfen, die auch anderweitig erfassbar seien und die BRD zudem im Vergleich mit den benachbarten europäischen Staaten an Attraktivität für Kapitalanleger verlieren lasse[204]. Auch Loritz erinnert daran, dass die Steuerfreiheit von Gewinnen aus privaten Veräußerungsgeschäften dem System des deutschen Steuerrechts entspreche und dass, wenn der Gesetzgeber dieses schon durchbreche, er neben der lückenlosen Besteuerung konsequenterweise den Steuerpflichtigen nicht so lange auf etwaigen Verlusten sitzen lassen dürfe, bis eine Verrechnung mit Kapitalerträgen möglich sei[205]. Einen ganz anderen Begründungsansatz wählt schließlich Gerke, der darauf abstellt, dass der gesunkene Körperschaftsteuersatz das Potenzial für Kursgewinne und Ausschüttungen ansteigen ließe, weshalb im Grundsatz auch eine Besteuerung der Kursgewinne beim Anleger gerechtfertigt sei[206].

X. Das Sonderproblem des Zusammenspiels von Abgeltungsteuer und dem Aufbau einer privaten Altersvorsorge sowie dem langfristigen Sparen überhaupt

Vor dem Hintergrund der demographischen Entwicklung unserer Gesellschaft und den staatlichen Bemühungen zur Schaffung einer die gesetzliche Rente ergänzenden privaten Altersvorsorge durch die sog. Riester- und Rürup-Renten werden die Auswirkungen der Abgeltungsteuer im daneben bestehenden dritten Bereich der privaten Vorsorge durch langfristiges Sparen oder Investieren in Aktien und

---

200 *DGB*, Stellungnahme, S. 7.

201 *BdSt*, Stellungnahme, S. 15.

202 *BdSt*, Stellungnahme, S. 15 f.; *ifo*, Stellungnahme, S. 2 möchte sogar an der einjährigen Spekulationsfrist festhalten.

203 *Seip* (BVI), Finanzausschuss, Protokoll Nr. 16/57, S. 20.

204 *Seip* (BVI), a.a.O.; *ders.*, a.a.O., S. 10 f.

205 *Loritz*, Stellungnahme, S. 4, 9.

206 *Gerke*, Stellungnahme, S. 3.

Aktienfonds von den Sachverständigen kritisch analysiert. Dabei ist eine einhellige Meinung zu erkennen, wonach eine besondere (abgeltung)steuerliche Behandlung langfristig angelegter Vorsorgeprodukte dringend erforderlich sei. Die Abgeltungsteuer führe hier nämlich zu einer erheblichen Zusatzbelastung, die zur Folge haben könne, dass sich viele Menschen die Rentabilitätsfrage stellen würden, obwohl es gerade geboten sei, die Menschen noch stärker als bisher zum langfristigen Sparen zu motivieren[207], um Vorsorgelücken und daraus erwachsende Altersarmut zu verhindern. Die deshalb angezeigte Abmilderung der Abgeltungsteuer könne auf unterschiedliche Weise erfolgen, etwa durch eine Erhöhung der Freibeträge, eine Verringerung der Bemessungsgrundlage oder einen besonders geringen Steuersatz, wobei diese Möglichkeiten stets mit einer Mindestsparzeit und einem Mindestalter für die Entnahme zu kombinieren seien, um eine zweckgerechte Verwendung der Kapitalerträge sicherzustellen[208]. Als Beispiele werden auch die Regelungen im benachbarten europäischen Ausland angeführt, die zum Teil eine gänzliche Steuerfreiheit privater Kursgewinne bestimmen oder für die Altersvorsorge ausreichend hoch bemessene Freigrenzen vorsehen, die Gewinne nach einer gewissen Haltedauer steuerfrei stellen, die Bemessungsgrundlage mit zunehmender Haltedauer absinken lassen oder einen deutlich ermäßigten Steuersatz anwenden[209]. Als zum Mindesten zwingend angesehen wird die Aufstockung des Sparer-Pauschbetrages, wobei eine kumulierbare Ausgestaltung wünschenswert sei, die ein Fortschreiben des unausgeschöpften Teils in die Zukunft ermögliche; zudem habe die Erhöhung wenigstens um den Betrag der zuvor für private Wertpapierveräußerungsgeschäfte geltenden Freigrenze zu erfolgen[210].

Aber auch unabhängig vom Problem einer attraktiven und effektiven privaten Altersvorsorge seien die genannten Änderungsvarianten schon deshalb unabdingbar, weil sonst einer Geldentwertung durch langfristiges Sparen nicht Rechnung getragen werde, sondern scheinbare Erträge, die aber lediglich einen Inflationsausgleich bewirkten, vollständig der Besteuerung unterworfen würden[211].

---

207 *Seip* (BVI), Finanzausschuss, Protokoll Nr. 16/57, S. 36.

208 *Seip* (BVI), a.a.O., S. 36 f.; *VGF*, Stellungnahme, S. 2 f.; *ZKA*, Stellungnahme, S. 3.

209 Vgl. *BVI*, Stellungnahme, S. 8.

210 *DAI*, Stellungnahme, S. 1, 6 sowie Anlage E mit umfangreichen Modellrechnungen, in denen das Endvermögen nach 30-jährigem Ansparen bei unterschiedlichen Freibetragsmodellen dargelegt wird. Diese reichen von der momentanen Regelung bis hin zum vom DAI favorisierten Modell eines kumulierbar ausgestalteten Freibetrags in Höhe von 2500 € pro Jahr. Dieses führt im Vergleich zur Situation vor Einführung der Abgeltungsteuer im Hinblick auf das Endvermögen lediglich zu einer geringfügigen Verschlechterung, während die jetzige Regelung deutliche finanzielle Einbußen des Anlegers zur Folge hat.

211 *Verbraucherzentrale Bundesverband*, Stellungnahme, S. 4.; s. außerdem auch *VGF*, Stellungnahme, S. 2 f. und *BVI*, Stellungnahme, S. 7 mit beispielhaften Berechnungen, die aufzeigen, dass etwa die Verdoppelung einer Einlage über 30 Jahre lediglich zu einem Kaufkrafterhalt führt.

XI. Der Wegfall des § 24c EStG

Weil der Steuerpflichtige seine Kapitalerträge nach Einführung der Abgeltungsteuer nicht mehr in der Anlage KAP angeben muss, wird die Abschaffung der Verpflichtung zur Ausstellung einer Jahresbescheinigung über Kapitalerträge und Veräußerungsgewinne aus Kapitalanlagen, die ihm das Ausfüllen der Steuererklärung erleichtern sollte, vor allem von der hierdurch entlasteten Kreditwirtschaft begrüßt[212]. Von anderer Seite wird jedoch auch darauf hingewiesen, dass diese Jahresbescheinigung eine für den Steuerpflichtigen sehr nützliche Angelegenheit sei, sodass auch unter dem Gesichtspunkt, dass der Steuerpflichtige nur so erfahren könne, was die Bank im Detail an Steuer abgezogen habe und er auch nur so die Richtigkeit des Abzugs überprüfen könne, eine Beibehaltung des § 24c EStG wünschenswert sei[213]. Dagegen wird jedoch vorgebracht, dass die Banken zivilrechtlich ohnehin auch weiter zur Erteilung von Abrechnungen über einbehaltene Steuern verpflichtet seien, sich aber nun eben das aufwändigere Verfahren einer speziellen steuerlichen Abrechnung ersparen könnten und folglich § 24c EStG nicht mehr gebraucht werde[214]. Inkonsequent sei hingegen die Beibehaltung des bisher bestehenden Jahresbescheinigungsprüfungsrechts der Finanzbehörden gemäß § 50b EStG, weil dieses mit Einführung der Abgeltungsteuer seine Rechtfertigung und praktische Relevanz verliere[215]. Kritisch beurteilt wird darüber hinaus der Umstand, dass die Abgeltungsteuer dazu führe, dass im Ergebnis die Banken als ein vom Staat beliehenes privates Unternehmen die Steuern in diesem Bereich endgültig festsetzten[216]. Um hier eine wirksame Kontrolle der Kreditinstitute zu ermöglichen, sei eine Beibehaltung der Jahresbescheinigung als eines sehr guten Kontrollinstruments auch für den Fiskus zu befürworten, zumal ohnehin die entsprechenden EDV-Programme vorhanden seien und den Kreditinstituten daher keine nennenswerten Zusatzkosten entstünden[217]. Daneben müsse zudem noch eine institutionelle, staatliche Prüfung in Form eines – dem Lohnsteueraußenprüfungsverfahren nachgebildeten – Kapitalertragsteuerprüfungsverfahrens treten, um zu verhindern, dass die Abgeltungsteuer zur Entstehung von finanzamtsfreien Räumen führe[218].

---

212 *VAB*, Stellungnahme, S. 1; *ZKA*, Stellungnahme, Anlage, S. 8.

213 *Eigenthaler* (DSTG) und *Schick* (MdFA/Bündnis 90/DIE GRÜNEN), Finanzausschuss, Protokoll Nr. 16/57, S. 46 f.

214 *Riedlinger* (BStBK), Finanzausschuss, Protokoll Nr. 16/57, S. 47 f.

215 *VAB*, Stellungnahme, S. 1; ebenso der *ZKA*, Stellungnahme, Anlage, S. 8; eine Betrachtung zu § 50b EStG im Kontext mit §§ 30a, 93 AO findet sich bei *Herzberg*, DStR 2014, S. 1535.

216 *Homburg*, Finanzausschuss, Protokoll Nr. 16/57, S. 33; *Eigenthaler* (DSTG), ebenda, S. 46.

217 Vgl. *Homburg*, Finanzausschuss, Protokoll Nr. 16/57, S. 34.

218 *Eigenthaler* (DSTG), Finanzausschuss, Protokoll Nr. 16/57, S. 46 und *DSTG*, Stellungnahme, S. 11.

XII. Die Neuregelung des Kontenabrufverfahrens

Das Kontenabrufverfahren ist seit jeher ein viel diskutiertes und stark kritisiertes Instrument der Finanzbehörde[219]. Dementsprechend bestand auch unter den Sachverständigen die Erwartung, dass durch die Einführung der Abgeltungsteuer hier deutliche Einschränkungen hinsichtlich des Umfangs der Eingriffsbefugnisse erfolgen würden, da sich die bisher erforderliche Verifikation von Kapitaleinkünften nun durch den Steuerabzug an der Quelle erübrige[220]. Mangels durchgängiger Anwendung der Abgeltungsteuer müsse jedoch in gewissem Umfang der Fortbestand der Kontenabrufmöglichkeit hingenommen werden[221]. Vor diesem Hintergrund wird deshalb ganz besonders der neue § 93 VII 1 Nr. 4 EStG sehr negativ beurteilt. Dieser stelle durch die Anknüpfung an bundesgesetzlich geregelte Steuern keinen einschränkenden Einzeltatbestand, sondern eine verkappte Generalklausel dar[222]. Dabei wäre aber gerade eine einschränkende Fassung, die einen Kontenabruf nur noch dann zulässt, wenn eine anderweitige Verifikation unmöglich oder zumindest unverhältnismäßig erscheint, geboten, um zusätzlichen bürokratischen Aufwand und eine unangemessene Verunsicherung der Kapitalanleger zu vermeiden[223]. Die öffentliche Akzeptanz des Steuersystems hänge nämlich wesentlich mit der Vertraulichkeit eigener Daten zusammen und die Steuerpflichtigen erwarteten, dass der Kontenabruf sich mit der Einführung der Abgeltungsteuer erledige[224]. Des Weiteren müsse der Bürger dem Gesetz auch eindeutig entnehmen können, welche Behörden zum Kontenabruf berechtigt seien; außerdem stehe ihm ein umfassendes Informations- und Dokumentationsrecht zu – all dem würden die Regelungen der § 93 VIII 2 (im Gegensatz zur klaren Beschreibung des § 93 VIII 1 Nrn. 1–5) und § 93 IX, X EStG aber nicht gerecht[225]. Nicht zuletzt sieht sich die Kreditwirtschaft dadurch benachteiligt, dass es nach wie vor keine Kostenentschädigung für die durchgeführten Kontenabrufe gebe, sodass die Aufwendungen für dieses staatliche Ermittlungsinstrument weiterhin grundlos im Wesentlichen auf die jeweils betroffenen Kreditinstitute abgewälzt würden[226].

---

219 Statt vieler vgl. nur *Seer*, in: *Tipke/Kruse*, AO, § 93 Rdnrn. 35 ff. m.w.N. zum aktuellen Streitstand.

220 Vgl. exemplarisch *ZKA*, Stellungnahme, Anlage, S. 26 ff.; *Schaap* (ZKA), Finanzausschuss, Protokoll Nr. 16/57, S. 42 ff.

221 *DStV*, Stellungnahme, S. 15; sogar für eine uneingeschränkte Beibehaltung spricht sich *Homburg*, Finanzausschuss, Protokoll Nr. 16/57, S. 34 aus.

222 *DStV*, Stellungnahme, S. 15.

223 *BStBK*, Stellungnahme, S. 40; *Loritz*, Stellungnahme, S. 7.

224 *ZKA*, Stellungnahme, Anlage, S. 27.

225 *ZKA*, a.a.O., S. 29 ff.

226 *ZKA*, ebenda, S. 27 und 31.

XIII. Abgeltungsteuer und Steuergerechtigkeit

Die Frage, ob und wann etwas gerecht ist, beschäftigt die Menschheit schon seit Jahrtausenden[227]. Dabei werden unterschiedliche Ansätze verfolgt[228], die sich dementsprechend auch in der Sachverständigenbeurteilung zur Steuergerechtigkeit widerspiegeln. So sieht Loritz die Steuergerechtigkeit durch die Abgeltungsteuer verbessert, weil der Gesetzgeber somit durch eine nunmehr flächendeckende Besteuerung mit niedrigem Steuersatz auf dem Gebiet der Kapitaleinkunftsbesteuerung alle Bürger wieder gleichmäßig zum Steueraufkommen beitragen lasse[229]. Ganz anders die Auffassung des DGB. Er empfindet die Abgeltungsteuer als einen krassen Verstoß gegen das Gebot der Steuergerechtigkeit, weil ohnehin schon vermögenden Steuerpflichtigen, die dem Spitzensteuersatz unterliegen, durch eine 25-prozentige Steuer eine ungerechte Steuererleichterung gewährt werde[230]. Der ZKA hingegen sieht die Steuergerechtigkeit offenbar schon dadurch gewahrt, dass der niedrige Abgeltungsteuersatz die Zahl der Veranlagungsverfahren verringere und damit auch die Zahl bürokratischer Verfahren überhaupt[231].

G. Zwischenfazit zum Gesetzgebungsverfahren

Man könnte meinen, die Mühen der Sachverständigen seien vergeblich gewesen, denn wesentliche Änderungen zwischen dem ersten Entwurf und der Gesetzesfassung der Abgeltungsteuer sind nicht zu erkennen[232]. Nicht verwunderlich ist, dass die Abgeltungsteuer an sich den Weg ins Gesetz gefunden hat. Denn es wurde – zwar mit zum Teil sehr deutlicher Kritik – nur von einer kleinen Gruppe gegen ihre Einführung gekämpft. Insoweit entspricht die Einführung der Abgeltungsteuer dem Wunsch der Mehrheit. Ganz anders verhält es sich mit einigen der genannten Kritikpunkte. Besonders unverständlich ist der ignorante Umgang des Gesetzgebers mit der breit angelegten und die Diskussion wesentlich prägenden Steuersatzdebatte. Die jetzige Höhe wurde hierbei einheitlich negativ beurteilt, sodass mindestens eine ausführliche und fundierte Stellungnahme zur Begründung der Beibehaltung von

---

227 Bekanntlich haben sich deshalb auch bedeutende Philosophen wie *Platon*, *Aristoteles*, *Thomas von Aquin*, *Thomas Hobbes*, *John Locke*, *Jean-Jacques Rousseau* oder *Immanuel Kant* mit dieser Frage beschäftigt; konkret zum Thema „Steuern und Gerechtigkeit" s. aus der Gegenwartsliteratur *Tipke* (1981), passim; *Di Fabio*, JZ 2007, S. 749 ff.

228 S. dazu bereits *Homburg* oben, Fn. 164.

229 *Loritz*, Stellungnahme, S. 3.

230 Vgl. *DBG*, Stellungnahme, S. 3 f.; *Tofaute* (DGB), Finanzausschuss, Protokoll Nr. 16/57, S. 28.

231 Vgl. *Materne* (ZKA), Finanzausschuss, Protokoll Nr. 16/57, S. 41.

232 Ausführlich hierzu bereits in diesem § unter C. a.E.

„25 Prozent + x Prozent (Soli und KiSt)“ wünschenswert gewesen wäre. Außerdem fehlt ein Problembewusstsein und eine entsprechende Begründung dafür, dass erneut eine Steuerreform Entlastungen vorsieht, um flüchtendes Kapital in Deutschland zu halten, aber nicht berücksichtigt, dass der Wirtschaftsstandort Deutschland überwiegend von seiner in vielerlei Hinsicht führenden Fachkompetenz bestimmt wird und deshalb gerade umgekehrt steuerliche Bleibeanreize auf die Einkommen aus Arbeit ausgerichtet sein müssten[233].

Eine solche Vorgehensweise schadet aber nicht nur der politischen Kultur, sondern kann darüber hinaus zu einem bedauernswerten und für die Qualität gerade auch von Steuergesetzen nachteiligen Ergebnis führen: Wenn nämlich alle noch so gut gemeinten und wissenschaftlich hervorragend belegten Änderungs- bzw. Verbesserungsvorschläge letztlich doch nicht gehört werden[234], so kann dies zur Folge haben, dass nur noch Interessen- und Verbandsvertreter sich durch Stellungnahmen während des Gesetzgebungsverfahrens einbringen, während die fachlich besonders versierte Gruppe der Wissenschaftler zukünftig auf ihre Mitarbeit verzichtet. Dies wäre eine nur allzu verständliche Reaktion. Leidtragende sind am Ende die von dem so zustande gekommenen Gesetz betroffenen Bürger. Politik ist aber für die Bürger da und nicht umgekehrt. Sie soll deren Wohl dienen und deshalb eine (repräsentative) Meinung breiter Schichten nicht übergehen.

Auch die Arbeit der Sachverständigen ist in einem grundlegenden Punkt kritikwürdig. Allzu oft verliert man sich in bloßem Lobbyismus. So werden häufig nur die Punkte des Gesetzes kritisiert, die den eigenen Interessen zuwiderlaufen, während andere Teile des Gesetzes unkommentiert bleiben oder begrüßt werden, obwohl diese ebenfalls kritisch zu sehen sind, weil sie zwar eine kleine Gruppe begünstigen, dafür aber die große Mehrheit nachteilig betroffen ist[235]. Eine lobenswerte Ausnahme von dieser Vorgehensweise stellen aber die Wissenschaftler dar, die sich nicht in Populismus und Lobbyismus verlieren, sondern – wenngleich (ggf. bedingt durch eine enge Verflechtung mit den Parteien) im Ergebnis mit unterschiedlichen Meinungen – in der Sache und nicht zugunsten oder zulasten einer Interessengruppe argumentieren.

Insgesamt betrachtet stellt sich die Abgeltungsteuer in Anbetracht des Gesetzgebungsverfahrens als mängelbehaftetes Stückwerk dar. Dies wiegt umso schwerer, als das Gesetz nicht in einem Eilverfahren verabschiedet wurde, sondern einige Monate

---

233 Vgl. *Kirchhof*, StuW 2006, S. 3 (4).

234 *Lang*, StuW 2006, S. 22 (32) attestiert politikberatenden Fachbeiträgen sogar insgesamt Bedeutungslosigkeit, weil der konkrete Inhalt von (Steuer)Gesetzestexten ohnehin allein auf ministerieller Ebene nach parteipolitischen Wünschen bestimmt und entschieden werde.

235 Bezeichnend ist etwa, dass in der Diskussion Wirtschafts- und Bankenlobbyisten miteinander um die vermeintlich beste Lösung ringen, während die primär betroffenen Kleinaktionäre innerhalb der Diskussion keine Lobby haben, vgl. *Loos*, DStZ 2010, S. 78 (80 Fn. 4).

Zeit für Diskussion und Änderungen vorhanden waren[236]. Politisch gesehen ist die Abgeltungsteuer daher kein Meisterwerk, eben auch, weil man gut begründete und belegte Kritik beiseite kehrte und allein die Vorstellungen und Wünsche der großen Koalition durchgesetzt wurden. Die so entstandenen Auswirkungen des Gesetzes stellen auch eine Herausforderung an das Verfassungsrecht dar, indem zu fragen ist, ob die vielen steuersystematischen Änderungen und Friktionen gerechtfertigt sind. Des Weiteren geht politische Kultur verloren, wenn man, wie hier von den Regierungsparteien demonstriert, sich auf keine Kritik mehr einlässt. Gerade in solch allgemein bedeutenden Fragen ist das Gesicht durch sachliche Argumentation besser zu wahren als durch wahltaktisches Kalkül und blinden Parteiengehorsam. Zugute halten muss man der Politik, dass zum Teil auch die Sachverständigen selbst dafür gesorgt haben, dass sie inhaltlich nicht gehört wurden, wenn nämlich Populismus und pauschale Aussagen im Vordergrund standen. Außerdem ist auf den Gestaltungsspielraum des Gesetzgebers hinzuweisen, sodass nicht jeder Änderungsvorschlag, sei er noch so gut begründet, in ein Gesetz aufgenommen werden muss. Diesen Spielraum aber gilt es auch verantwortungsvoll auszufüllen. Nach alledem kann die Abgeltungsteuer vor dem politischen Hintergrund ihrer Entstehung nicht überzeugen. Entgegen mehreren Mahnungen aus der Literatur[237] ist sie nicht hinreichend genug durchdacht. Maßgeblich ist nun jedoch, ob sie auch steuersystematisch und verfassungsrechtlich angreifbar oder insoweit wasserdicht und belastbar ist.

236 So beträgt allein die Zeitspanne zwischen dem Regierungsentwurf und der Verkündung fast ein halbes Jahr. Die Beratungen und Überlegungen im Finanzministerium begannen sogar schon zum Beginn der 16. Legislaturperiode, Ende 2005.

237 Stellvertretend *F. W. Wagner*, DB 1999, S. 1520 (1528); vgl. auch *arqus*, DB 2008, S. 957: „Der späte Start *hätte* den Vorteil geboten, die 15-jährigen Erfahrungen der Nachbarstaaten auszuwerten." [Hervorhebung durch den Verfasser].

§ 5 Steuersystematische Analyse

Um feststellen zu können, ob bzw. inwieweit sich die Abgeltungsteuer in das dem EStG zugrundeliegende System nahtlos einfügt, ist es zunächst einmal erforderlich, die wesentlichen Grundprinzipien des deutschen Einkommensteuerrechts herauszuarbeiten, um dann auf dieser Grundlage die Frage der Systemimmanenz der Abgeltungsteuer in ihrer derzeitigen Ausgestaltung beantworten zu können. Daher sollen nun wesentliche Säulen des EStG-Systems skizziert und daran jeweils anschließend etwaige durch die Abgeltungsteuer verursachte Brüche[238] aufgezeigt werden.

A. Der Dualismus der Einkunftsarten als überkommene Grundlage des EStG

Bereits mit dem REStG 1925 wurde im deutschen Einkommensteuerrecht die strikte Unterscheidung zwischen Gewinn- und Überschusseinkünften ausdrücklich begründet und ist diese seitdem fester Bestandteil des EStG[239]. Verursacht wird dieser Dualismus der Einkunftsarten durch den Dualismus der Einkünfteermittlung[240], weil die Ermittlung des zu versteuernden Einkommens im Bereich der Gewinneinkünfte auf anderen Berechnungsregeln beruht als im Bereich der Überschusseinkünfte[241]. § 4 I 1 EStG sieht nämlich im Rahmen der Gewinneinkünfte den Betriebsvermögensvergleich vor, der im Sinne der Reinvermögenszugangstheorie[242] auf jedweden Zuwachs innerhalb eines Zeitabschnitts abstellt. Dagegen stellt § 2 II 1 Nr. 2 EStG auf den Überschuss der Einnahmen über die Werbungskosten ab und folgt damit der Quellentheorie[243], wonach nur die Erträge ständig fließender Quellen steuerbares Einkommen darstellen, während dagegen Vermögenszuwächse der Quelle selbst grundsätzlich unberücksichtigt bleiben und sich daher auch im Falle einer Veräußerung der Quelle nicht steuerlich auswirken. Dahinter steht der Gedanke, dass dem Vermögenseinsatz jeweils unterschiedliche Bedeutung für die Einkünfteerzielung

---

238 Ein Systembruch liegt dann vor, wenn sich Wertungen oder Prinzipien widersprechen oder nicht folgerichtig bis zur letzten Konsequenz angewendet werden. Gleiches gilt für eine Störung der wertungsmäßigen Einheit der Rechtsprechung, vgl. *Tipke*, StuW 1971, S. 2 (5). Umfassend zum Systemdenken und Systembegriff im Recht, *Canaris* (1983), passim.

239 *Kirchhof*, in: *K/S/M*, EStG, § 2 Rdnr. A 437, 675; ausführlich zu dessen Entstehung und Entwicklung *S. Schneider* (1995), S. 10 ff., 29 ff. m.w.N.

240 Eine grundsätzliche Kritik zur dualistischen Einkünfteermittlung findet sich bei *Tipke*, in: *FS Paulick*, S. 391 (397 ff.); ferner zur rechtlichen Problematik des Dualismus der Einkünfteermittlung *Merkenich* (1982), S. 40 ff.

241 *Söhn*, DStJG Bd. 30 (2007), S. 13 (14).

242 Vgl. hierzu deren Begründer *Schanz*, Finanz-Archiv 1896 (13. Jahrgang), S. 1 ff.

243 Diese geht zurück auf *Fuisting* (1902), S. 41 ff., 110, 132 ff.

zukommt, indem sich die Gewinneinkünfte auf das Wirtschaften mit dem Vermögen stützen sollen, während die Überschusseinkünfte nahezu ausschließlich auf Arbeit oder Vermögensverwaltung beruhen[244].

Bezogen auf Kapitaleinkünfte bedeutete dies, dass aufgrund deren Zuordnung zu den Überschusseinkünften die Erträge des Vermögensstammes der Besteuerung unterlagen, nicht aber die Veräußerung des Stammes selbst. Folglich konnten im Privatvermögen gehaltene Aktien oder sonstige Gesellschaftsanteile, die zur Erzielung von Dividenden oder anderen Gewinnausschüttungen genutzt wurden, auch bei hohen Kurssteigerungen steuerfrei gewinnbringend veräußert werden. Eine Einschränkung bestand insoweit lediglich durch sog. Spekulationsfristen. Letztgenannter Punkt zeigt indes schon auf, dass das System des Dualismus bereits vor der Abgeltungsteuer nicht allein auf einem in zwei Subsysteme aufgeteilten Grundprinzip beruhte. Wenngleich dies nicht bereits per se schädlich ist, weil ein Steuersystem auch von einer Mehrzahl sich ergänzender Ordnungsprinzipien durchzogen sein kann[245], so ist unter weiterer Berücksichtigung auch des im Bereich der Unternehmensbesteuerung bestehenden Dualismus ein kaum noch überschaubarer Einkünftepluralismus zu konstatieren[246]. Vor diesem Hintergrund müsste das steuersystematische Ziel einer Steuerreform die Zurückführung des Einkommensteuerrechts auf die dargelegten Grundprinzipien sein. Ob dies durch die mit der Unternehmensteuerreform 2008 verbundene Abgeltungsteuer auch tatsächlich erfolgt ist, wird daher im Folgenden untersucht.

B. Auswirkungen der Abgeltungsteuer auf dieses System

Auf den ersten Blick scheint die Abgeltungsteuer dieses System nicht verändert zu haben. Immerhin behält § 2 II 1 EStG den beschriebenen Dualismus bei und ordnet in Nr. 2 für die anderen Einkunftsarten, zu denen auch Kapitaleinkünfte zählen, die Ermittlung des Überschusses als Grundlage der Einkünfteermittlung an. Wenngleich Kapitaleinkünfte somit durch die Abgeltungsteuer nicht zu Gewinneinkünften werden, so nähern sie sich doch zumindest in gewissem Umfang der diesen zugrundeliegenden Reinvermögenszuwachsbesteuerung an. Dies ergibt sich aus der Veränderung der §§ 20 II Nr. 1, 23 I Nr. 2 EStG. Danach unterliegen Einkünfte aus Veräußerungen von Wertpapieren nicht mehr nur dann der Besteuerung, wenn Anschaffung und Veräußerung innerhalb eines Jahres erfolgen, sondern werden ausnahmslos und völlig unabhängig von der Haltedauer in die steuerpflichtigen Einkünfte miteinbezogen. Einerseits wird dem dualistischen System so zwar dadurch entsprochen, dass die Spekulationsfrist wegfällt. Eine solche lässt sich nämlich systematisch nicht erklären[247]. Die Auswahl ihrer genauen Länge erscheint

244 Vgl. *Jachmann*, DStJG Bd. 23 (2000), S. 9 (49) m.w.N.
245 Sog. pluralistisches System, vgl. *Tipke*, StuW 1971, S. 2 (4).
246 *Englisch*, IFSt-Schrift Nr. 432, S. 11; *Lang* (1981/1988), S. 219.
247 Ebenso mit ausführlichen Darlegungen *Dechant* (2006), S. 193 ff., 311 ff.

beliebig[248] und findet keinen gesetzlichen oder sonstigen Bezugspunkt, sondern dient einzig und allein fiskalischen Interessen. Andererseits wird die so gewonnene Systemverbesserung nicht nur wieder zunichte gemacht, sondern das System noch weniger erkennbar, indem nun auch im Rahmen einer Überschusseinkunftsart Zuwächse des Vermögensstammes vollumfänglich der Besteuerung unterworfen werden. Folglich hätten die Kapitaleinkünfte aufgrund der nunmehr vorliegenden Art ihrer Besteuerung konsequenterweise den Gewinneinkünften zugeschlagen werden müssen. Dies aber wäre mit einer für den Kleinanleger kaum nachvollziehbaren Pflicht zur Bilanzierung sowie einer Besteuerung von nicht realisierten Gewinnen verbunden. Um dies zu vermeiden, hätte in § 2 II 1 EStG eine neue Nr. 3 eingeführt werden müssen, die die Kapitaleinkünfte von den anderen Überschusseinkünften trennt und eine Besteuerung zwar im Sinne der Reinvermögenszugangstheorie, aber auf der Grundlage einer Einnahmenüberschussrechnung anordnet. Auch eine solche Regelung wäre zwar nicht als gänzlich gelungen zu bezeichnen und auch unter Vereinfachungsgesichtspunkten zu bemängeln. Sie ließe aber wenigstens das Bemühen deutlich werden, das ohnehin nur noch schwer erkennbare System des EStG nicht noch weiter zu destrukturieren, sondern einen Systemgedanken auch dann zu verfolgen, wenn seine Umsetzung im Rahmen einer Steuerreform gewisse Kopfzerbrechen bereitet und sich eben nicht durch Streichen alter und gedankenloses Hinzufügen neuer Paragraphen, Absätze, Sätze und Nummern realisieren lässt. Stattdessen ist nun aber neben die drei Gewinn- und drei Überschusseinkunftsarten eine hybride Form getreten, die mit den Kategorien des bisherigen Dualismus nicht mehr zu erfassen ist[249]. Will man dem so entstandenen „System" einen Namen geben, so ließe sich von einem *kapitaleinkünftelastigen Trialismus* sprechen[250].

---

248 Ähnlich auch *Seer*, 66. DJT, Stuttgart 2006, Teil Q, Bd. II/1 (Referate), S. 127 (132).

249 *Eckhoff*, FR 2007, S. 989 (990); *Bäuml/Gageur*, FR 2006, S. 213 (216) fordern daher konsequenterweise die vollständige Aufgabe der dualistischen Einkünfteermittlung. Dem ist jedoch nur insoweit zuzustimmen, als dies nur eine zweitbeste Lösung sein kann. Primär hat der Gesetzgeber sich zumindest erkennbar darum zu bemühen, dass er das bestehende System nicht mutwillig destruiert, sondern Änderungen im Recht sauber und konsequent hierein einfügt oder, sofern er Verbesserungsbedarf im System sieht, ein rundes und in sich schlüssiges neues System erarbeitet.

250 Mit diesem Begriff soll zum einen verdeutlicht werden, dass in Wirklichkeit kein Duales System mehr besteht, sondern nach dem Gesagten eine Dreiteilung erfolgt ist. Zum anderen wird so hervorgehoben, dass die Säule, die die Kapitaleinkünfte trägt, besonders komplex geraten ist, weil sie - wie aufgezeigt - faktisch aus zwei großen Stücken der die übrigen Einkunftsarten tragenden Überschuss- und Gewinneinkunftssäulen gebildet wird, ohne einer dieser beiden Säulen vollständig nachgebildet zu sein bzw. eine von ihnen gänzlich in sich aufzunehmen. Kurz gesagt herrscht in der dritten Kategorie (Kapitaleinkünfte) ein besonders großes „Durcheinander".

C. Die Unterscheidung zwischen steuerlicher Betriebs- und Privatsphäre sowie das Verhältnis der Abgeltungsteuer zu den Kapitalerträgen aus Betriebsvermögen

Während private Kapitalerträge ganz überwiegend in das System der Abgeltungsteuer einbezogen werden, findet auf betriebliche Kapitaleinkünfte nach wie vor ein völlig anders ausgestaltetes Besteuerungssystem in Form des Teileinkünfteverfahrens Anwendung[251]. Dadurch ergibt sich gerade im Bereich der Ausschüttungen im Privatvermögen ein abgeltungsteuerbedingt uneinheitliches Bild[252]. Dabei ist allerdings die Höhe einer etwaigen Beteiligung ebenso in den Blick zu nehmen, wie auch der individuelle Grenzsteuersatz des Anteilseigners zu berücksichtigen ist. Denn noch immer eröffnet der zweifelhafte und inzwischen entbehrliche § 17 EStG[253] die Möglichkeit, durch eine mindestens einprozentige Beteiligung an einer Kapitalgesellschaft über einen zumindest fünfjährigen Zeitraum etwaige Veräußerungsgewinne nicht der Abgeltungsteuer, sondern dem Teileinkünfteverfahren zu unterwerfen. Insoweit verschlechtert sich die Systematik zwar nicht; die aber ohnehin nicht ins steuerrechtliche System passende Regelung des § 17 EStG ist trotz Einführung der Abgeltungsteuer gleichwohl nicht abgeschafft worden. Damit ergibt sich zum einen schon aufgrund des Einflusses der Beteiligungshöhe der im Privatvermögen gehaltenen Kapitalgesellschaftsanteile auf die Besteuerung kein einheitliches System und werden Kleinanleger ohne systematisch erkennbaren Grund benachteiligt[254]. Zum anderen kommt es bei diesen Anteilseignern darüber hinaus zu einer ungemilderten wirtschaftlichen Doppelbelastung, sofern ihr Grenzsteuersatz unterhalb von 25 Prozent liegt.[255]. Ein solch niedriger Grenzsteuersatz zwingt den Steuerpflichtigen dazu, von einer Antragsveranlagung im Rahmen der

---

251 Vgl. *Intemann*, DB 2007, S. 1658.

252 *Hey*, in: *Tipke/Lang*, SteuerR[22], § 11 Rdnr. 19.

253 Vgl. hierzu ausführlich *Schmidt/Weber-Grellet*, EStG[34], § 17 Rdnrn. 3 ff. m.w.N.; s. auch *Seer*, DStJG Bd. 34 (2011), S. 278 f. zur Verfassungswidrigkeit der in der Tat nicht mehr zu rechtfertigenden Ungleichbehandlung durch die zweifelhaft erscheinende 1-Prozent-Schwelle und die willkürlich auf den Veräußerungsfall beschränkten Rechtsfolgen [dazu auch noch § 6 C. V. 4. b)]. Keine Bedenken haben hingegen FG Düsseldorf EFG 2012, 516 sowie nachfolgend BFH BStBl. II 2013, 164 [Verfassungsbeschwerde 2 BvR 364/13]; ferner wohl auch FG Niedersachsen EFG 2012, 1337 [Rev. IX R 19/12; Verfahren ist aber bis zur Entscheidung des BVerfG zur o.g. Verfassungsbeschwerde ausgesetzt]. Symptomatisch ist indes ebenfalls, dass nunmehr selbst die Abschaffung des § 17 EStG wohl zu Protesten führen würde, weil § 17 EStG immerhin die Möglichkeit bietet, der Abgeltungsteuer und hiermit verbundenen missliebigen Folgen zu entgehen, vgl. *Musil*, DStJG Bd. 34 (2011), S. 283.

254 Vgl. *Loos*, DB 2007, S. 704 (705).

255 *Hey*, in: *Tipke/Lang*, SteuerR[22], § 11 Rdnr. 19.

sog. Günstigerprüfung Gebrauch zu machen. Nur so kann er nämlich verhindern, dass seine Kapitaleinkünfte dem Abgeltungsteuersatz und damit einem Steuersatz unterworfen werden, der höher ist als derjenige, der seiner (geringen) wirtschaftlichen Leistungsfähigkeit entspricht. Geht der Steuerpflichtige aber diesen Weg, so werden z.B. seine Dividenden dennoch vollumfänglich seinem individuellen Steuersatz unterworfen. In diesem Fall wird folglich die steuerliche Vorbelastung der Ausschüttung auf Gesellschaftsebene schlichtweg ignoriert. Diese Konsequenz ist jedoch steuersystematisch, besonders vor dem Hintergrund der Abgeltungsteuer, verfehlt. Durch diese wird zwar nunmehr die gesamte Ausschüttung beim Steuerpflichtigen erfasst. Dafür aber soll er regelmäßig von einem Steuersatz profitieren, der unterhalb seines individuellen Steuersatzes liegt, indem u.a. die körperschaftsteuerliche Vorbelastung der Ausschüttung typisierend Berücksichtigung findet. Dieser Effekt geht aber im Rahmen der Günstigerprüfung verloren. Systematisch konsequent wäre es daher, wenn auch im Falle einer erforderlichen Einbeziehung der Kapitaleinkünfte in die Veranlagung zumindest für die körperschaftsteuerlich vorbelasteten Gewinne wieder ein einheitlicher Steuersatz von z.B. 10 Prozent gelten würde. Eine solche Regelung bliebe indes ebenfalls unvollkommen, da sie zwar im Bereich eines individuellen Grenzsteuersatzes von 15–25 Prozent geeignet erscheint, eine wirtschaftliche Doppelbelastung zu vermeiden; bei individuell sehr geringem Durchschnittssteuersatz ließe sich aber wiederum ein Verstoß gegen das Gebot der Besteuerung nach der wirtschaftlichen Leistungsfähigkeit nicht ausschließen.

Ein anderer Weg ließe sich durch die teilweise Anwendung des Teileinkünfteverfahrens auch im Rahmen der Günstigerprüfung gehen. Hierbei würde die Vorbelastung der Ausschüttungen von Kapitalgesellschaften hinreichend berücksichtigt. Außerdem führte dies zu einer systematisch wünschenswerten Angleichung in der Behandlung von Kapitalerträgen des Privat- und des Betriebsvermögens. Gleichzeitig offenbart diese Möglichkeit aber auch, dass es der Abgeltungsteuer, jedenfalls im Bereich der Kapitalerträge in Form von Ausschüttungen einer Kapitalgesellschaft, überhaupt nicht bedarf. Systematisch überlegen ist insofern sowohl ein Halb- bzw. Teileinkünfteverfahren (in Abhängigkeit von der Höhe der Vorbelastung auf der Ebene der Körperschaft sowie dem Spitzensteuersatz im Bereich des EStG) als auch ein Anrechnungsverfahren. Denn die genannten Verfahren ermöglichen im Gegensatz zur Abgeltungsteuer ein einheitliches und weitgehend bruchloses System der Besteuerung von kapitalgesellschaftlichen Ausschüttungen sowohl im Bereich des Betriebs- wie des Privatvermögens.

D. Das Nettoprinzip als anerkanntes und das Leistungsfähigkeitsprinzip[256] konkretisierendes Fundamentalprinzip

Das Nettoprinzip genießt in Deutschland im Vergleich zu anderen Ländern einen sehr hohen Stellenwert[257]. Es ermöglicht den Aufwandsabzug als grundsätzliches Gebot einer gleichmäßigen Besteuerung nach der wirtschaftlichen Leistungsfähigkeit[258]. Die Leistungsfähigkeit ist aber gerade der Anknüpfungspunkt der Einkommensteuer. Folglich ist das Nettoprinzip als ein die Einkommensteuer nachhaltig prägendes identitätskonstituierendes Merkmal anzusehen, das nicht zur Disposition des Gesetzgebers steht, obwohl der Gesetzgeber dies in der Vergangenheit immer weniger beachtet hat[259]. Es liegt somit nahe anzunehmen, dass das Nettoprinzip auch im Rahmen der Abgeltungsteuer weit zurückgedrängt wurde.

E. Abgeltungsteuer und Nettoprinzip

Anders als beim Einkünftedualismus sind die Auswirkungen der Abgeltungsteuer auf das Nettoprinzip nicht erst beim zweiten Hinsehen erkennbar, sondern treten offen zu Tage. So zeigt bereits ein Vergleich des alten § 2 II EStG in der bis zum 31.12.2008 geltenden Fassung mit der seit 01.01.2009 in Kraft befindlichen Fassung, dass es bis dato keinen § 2 II 2 EStG gab. Und genau dieser neue § 2 II 2 EStG sorgt nun für weitere Risse im System im Hinblick auf das Nettoprinzip. Durch den Verweis auf § 20 IX EStG wird das Nettoprinzip im Bereich der Kapitaleinkünfte faktisch abgeschafft. An seine Stelle tritt mit dem sog. Sparer-Pauschbetrag eine feste Werbungskostengröße, die eine Anwendung der §§ 9, 9a EStG ausschließt. Damit vertieft die Abgeltungsteuer den schon zuvor bestehenden Systembruch nochmals bedeutend. War zuvor im Bereich der privaten Veräußerungsgeschäfte lediglich eine Einschränkung des Nettoprinzips dergestalt zu verzeichnen, dass ein einkunftsartenübergreifender Verlustausgleich ausgeschlossen wurde, so sorgt nun die Abgeltungsteuer dafür, dass unter Umständen entstehende reale Verluste steuerlich gar nicht erst berücksichtigt werden. Damit bleiben die Einschnitte des Nettoprinzips nicht auf den weiterhin nur eingeschränkt möglichen Verlustausgleich (vgl. 20 VI EStG) beschränkt, sondern werden zu einer möglichen Besteuerung von Scheingewinnen ausgeweitet. Weil neben dem objektiven auch das subjektive Nettoprinzip weitgehend zurückgedrängt wird, erhält die

256 Ausführlich zum Leistungsfähigkeitsprinzip als Maßstab der Steuernormen *Birk* (1983), passim.
257 *Lang*, DStJG Bd. 24 (2001), S. 49 (90 f.).
258 *Jachmann*, Bd. 1, S. 125.
259 *Lang*, in: *Tipke/Lang*, SteuerR[20], § 9 Rdnr. 55 mit entsprechenden Nachweisen.

Abgeltungsteuer zudem objektsteuerartige Züge, die bislang nur von der Besteuerung Gebietsfremder bekannt waren[260].

F. Die synthetische Einkommensteuer als Ideal

Dadurch, dass § 2 III EStG die Summe der Einkünfte im Sinne des § 2 I Nrn. 1–7 EStG bildet und diese sodann einem einheitlichen Steuersatz gemäß § 32a EStG unterworfen werden, hat sich der Einkommensgesetzgeber für die grundsätzliche Gleichbehandlung aller Einkunftsarten und damit für die synthetische Einkommensteuer entschieden[261]. Wenngleich sich auch immer wieder Stimmen finden, die eine Abkehr von diesem System begrüßen würden[262], so spricht sich die ganz h.M. zu Recht für eine Beibehaltung des synthetischen Einkommensbegriffs aus[263]. Hierfür spricht vor allem der Umstand, dass Einkommen, unabhängig davon im Rahmen welcher Einkunftsart es erzielt wurde, wirtschaftliche Leistungsfähigkeit begründet. Diese ist aber wiederum der Anknüpfungspunkt für die Einkommensteuer, sodass dem Leistungsfähigkeitsprinzip gerade der synthetische Einkommensbegriff entspricht[264]. Folglich kann allein das Syntheseprinzip gewährleisten, dass sich die Arbeit als Landwirt, als Einzelhandelskaufmann, als Arzt mit eigener Praxis oder Rechtsanwalt mit eigener Kanzlei, als Facharbeiter in der Automobilindustrie oder Lehrkraft an Schulen, als Finanzjongleur und Börsenexperte sowie als Wohn- oder Gewerberaumvermieter zumindest steuerrechtlich gleichermaßen lohnt. Zwar ist ohne weiteres zuzugeben, dass das Prinzip der synthetischen Einkommensteuer nicht in letzter Konsequenz verwirklicht ist, sondern sich auf der Grundlage der sieben Einkunftsarten Differenzierungen ergeben[265]. Infolgedessen weist die Einkommensteuer neben den überwiegenden synthetischen auch Elemente eines analytischen Modells auf[266]. Dies hindert jedoch nicht die Befürwortung dieses Prinzips als Ideal, sodass der Gesetzgeber gehalten ist, zumindest soweit wie möglich eine Annäherung an das Ideal herbeizuführen, indem er zahlreiche Durchbrechungen der Synthese eliminiert[267] und weiteren eine Absage erteilt. Ob er diesem Auftrag im Rahmen der Abgeltungsteuer nachgekommen ist, soll daher in einem nächsten Schritt untersucht werden.

---

260 *Englisch*, StuW 2007, S. 221 (223).

261 *Bäuml/Gageur*, FR 2006, S. 213 (214); *Eckhoff*, FR 2007, S. 989.

262 So z.B. *Kanzler*, FR 1999, S. 363 ff.

263 *Faltlhauser*, in: *FS Ritter*, S. 511 ff.; *R. Wendt*, FR 1993, S. 1 (5); *Thiel*, in: *FS ArbgemFAfStR*, S. 75 (77, 88); *Lang* (1981/1988), S. 218 ff.; *ders.* StuW 2006, S. 22 (33); *Kirchhof*, StuW 2006, S. 3 (10); *Hey*, in: *Tipke/Lang*, SteuerR[22], § 7 Rdnr. 85; *Tipke*, StRO[2], Bd. II, S. 668 ff. sowie für das spanische Einkommensteuerrecht *Calle*, StuW 2010, S. 121 ff.

264 *Birk*, StuW 2000, S. 328 (331).

265 Vgl. hierzu *Lang*, StuW 2006, S. 22 (28); *Faltlhauser*, in: *FS Ritter*, S. 511 (512 f.).

266 S. nur *Tipke*, StRO[2], Bd. II, S. 668 f.

267 *Calle*, StuW 2010, S. 121 (122).

G. Die Abgeltungsteuer als weiterer Schritt weg von der Synthese – aber in welche Richtung?

§ 2 Vb EStG klammert die Kapitalerträge nach §§ 32d I, 43 V EStG bei der Bestimmung der Einkünfte, der Summe der Einkünfte, dem Gesamtbetrag der Einkünfte, dem Einkommen und dem zu versteuernden Einkommen ausdrücklich und im wahrsten Sinne des Wortes aus[268]. Dass hiermit ein weiterer Bruch mit dem Syntheseprinzip einhergeht, ist offenbar. Bemerkenswert und bedenklich zugleich ist aber der Umfang dieser Systemwidrigkeit. Die Abgeltungsteuer führt nämlich zu einer fast vollständigen Abkopplung der steuerlich erfassten Kapitalerträge vom allgemeinen Tarif und von der allgemeinen Bemessungsgrundlage und schafft für diese Kapitaleinkünfte eine steuerrechtliche Sonderbehandlung[269], indem sie sie in einer eigens geschaffenen Schedule „einsperrt"[270]. Eine Differenzierung der Steuerbelastung je nach Art oder Verwendung der Einkünfte – Konsum oder Investition – ist aber ein Fremdkörper im synthetischen Einkommensteuersystem[271]. Damit verpasst die Abgeltungsteuer die große Chance, neben der für ein synthetisches System wesentlichen, vollständigen Erfassung aller Kapitalgewinne[272] auch beim Steuersatz systemkonsequent progressiv ausgestaltet zu sein und greift so im Ergebnis nachhaltiger und tiefer in das Syntheseprinzip ein, als je eine Regelung zuvor. Denn die zuvor beschriebenen und bestehenden Unebenheiten im System der synthetischen Einkommensteuer nahmen lediglich – teils mit gutem Grund, teils auch rein steuerpolitisch[273] – den Geltungsanspruch des Syntheseprinzips in einigen Bereichen zurück. Sie führten aber nicht dazu, dass neben das Syntheseprinzip ein weiteres System getreten wäre. Zwar gab es auch in der Vergangenheit Ausnahmeregelungen bzgl. der Steuersatzhöhe wie etwa § 32c EStG, doch sollten diese nur zeitlich begrenzt gelten und haben dadurch den synthetischen Einkommensbegriff nicht grundsätzlich in Frage gestellt[274]. Dies ist aber durch die Abgeltungsteuer nun erstmals geschehen. Denn mit ihrer Einführung beanspruchen auch die Schedulenbesteuerung und mit ihr die Duale

268 Zu den weitergehenden (ggf. nachteiligen) Auswirkungen auf den Altersentlastungsbetrag i.S.d. § 24a EStG s. FG München EFG 2014, 2118.

269 *Englisch*, StuW 2007, S. 221 (223); *Behrens*, BB 2007, S. 1025 f.

270 Exemplarisch zur Kritik an einer derartigen Schedulenbesteuerung vgl. ablehnend *Faltlhauser*, in: *FS Ritter*, S. 511 ff.; aufgeschlossen dagegen *Kanzler*, FR 1999, S. 363 ff. sowie *Haarmann*, in: *FS Herzig*, S. 423 (424); abwägend *Bäuml/Gageur*, FR 2006, S. 213 (215); zur Schedule an sich *Eckhoff*, in: *FS Solms*, S. 27 ff.

271 *Jachmann*, DStJG Bd. 23 (2000), S. 9 (33).

272 *Rädler*, in: *FS Raupach*, S. 97 (101).

273 Vgl. hierzu insb. die Regelung des § 3 Nr. 51 EStG und § 3b EStG zur Steuerfreiheit von Trinkgeldern und Zuschlägen für Sonntags-, Feiertags- oder Nachtarbeit; eine ausführliche Kritik der zahlreichen Privilegierungen findet sich bei *v. Beckerath*, in: *K/S/M*, EStG, § 3 Rdnrn. A 1115 ff.

274 Hierauf weist *Eckhoff*, FR 2007, S. 989 zutreffend hin.

Einkommensteuer einen gewissen Grad an Geltungs- und Systemanspruch im deutschen Einkommensteuerrecht.

Indes würde eine ausschließliche Betrachtung der steuerrechtlichen Sonderbehandlung der Kapitalerträge durch die Abgeltungsteuer zu kurz greifen. Das synthetische Prinzip gebietet aufgrund der Gleichbehandlung aller Einkunftsarten auch, dass Veräußerungseinkünfte vollständig besteuert werden, indem sie entweder bereits auf Ebene der Körperschaftsteuer besteuert werden, oder sofern sie dort nicht erfasst werden, bei Veräußerung von Anteilen an körperschaft- und inhabersteuerpflichtigen Unternehmen sowie von Wirtschaftsgütern des Erwerbsvermögens der Einkommensteuer unterworfen werden[275]. Vor diesem Hintergrund trägt die Abgeltungsteuer – in zudem praktikabler, da vollzugsfähiger Weise – zumindest zu einer ganz erheblichen Annäherung an eine vollständige Veräußerungsgewinnbesteuerung bei. Immerhin gewährleistet sie, dass grundsätzlich alle Einkünfte aus Kapitalvermögen auch vollumfänglich der Besteuerung unterworfen werden und damit im Sinne des Totalitätsprinzips eine bessere Erfassung aller Leistungsfähigkeit generierenden Einkünfte erreicht wird. Hierin ist, weil eine konsequentere Umsetzung auch des Syntheseprinzips jedenfalls theoretisch ermöglichend, auch mit Blick auf das Ideal einer synthetischen Einkommensteuer ein deutlicher Fortschritt zu sehen. Dieser wird zwar durch die zuvor beschriebene Schedularisierung aus systematischer Sicht wieder – zumindest überwiegend[276] – zunichte gemacht. Gleichwohl sollte dieser durch die Abgeltungsteuer entstandene systematische Pluspunkt nicht wegdiskutiert werden.

Zu berücksichtigen ist schließlich auch die Steuerbelastung auf der Ebene von Unternehmen. Denn das synthetische System ist darauf angewiesen, dass körperschaftsteuerliche Vorbelastung möglichst präzise in die progressive Einkommensteuer miteinbezogen wird, um auch tatsächlich eine gleichmäßige Austeilung der Steuerlast durch Gleichbehandlung aller Einkunftsarten zu erreichen[277]. Um etwa im Bereich der Gewinnausschüttungen Verbesserungen oder Verschlechterungen aufzeigen zu können, bedarf es eines Vergleichs der Abgeltungsteuer mit dem zuvor für die Besteuerung privater Dividendeneinkünfte geltenden Halbeinkünfteverfahren. Daraus ergibt sich zunächst, dass die Anwendung des Halbeinkünfteverfahrens bei einer steuerlichen Belastung des Ausschüttungsunternehmens durch Körperschafts- und Gewerbesteuer von ca. 30 Prozent zu einer Endbelastung zwischen 30 Prozent (sofern der Empfänger einem Steuersatz von 0 Prozent unterliegt, weil

275 *Lang*, DStJG Bd. 24 (2001), S. 49 (118 f.).

276 Insoweit kann man trefflich darüber streiten, ob sich nun die durch eine Schedularisierung entstandenen Systembrüche und der durch die Abgeltungsteuer bedingte Systemfortschritt neutralisieren oder nicht. Insbesondere das kaum zu unterschätzende Gewicht der erstmaligen vollständigen Durchbrechung der Synthese durch eine Schedule sowie die damit einhergehende weitere Aufweichung des Syntheseprinzips sprechen dafür, bereits an dieser Stelle eine systematische Verschlechterung zu konstatieren.

277 *Lang*, DStJG Bd. 24 (2001), S. 49 (60, 95).

sein zu versteuerndes Einkommen den Grundfreibetrag des § 32a I 2 Nr. 1 EStG nicht überschreitet) und etwa 45 Prozent (für den Fall, dass die Hälfte der Ausschüttungen beim Empfänger mit dem Spitzensteuersatz belastet wird) führt[278]. Dagegen erfasst die Abgeltungsteuer die Ausschüttung vollständig und führt aufgrund des einheitlichen Steuersatzes auch zu einer zunächst einheitlichen Endbelastung von knapp unter 50 Prozent. Erst durch die Möglichkeit der Günstigerprüfung und der daraufhin ggf. erfolgenden Einbeziehung der Dividenden in die Veranlagung kann sich noch eine ebenfalls 30-prozentige Endbelastung ergeben. Folglich kann allein die Anwendung des Halbeinkünfteverfahrens eine gleichmäßige Berücksichtigung auch der Steuerbelastungen auf Unternehmensebene ermöglichen und damit der synthetischen Einkommensteuer dienen. Dagegen führt die Abgeltungsteuer nur im Rahmen eines komplexen Verfahrens in Form der Günstigerprüfung zu diesem Ergebnis. Allerdings stellt sich die Günstigerprüfung durch die mit ihr verbundene Rückkehr zum synthetischen Prinzip bereits als Rückausnahme vom Ausnahmefall (keine Synthese) der Abgeltungsteuer dar. Somit erweist sich die Abgeltungsteuer selbst als eine dem Syntheseprinzip überhaupt nicht entsprechende Besteuerungsform. Hinzu kommt, dass die von ihr erzeugte Bandbreite der Endbelastung durch Körperschafts-, Gewerbe- und Einkommensteuer zwar mit der Belastung, die bei Anwendung des Halbeinkünfte- oder auch eines Teileinkünfteverfahrens entsteht, übereinstimmt. Jedoch greift bei der Abgeltungsteuer bereits viel früher, nämlich ab einem Grenzsteuersatz des Dividendenempfängers von gerade einmal 25 Prozent[279], in der Addition der Belastung der Spitzensteuersatz. So wird ein wesentliches Problem der Abgeltungsteuer deutlich. Weil der individuelle Steuersatz hier im Gegensatz zum Halb- oder Teileinkünfteverfahren nur im untersten Einkommensbereich Anwendung findet, wird der Einfluss des individuellen Einkommensteuersatzes als Ausdruck subjektiver Leistungsfähigkeit des Empfängers zurückgedrängt. Dies könnte durch einen progressiven Körperschaftsteuertarif zwar vermieden werden, doch kommt dieser angesichts der fehlenden subjektiven Leistungsfähigkeit der Kapitalgesellschaft nicht in Betracht[280]. Folglich muss es beim linearen Körperschaftsteuersatz bleiben und ist der Gleichbehandlung der Einkunftsarten durch einen durchweg progressiven Einkommensteuersatz Rechnung zu tragen, um das Syntheseprinzip zu verwirklichen. Dies könnte etwa ein pauschalierendes Teilanrechnungssystem leisten[281], nicht aber ein auch schon dem Prinzip synthetischer

---

278 Solidaritätszuschlag und Kirchensteuer bleiben hier und in der folgenden Vergleichsrechnung aus Vereinfachungsgründen außer Betracht.

279 Dieser wird aber bereits ab einem zu versteuernden Einkommen von gerade einmal rund 15.000 € im Jahr [vgl. hierzu *Thönnes*, SteuStud 2008, S. 480 (490); *Sikorski*, NWB 2011, S. 1064 (1065)] und damit von der großen Mehrheit der erwerbstätigen Bevölkerung erreicht.

280 *Jachmann*, DStJG Bd. 23 (2000), S. 9 (27).

281 Vgl. zu weiteren Vorschlägen einer Gleichbehandlung aller Einkunftsarten unter angemessener Berücksichtigung der Steuerbelastung auf Unternehmensebene die in § 8 C. erwähnten Reformentwürfe.

Einkommensteuer widersprechendes Halb- oder Teileinkünfteverfahren und erst recht keine Abgeltungsteuer.

Nach alledem verträgt sich die Abgeltungsteuer in ihrer konkreten Ausgestaltung nicht mit der Idee einer synthetischen Einkommensteuer. Zwar leistet sie durch eine umfassende Einbeziehung von Veräußerungsgewinnen immerhin noch einen Beitrag zur Verwirklichung des Totalitätsprinzips und eröffnete so dem Grunde nach auch eine optimierte Verwirklichung der synthetischen Einkommensteuer. Die Begründung einer echten Schedule für die steuerliche Behandlung privater Kapitaleinkünfte sowie die nicht ausreichende Berücksichtigung der steuerlichen Vorbelastung von ausgeschütteten Unternehmensgewinnen machen diesen positiven Ansatz jedoch mehr als vollständig wieder zunichte und lassen die Abgeltungsteuer sodann im Ergebnis als absolut syntheseprinzipfeindlich erscheinen. Ebenfalls negativ zu werten ist überdies, dass der Gesetzgeber nicht aufzeigt, welche Richtung er nach dem offensichtlichen Verlassen des Wegs einer Einheitssteuer einschlagen will oder warum nicht auch andere Einkünfte, wie z.B. Lohneinkünfte, ebenfalls abgeltend proportional besteuert werden. Somit wird der „Steuersystematiker" im Dunkeln stehen gelassen, kann er doch nicht erkennen, ob zukünftig eine Schedulenbesteuerung aller Einkunftsarten erfolgen soll, ob durch eine Ausweitung der Abgeltungsteuer auch auf betriebliche Kapitaleinkünfte der Weg hin zur Dualen Einkommensteuer eingeschlagen werden soll oder ob der Gesetzgeber nicht doch am Syntheseprinzip grundsätzlich festhalten will und die Sprengung dessen äußerster Grenzen durch die Abgeltungsteuer dabei einfach nicht ausreichend erkannt und bedacht hat.

H. Zusammenfassende steuersystematische Kritik

Um die Systematik des Steuerrechts erkennbar und somit dieses (wieder) verständlich(er) zu machen, bedarf es eines aus anerkannten Prinzipien abgeleiteten Steuerrechts, das zum Zwecke einer transparenten und fairen Besteuerung auf Ausnahmen und Sonderregelungen verzichtet[282]. Dabei bleibt der Gesetzgeber aufgerufen, ein für den Steuerpflichtigen verständliches, nachvollziehbares und maßvolles Steuerrecht zu schaffen, in dem Normenklarheit und Normenwahrheit die Leitschnur der Steuergesetzgebung bilden[283]. Eine klare Systematik aber ist Voraussetzung dafür, dass Verwaltung, Beraterschaft und nicht zuletzt die Rechtsprechung in die Lage versetzt werden, die vielfältigen steuerlichen Sachverhalte auch über längere Zeiträume hinweg schlüssig zu beurteilen[284]. Diesbezüglich ist der Abgeltungsteuer aus steuersystematischer Sicht resümierend ein nahezu vernichtend schlechtes Zeugnis auszustellen. Sie vermag es nicht, die neuen Regelungen in ein

282 *Jacobs/Schreiber/Spengel/Gutekunst/Lammersen*, DB 2003, S. 519 (521); ähnlich *Weber-Grellet* (2001), S. 186.
283 *Mellinghoff*, Stbg 2007, S. 549.
284 *Faltlhauser*, in: *FS Ritter*, S. 511 (518).

zuvor noch weitestgehend vorhandenes System einzupassen und dadurch das System zu verbessern oder dieses zumindest nachvollziehbar zu erneuern[285].

Die Abgeltungsteuer in ihrer konkreten Ausgestaltung führt zu steuersystematischen Friktionen, ja mehr noch zu steuersystematischen Frakturen. Sie beschädigt an zahlreichen Stellen die Grundstrukturen des deutschen Steuerrechts. Hierzu zählen die wesentlichen Säulen seiner Ausrichtung an der wirtschaftlichen Leistungsfähigkeit, dem Nettoprinzip und dem Syntheseprinzip, die auch heute noch allgemein akzeptiert werden[286].

Allein die Aufgabe einer steuersystematischen Anomalie in Form der bisherigen partiellen Verschonung von Veräußerungserlösen im Zuge der Abgeltungsteuer dient der Erfassung bedeutender weiterer Leistungsfähigkeit vermittelnder Einkünfte und kann als Pluspunkt der Abgeltungsteuer verzeichnet werden[287]. Damit sind ihre systematischen Vorzüge aber auch leider schon nahezu erschöpfend aufgezählt. Demgegenüber steht eine lange Liste systematischer negativ zu wertender Folgen der Abgeltungsteuer. Zum einen wurde – trotz der Einbeziehung von Veräußerungsgewinnen – das Syntheseprinzip ebenso aufgegeben wie der bisherige Dualismus, zum anderen gilt das objektive Nettoprinzip nicht mehr uneingeschränkt für alle Einkunftsarten[288]. Ferner bleibt schließlich die fortschreitende Vertiefung der Ungleichbehandlung von Kapitalerträgen im Betriebsvermögen gegenüber denen im Privatvermögen als weiterer Minuspunkt der Abgeltungsteuer zu konstatieren.

Die beschriebene Stärkung des Totalitätsprinzips durch die Einbeziehung privater Veräußerungserlöse wird durch den Sondertarif der Abgeltungsteuer, das Einsperren des Kapitalertragsteuersystems in einer eigenen Schedule und die mangelhafte Abstimmung der Abgeltungsteuer mit der Unternehmensbesteuerung[289] über die Maßen in negativer Weise kompensiert. Im Zuge der Abschaffung einer partiellen Steuerfreiheit von Veräußerungsgewinnen wurde somit nicht berücksichtigt, dass es eben nicht nur darum geht, ob Einkünfte besteuert werden, sondern gerade auch wie diese Besteuerung dann erfolgt[290]. Zwar können die Kapitalerträge, die dem besonderen Steuersatz der Abgeltungsteuer unterliegen, konsequenterweise auch nicht mehr in die Summe der Einkünfte, den Gesamtbetrag der Einkünfte,

---

285 Vgl. hierzu *Kanzler*, FR 1999, S. 363; ein klares dogmatisches Konzept ebenfalls vermissend *Kellersmann*, FR 2012, S. 57 (68).

286 Vgl. *Faltlhauser*, in: *FS Ritter*, S. 511 (517); vertiefend *Hey*, in: *Tipke/Lang*, SteuerR[22], § 3 Rdnrn. 13 ff.; eine anschauliche grafische Darstellung findet sich bei *Tipke*, StRO[2], Bd. I, S. 504.

287 Vgl. auch *Bäuml/Gageur*, FR 2006, S. 213 (218); *Söhn*, DStJG Bd. 30 (2007), S. 13 (26 f.).

288 *Eckhoff*, FR 2007, S. 989 (990).

289 Zum besonderen Problem des § 8b I KStG, dessen weitreichende Steuerbefreiung bei der Ausschüttung an natürliche Personen nur unzureichend berücksichtigt wird *Birk*, StuW 2000, S. 328 (335 f.).

290 Vgl. *F. W. Wagner*, DB 1999, S. 1520 (1523).

das Einkommen sowie das zu versteuernden Einkommen einbezogen werden[291], doch führt die so geschaffene Schedularisierung zu neuen Abgrenzungsproblemen, Arbitragemöglichkeiten sowie potenziellen Gerechtigkeitslücken und bereitet so den Boden für weitere steuerliche Vergünstigungen und Benachteiligungen[292]. Dieser systematischen Kritik lässt sich auch nicht entgegenhalten, dass ohnehin schon lange Zeit ein zerklüftetes Einkunftsartenrecht vorlag, denn dabei würde verkannt, dass die Geltung eines Einheitstarifs und dessen Erhaltung gerade auch in zentralen Kategorien der Einkunftsarten nochmals auf einem ganz anderen Blatt stehen als der gewachsene Dualismus der Einkunftsarten[293]. Vielmehr führen die beschriebenen Mängel im Bereich des Syntheseprinzips im Ergebnis dazu, dass hier von einer Systematik nicht mehr gesprochen werden kann. Verstärkt wird dieser Effekt dadurch, dass der Gesetzgeber es unterlässt, an die Stelle der ursprünglichen Systematik ein neues Leitbild zu setzen, etwa in Form einer durchgängigen Dualen Einkommensteuer[294]. Selbst in der Schedule „Besteuerung von Kapitaleinkünften" kommt es zu erheblichen Differenzierungen[295], deren genaue Details weder systematisch einleuchtend noch praktisch gut nachvollziehbar sind[296].

Daneben stehen die ebenfalls dargestellten systematisch inakzeptablen Folgen der Abgeltungsteuer im Bereich des Nettoprinzips, des Einkünftedualismus und im Bereich von Betriebs- und Privatvermögen, die umso schwerer wiegen, als es hier an jeglicher Aufwiegung der Schwächen durch systematische Verbesserungen fehlt.

Die steuersystematische Betrachtung der Abgeltungsteuer offenbart somit, dass der Gesetzgeber nicht steuersystematisch denkt und handelt, weil er sich der Bedeutung der Bewahrung der ertragsteuerlichen Systematik und Prinzipien offenbar nicht bewusst ist[297]. Dabei existieren diese Grundstrukturen nicht um der Eitelkeit ihrer Entwickler aus der Wissenschaft willen, sondern primär um ökonomische Fehlanreize zu vermeiden, um eine möglichst praktikable und wenig streitanfällige Durchführung der Besteuerung zu gewährleisten[298] und vor allem um eine gleichmäßige, am Maßstab der Besteuerung nach wirtschaftlicher Leistungsfähigkeit ausgerichtete Einkommensbesteuerung zu sichern. Und nicht nur in der Wissenschaft stößt eine derart wenig Weitsicht aufweisende und zuweilen gar gleichgültige Steuerpolitik auf Kritik. Auch innerhalb der Gesamtbevölkerung hat die deutsche Steuerpolitik aufgrund ihrer Sprunghaftigkeit zu erheblichem Glaubwürdigkeits- und

---

291 *Strunk*, Stbg 2007, S. 101 (102).

292 *Jacobs/Schreiber/Spengel/Gutekunst/Lammersen*, DB 2003, S. 519 (525).

293 In diesem Sinne bereits *R. Wendt*, FR 1993, S. 1 (5).

294 *Jacobs/Schreiber/Spengel/Gutekunst/Lammersen*, DB 2003, S. 519 (525); *Hey*, BB 2007, S. 1303 (1304).

295 *Faltlhauser*, in: *FS Ritter*, S. 511 (516).

296 Vgl. hierzu bereits die Kritik an den Ausnahmeregeln des § 32d II EStG im Rahmen des Gesetzgebungsverfahrens, oben, § 4 F. VIII.

297 *Eckhoff*, FR 2007, S. 989 (991); *Hey*, BB 2007, S. 1303 (1309).

298 Ähnlich auch *Hey*, BB 2007, S. 1303 (1309).

Vertrauensverlust geführt[299]. Nicht zuletzt bewahrheitet sich damit auch die mehrfach geäußerte Befürchtung, dass die Abgeltungsteuer nicht hinreichend gut durchdacht worden ist[300]. Und so findet die bereits im Gesetzgebungsverfahren angedeutete Kritik an der Ausgestaltung der Abgeltungsteuer auch ihren Niederschlag im steuersystematischen Ergebnis.

Da die Bewertung von Steuerreformen und die Beurteilung von Gesetzen auch auf Unstimmigkeiten oder Missstände hinweisen muss, die sich aus systematischen Erwägungen ergeben[301], ist die Abgeltungsteuer bereits aufgrund der vorgenommenen systematischen Erörterung abzulehnen. Doch ist es ausschließlich das Recht des Gesetzgebers, über die endgültige Realisierung oder Nichtumsetzung eines Gesetzentwurfes zu entscheiden. Dies setzt jedoch voraus, dass der Gesetzgeber auch tatsächlich über eine Entscheidungsfreiheit verfügt. Er könnte nämlich hierbei auch verfassungsrechtlich beschränkt sein[302]. Ob derartige Beschränkungen auch bei der Umsetzung der Abgeltungsteuer vorhanden waren und ob diese hinreichend berücksichtigt worden sind, soll daher nachfolgend untersucht werden. Denn letztlich vermag allein die Feststellung der Verfassungswidrigkeit der Abgeltungsteuer durch das BVerfG diese zwingend aus der Welt zu schaffen oder zumindest eine Reform in zentralen Punkten herbeizuführen. Dagegen können die systematischen Schwächen der Abgeltungsteuer und die darauf gründende Kritik lediglich eine Reform anregen, diese aber nicht erzwingen. Weil aber eine Reformbereitschaft des Gesetzgebers zurzeit nicht erkennbar ist, bedeutet dies umgekehrt, dass die Abgeltungsteuer dem deutschen Steuerrecht voraussichtlich noch lange Zeit erhalten bleiben wird, wenn sich keine Verfassungswidrigkeit feststellen lassen sollte.

---

299 *Jacobs/Schreiber/Spengel/Gutekunst/Lammersen*, DB 2003, S. 519 (525).
300 S. hierzu bereits die Nachweise oben, Fn. 237.
301 Vgl. *Mellinghoff*, Stbg 2007, S. 549 (558).
302 *R. Wendt*, FR 1993, S. 1 (5).

§ 6 Verfassungsrechtliche Würdigung der Abgeltungsteuer

A. Rechtfertigung einer verfassungsrechtlichen Diskussion

Die Notwendigkeit, die Abgeltungsteuer auf ihre Verfassungsmäßigkeit hin zu untersuchen, liegt nicht ohne weiteres auf der Hand. Immerhin hat das BVerfG dem Gesetzgeber schon im Jahre 1991 bescheinigt, dass es zulässig sei, alle Kapitaleinkünfte an der Quelle zu besteuern und mit einer Definitivsteuer zu belasten, die in einem linearen Satz sowohl den absetzbaren Aufwand als auch den Progressionssatz in Durchschnittswerten typisiert[303]. 13 Jahre später hat das BVerfG dem Gesetzgeber in Fortführung dieser Rechtsprechung sogar das Instrument des Quellensteuerabzugs als eine von zwei Möglichkeiten zur Behebung des strukturellen Vollzugsdefizits im Bereich der Kapitalertragsbesteuerung und Gewährleistung tatsächlicher Lastengleichheit nahegelegt[304]. Daraus ließe sich prima facie ein eindeutiges „Ja" des BVerfG zur Abgeltungsteuer ableiten. Infolgedessen erübrigte sich eine breite Erörterung verfassungsrechtlicher Zweifelsfragen. Allerdings bliebe hierbei unberücksichtigt, dass die Aussagen des BVerfG nur abstrakter Natur sind. Erst wenn die heutige Abgeltungsteuer konkret an diesen verfassungsrechtlichen Maßstäben gemessen wird, kann beurteilt werden, ob sie ihnen genügt. Denn das BVerfG ist eben nicht legislative, sondern judikative Gewalt. Dementsprechend ist es weder seine Aufgabe noch sein Recht, dem Gesetzgeber eine verfassungsgemäße Ausgestaltung einer Abgeltungsteuer in die Feder zu diktieren. Dies gilt zumindest solange, wie nicht ein Überprüfungsverfahren zur Verfassungsmäßigkeit des Unternehmensteuerreformgesetzes 2008 und konkret der hiermit eingeführten Abgeltungsteuer beim BVerfG anhängig ist.

Folglich ist es gerade geboten, die Abgeltungsteuer daraufhin zu untersuchen, ob sie wirklich die Zustimmung des BVerfG finden darf. Dazu müsste sie neben der entsprechenden Typisierung auch die vom BVerfG ebenfalls geforderten beachtlichen Freibeträge für Kleinsparer mit unterdurchschnittlichem Steuersatz[305] aufweisen. Hinzu kommen aber auch zahlreiche weitere verfassungsrechtliche Zweifelsfragen, die das BVerfG in seinen beiden genannten Entscheidungen nicht hat voraussehen können. Viel zu komplex und weitreichend ist die Abgeltungsteuer hierfür ausgestaltet. So ergeben sich auch nicht wenige Berührungspunkte zu

303 BVerfGE 84, 239 (282 f.); deshalb sieht z.B. *Weber-Grellet*, NJW 2008, S. 545 (550) die Abgeltungsteuer – selbst in ihrer heutigen Ausgestaltung – als vom BVerfG bereits vorgezeichnet und für gut befunden an.

304 BVerfGE 110, 94 (113 f.), s. aber auch schon BVerfGE 84, 239 (281); 96, 1 (7).

305 BVerfGE 84, 239 (283).

Freiheitsgrundrechten, die der verfassungsrechtlichen Prüfung bedürfen. Auch die Thematik einer etwaigen Rückwirkung darf bei das Steuerrecht fundamental verändernden Gesetzen nicht unbeachtet bleiben. Dies gebietet das Rechtsstaatsprinzip. Dominiert wird die nachfolgende verfassungsrechtliche Untersuchung aber vom allgemeinen Gleichheitssatz des Art. 3 I GG. Dies entspricht auch der enormen Bedeutung dieses Grundrechts in verfassungsrechtlichen Überprüfungen von Steuergesetzen durch das BVerfG. Unter diesem Gesichtspunkt wird nach der Rolle des Syntheseprinzips gefragt, die Ungleichbehandlung von Kapital- und Arbeitseinkommen ebenso thematisiert wie die von Anteilseignern mit Anteilen im Privat- und Betriebsvermögen. Geklärt wird auch, ob das Leistungsfähigkeitsprinzip trotz Bruttobesteuerung und Verlustverrechnungsbeschränkungen gewahrt wurde. Des Weiteren werden die im Zuge der Abgeltungsteuer vorgenommenen Typisierungen und Pauschalierungen gleichheitsrechtlich beurteilt. Schließlich wird die Frage nach Folgerichtigkeit, Systemwidrigkeit, Steuergerechtigkeit und nicht zuletzt nach Verhältnismäßigkeit aufgeworfen.

B. Zulässigkeit einer weitreichenden Besteuerung privater Kapitaleinkünfte

Mit Einführung der Abgeltungsteuer ist die Besteuerung privater Veräußerungsgewinne erheblich ausgeweitet worden. Eine solche nahezu lückenlose Besteuerung privater Kapitaleinkommen hat es bis dato in Deutschland noch nie gegeben[306]. Hinzu kommt, dass der Steuerstaat zu ihrer Umsetzung in die grundrechtlich geschützte Sphäre der Steuerpflichtigen eindringen muss, um das Vorliegen der Besteuerungsvoraussetzungen zu überprüfen und die Durchsetzung des Steueranspruchs sicherzustellen. Berücksichtigt man dies, so ergibt sich die Frage nach der verfassungsrechtlichen Rechtfertigung dieses Eingriffs. Ihre Beantwortung wird hier gleichsam vor die Klammer der freiheitsgrundrechtlichen und gleichheitsrechtlichen Diskussion gezogen. Für ein solches Vorgehen spricht vor allem, dass die folgende Erörterung sich an einer Schnittstelle von freiheitsrechtlicher Eingriffsdogmatik und gleichheitsrechtlicher Rechtfertigung befindet."

I. Besteuerungsausweitung als nicht per se unzulässiger Grundrechtseingriff

Ungeachtet seiner konkreten Ausgestaltung und den damit zusammenhängenden, später zu behandelnden Fragen nach der Wahrung verfassungsrechtlicher Besteuerungsprinzipien ist schon der Steuerzugriff an sich rechtfertigungsbedürftig.

306 *F. W. Wagner*, DB 1999, S. 1520 (1524) sieht hierin einen Systembruch. Eine solche Einschätzung übersieht jedoch, dass der eigentliche Systembruch viel eher im Einkünftedualismus liegt. Zugleich zeigt diese Aussage aber auch, wie sehr man sich offenbar an diesen „gewöhnt", sich mit ihm abgefunden hat.

Dies gilt auch deshalb, weil der Staat zur Durchführung der Besteuerung die Besteuerungsgrundlagen ermitteln und hierzu immer auch in mehr oder weniger starker Weise in die grundrechtlich geschützte Sphäre der Steuerpflichtigen eindringen muss. Für eine verfassungsrechtliche Bewertung der mit Einführung der Abgeltungsteuer einhergehenden Besteuerungsausweitung ist daher zunächst ein näherer Blick auf die Eingriffscharakteristik der ausgeweiteten Besteuerung erforderlich. Da für den Umfang des verfassungsrechtlich verbürgten Schutzes relevant, gewinnt die sphärentheoretische Einordnung an dieser Stelle Bedeutung: Stellt die Besteuerungsausweitung nur einen Eingriff in die weniger stark geschützte Sozialsphäre dar oder liegt ihr ein Eingriff in die weitergehend geschützte Privatsphäre[307] zugrunde?

Weil in einem steuerfinanzierten Sozialstaat die Steuerzahlung eine soziale Pflicht darstellt, ist auch der materielle Steuerzugriff grundsätzlich als bloßer Eingriff in die Sozialsphäre zu qualifizieren[308]. Allerdings wird im Bereich privater Veräußerungsgewinne auch ein – ggf. sogar als per se unzulässig zu beurteilender – Eingriff in die Privatsphäre diskutiert[309]. Dabei wird teilweise im Rahmen der sog. Markteinkommenstheorie vertreten, nur marktoffenbare Vorgänge seien steuerbar, weil allein sie den Belastungsgrund der Einkommensteuer erfüllten, sodass private Veräußerungsgewinne nicht zum Einkommen gehörten[310]. Zur Begründung wird darauf abgestellt, dass es sich nicht um marktoffenbare Vorgänge handele, die Veräußerung also nicht in Ausübung einer dauerhaften und festen Verbundenheit mit dem Markt, sondern lediglich bei dessen Gelegenheit erfolge[311].

An hiesiger Stelle ist der Streit um den Markteinkommensbegriff indes ohne Bedeutung. Denn es ist schon nicht erkennbar, warum etwa eine Veräußerung von Aktien am Kapitalmarkt kein marktoffenbarer Vorgang sein sollte. Festzustellen ist allein, dass nicht alle privaten Veräußerungsgeschäfte insoweit gleichzusetzen sind, weil manche – wie etwa Aktiengeschäfte vollständig, d.h. vom Kauf bis zum

---

307 Ausführlich zur Herleitung des Grundrechts auf Privatsphäre und der Abgrenzung zum steuerrechtlichen Begriff der Privatsphäre s. *v. Hammerstein* (1993), S. 23 ff. und 134 ff.

308 Vgl. nur *Tipke*, StRO², Bd. I, S. 428.

309 Zum Streitstand *Müller-Franken*, in: *GS Trzaskalik*, S. 195 (208 f.).

310 So insb. *Durchlaub* (1993), S. 70 f.; vgl. aber auch *Kirchhof*, in: *K/S/M*, EStG, § 2 Rdnrn. A 9, 111 ff. und 363 f.; *ders.*, 57. DJT, Mainz 1988, Teil F, Bd. I (Gutachten), S. 29, allerdings mit Einschränkungen, vgl. a.a.O. S. 31; ähnlich *Crezelius*, in: *K/S/M*, EStG, § 23 Rdnr. A 22 f. sowie *Eckhoff* (1999), S. 11.

311 Vgl. *Durchlaub, Kirchhof, Eckhoff* jeweils a.a.O, wobei allerdings Uneinigkeit darüber besteht, ob es sich bei dem so definierten Begriff des Markteinkommens um einen verfassungsrechtlich aus der Sozialbindung des Eigentums und dem Schutz der Privatsphäre abgeleiteten [so *Kirchhof*, 57. DJT, Mainz 1988, Teil F, Bd. I (Gutachten), S. 16 ff.] oder nur um einen einfachgesetzlichen Strukturbegriff des nach deutschem Recht zu versteuernden Einkommens [so *Hey*, in: *Tipke/Lang*, SteuerR²², § 3 Rdnrn. 15, 17 und § 7 Rdnr. 31; *Durchlaub* (1993), S. 68] handelt.

Verkauf, marktoffenbar sind, während andere diese dauerhafte Offenkundigkeit nicht aufweisen[312].

Daher schränken die Vertreter der zuvor genannten Auffassung zum Teil bereits selbst ihre Aussagen ein, indem sie die Gleichsetzung von Privatsphäre und Privatvermögen aufgegeben und infolgedessen die Steuerbarkeit nur noch für solche Veräußerungsgewinne verneinen, die Gegenstände betreffen, die nicht der Einkommenserzielung gedient haben, es sich mithin also um Wirtschaftsgüter der privaten Konsumsphäre handelt[313]. Konsequenz dieser Einschränkung ist, dass nicht mehr alles im Rahmen der Gewinnermittlung außerhalb des Betriebsvermögens verbleibende Vermögen als privat angesehen werden kann, sondern nur solches, das nicht als Erwerbsgrundlage bzw. Einkommensquelle für eine der sieben Einkunftsarten dient, folglich auch nicht ertragsbringend angelegtes Kapital, weil es sich hierbei nach geltendem Recht um eine Erwerbsgrundlage handele[314]. Dem ist im Ergebnis zu folgen. Wenn ein Steuerpflichtiger sich durch die Vornahme eines Veräußerungsgeschäftes an die Öffentlichkeit wendet, so begibt er sich gerade seiner Privatheit[315]. Gerade wenn er somit offensichtlich Einkünfte erzielen möchte – wie dies im Falle von Kapitalanlagen regelmäßig der Fall ist – und deshalb auch die steuerliche Erfassung wesentlich einfacher möglich ist als bei Wirtschaftsgütern der privaten Konsumsphäre, fehlt eine Rechtfertigung für die Annahme eines Besteuerungsverbots[316]. Dem lässt sich auch nicht entgegenhalten, dass der Privatmann und Bezieher von (Neben-)Einkünften u.a. nach § 2 I Nr. 5 EStG keine auf die Erzielung und Realisierung von Wertzuwächsen zielende Tätigkeit vornehme, sondern Veräußerungsgewinne bei ihm allein das Resultat nicht finaler Handlungen seien[317]. Es ist nicht ersichtlich, warum ein privater Kapitalanleger nicht darauf abzielen sollte, Wertzuwächse zu generieren; ganz im Gegenteil: Er wünscht sich eine „Performance", die über dem jeweiligen „Benchmark" der Kapitalanlage-Kategorie liegt. Würde er dies nicht wollen, besteht für ihn kein erkennbares Bedürfnis, sein Kapital einer Bank oder einem Fonds anzuvertrauen bzw. in Gesellschaftsanteile zu investieren. Nicht zuletzt vor dem Hintergrund der weltweiten Banken- und

---

312 S. dazu auch die Differenzierung bei *v. Hammerstein* (1993), S. 256, der Veräußerungsgewinne aus Wertpapierverkäufen und anderen Kapitalanlagen von Veräußerungsgewinnen etwa aus dem Verkauf privater Kunstsammlungen unterscheidet.

313 *Kirchhof*, 57. DJT, Mainz 1988, Teil F, Bd. I (Gutachten), S. 31. Demnach erfasst die Abgeltungsteuer keine Veräußerungsgeschäfte, bei denen der Schutzbereich grundrechtlicher Privatheitsgewährleistung berührt wäre, vgl. *v. Hammerstein* (1993), S. 256.

314 *Kirchhof*, a.a.O.

315 *Tipke*, StRO, Bd. II, S. 652; *Müller-Franken*, in: *GS Trzaskalik*, S. 195 (209); s. auch *Weber-Grellet* (2001), S. 81: Nicht-Besteuerung privater Veräußerungsgewinne mit Markteinkommenstheorie unvereinbar.

316 Vgl. *Jachmann*, Bd. I, S. 115; *dies.*, DStJG Bd. 23 (2000), S. 9 (49).

317 So aber *Durchlaub* (1993), S. 69.

Finanzmarktkrise wäre ein Einschließen des Geldes in einem gut geschützten Safe dann die bessere Alternative.

Schließlich ist auch darauf hinzuweisen, dass die Besteuerung auch an anderer Stelle keine Rücksicht auf die Privatsphäre des Steuerpflichtigen nimmt, wie sich etwa bei einer Zusammenveranlagung nach § 26 EStG oder beim Geltendmachen von Krankheitskosten als außergewöhnlicher Belastung im Sinne des § 33 EStG zeigt. Dann kann unter rechtsstaatlichen Aspekten auch die Registrierung offenkundiger Vorgänge für die Besteuerung – wie etwa der Verkauf von Aktien oder der Bezug von Zinsen aus einem Sparbrief – nicht als bereits von Verfassungs wegen rechtsstaatlich unzulässig betrachtet werden[318]. Festzuhalten bleibt daher, dass auch die hier allein angesprochene Besteuerung privater Kapitalerträge und damit zusammenhängender Veräußerungsgewinne nicht per se von der Steuerbarkeit ausgenommen werden muss. Vielmehr weisen solche Tätigkeiten einen hinreichenden Bezug zum Erfordernis eines am Markt erzielten Einkommens auf; zugleich verlässt der Steuerpflichtige im Rahmen des Geschäfts seine Privatsphäre und unterwirft die Erwerbsgrundlage der Beobachtung und dem Interesse der Allgemeinheit[319] und damit auch des Fiskus. Ob dies im Falle des Verkaufs von privaten Münz- und Briefmarkensammlungen, Schmuck, Bildern o.Ä. anders zu beurteilen wäre, bedarf hier dagegen keiner Entscheidung.

II. Rechtfertigung des Steuerzugriffs

Nachdem nun herausgearbeitet wurde, dass die privaten Veräußerungsgewinne dem Grunde nach besteuert werden dürfen, ist noch auf die Geeignetheit und Erforderlichkeit dieser Steuergesetzgebung einzugehen sowie die Eingriffsintensität dieser Besteuerungsausweitung am Verhältnismäßigkeitsprinzip[320] zu messen.

Das BVerfG hat schon früh hervorgehoben, dass der Gesetzgeber nicht gehindert sei, Gewinne aus jeder Veräußerung von Gegenständen des Privatvermögens zu besteuern[321]. Damit wird auch im Bereich der Besteuerung privater Kapitaleinkünfte dem Gesetzgeber ein weitreichender Gestaltungsspielraum zugestanden. A maiore ad minus dürften demnach auch private Veräußerungsgewinne umfassend in die Abgeltungsteuer miteinbezogen werden. Für diese gefestigte Ansicht des BVerfG spricht insbesondere ein gewichtiges gleichheitsrechtliches Argument. Auch durch Gewinne aus der Veräußerung privaten Kapitalvermögens wird der Steuerpflichtige zur solidarischen Lastentragung am Maßstab des periodischen Vermögenszuwachses befähigt[322]. Die umfassende Besteuerung von Veräußerungsgewinnen schwächt

---

318 Insoweit zutreffend *Durchlaub* (1993), S. 67; vgl. auch *Müller-Franken*, in: *GS Trzaskalik*, S. 195 (209).

319 *Kirchhof*, in: *K/S/M*, EStG, § 2 Rdnr. A 116.

320 Allgemein zum Verhältnismäßigkeitsprinzip im Steuerrecht *Tipke*, StRO², Bd. I, S. 205 ff.

321 BVerfGE 26, 302 (312), bestätigt durch BVerfGE 110, 94 (112).

322 *Englisch*, StuW 2007, S. 221 (233).

die (gleichwohl noch immer vorhandene) Problematik des Einkünftedualismus zumindest etwas ab und stellt im Ergebnis einen Schritt zu mehr Gleichmäßigkeit der Besteuerung dar, was unter dem Blickwinkel von Art. 3 I GG uneingeschränkt zu begrüßen ist[323]. So betrachtet und unter Berücksichtigung der gesetzgeberischen Gestaltungsfreiheit ist die Abgeltungsteuer als ein geeignetes und erforderliches Instrument zur Beseitigung des verfassungsrechtlich zweifelhaften Einkünftedualismus anzusehen[324]. Inwieweit dagegen die verbliebenen Ausnahmen für Immobilien und einige wenige andere Veräußerungsvorgänge noch stichhaltig begründbar sind[325], kann hier ebenso offen bleiben wie die Frage, ob nicht die Inflationsproblematik langfristiger privater Veräußerungsgewinne zu einer anderen Einschätzung zwingt[326]. Diesen Fragen muss sich der Gesetzgeber zwar auch stellen. Doch steht es ihm frei, der Inflationsproblematik anderweitig zu begegnen – solange er dies bei Gebotenheit eines solchen Handelns nur überhaupt in (verfassungs)rechtmäßiger Weise tut. Im Hinblick auf die wenigen Ausnahmen von der Veräußerungsgewinnbesteuerung ist darauf abzustellen, dass hierin allenfalls ein kritikwürdiger Mangel auf dem Weg zu einer Veräußerungsgewinnbesteuerung in Reinform zu sehen wäre. Jedoch kann dies nicht dazu führen, dass man den beschrittenen Weg deshalb als rechtswidrig einordnet. Die zulässige Ausweitung der Kapitalertragsbesteuerung wird hiervon nicht bereits deshalb berührt, weil sie nicht in Perfektion erfolgte. Vielmehr ging es allein um die grundsätzliche Frage nach der Ausweitung, deren Beantwortung sich durch das Ausmaß der Ausweitung nicht verändert.

Zuletzt ergibt eine Abwägung von Eingriffsintensität in die Privatsphäre und der hierdurch erreichten Gleichheit im Steuervollzug, dass die Abgeltungsteuer auch dem Angemessenheitspostulat genügt. Hierzu trägt zunächst die geringe Tiefe des staatlichen Eindringens in die Privatsphäre des Steuerpflichtigen bei. Die Abgeltungsteuer beschränkt sich allein auf den Bereich von Kapitalerträgen. Eine möglicherweise problematische, weil die persönliche Sinnentfaltung, die privaten Vorlieben und Interessen, persönliche Leidenschaften oder den individuellen Lebensstil miteinbeziehende Erfassung privater Gegenstände[327] enthält sie gerade nicht. Zwar lässt die Abgeltungsteuer Rückschlüsse darauf zu, welche Steuerpflichtigen z.B. eine Vorliebe für Spekulationsgeschäfte an der Börse oder für zahlreiche

323 Vgl. *Eckhoff*, FR 2007, S. 989 (994); *Englisch*, StuW 2007, S. 221 (233); *Bäuml/Gageur*, FR 2006, S. 213 (216); *Kraft/Bäuml*, DB 2004, S. 615 (619); *Jachmann*, Bd. I, S. 114 f.; i.E. ebenso *Tipke*, StRO², Bd. I, S. 428: Alle Einkunftsarten, in denen sich steuerliche Leistungsfähigkeit ausdrückt, dürfen [von der Besteuerung] erfasst werden; zur Unvereinbarkeit der bisherigen Behandlung von Spekulationsgeschäften mit dem Gleichmäßigkeits- und Leistungsfähigkeitsprinzip *Merkenich* (1982), S. 87 ff.

324 Besser wäre freilich eine – Art. 3 I GG noch viel mehr entsprechende – gänzliche Abschaffung des Dualismus.

325 Dazu *Eckhoff*, FR 2007, S. 989 (994 Fn. 29); *Jachmann*, Bd. I, S. 116.

326 Hierzu *Watrin/Lühn*, DB 2003, S. 168 (171, 173); *Mellinghoff*, 66. DJT, Stuttgart 2006, Teil Q, Bd. II/1, (Referate), S. 85 (103).

327 Hierzu *v. Hammerstein* (1993), S. 197 ff.

Beteiligungen an nicht börsennotierten Unternehmen – ggf. sogar aus der gleichen Branche – haben. Die Zahl der Betroffenen ist aber ziemlich gering, weil ein solches „Hobby" nur verhältnismäßig wenigen Menschen eigen ist. Dagegen verfügt eine weitaus größere Zahl an Steuerbürgern über andere Hobbies, die im Zuge einer umfassenden Besteuerung privater Gegenstände, die nicht als Kapitalanlage dienen, offenbart werden müssten. Bleibt es somit durch die Abgeltungsteuer bei einem schwachen Eingriff in die Privatsphäre, so steht dem das hiermit verbundene Mehr an Besteuerungsgleichheit gegenüber. Die gleichmäßige tatsächliche Durchsetzung von Steueransprüchen, die auch vom BVerfG schon mehrfach angemahnt wurde[328], stellt ein überaus hohes und für den auf ein akzeptiertes Steuerrecht elementar angewiesenen sozialen Steuerstaat unverzichtbares Gemeingut dar. Wie aufgezeigt, kann die Abgeltungsteuer hierzu einen Beitrag leisten und wahrt dabei zugleich das Verhältnismäßigkeitsprinzip.

C. Gleichheitsrechtliche Prüfung – Art. 3 I GG

Zentrale Fragen und Probleme, die im Zusammenhang mit der Abgeltungsteuer stehen, betreffen ihre Vereinbarkeit mit dem allgemeinen Gleichheitssatz. Dies macht eine ausführliche Darstellung und Analyse einer Vielzahl von einzelnen Diskussionspunkten erforderlich. Im Zuge dieser verfassungsrechtlichen Würdigung geht es zunächst um die Frage, ob die Abgeltungsteuer bereits am Syntheseprinzip als dem Postulat gleichmäßiger Besteuerung scheitert, ob es somit überhaupt zulässig ist, Kapitalerträge in einer Schedule mit eigenen Gesetzlichkeiten zu besteuern. In diesem Kontext ist auch zu klären, ob sich eine Rechtfertigung für die so entstandene Ungleichbehandlung von Kapital- und Arbeitseinkommen finden lässt. Des Weiteren ist erörterungsbedürftig, inwieweit Anteilseigner, die ihre Anteile im Privatvermögen halten, anders behandelt werden dürfen als diejenigen Anteilseigner mit Anteilen im Betriebsvermögen. Umgekehrt stellt sich die Frage nach der Zulässigkeit einer steuerlichen Gleichbehandlung von vorbelasteten Dividenden und nicht vorbelasteten Zinseinkünften. Schließlich wird auch auf die Frage der finanzierungsneutralen Ausgestaltung der Abgeltungsteuer eingegangen.

Mit Blick auf das Leistungsfähigkeitsprinzip als Konkretisierung des Gebots gleicher steuerlicher Lastenverteilung[329] werden die Kollisionen der Abgeltungsteuer mit diesem Prinzip untersucht. Konkret geht es dabei um die Bruttobesteuerung, die nicht einer Besteuerung im Sinne des objektiven Nettoprinzips entspricht. Außerdem werden die gesetzlichen Aussagen zur Verlustverrechnung in §§ 17, 20 VI 1 und 4 EStG ebenfalls am Maßstab des Art. 3 I GG gemessen. Ebenfalls thematisiert und gleichheitsrechtlich gewürdigt werden die zahlreichen Typisierungen und Pauschalierungen, die mit der Einführung der Abgeltungsteuer einhergehen.

---

328 BVerfGE 84, 239 (268 ff.); 96, 1 (5, 7 f.); 99, 280 (289); 101, 297 (309); 110, 94 (112 f.).
329 Vgl. etwa *Birk/Desens/Tappe*, SteuerR, Rdnr. 188.

Nicht zuletzt geht es um die Frage von Folgerichtigkeit und Systemkonsequenz der Abgeltungsteuer im Vergleich mit den übrigen Regelungen des EStG sowie um die übergeordnete Prüfung der Steuergerechtigkeit der Abgeltungsteuer. Nur wenn das Verhältnismäßigkeitsprinzip bei vom Gesetzgeber vorgenommenen gleichheitsrechtlich im Grundsatz zulässigen Differenzierungen gewahrt wurde[330], kann der Steuergerechtigkeit genügt werden.

Einleitend sollen aber nun zunächst allgemein die Gewährleistungen des allgemeinen Gleichheitssatzes im Steuerrecht formuliert werden. Dieser gleichsam vor die Klammer gezogene grundsätzliche Teil bildet somit den Maßstab für die nachfolgenden Einzeluntersuchungen.

I. Bedeutung und Gewährleistungsgehalt des Art. 3 I GG im Bereich des Steuerrechts

Die Bedeutung des allgemeinen Gleichheitssatzes bei der Prüfung von Steuergesetzen auf ihre Verfassungsmäßigkeit kann kaum hoch genug eingeschätzt werden. Art. 3 I GG stellt eine herausragende, fundamentale Norm zur Gewährleistung staatlicher Verteilungsgleichheit dar[331]. Sie ergänzt den Schutz des Steuerpflichtigen durch die – das Besteuerungsrecht bedeutend weniger substantiell beschränkenden – Freiheitsgrundrechte, indem der Gesetzgeber zu einem gerechten Besteuerungsmaß(stab) verpflichtet wird[332], bei dem ein schon auf geringfügige Lastenverschiebungen reagierender, besonders effektiv schützender Maßstab an jede Steuerbelastung angelegt wird[333]. Damit kommt dem allgemeinen Gleichheitssatz gerade auch die Aufgabe zu, Steuergerechtigkeit immer wieder neu einzufordern[334].

Das BVerfG hat in einer kaum mehr zu überschauenden Fülle von Entscheidungen im Bereich des Steuerrechts versucht, die soeben genannten Grundsätze mit für die praktische Anwendung brauchbarem Inhalt in Form von konkreten Aussagen zu

330 Schon BVerfGE 71, 146 (157) macht deutlich, dass der Gesetzgeber auch bei steuerrechtlich dem Grunde nach zulässigen Differenzierung gehalten ist, die am wenigsten einschneidende und dennoch gleichermaßen effektive Maßnahme zu ergreifen. Damit ist das Verhältnismäßigkeitsprinzip auch bei der Prüfung des Art. 3 I GG von Bedeutung.

331 *Heun*, in: *Dreier*, GG, Art. 3 Rdnr. 75; *Birk/Desens/Tappe*, SteuerR, Rdnr. 186; vgl. auch *Huster*, in: *Friauf/Höfling*, BKGG, Art. 3 Rdnr. 134; *BK/Rüfner*, Art. 3 Abs. 1 Rdnr. 197 mit dem Hinweis, dass im Steuerrecht wohl mehr Verfassungsbeschwerden unter Berufung auf Art. 3 I GG erhoben werden, als in jedem anderen Rechtsgebiet; sowie *Sachs*, in: *Isensee/Kirchhof*, HStR Bd. VIII, § 183 Rdnr. 11.

332 S. die Nachweise in vorheriger Fn. sowie zum Gerechtigkeitsgleichmaß und zur sachgerechten Maßstabsbildung *Englisch* (2008), S. 82 ff.

333 So insb. in Abgrenzung zu Art. 14 GG schon *R. Wendt* (1985), S. 334.

334 Ähnlich auch *Sachs*, in: *Stern*, StaatsR, Bd. IV/2, § 120 II 9 a); *Hey*, in: *Tipke/Lang*, SteuerR^{22}, § 3 Rdnr. 111; *Tipke*, StRO^{2}, Bd. I, S. 284 m.w.N. auch zu älterem Schrifttum und philosophischen Ansätzen.

füllen. Ausgangspunkt ist zunächst der auch außerhalb des Steuerrechts geltende abstrakte Inhalt des Art. 3 I GG. Folglich darf der Gesetzgeber auch steuerrechtlich nicht wesentlich Gleiches ungleich oder wesentlich Ungleiches gleich behandeln[335]. Präzisierend spricht das BVerfG davon, dass eine ungleiche Behandlung insbesondere dann nicht zu rechtfertigen sei, wenn sich im Vergleich zwischen zwei Gruppen von Normadressaten keine Unterschiede von hinreichender Art und hinreichendem Gewicht finden lassen[336]. Der Prüfungsmaßstab für die angesprochenen Unterschiede reicht dabei je nach Regelungsgegenstand und Differenzierungsmerkmal vom bloßen Willkürverbot bis hin zu einer strengen Bindung an das Verhältnismäßigkeitsprinzip[337]. Zwar ist es grundsätzlich die freie Entscheidung des Gesetzgebers festzulegen, welche Sachverhalte er tatbestandlich mit derselben Rechtsfolge belegen und damit als rechtlich gleich qualifizieren möchte, doch ist er dabei im Bereich des Einkommensteuerrechts durch zwei eng miteinander verbundene Leitprinzipien begrenzt: Zum einen hat er das Gebot der Besteuerung nach der finanziellen Leistungsfähigkeit zu wahren, zum anderen dem Gebot der Folgerichtigkeit zu genügen[338]. Die somit gebotene steuerliche Lastengleichheit ist horizontal dadurch zu sichern, dass Steuerpflichtige bei gleicher Leistungsfähigkeit auch gleich hoch besteuert werden, während vertikal gesehen die Besteuerung höherer Einkommen in gerechter Relation zur Besteuerung niedrigerer Einkommen zu stehen hat[339]. Im Prinzip der Besteuerung nach der wirtschaftlichen Leistungsfähigkeit findet der allgemeine Gleichheitssatz zugleich seine steuerrechtsspezifische Ausgestaltung als Grundsatz der Steuergerechtigkeit, was wiederum voraussetzt, dass die Steuerpflichtigen durch ein Steuergesetz nicht nur rechtlich, also auf dem Papier, sondern auch tatsächlich, d.h. bei der Durchsetzung des staatlichen Steueranspruchs, gleichmäßig belastet werden[340]. Das neben dem Gebot der Besteuerung nach der wirtschaftlichen Leistungsfähigkeit stehende Folgerichtigkeitsgebot zwingt den Gesetzgeber zudem,

335 Vgl. etwa BVerfGE 9, 237 (244); 103, 310 (318); 110, 412 (431); 117, 1 (30); 126, 268 (277); 127, 224 (244); 132, 179 (188); 133, 377 (407); BVerfG BStBl. II 2015, 50 (66) = DStR 2015, 31 (40 f.).

336 In diesem Sinne z.B. BVerfGE 71, 146 (154 f.); 81, 228 (236); 82, 60 (86); 84, 348 (359); 107, 27 (46); 110, 412 (432).

337 BVerfGE 89, 15 (22); 105, 73 (110); 107, 27 (45); 110, 274 (291); 110, 412 (431); 117, 1 (30); 122, 210 (230); 126, 268 (277); 127, 224 (244); 132, 179 (188 f.); 133, 377 (407); BVerfG BStBl. II 2015, 50 (66) = DStR 2015, 31 (41); BVerfG DStR 2015, 1678 (1685); zum Willkürbegriff in diesem Zusammenhang schon *Leibholz* (1959), S. 245 ff.

338 Auch dies ist ständige Rspr., s. BVerfGE 105, 73 (125); 107, 27 (46); 110, 412 (433); 122, 210 (230 f.); 126, 268 (277 f.); 127, 224 (245); 132, 179 (189); BVerfG BStBl. II 2015, 50 (66) = DStR 2015, 31 (41).

339 BVerfGE 82, 60 (89); 99, 246 (260); 105, 73 (126); 107, 27 (46 f.); 110, 412 (433); 126, 268 (278).

340 Vgl. hierzu BVerfGE 93, 121 (134); 105, 17 (46); 117, 1 (30 f.).

die nach der Regelung seines Ausgangstatbestandes einmal getroffene Belastungsentscheidung folgerichtig im Sinne der Belastungsentscheidung umzusetzen[341].

Bei alledem darf allerdings auch nicht übersehen werden, dass dem Gesetzgeber eine weitreichende und vom BVerfG nicht zu bewertende Steuergesetzgebungsfreiheit zukommt. Diese darf er grundsätzlich nach seiner freien Überzeugung ausüben, indem er die Erschließung neuer Steuerquellen frei gestaltet, das Steuerrecht auch zu Lenkungszwecken benutzt und Differenzierungen auf finanzpolitischer, volkswirtschaftlicher, sozialpolitischer oder steuertechnischer Basis vornimmt[342]. Ob der Gesetzgeber dabei die zweckmäßigste und gerechteste Lösung findet, unterliegt nicht der bundesverfassungsgerichtlichen Prüfung; diese erstreckt sich nur darauf, ob die äußersten verfassungsrechtlichen Grenzen der gesetzgeberischen Gestaltungsfreiheit eingehalten wurden[343] und ob ein vorhandener Lenkungszweck zielgenau und normenklar im Gesetzestext zum Ausdruck gelangt, von einer erkennbaren gesetzgeberischen Entscheidung getragen und seinerseits gleichheitsgerecht ausgestaltet ist[344]. Diese Anforderungen lassen sich aber bedingt durch die Abstraktheit der bisher beschriebenen Gewährleistungsgehalte des Art. 3 I GG nicht absolut als spezifisch gleichheitsrechtliche Angemessenheit, sondern nur relativ als verfassungsrechtliche Abwägung im konkreten Einzelfall formulieren[345]. Auch im Bereich von Steuersatz und Steuertarif macht der Gleichheitssatz keine bestimmten Vorgaben, sondern enthält vorwiegend Maßstäbe für Steuersatzdifferenzierungen[346].

In Anbetracht der Unmöglichkeit, allgemein gültige verfassungsrechtliche Abwägungsregeln für die Prüfung des allgemeinen Gleichheitssatzes im Steuerrecht aufzustellen, um ggf. ein Abweichen von der Gleichheit rechtfertigen zu können, stellt sich die Bindung des Steuergesetzgebers als verhältnismäßig gering dar[347]. Zwar steht auch die steuerliche Belastung der Bürger unter einem strengen Gleichheitspostulat[348], doch sind die gleichheitssichernden Grundprinzipien der Besteuerung ihrerseits hochgradig der Konkretisierung bedürftig und müssen zahlreiche

---

341 So etwa BVerfGE 93, 121 (136); vgl. auch *Hey*, in: *Tipke/Lang*, SteuerR[22], § 3 Rdnr. 118 jeweils m.w.N.

342 Hierzu BVerfGE 105, 17 (46 f.) m.w.N.; 110, 274 (292 f.); BVerfG BStBl. II 2015, 50 (67) = DStR 2015, 31 (41).

343 BVerfGE 26, 302 (310); 105, 17 (47) m.w.N.; 110, 412 (436).

344 Stellvertretend BVerfGE 117, 1 (32) m.w.N.; zur Ungewissheit über die Richtung in die eine Steuer oder Abgabe das Verhalten der Bürger lenkt vgl. *Di Fabio*, JZ 2007, S. 749 (751).

345 Vgl. *Herzog*, in: *Maunz/Dürig*, GG, Art. 3 Anhang Rdnr. 29; *Osterloh/Nußberger*, in: *Sachs*, GG, Art. 3 Rdnr. 90; s. auch schon *Leibholz* (1959), S. 243: Die Frage ist heute nicht mehr, ob der Gesetzgeber an Art. 3 I GG gebunden ist, sondern was inhaltlich unter dieser Bindung an den Gleichheitssatz zu verstehen ist.

346 *Kirchhof*, StuW 1984, S. 297 (313).

347 *BK/Rüfner*, Art. 3 Abs. 1 Rdnr. 212; *Osterloh/Nußberger*, in: *Sachs*, GG, Art. 3 Rdnr. 90.

348 Vgl. *Starck*, in: *v. Mangoldt/Klein/Starck*, GG, Art. 3 Abs. 1 Rdnr. 84.

Abweichungen vom Grundprinzip aus den verschiedensten Gründen zugelassen werden[349]. Die für den gleichheitsrechtlichen Schutz des Bürgers wesentlichen Prinzipien (Besteuerung entsprechend der Leistungsfähigkeit und Wahrung der Folgerichtigkeit) werden sogleich auch auf ihre Verträglichkeit mit der Abgeltungsteuer hin untersucht und dabei gleichsam abgeltungsteuerspezifisch konkretisiert.

II. Scheitert die Abgeltungsteuer bereits am Syntheseprinzip als dem Postulat gleichmäßiger Besteuerung?

Wenn bereits die Verfassung für das Einkommensteuerrecht das Syntheseprinzip und damit die ausnahmslose und absolut strikte tarifliche Gleichbehandlung aller Einkunftsarten zwingend vorgeben würde, müsste dies eine Abgeltungsteuer mit Sondersteuersatz wegen Verfassungswidrigkeit zum Scheitern verurteilen. Durch die Einführung eines gesonderten Tarifs, einer weitgehenden Bruttobesteuerung und der Verlustverrechnungsbeschränkungen und -ausschlüssen bewegt die Abgeltungsteuer sich auch nicht mehr im Bereich des ohnehin schon fragwürdigen Dualismus der Einkunftsarten[350]. Vielmehr geht sie darüber hinaus und führt zu einem kapitaleinkünftelastigen Trialismus[351]. Dies bedeutet, dass die Abgeltungsteuer für Kapitalerträge noch zu einem weiteren, besonders starken „Ausreißer" aus dem dualistischen System führt[352].

Allerdings wird, soweit ersichtlich, auch nirgends vertreten, dass ein ausnahmsloses Verfassungsgebot zur synthetischen Einkommensteuer bestehe. Verfehlt wäre es aber, hieraus zu schließen, dass das Syntheseprinzip für das geltende EStG ohne Bedeutung sei[353]. Zutreffend ist vielmehr, dass allein die Gleichbehandlung aller Einkunftsarten im Sinne des Syntheseprinzips dem verfassungsrechtlichen Postulat des Art. 3 I GG nach gleichmäßiger Besteuerung entspricht[354]. Aus diesem Grund bildet die synthetische Einkommensteuer das verfassungsrechtlich vorgegebene Ideal, an

349 *Heun*, in: *Dreier*, GG, Art. 3 Rdnr. 76; *BK/Rüfner*, Art. 3 Abs. 1 Rdnr. 198.

350 Ausführlich hierzu *Söhn*, DStJG Bd. 30 (2007), S. 13 ff.; trotz aller verfassungsrechtlichen Zweifel am Dualismus hat BVerfGE 26, 302 ff. ihn (auch in der Folgzeit) nicht beanstandet; kritisch hierzu *Elicker*, StuW 2002, S. 217 (229 f.); zur systematischen Kritik s. bereits oben, § 5 A. und B.

351 Zu diesem Begriff vgl. die Ausführungen oben, § 5 B. a.E.

352 S. hierzu ausführlich bereits § 4 G.

353 Aus diesem Grund ist der allzu pauschalen Verneinung jeder Bedeutung des Syntheseprinzips durch das BMF in BVerfGE 116, 164 (177) wonach „es eine gesetzgeberische Entscheidung für eine synthetische Einkommensteuer nicht gebe" zu widersprechen; gleiches gilt für BVerfGE 84, 329 (338) wonach „die Vorstellung, dass alle Arten von Einkünften ausnahmslos nach den gleichen tariflichen Bestimmungen besteuert werden müssen, [schon] im geltenden Steuerrecht keine ausreichende Grundlage [findet]".

354 *Seer*, BB 2004, S. 2272 (2273).

dem im Grundsatz unter Berücksichtigung des Art. 3 I GG festzuhalten ist[355]. Damit gelten aber zugleich auch die für eine Einschränkung des Art. 3 I GG (in Form einer Ungleichbehandlung) anerkannten Rechtfertigungsmaßstäbe[356]. Folgerichtig vertritt auch das BVerfG, dass unterschiedliche Tarifverläufe für verschiedene Einkunftsarten besonderen Rechtfertigungsgründen genügen müssen, wofür weder die systematische Unterscheidung zwischen verschiedenen Einkunftsarten noch der Finanzbedarf des Staates bzw. eine angespannte Haushaltslage allein genügen können[357].

Die Abgeltungsteuer erweist sich somit nicht schon deshalb als verfassungswidrig, weil sie das Syntheseprinzip erheblich durchbricht. Vielmehr kann diese Frauge erst in einem zweiten Schritt beantwortet werden, in dem zu prüfen ist, ob sich die Abgeltungsteuer noch innerhalb der strengen geltenden Voraussetzungen für eine Ungleichbehandlung einzelner Einkunftsarten bewegt oder aus diesen Grenzen ausbricht.

III. Ist die Ungleichbehandlung von Kapital- und Arbeitseinkünften durch die Abgeltungsteuer verfassungsrechtlich gerechtfertigt?

Der Umstand, dass die Abgeltungsteuer Kapitaleinkünfte gegenüber den sonstigen Einkünften, insbesondere den Arbeitseinkünften ungleich behandelt, tritt gerade auch im Hinblick auf den anzuwendenden Tarif offen zutage. Auf der einen Seite gilt ein Einheitstarif von 25 Prozent, auf der anderen Seite steht ein progressiver Tarif, der bis hin zu einem Grenzsteuersatz von 45 Prozent reicht. Diese Tarifgestaltung führt auf den ersten Blick zu einer Verletzung des Prinzips der steuerlichen Belastungsgleichheit und wirft daher die verfassungsrechtlich entscheidende Frage auf, ob sich die Ungleichbehandlung durch besondere, hinreichend gewichtige sachliche Gründe rechtfertigen lässt[358].

---

355 Ebenso *Weber-Grellet* (2001), S. 79; *Söhn*, DStJG Bd. 30 (2007), S. 13 (37); *Lang*, in: *Tipke/Lang*, SteuerR[20], § 8 Rdnr. 79.

356 Zu diesen Maßstäben s. bereits oben I.

357 BVerfGE 84, 348 (363 f.); 116, 164 (181 f.); vgl. außerdem *Schön*, in: *FS Solms*, S. 264 (267) sowie *Seer*, 66. DJT, Stuttgart 2006, Teil Q, Bd. II/1 (Referate), S. 127 (134) zum Sonderfall der Abweichung vom Syntheseprinzip aus Gründen der Inflationsanfälligkeit bestimmter Einkünfte.

358 Vgl. *Calle*, StuW 2010, S. 121 (130); *Jachmann*, in: *Schick* (Hrsg.), S. 15 (16); *Kube*, AmosInternational 2010, Heft 2, S. 10 (13); *Mellinghoff*, 66. DJT, Stuttgart 2006, Teil Q, Bd. II/1, (Referate), S. 85 (88 f.).

1. *Kein Abstellen auf die Fundustheorie oder die Theorie von der besonderen Leistungsfähigkeit der Vermögenden*

Die naheliegendste und einfachste Möglichkeit, die Ungleichbehandlung von Arbeits- und Kapitaleinkünften zu rechtfertigen, bestünde darin, die Arbeitseinkünfte als den Kapitaleinkünften ungleich anzusehen. Damit entfiele der Anknüpfungspunkt für eine gleichheitsrechtliche Prüfung am Maßstab des Art. 3 I GG. Denn Art. 3 I GG lässt die Ungleichbehandlung von wesentlich Ungleichem ohne weiteres zu[359]. Es hat in der Vergangenheit auch nicht an Versuchen gefehlt, eine solche Unterscheidung zwischen Arbeits- und Kapitaleinkünften zu begründen. So wurde etwa argumentiert, dass Vermögenseinkünfte besonders gesichert und deshalb „fundiert" seien, weil sie dem von Wechselhaftigkeit geprägten Lebensverlauf weitgehend entzogen seien und das fundierte (Besitz- und damit auch Kapital)Einkommen aufgrund der geringeren Abhängigkeit von der Ausübung individueller Freiheit bei gleichzeitiger über die Person des Nutzers und seiner Anstrengung hinausgehender Verstetigung des Erfolgs einer gesteigerten Sozialpflichtigkeit unterliege, Art. 14 II 2 GG – anders hingegen das „unfundierte" Arbeitseinkommen, das in geringerem Maße der gesetzlichen Bestimmungsmacht unterworfen ist, Art. 12 I 2 GG[360].

Selbst bei einer Befürwortung der sog. Fundustheorie wäre diese zur Rechtfertigung des mit der Abgeltungsteuer verbundenen Sondertarifs nicht geeignet. Das nach der Fundustheorie angeblich vorhandene Mehr an Sicherheit der Vermögenseinkünfte gegenüber den Arbeitseinkünften soll eine höhere steuerliche Belastung rechtfertigen. Im Falle der Abgeltungsteuer verhält es sich aber zumindest auf dem Papier genau umgekehrt, sodass nicht auf der Grundlage der Fundustheorie die Ungleichbehandlung von Arbeits- und Kapitaleinkünften gerechtfertigt werden kann, weil es an der hierzu erforderlichen, eindeutigen Zusatzbelastung der Kapitaleinkünfte durch die Abgeltungsteuer im Hinblick auf den Steuersatz fehlt[361]. Allerdings ist letztlich die Frage der tatsächlichen Belastungshöhe im Vergleich von Arbeits- und Kapitaleinkünften stark einzelfallabhängig, wobei auch 25 Prozent des Bruttoertrages im Ergebnis eine höhere Steuerzahlung zur Folge haben kann als 45 Prozent des Nettoertrages; dies kann aber eben auch umgekehrt oder die zu zahlende Einkommensteuer auch einmal (zufällig) gleich hoch sein, weshalb verlässliche Aussagen eigentlich insoweit gar nicht getroffen werden können.

---

359 In diesem Sinne auch *Starck*, in: *v. Mangoldt/Klein/Starck*, GG, Art. 3 Abs. 1 Rdnr. 9; *BK/Rüfner*, Art. 3 Abs. 1 Rdnrn. 6 ff.; *Burghart*, in: *Leibholz/Rinck*, GG, Art. 3 Rdnr. 26 m.w.N. insb. zur Rspr. des BVerfG; *Pieroth/Schlink/Kingreen/Poscher*, Staatsrecht II, Rdnr. 463.

360 *Kirchhof*, 57. DJT, Mainz 1988, Teil F, Bd. I (Gutachten), S. 32; *Tipke*, StRO^2, Bd. II, S. 922 f. jeweils m.w.N. auch zu den historischen Hintergründen der beiden Theorien.

361 Vgl. auch *Seer*, 66. DJT, Stuttgart 2006, Teil Q, Bd. II/1 (Referate), S. 127 (145); *Mellinghoff*, Stbg 2007, S. 549 (553).

Vor diesem Hintergrund ließe sich allenfalls noch argumentieren, dass bereits aufgrund des mit der Abgeltungsteuer verbundenen Ausschlusses der Geltendmachung tatsächlicher Werbungskosten sowie der Ausweitung der Besteuerung durch Abschaffung des Halbeinkünfteverfahrens für private Kapitaleinkünfte und der Spekulationsfristen im Ergebnis doch eine stärkere Belastung der Kapitaleinkünfte gegeben sei. Jedoch griffe eine solche Argumentation zu kurz, da die Mehrbelastung allenfalls in einem Teilbereich der Kapitaleinkünfte und auch dort nur in manchen Fällen zu verzeichnen ist. Dagegen ist die tarifliche Sonderbehandlung ihrem Grundgedanken nach („lieber 25 Prozent von x als 45 Prozent von nix") auf eine Begünstigung von Kapitaleinkünften ausgerichtet, zumal nur durch eine Besserstellung von Steuerpflichtigen mit hohen Kapitaleinkünften eine Rückkehr der Kapitalvermögen von Steuerflüchtlingen nach Deutschland überhaupt denkbar erschiene, die Begünstigung sich also gleichsam als notwendige Bedingung für ein sinnvolles Konzept darstellt.

Zudem ist die Fundustheorie ohnehin gänzlich abzulehnen, weil Arbeitnehmer durch die Sozialsysteme des Sozialstaates ebenfalls gut abgesichert sind, Vermögenseinkünfte gerade auch vor dem Hintergrund der Turbulenzen der jüngeren Vergangenheit an den Finanzmärkten zum Teil hochgradig risikobehaftet sind und schließlich auch die Grenzziehung zwischen zu belastenden fundierten und zu privilegierenden unfundierten Einkünften sich als praktisch kaum durchführbar erweisen würde[362].

Weil auch die Theorie der Sonderleistungsfähigkeit der (Kapital)Vermögenden im Ergebnis nur zu einer Rechtfertigung von zusätzlichen Kapitaleinkunftsbelastungen geeignet wäre, scheidet ihre Anwendung ungeachtet der gegen sie bestehenden Bedenken[363] aus.

Somit bleibt es dabei, dass nicht zwischen guten und deshalb zu begünstigenden und schlechten und deshalb benachteiligenswerten Einkünften unterschieden werden darf, sondern nur gleich zu besteuernde Einkünfte existieren[364]. Eine Ungleichbehandlung von Arbeits- und Kapitaleinkünften, die beide gleichermaßen zum einheitlichen Steuergegenstand „Einkommen" zählen, widerspricht daher zunächst einmal den Vorgaben des Art. 3 I GG und bedarf daher einer verfassungsrechtlichen Rechtfertigung[365].

---

362 Vgl. *Tipke*, StRO², Bd. II, S. 923 f.

363 Ausführlich hierzu ebenfalls *Tipke*, a.a.O., S. 924 ff.

364 *Siegel*, DB 2003, S. 795; ebenfalls in diesem Sinne *Birk*, DStJG Bd. 34 (2011), S. 11 (21); plastisch auch *Kirchhof*, FR 2012, S. 701 f.: Man sieht dem Geld seine Herkunft nicht an und ein Euro ist dem anderen gleich, kurz: Euro = Euro. Überdies ist auch eine äußerst unterschiedliche Mühewaltung bei der Einkunftserzielung prinzipiell unerheblich, *Weber-Grellet* (2001), S. 79.

365 BVerfGE 116, 164 (181); *Englisch*, StuW 2007, S. 221 (224); *Kirchhof*, StuW 2006, S. 3 (10); *Mellinghoff*, 66. DJT, Stuttgart 2006, Teil Q, Bd. II/1, (Referate), S. 85 (88); a.A. hingegen *Jachmann*, in: *Schick* (Hrsg.), S. 15 (16 f.), die an eine originär unterschiedliche wirtschaftliche Funktion von Arbeitseinkommen und Kapitalerträgen

2. *Lenkungssteuerlicher Rechtfertigungsansatz: Mobilität von Kapital und Eindämmung der Steuerflucht*

Im Zuge der verfassungsrechtlichen Diskussion der Abgeltungsteuer werden vor allem zwei Argumente immer wieder angeführt, die eine lenkungssteuerliche Rechtfertigung der Ungleichbehandlung von Kapitaleinkünften und den sonstigen Einkunftsarten zur Folge haben sollen. Zum einen wird darauf abgestellt, dass sich Kapitalvermögen sehr leicht ins Ausland verlagern und damit dem deutschen Fiskus entziehen lasse[366]. Dagegen soll sich dies bei einem Betrieb oder der eigenen Arbeitskraft anders darstellen[367]. Ebenfalls verfassungsrechtliches Gewicht könnte einer Arbeitsmarktpolitik zukommen, die darauf abzielt, durch die Steuersatzvergünstigung Vorteile für den Wirtschaftsstandort Deutschland zu generieren. Zum anderen wird argumentiert, dass die Abgeltungsteuer einen Beitrag zur Gewährleistung tatsächlicher Belastungsgleichheit leiste.

Der These, dass der Steuerflucht ins Ausland begegnet werden muss und dass eben gerade das Kapitalvermögen eine besonders mobile Einkunftsquelle darstellt, ist ohne weiteres zuzustimmen. Trotzdem kann daraus gleich aus mehreren Gründen nicht gefolgert werden, eine Privilegierung des Kapitals sei deshalb verfassungsrechtlich zulässig. Zunächst ist überhaupt nicht sicher feststellbar, dass Arbeitskräfte nicht auch über eine weitreichende Mobilität verfügen könnten[368].

---

anknüpfen möchte, sodass der Steuergesetzgeber auch im Rahmen der steuerlichen Abschöpfung diesen bei der Erfüllung der allgemeinen staatlichen Aufgaben unterschiedliches Gewicht und Relevanz beimessen dürfe. Diese Ansicht stellt zwar durchaus zutreffend auf eine unterschiedliche tatsächliche Relevanz sowie eine soziale Komponente von Arbeits- und Kapitaleinkünften ab. Jedoch verkennt sie, dass der Gesetzgeber durch die einheitliche Definition des Steuergegenstandes „Einkommen" keinen Raum für ein solches Vorgehen lässt. In einem ersten Schritt müsste diese Grundbelastungsentscheidung revidiert werden, bevor an tatsächliche und soziale Rollen von Einkunftsarten verschiedene Rechtsfolgen geknüpft werden.

366 Vgl. exemplarisch *Tipke*, StRO², Bd. II, S. 707 ff.; s. außerdem hierzu und zum Folgenden bereits die oben (§ 4 A.) ausführlich beschriebenen gesetzgeberischen Intentionen sowie unter Berücksichtigung von steuerpolitischer Realität und Steuergerechtigkeit *Windisch/Blankenburg*, in: *FS Rose*, S. 211 (221 f.). Es soll nicht verkannt werden, dass das hier erörterte Vollzugsargument schon in Anbetracht der jüngeren Entwicklung (z.B. EU-Zinsrichtlinie/Einführung eines automatischen Informationsaustausches innerhalb der EU/automatischer Informationsaustausch als neuer OECD-Standard) an Gewicht verloren haben dürfte. Doch bereits vor der hierdurch bewirkten Veränderung der Vollzugswirklichkeit trug dieses Argument nicht, wie sich aus den nachfolgenden Ausführungen ergibt.

367 So jedenfalls *Kube*, AmosInternational 2010, Heft 2, S. 10 (13).

368 A.A. aber offenbar *Wernsmann*, DStR 2008, Beihefter zu Heft 17, S. 37 (39), der die diesbezügliche Einschätzung des Gesetzgebers ohne kritisches Hinterfragen einfach hinnimmt.

Wenngleich der durchschnittliche Arbeitnehmer sicherlich nicht eine dem Kapitalvermögen vergleichbare Mobilität aufweist, so ist zumindest bei Forschern/Wissenschaftlern und Spitzenfachkräften eine andere Sichtweise geboten. Da aber der Wirtschaftsstandort Deutschland – will er nicht seine Position im weltweiten Spitzenfeld verlieren – gerade auch auf die genannten Personengruppen elementar angewiesen ist, ließe sich ebenso fragen, warum dann nicht eine Ausnahme von der progressiven Besteuerung ebenfalls geboten ist, um eine Ab- oder Auswanderung zu verhindern[369]. Sofern das BVerfG bisher offen gelassen hatte, ob wirtschaftspolitische Argumente für sich genommen eine hinreichende Legitimation für Ungleichbehandlungen verschiedener Einkunftsarten darstellen können[370], so wird diese Frage auch im Hinblick auf die Abgeltungsteuer nicht virulent. Wie aufgezeigt, müsste eine konsequente und folgerichtige Politik zugunsten des Steuerstandorts Deutschland über die Fokussierung auf Kapitalanziehung hinaus zugleich auf die nicht weniger bedeutsame Arbeitskräfteanziehung ausgeweitet werden. Weil der Gesetzgeber dies im Rahmen der Abgeltungsteuer aber gerade nicht tut, kann eine wirtschaftspolitisch motivierte, Förder- und Lenkungszwecke verfolgende Rechtfertigung nicht gelingen[371].

Hinzu kommt, dass die Abgeltungsteuer an anderer Stelle auch noch über das Ziel hinausschießt, indem sie auch Konstellationen erfasst und Sachverhalte privilegiert, in denen die Gefahr einer Abwanderung gen Ausland nicht einmal ansatzweise besteht[372].

Ebenfalls keine legitimierende Kraft kann dem Ansinnen, Steuerflüchtlinge wieder zurück nach Deutschland zu holen, beigemessen werden, weil Rechtsgehorsam von jedem Bürger erwartet wird und sich die Rechtsverstöße der Steuerhinterzieher nicht noch bezahlt machen dürfen[373]. Dem Staat kann nicht zugestanden werden, dass er einer faktischen Nötigung der über große Kapitalvermögen verfügenden Steuerpflichtigen nachgibt, indem er ihre Steuerflucht so versteht, dass er hierfür verantwortlich sei und nun dafür zu sorgen habe, dass so etwas nicht mehr bzw. weniger häufig vorkomme, indem er seine Gesetzgebung (weitgehend) auf die Bedürfnisse dieser Personengruppe hin ausrichtet und zuschneidet. Zwar zahlt wohl kaum ein Steuerpflichtiger gerne Steuern, wenngleich der eine sich damit leichter tut als der andere; der Gesetzgeber darf auf solche subjektiven Empfindungen keine Rücksicht nehmen und hat bei einer objektiven Maßstäben genügenden Würdigung der steuerlichen Leistungsfähigkeit auch die objektive Empfindlichkeit der Besteuerungsmaßnahme – hier der Kapitalertragsbesteuerung – außer Acht zu lassen[374]. Stattdessen sollte er auf die Steuerflucht damit reagieren, dass er sein immer wieder

369 In diesem Sinne argumentiert auch *Mellinghoff*, Stbg 2007, S. 549 (553).
370 BVerfGE 116, 164 (184 und insb. 191).
371 S. hierzu auch und i.E. ebenso *Englisch*, StuW 2007, S. 221 (224 f.).
372 *Kube*, AmosInternational 2010, Heft 2, S. 10 (14).
373 *Kube*, a.a.O., S. 13 f.; vgl. ferner *Worgulla* (2013), S. 230; *ders.*, FR 2013, S. 921 (927 f.).
374 So bereits *Hensel*, VjSchrStFR 1930, S. 467.

kritisiertes, völlig ausgeufertes Steuerrecht auf ein gesundes Maß zurückfährt, im Zuge einer umfassenden Steuerrechtsreform ein neues, verständliches und nachvollziehbares Recht ohne allzu viele Ausnahmetatbestände schafft und damit an Attraktivität (auch für sehr wohlhabende Steuerpflichtige) gewinnt.

3. *Kapitaleinkünfte als Altersvorsorge*

Nur kurz umrissen werden soll an dieser Stelle noch die Möglichkeit einer verfassungsrechtlichen Rechtfertigung der privilegierten Behandlung von Kapitaleinkünften aufgrund ihrer Altersvorsorgefunktion. Die stetig steigende Bedeutung der (privaten) Altersvorsorge in Deutschland lässt sich nicht bestreiten; die sozialen Sicherungssysteme arbeiten am äußersten Rande ihrer Möglichkeiten und gewährleisten in immer weniger Fällen einen adäquaten durchschnittlichen Lebensstandard im Ruhestand nach dem Erwerbsleben. Auch darf als Konsens gelten, dass die am weitesten verbreitete und wohl auch attraktivste Vorsorgemöglichkeit diejenige der Kapitalbildung und -anlage darstellt. Unabhängig hiervon besteht aber in allen Berufsgruppen und damit auch bei den Beziehern aller Einkunftsarten das Bedürfnis der Altersvorsorge. Da somit aber alle Steuerpflichtigen unabhängig von der Einkunftsart, die sie verwirklichen, die Obliegenheit zur Altersvorsorge trifft, darf auch die Förderung der Altersvorsorge nicht an eine bestimmte Einkunftsart anknüpfen[375]. Vielmehr müsste eine gleichheitsgerechte Ausgestaltung der Altersvorsorge entsprechende Privilegien allen Steuerpflichtigen offerieren, unabhängig davon, ob sie Kapitaleinkünfte beziehen oder nicht. Dazu könnte etwa der zur Altersvorsorge nachweislich zurückgelegte Sparanteil des zu versteuernden Einkommens statt mit dem progressiven mit dem niedrigen linearen Steuersatz der Abgeltungsteuer belastet werden.

Ein ganz anderes Problem von allerdings höchster Bedeutung ist die gerade bei langfristigem Sparen, wie etwa im Rahmen einer Altersvorsorge, auftretende Inflation. Dieser Umstand könnte geeignet sein, eine steuerliche Privilegierung von inflationsanfälligen Kapitaleinkünften zu rechtfertigen[376].

4. *Inflationsanfälligkeit der Kapitaleinkünfte*

a) *Die grundlegende Problematik der Inflations(nicht)berücksichtigung im deutschen Steuerrecht*

Schon seit jeher erfolgt die Ermittlung der Einkünfte im deutschen Steuerrecht nach dem sog. Nominalwert- oder Nennwertprinzip[377]. Damit einher geht das Problem der Nichtberücksichtigung von Inflation. Mangels Inflationsbereinigung im deutschen

---

375 *Tipke*, StRO², Bd. II, S. 707.

376 Dazu sogleich unter 4.

377 Ausführlich hierzu *Lang* (1981/1988), S. 176 ff.

Ertragsteuerrecht kann es zur Besteuerung inflationärer Scheingewinne kommen[378]. Dies ist immer dann der Fall, wenn der dem Steuerpflichtigen nach dem Steuerzugriff durch den Fiskus noch verbleibende prozentuale Ertrag geringer ist als die im Ertragserwirtschaftungszeitraum gegebene Inflation. Weil dies gerade bei Steuerpflichtigen mit sehr hohem individuell anzuwendendem Steuersatz schnell der Fall sein kann[379], musste sich auch das BVerfG bereits mit der geschilderten Problematik befassen[380]. Es rechtfertigte die Entscheidung des Gesetzgebers für das Nennwertprinzip mit der praktischen Erwägung, dass somit eine eindeutige und einfache Bestimmung der Steuerpflicht im Einzelfall möglich sei und die von den Beschwerdeführern geforderte Indexierung infolge ihrer Retrospektivität zu unerträglichen Unsicherheiten für die öffentlichen Haushalte, aber auch für die Steuerpflichtigen im Hinblick auf ihre Belastung führte[381]. Zudem habe der Gesetzgeber in der begründeten Erwartung handeln dürfen, dass Kapitalanleger ohnehin regelmäßig nur solche Anlageformen wählen würden, die auch unter Berücksichtigung der Inflation noch einen realen Ertrag mit sich brächten[382]. Letztendlich nimmt das BVerfG damit eine umfassende Saldierung aller Vor- und Nachteile einer Besteuerung nach dem Nominalwertprinzip vor[383]. Zuzugeben ist, dass bei einer niedrigen Inflationsrate, wie z.B. in Deutschland, den vom BVerfG angesprochenen Praktikabilitätserwägungen in Anbetracht der Komplexität einer exakten steuerrechtlichen Inflationsbereinigung besonderes Gewicht zukommt[384]. Dennoch bleibt es dabei, dass nach dem Leistungsfähigkeitsprinzip an Realeinkünfte anzuknüpfen ist, die Beibehaltung des

---

378 *Watrin/Lühn*, DB 2003, S. 168 (169); *Eggesiecker/Ellerbeck*, DB 2004, S. 839.

379 Vgl. hierzu die Übersicht bei *Tipke*, StRO², Bd. I, S. 514.

380 BVerfGE 50, 57 ff.; zur Kritik hieran s. die Nachweise bei *Tipke*, StRO², Bd. I, S. 459 Fn. 173.

381 BVerfG, a.a.O., 92 f., 97; überzeugen kann diese Begründung indes nicht. Denn zum einen wären die Unsicherheiten für die öffentlichen Haushalte bei seriöser Haushaltsplanung aufgrund der Geldwertstabilität in Deutschland überschaubar. Zugleich würde der Gesetzgeber daran gehindert, Steuermehreinnahmen aus inflationären Scheingewinnen vorschnell (und insoweit – mangels entsprechender Leistungsfähigkeit der betroffenen Steuerpflichtigen – auch rechtswidrig) im Haushalt zu verplanen. Die Thematik weist an dieser Stelle gewisse Parallelen zur AdV-Problematik bei Zweifeln an der Verfassungsmäßigkeit einer Steuerrechtsnorm auf („budgetäre Risikovorsorge"); hierzu insb. *Seer*, in: *Tipke/Kruse*, FGO, § 69 Rdnr. 97. Zum anderen werden die vom BVerfG angesprochenen Unsicherheiten auch für die Steuerpflichtigen von diesen bestimmt gerne in Kauf genommen, da sie gegenüber der eindeutigen und einfachen Bestimmung der Steuerlast ohne Indexierung ebenfalls nicht zu völlig unbestimmbaren Belastungen, vor allem aber zu einer wesentlich gerechteren Besteuerung führen. Gleichwohl hat auch BFH BStBl. II 2006, 61 (66) die Auffassung des BVerfG mit ganzen zwei Sätzen und ohne jede kritische Reflexion übernommen.

382 BVerfG, a.a.O., 89 f.

383 *Lang* (1981/1988), S. 179.

384 Ähnlich auch *Tipke*, StRO², Bd. I, S. 515.

Nominalwertprinzips hiermit kollidiert und die Besteuerung der Kapitaleinkünfte, jedenfalls bis zur Einführung der Abgeltungsteuer, – die Besteuerung der übrigen Einkunftsarten zudem nach wie vor[385] – infolge der Nichtberücksichtigung der Inflation gleichheitsrechtliche Defizite aufweist[386]. Auch das BVerfG selbst hat nur kurze Zeit nach seiner soeben zitierten Entscheidung festgestellt, dass der Gesetzgeber der Geldentwertung steuerrechtlich nur unzureichend Rechnung trägt[387]. Dieser Zustand hat sich seither über mehr als drei Jahrzehnte gehalten. Hoffnungen, dass eine konsequente Umsetzung der verfassungsgerichtlichen Kreation des Halbteilungsgrundsatzes[388] auch eine Bezugspunktverschiebung weg vom nominellen, hin zum realen Gewinn bewirken könnte[389], sind spätestens mit dem Abrücken des BVerfG vom Halbteilungsgrundsatz[390] zerplatzt. Umso mehr stellt sich die Frage, ob nicht gerade der abgeltungsspezifische Sondersteuersatz der Inflationsproblematik begegnet und deshalb als gewichtiges Argument zur Rechtfertigung der tariflichen Ungleichbehandlung von Kapitaleinkünften und den übrigen Einkunftsarten herangezogen werden kann.

b) Keine hinreichende Rechtfertigung des besonderen Abgeltungsteuertarifs als Instrument der Inflationsbereinigung

Ein erster Anknüpfungspunkt für eine mögliche Rechtfertigung kann sich aus einem genauen Blick auf das hier zu behandelnde tertium comparationis ergeben. Die tarifliche Sonderbehandlung kommt allein den Einkünften aus Kapitalvermögen zugute. Wie bereits dargelegt[391], sind Einkünfte aus Kapitalvermögen keine besser oder schlechter zu behandelnden Einkünfte als solche aus einer anderen Einkunftsart. Sie deshalb in eine andere Vergleichsgruppe einzuordnen, verbietet sich also. Einkünfte aus Kapitalvermögen aber deshalb als den anderen Einkunftsarten nicht vergleichbar zu charakterisieren, weil gerade Kapitaleinkünfte zu den besonders inflationsanfälligen Einkünften zählen, bleibt danach jedoch möglich. Dies würde dazu führen, dass es zum einen schon an wesentlich gleichen Vergleichsgruppen fehlte. Zum anderen stellt unter dieser Prämisse die unterschiedliche Behandlung

---

385 Positiv zu werten ist daher, dass zuletzt nach fast eineinhalb Jahren Verhandlungsdauer (der Regierungsentwurf datiert vom 07.11.2011) immerhin das Gesetz zum Abbau der kalten Progression vom 20.02.2013 in Kraft getreten ist, vgl. BGBl. 2013, Teil I Nr. 9 vom 25.02.2013, S. 283 f. Jüngst (Juni und Juli 2015) haben sich Bundestag und Bundesrat zudem erfreulicherweise auf weitere Schritte in diese Richtung einigen können, vgl. BT-Drs. 18/4649 und 18/5011, BR-Drs. 281/15.

386 Vgl. *Jachmann*, in: *Schick* (Hrsg.), S. 15; *Hey*, in: *Tipke/Lang*, SteuerR[22], § 3 Rdnr. 63; *Tipke*, StRO[2], Bd. I, S. 512; deutlich weniger kritisch hingegen *Arndt/Schumacher*, AöR Bd. 118 (1993), S. 513 (542 ff.).

387 BVerfGE 61, 319 (351).

388 BVerfGE 93, 121 ff.

389 So *Eggesiecker/Ellerbeck*, DB 2004, S. 839 (841).

390 BVerfGE 115, 97 ff.

391 Oben, Fn. 364.

von Einkünften in Abhängigkeit von ihrer Inflationsanfälligkeit deren synthetische Behandlung überhaupt erst sicher[392]. Durch den Verzicht auf eine an das Nominalwertprinzip anknüpfende synthetische Besteuerung zugunsten des einheitlichen Sondersteuersatzes könnte so auf typisierende Weise der besonderen Inflationsanfälligkeit von Kapitaleinkünften Rechnung getragen werden[393].

Eine solche Betrachtungsweise bliebe aber im Ergebnis nur eindimensional. Sie ließe die bedeutsame zweite und dritte Ebene der Problematik unberücksichtigt. Deshalb ist auf der angesprochenen zweiten Ebene zunächst einmal zu fragen, warum scheinbar selbstverständlich ein Sondertarif offenbar nur im Bereich von Kapitaleinkünften als Inflationsbereinigung gerechtfertigt werden soll. Immerhin betrifft die Inflationsproblematik die Bezieher sämtlicher anderer Einkunftsarten ebenso in Form der sog. kalten Progression. Zwar tritt sie dort in weniger einschneidender Form auf, belastet die Steuerpflichtigen aber dennoch nicht unerheblich. Und selbst die Kapitaleinkünfte sind nicht alle auf gleiche Weise von der Inflation betroffen[394]. Dennoch diskutiert auch das BVerfG die verfassungsrechtliche, nach seiner Auffassung unbedenkliche Möglichkeit, die Geldwertabhängigkeit und damit die gesteigerte Inflationsanfälligkeit bei der Besteuerung zu berücksichtigen nur im Bereich der Einkunftsart Kapitalvermögen[395], dafür dort aber unabhängig von den konkreten Kapitaleinkünften. Dies mag zuvörderst dem Umstand geschuldet sein, dass sich das BVerfG insoweit lediglich im Rahmen eines obiter dictums äußert und weitere entscheidungserhebliche Äußerungen an dieser Stelle nicht angezeigt waren. Darüber hinaus bestehen aber vor allem im Bereich der klassischen Erwerbseinkünfte für den Gesetzgeber weitere Möglichkeiten der Inflationsberücksichtigung. Gerade im Bereich der Einkünfte aus nichtselbständiger Arbeit, wo zudem bereits regelmäßig die Tarifvertragsparteien mit entsprechenden Abschlüssen auf die Inflation reagieren, kann er wesentlich besser an der Stellschraube der Einkommensteuerbemessungsgrundlage drehen (Freibeträge, Freigrenzen, Pauschalen) und muss hierfür eine Tarifänderung überhaupt nicht bemühen[396]. Auch vor dem Hintergrund der dem Gesetzgeber zuzubilligenden Gestaltungsspielräume[397] wäre die Beschränkung der tariflichen Sonderbehandlung auf Kapitaleinkünfte daher grundsätzlich zu akzeptieren – sofern ein Sachzusammenhang in der Ausgestaltung besteht. Gleiches gilt aus Gründen der nur so erreichbaren Vereinfachungswirkungen im Grundsatz

392 Vgl. *Seer*, 66. DJT, Stuttgart 2006, Teil Q, Bd. II/1 (Referate), S. 127 (134); *Englisch*, StuW 2007, S. 221 (228).

393 Vgl. *Seer*, in: *FS Raupach*, S. 107 (125 f.).

394 *Calle*, StuW 2010, S. 121 (132 f.); trotzdem müsste die inflationsbereinigte Ermittlung der Einkünfte im *ganzen* und für *alle* Steuerpflichtigen gelöst werden, *Lang* (1981/1988), S. 183 [Hervorhebung im Original].

395 BVerfGE 84, 239 (282).

396 Zu diesen beiden Möglichkeiten vor dem Hintergrund der Inflationsproblematik *Lang* (1981/1988), S. 177.

397 Stellvertretend nur BVerfGE 27, 58 (67); 50, 57 (77); 126, 268 (277).

für die undifferenzierte Anwendung der tariflichen Sonderbehandlung auf alle Kapitaleinkünfte.

Ist nach alledem auf der ersten Stufe der Versuch einer an der Realwertrealität ausgerichteten Nominalwertbesteuerung mittels Sondertarif zulässig und ist in einem zweiten Schritt es dem Gesetzgeber zumindest dem Grunde nach erlaubt, dabei auf diese Weise nur die Kapitaleinkünfte egalitär zu berücksichtigen, so müssen sich diese Maßnahmen auf der dritten und letzten Ebene auch tatsächlich als final ausgerichtet und geeignet erweisen. Diese für eine Rechtfertigung des Sondertarifs notwendigen Anforderungen kann der Sondersteuertarif der Abgeltungsteuer nicht erfüllen. Es zeigt sich vielmehr die Oberflächlichkeit, mit der der Gesetzgeber insoweit zu Werke gegangen ist, als er den gänzlich fehlenden inneren Zusammenhang zwischen einer Tarifsenkung und dem Inflationsphänomen übersieht. Dabei ist es noch nicht einmal der vielfach zutreffend monierte Umstand, dass der proportionale Abgeltungsteuersatz im Vergleich zu einem progressiven Tarifverlauf im Hinblick auf den Inflationsschutz zu höchst ungleichen Entlastungswirkungen führt[398]. Ebenso ließe sich darüber hinwegsehen, dass ein dauerhafter Proportionalsteuersatz annähernd gleich bleibende Inflationsraten voraussetzt und dass die Inflation der nur zum Nennwert zurückzuzahlenden Schulden unberücksichtigt bleibt[399]. Auch könnte man noch hinnehmen, dass der Gesetzgeber zum Zwecke der Eliminierung inflationsbedingter Scheineinkünfte einen einheitlichen Steuersatz festgelegt hat, obwohl die individuell maßgeblichen regulären Steuersätze stark variieren und sich auch die Rendite in Abhängigkeit von der Risikobereitschaft des Anlegers sehr unterschiedlich entwickelt[400]. Die genannten Zugeständnisse setzten indes voraus, dass die Inflationsproblematik – bildlich gesprochen – überhaupt an der Wurzel gepackt würde. Davon kann aber leider keine Rede sein. Stattdessen betreibt der Gesetzgeber bloße Kosmetik. Dies zeigt sich besonders in der Tatsache, dass die inflationsbedingten Realwertverluste des Steuerpflichtigen nach wie vor nicht in einem ersten Schritt vollständig aus der Bemessungsgrundlage der Besteuerung herausgenommen werden. Sie bleiben vielmehr Bestandteil der dem staatlichen Zugriff unterliegenden Besteuerungsbasis. Dies aber führt dazu, dass der Fiskus durch eine Tarifsenkung, also auch durch die 25-prozentige Besteuerung der Kapitalerträge, dem Inflationsphänomen überhaupt nicht sachgerecht begegnen kann. Vielmehr wird mehr oder weniger zufällig allenfalls ein Teil des Inflationsverlustes berücksichtigt. Eine wirksame, zielgerichtete und vor allem ehrliche Herangehensweise an die Inflationsproblematik verbietet es dem Gesetzgeber, sich lediglich an

---

398 Vgl. etwa *Hey*, JZ 2006, S. 851 (858); *Calle*, StuW 2010, S. 121 (133); *Seer*, 66. DJT, Stuttgart 2006, Teil Q, Bd. II/1 (Referate), S. 127 (146 f.); *Englisch*, StuW 2007, S. 221 (228 f.).

399 Zu ersterem *Calle*, StuW 2010, S. 121 (133), zu letzterem *Seer*, a.a.O., S. 146.

400 Hierzu *Englisch*, StuW 2007, S. 221 (229); allerdings ist dieser Aspekt noch an späterer Stelle [in diesem Kapitel unter IX. 3. c) (1)] unter dem Gesichtspunkt der Zulässigkeit einer entsprechenden Typisierung zu hinterfragen.

den inflationsbedingten Verlusten des Steuerpflichtigen zu *beteiligen*. Er hat diese vielmehr zu *beseitigen*. Genau dies ist auf tariflicher Ebene jedoch nicht zu leisten.

Schließlich konnte der Gesetzgeber das Inflationsproblem auch deshalb nicht gleichheitsgerecht lösen, weil es ihm hierauf offenbar überhaupt nicht ankam. Die Gesetzesbegründung schweigt zum Thema Inflationsanfälligkeit von Kapitaleinkünften, was den Rückschluss zulässt, dass der Sondertarif auf dieser Grundlage überhaupt nicht gerechtfertigt werden sollte. Dahinter steckt mitunter auch der Gedanke, dass es zu Begründungsnöten kommen kann, wenn man durch Sondertarif und Pauschalbeträge mehreren Schwierigkeiten zugleich auf dem Weg zu einer gleichheitsgerechten Besteuerung der Kapitaleinkünfte begegnen möchte[401]. Das mangelnde Bewusstsein des Gesetzgebers für die Inflationsproblematik macht es somit auch im Ergebnis insgesamt unmöglich, den Sondertarif als Instrument der Inflationsbereinigung zu rechtfertigen[402]. Mangels Rechtfertigung stellt die steuertarifliche Ungleichbehandlung von Kapitaleinkünften und den übrigen Einkunftsarten[403] also eine Verletzung des allgemeinen Gleichheitssatzes dar[404].

IV. Zur Gleichbehandlung von Dividenden und Zinsen (Binnengerechtigkeit im weiteren Sinne)

Wurde soeben begründet, dass die Anforderungen, die Art. 3 I GG für die Behandlung der verschiedenen Einkunftsarten zueinander (inter pares) stellt, durch die Abgeltungsteuer nicht erfüllt werden, so soll nun auf die (Gleich)Behandlung der verschiedenen Arten von Kapitaleinkünften eingegangen werden. Denn auch innerhalb der Schedule Kapitaleinkünfte gilt Art. 3 I GG und muss die Abgeltungsteuer das Gebot der Binnengerechtigkeit wahren. Also wäre selbst dann, wenn man dem Gesetzgeber einen niedrigen Sondertarif bei der Einkommensteuer auf private Kapitaleinkünfte zubilligen würde, doch anschließend wenigstens noch zu klären, ob

---

401 Zu dieser Problematik *Jochum*, DStZ 2010, S. 309 (312) sowie unten IX. 3. c) (3).

402 A.A. aber *Lang*, StuW 2006, S. 22 (30); *Hey*, in: *Tipke/Lang*, SteuerR[22], § 8 Rdnr. 506; ferner *Tipke*, StuW 2007, S. 201 (209): Teilrechtfertigung; dagegen zwar mit anderer Begründung, aber i.E. wie hier *Englisch*, StuW 2007, S. 221 (228 f., 239).

403 *Kirchhof*, FR 2012, S. 701 (702) bezeichnet diesen Zustand zutreffend als Unrecht.

404 A.A. hingegen *Strohm* (2010), S. 121 ff., 180, 305, der immerhin erkennt, dass eine Rechtfertigung über das Inflationsargument ausscheidet, dafür aber eine (in seinen Augen zur Rechtfertigung ausreichende) rechtliche wie tatsächliche Verbesserung der Belastungsgleichheit und einen Beitrag zur Förderung des Kapitalstandorts Deutschland sieht sowie *Recnik* (2011), S. 113 ff., 257, der zu Unrecht bereits die gesetzgeberischen Ziele (Verbesserung der Standortattraktivität, Sicherung des inländischen Steuersubstrats, deutliche Vereinfachung des Besteuerungsverfahrens) als hinreichend tragfähig ansieht. Auch BFH BStBl. II 2014, 986 (989) u. 992 (995) hat jüngst einen Verfassungsverstoß verneint, sich dabei aber ohne jede (m.E. ausführlich gebotene) inhaltliche Auseinandersetzung mit der Thematik und ohne eigene Gedankengänge einfach nur mit zwei dürftigen Sätzen auf BVerfGE 84, 239 berufen.

dieser Sondertarif tatsächlich für alle Kapitaleinkünfte einheitlich angesetzt werden darf[405].

Trotz der oben beschriebenen[406], aus Vereinfachungsgründen grundsätzlichen Zulässigkeit der pauschalen Gleichbehandlung aller Kapitaleinkünfte durch die Abgeltungsteuer könnte nämlich zumindest im Vergleich von Dividenden und Zinsen die durch die Abgeltungsteuer vorgenommene Gleichbehandlung unzulässig sein. Dazu müssten zwischen Dividenden und Zinsen Unterschiede von solcher Art und solchem Gewicht vorliegen, dass eine Gleichbehandlung als nicht mehr gerechtfertigt erscheint. Anknüpfungspunkt ist dabei der Umstand, dass Dividenden und ähnliche Bezüge aus Anteilen regelmäßig mit Körperschaftsteuer vorbelastet sind, während Zinserträge keine vergleichbare Vorbelastung aufweisen[407]. Als für die verfassungsrechtliche Beurteilung dieser undifferenzierten Behandlung entscheidend erweist sich damit die Frage, ob die Abgeltungsteuer bei der Besteuerung des Anteilseigners die Vorbelastung der ausgeschütteten Gewinne mit Körperschaftsteuer zu berücksichtigen hat[408]. Weil die Körperschaftsteuer ebenso wie die Einkommensteuer an eine wirtschaftliche Leistungsfähigkeit des jeweiligen Steuersubjekts anknüpft, muss dazu auch geklärt werden, in welchem Verhältnis die Leistungsfähigkeit einer Kapitalgesellschaft zu der ihrer Anteilseigner steht.

1. *Leistungsfähigkeit der Kapitalgesellschaft als gegenüber der ihrer Anteilseigner verselbständigte Leistungsfähigkeit*

a) *Der Streitstand in der Literatur*

Die Kritik an der Doppelbelastung von Dividenden mit Körperschaftsteuer und Einkommensteuer hat schon Tradition[409], wobei gleichsam als Vorfrage zu prüfen ist, ob es tatsächlich zu einer wirtschaftlichen Doppelbelastung von Dividenden

---

405 *Englisch*, StuW 2007, S. 221 (230).

406 Soeben III. 4. b).

407 *Eckhoff*, FR 2007, S. 989 (996); *Englisch*, StuW 2007, S. 221 (231); daneben wird z.T. auch pragmatisch darauf verwiesen, die Abgeltungsteuer solle auf Zinseinkünfte beschränkt bleiben und nicht auch Dividenden miteinbeziehen, weil bereits die Definition von Zinseinkünften schwierig genug sei, vgl. etwa *Stratthaus*, in: *Schick* (Hrsg.), S. 83 (84) stellvertretend für das Finanzministerium Baden-Württemberg. Für eine verfassungsrechtliche Beurteilung lässt sich aus diesem Postulat freilich kein Argument gewinnen. Gleiches gilt andererseits für *Schenk/Brusch*, DStR 2005, S. 1254 (1256), die eine Gleichbehandlung von Zinsen und Dividenden als Prämisse einer einfachen Abgeltungsteuer ansehen.

408 *Intemann*, DB 2007, S. 1658 (1660); vgl. ferner *Faltlhauser*, in: *FS Ritter*, S. 511 (517), der die Abgeltungsteuer schon deshalb ablehnt, weil sie die seines Erachtens erforderliche Berücksichtigung der Ausschüttungsbelastung beim Anteilseigner nicht leisten könne. Warum dies nicht möglich bzw. überhaupt notwendig sein soll, bleibt dabei unbegründet.

409 S. hierzu nur die zahlreichen Nachweise bei *Hey* (1997), S. 241 Fn. 1.

in diesem Sinne kommt[410]. Negiert man eine entsprechende Vorbelastung, besteht logischerweise kein Grund, dem Umstand, dass der Unternehmensgewinn der Körperschaftsteuer unterlegen hat, auf Anteilseignerebene bei der Abgeltungsteuer Rechnung zu tragen.

Auch wenn die Kapitalgesellschaft die Körperschaftsteuer zahlt und schuldet, zeigt doch ein Vergleich mit dem Umsatzsteuerrecht, dass der Steuerschuldner nicht auch der Steuerträger sein muss, vielmehr in der Praxis eine Überwälzung der Steuerlast auf Dritte stattfinden kann. Als mögliche Steuerträger der Körperschaftsteuer kommen neben den Dividendenempfängern auch die Konsumenten sowie die Arbeitnehmer der Gesellschaft in Frage[411]. Würde die Körperschaftsteuer im Zuge höherer Preise auf die Konsumenten oder durch niedrigere Löhne auf die Arbeitnehmer abgewälzt, so könnte beim Anteilseigner allenfalls noch eine zu vernachlässigende Restbelastung auftreten; eine wirkliche Doppelbelastung läge mithin nicht vor. Zuzugeben ist, dass jedes Unternehmen versuchen wird, durch entsprechende Preisgestaltung den Einfluss der Körperschaftsteuer auf den Nettogewinn möglichst gering zu halten. Nicht auszuschließen ist ferner, dass das Lohnniveau innerhalb der Kapitalgesellschaften höher wäre, wenn keine Körperschaftsteuer zu zahlen wäre. Wissenschaftlich fundierte Aussagen hierzu fehlen allerdings; es verbleib daher bei nicht hinreichend gesicherten Annahmen und mehr oder weniger vagen Vermutungen.

Zwar deuten die soeben vorgestellten Thesen an, dass eine teilweise Überwälzung nicht ganz unwahrscheinlich ist, für eine vollständige fehlt es aber an Beweisen. Somit lässt sich nicht ausschließen, dass die Körperschaftsteuer wenigstens zu gewissen Teilen auch von den Anteilseignern getragen wird[412], sodass eine nicht unerhebliche Doppelbelastung von Dividenden zu bejahen ist.

Diese Doppelbelastung der Anteilseigner ist aber nur dann zu rechtfertigen, wenn die Kapitalgesellschaft überhaupt Steuersubjekt sein kann und darf, mithin selbst über wirtschaftliche Leistungsfähigkeit verfügt[413]. Das Meinungsbild zu dieser Frage in der Literatur ist geteilt[414].

Als Ansätze zur Verneinung einer eigenständigen wirtschaftlichen Leistungsfähigkeit von Körperschaften werden vor allem die Theorie vom wirtschaftlichen Eigentum der Anteilseigner sowie opfertheoretische Argumente angeführt[415]. Zum einen stünden Kapitalgesellschaften trotz ihrer rechtlichen Verselbständigung im Eigentum der Anteilseigner, weshalb aufgrund dieser rein formaljuristischen Trennung nicht von

---

410 Ausführlich hierzu *Pezzer*, DStJG Bd. 20 (1997), S. 5 (10 ff.).

411 *Hey* (1997), S. 242 ff., dort auch überzeugend zum Folgenden m.w.N.

412 *Hey*, a.a.O., S. 244.

413 *Englisch* (2005), S. 110 f.

414 Beispielhaft zum Streitstand *Hey* (1997), S. 249 ff.; *Roderburg* (2004), S. 121 ff.; *Englisch* (2005), S. 111 ff.; *Wäckerlin* (2006), S. 56 ff.

415 *Roderburg* (2004), S. 123.

einer eigenen Leistungsfähigkeit der juristischen Person gesprochen werden könne[416]. Die Opfertheorie geht davon aus, dass in der jeweiligen Steuerbemessungsgrundlage der einzelnen Steuerarten eine entsprechende Opferfähigkeit des Steuerpflichtigen zum Ausdruck komme. Weil ein Opfer aber die Einbuße einer Bedürfnisbefriedigung impliziere, könne es nur von natürlichen Personen erbracht werden, während bei juristischen Personen persönliche Bedürfnisse nicht denkbar seien[417].

Dagegen wird zur Befürwortung einer eigenständigen wirtschaftlichen Leistungsfähigkeit zum Teil darauf verwiesen, dass von der rechtlichen Verselbständigung der Kapitalgesellschaft unmittelbar auf das Vorhandensein einer eigenen Leistungsfähigkeit geschlossen werden könne, weil sich dies schon aus der Rechtsträgereigenschaft der Kapitalgesellschaft und der damit verbundenen rechtlichen Trennung von den Anteilseignern ergebe (sog. Theorie des Unternehmens an sich)[418]. Daneben wird auf mit der Rechtform der Kapitalgesellschaft verbundene wirtschaftliche Vorteile abgestellt, die sich etwa in der beschränkten Haftung, der erhöhten Kreditfähigkeit, der dauerhaften Organisation sowie den besseren Möglichkeiten zur Beschaffung von Eigenkapital zeigen sollen[419]. Des Weiteren folge auch aus dem Gebot der Wettbewerbsneutralität, dass juristische Personen als eigenständige Zuordnungssubjekte wirtschaftlicher Leistungsfähigkeit anzuerkennen seien, denn nur so könne eine Gleichbehandlung mit vergleichbaren natürlichen Personen durch Anwendung der aus dem Leistungsfähigkeitsprinzip abgeleiteten Besteuerungsgrundsätze erreicht und eine ungerechtfertigte Ungleichbehandlung vermieden werden[420]. Darüber hinaus wird vertreten, unmittelbar aus Art. 19 III GG ergebe sich, dass die inländische juristische Person Grundrechtsträgerin sei, der allgemeine Gleichheitssatz auch für sie gelte und sie damit Zuordnungssubjekt steuerlicher Leistungsfähigkeit sei[421]. Schließlich wird unter Berufung auf die Einheit der Rechtsordnung gefordert, dass zivilrechtlicher und steuerrechtlicher Sachverhalt gleich zu behandeln seien. Weil aber das Zivilrecht juristische Personen mit einer eigenen Rechtspersönlichkeit ausstatte, müsse folglich das Steuerrecht dieser Tatsache durch Zuerkennung einer eigenen wirtschaftlichen Leistungsfähigkeit Rechnung tragen[422].

---

416 Hierzu *Hey* (1997), S. 249 ff.; *Englisch* (2005), S. 111 f., beide jeweils auch mit ausführlicher Kritik a.a.O.

417 Hierzu *Roderburg* (2004), S. 124 sowie zur Kritik S. 126 f.

418 Hierzu *Wäckerlin* (2006), S. 56.

419 Hierzu einschließlich kritischer Würdigung *Englisch* (2005), S. 113 f.

420 Dazu *Roderburg* (2004), S. 128 f.

421 *Lang*, in: *Tipke/Lang*, SteuerR[20], § 4 Rdnr. 90; *ders.*, DStJG Bd. 24 (2001), S. 49 (58 ff.); *Jachmann*, DStJG Bd. 23 (2000), S. 9 (22); s. zur Kritik *Englisch* (2005), S. 115 sowie die zahlreichen Nachweise bei *Roderburg* (2004), S. 122 Fn. 244.

422 Hierzu *Hey* (1997), S. 245 f.; *Englisch* (2005), S. 114, wiederum jeweils mit kritischer Betrachtung.

b) *Die Haltung der Rechtsprechung*

Die Rechtsprechung musste sich lange Zeit nicht verbindlich dazu äußern, ob der Kapitalgesellschaft eine eigenständige Leistungsfähigkeit zukommt, die Anlass für eine wirtschaftliche Doppelbelastung von Gewinnausschüttungen sein kann. Allerdings gaben sowohl das BVerfG als auch der BFH zu erkennen, dass sie diese Frage im Falle ihrer Entscheidungserheblichkeit bejahen würden. Schon früh stellte das BVerfG auf die Verschiedenheit der natürlichen und juristischen Personen ab, der durch die Körperschaftsteuer als notwendiger Konsequenz der Verselbständigung der juristischen Person Rechnung getragen werde und die die Steuerfreiheit nicht ausgeschütteter Gewinne vermeide[423]. Auch der BFH schloss sich dieser Ansicht unter Bezugnahme auf die grundgesetzliche Verankerung der Körperschaftsteuer in Art. 106 III GG an. Zugleich knüpfte er ebenfalls an die Zivilrechtslage an, nach der die Kapitalgesellschaft ein im Wettbewerb tätiges, als Rechtssubjekt verselbständigtes Unternehmen darstelle[424]. Aus diesen Entscheidungen ließ sich bisher ableiten, dass die Rechtsprechung zur Begründung ihrer Position nahezu alle soeben aufgeführten Argumentationsmuster bemüht, ohne sich eindeutig für einen der genannten Ansätze auszusprechen.

Inzwischen hat das BVerfG seine diesbezügliche Haltung manifestiert und präzisiert. Als leitender Gedanke stellt sich dabei die Abschirmwirkung der Vermögenssphäre einer Kapitalgesellschaft gegenüber ihren Anteilseignern dar. Diese bewirke, dass in der abgeschirmten Vermögenssphäre eine eigenständige, objektive Leistungsfähigkeit entstehe, die von der individuellen und subjektiven Leistungsfähigkeit der hinter der Kapitalgesellschaft stehenden Personen getrennt und infolgedessen unabhängig von ihr besteuert werden dürfe[425]. Besonderes Gewicht misst das BVerfG damit erkennbar der zivilrechtlichen Grundentscheidung für eine Trennung der Vermögen von Kapitalgesellschaft und Anteilseignern bei. Im Ergebnis handelt es sich wohl um eine Kombination der Theorie des Unternehmens an sich und dem Grundsatz der Einheit der Rechtsordnung. Elemente beider Erklärungsansätze sind jedenfalls in der Entscheidungsbegründung erkennbar.

c) *Eigene Stellungnahme*

aa) Unmöglichkeit einer uneingeschränkte Geltung beanspruchenden Lösung

So zahlreich die Lösungsansätze auch sind, so schwierig gestaltet sich die Suche nach einer vollkommen befriedigenden Antwort auf die Frage nach der eigenständigen Leistungsfähigkeit der Kapitalgesellschaft. Keiner der oben skizzierten

423 BVerfGE 13, 331 (352 f.); dem folgend *Jachmann*, DStJG Bd. 23 (2000), S. 9 (24) unter Verweis auf von Kapitalgesellschaften thesaurierte Gewinne.

424 BFH BStBl. II 1991, 427 (430); 1999, 450 (462).

425 BVerfGE 116, 164 (199 f.).

Erklärungsansätze ist ohne nennenswerten Widerspruch geblieben[426]. Auch der Versuch, einen Mittelweg einzuschlagen durch die Entwicklung des Begriffs der vorläufigen Leistungsfähigkeit der Körperschaft bis zum Moment der Gewinnausschüttung[427] kann schon im Hinblick auf die Begriffswahl, aber auch inhaltlich nicht überzeugen[428]. Genau wie auch den „Schwarzweißauffassungen" fehlt es diesem Ansatz nicht an Kreativität oder gut vertretbaren Argumenten. Vielmehr leidet er, wie alle anderen Ansätze auch, daran, dass in der Realität die möglichen Sachverhalte sich schlichtweg zu extrem voneinander unterscheiden und zugleich, trotz ihrer großen Unterschiede, in einer nicht unerheblichen Anzahl denkbarer Konstellationen auftreten, als dass man zumindest für die Mehrheit der Fälle einen allgemein gültigen Lösungsansatz finden könnte. Stattdessen erfassen die jeweiligen Perspektiven immer nur zum Teil die wirtschaftliche Realität, weil sie nur bestimmte modelltypische Sachverhalte zutreffend einordnen[429]. Überzeugt die formale Betrachtung der Trennung von Körperschaft und Anteilseigner z.B. im Falle DAX-notierter Großkonzerne auch vor dem realen Hintergrund ihres typischen Kleinaktionärs, so ist umgekehrt fraglich, wo im Falle einer Ein-Mann-GmbH die eigenständige Leistungsfähigkeit der GmbH zu finden sein soll, sodass die Bejahung einer wirtschaftlichen Doppelbelastung des einzigen Gesellschafters hier nahe liegt[430]. Obwohl somit keine vollkommen befriedigende Lösung existiert, ist es für die weitere Betrachtung doch erforderlich, die eigenständige Leistungsfähigkeit der Kapitalgesellschaft im Grundsatz zu bejahen oder zu verneinen. Dies soll auf der Basis einer sozialfunktionalen Betrachtung der Kapitalgesellschaften geschehen.

bb) Berücksichtigung der sozialen Komponente von Kapitalgesellschaften

Soweit ersichtlich ist in der bisherigen Diskussion die soziale Komponente von Unternehmen, und damit u.a. auch von Kapitalgesellschaften, ohne Beachtung geblieben. Kapitalgesellschaften fungieren regelmäßig als Arbeitgeber für eine mehr oder weniger große Anzahl von Arbeitnehmern. Handelt es sich dabei nicht gerade um eine Ein-Mann-GmbH, so erfüllt (auch) die von ihren Mitgliedern (Gesellschaftern/Anteilseignern) getragene Kapitalgesellschaft eine im Sozialstaat bedeutende Rolle. Durch die hinter ihr stehenden natürlichen Personen werden Arbeitsplätze geschaffen, den Arbeitnehmern kommen die für den Lebensunterhalt notwendigen finanziellen Mittel zu und es werden darüber hinaus wertvolle Beiträge zur Funktionsfähigkeit der sozialen Sicherungssysteme geleistet. Diese Funktion der Kapitalgesellschaft ist weit mehr als ein zur Begründung von Leistungsfähigkeit nicht ausreichendes bloßes Potenzial[431]. Sie entspricht vielmehr der

---

426 Vgl. hierzu die Nachweise in den Fn. 416, 417, 419, 421 und 422.
427 Hey (1997), S. 254 ff.
428 Überzeugend dargelegt von *Wäckerlin* (2006), S. 60 ff.
429 *Pezzer*, DStJG Bd. 20 (1997), S. 5 (11); *ders.*, DStJG Bd. 25 (2002), S. 37 (45).
430 Vgl. *Pezzer*, DStJG Bd. 20 (1997), S. 5 (11); *ders.*, DStJG Bd. 25 (2002), S. 37 (45).
431 Dazu *Englisch* (2005), S. 114.

Rolle, die Kapitalgesellschaften tatsächlich zur Funktionsfähigkeit unserer sozialen Marktwirtschaft einnehmen und wird zudem weitgehend ohne Einbeziehung der Anteilseigner und deren wirtschaftlicher Leistungsfähigkeit erfüllt. Allerdings bemisst sich wirtschaftliche Leistungsfähigkeit in Ist-Größen, sodass grundsätzlich auf den tatsächlich erzielten Vermögenszuwachs der Kapitalgesellschaft abzustellen ist[432]. Die hier herangezogene soziale Komponente lässt sich zugegebenermaßen nicht in konkrete Zahlen fassen. Ihre Bedeutung erscheint aber so gewichtig, dass man ihr abstraktes Gewicht bereits zur Begründung einer wirtschaftlichen Leistungsfähigkeit der Kapitalgesellschaft sollte heranziehen können. Es mag nicht ausreichend sein, um allein hiermit die eigenständige wirtschaftliche Leistungsfähigkeit der Kapitalgesellschaft zu bejahen. Dies soll an dieser Stelle aber auch gar nicht das Ziel der Argumentation sein. Stattdessen geht es allein darum zu untermauern, warum die Ablehnung einer eigenen wirtschaftlichen Leistungsfähigkeit der Kapitalgesellschaft unter Bezugnahme auf die hinter ihr stehenden Anteilseigner[433] nicht überzeugen kann. Jedenfalls sprechen für die Annahme einer auch eigenen wirtschaftlichen Leistungsfähigkeit der Kapitalgesellschaft deshalb die besseren Gründe[434]. Ist damit eine Doppelbelastung von Dividenden im Grundsatz gerechtfertigt, so muss nun noch untersucht werden, ob dies auch in der durch die Abgeltungsteuer konkret entstehenden Weise gilt.

2. *Reichweite des Grundsatzes einer zulässigen Doppelbelastung*

Die wirtschaftliche Doppelbelastung der Dividenden darf indes nicht beliebig ausgestaltet werden. Art. 14 I GG schützt vor einer erdrosselnden Besteuerung in deren Folge dem Steuerpflichtigen von dem Ertrag nach der Besteuerung kein hinreichender Anteil an dem Erwirtschafteten verbleibt[435]. Würde die Körperschaftsteuer nun schon z.B. die Hälfte des Gewinnes „wegbesteuern", so ließe sich nicht mehr rechtfertigen, wenn auch auf Anteilseignerebene durch eine Abgeltungsteuer in ähnlicher Höhe nochmals von Seiten des Fiskus zugeschlagen würde. Vom Gewinn

---

432 *Englisch*, a.a.O.

433 Dafür *Hey* (1997), S. 256; *Roderburg* (2004), S. 139; *Englisch* (2005), S. 116 erkennt zwar die Kapitalgesellschaft als Träger eigener wirtschaftlicher Leistungsfähigkeit an, hält aber die Doppelbelastung für unzulässig, weil sich die Leistungsfähigkeit der Anteilseigner nicht von der zuvor auf Gesellschaftsebene besteuerten unterscheide, a.a.O., S. 124 ff. sowie StuW 2007, S. 221 (231).

434 Wie hier, wenngleich mit anderer Begründung *Jachmann*, DStJG Bd. 34 (2011), S. 251 (260 f.); *Ruppe* (1967), S. 102 ff.; *Wäckerlin* (2006), S. 62; *Pezzer*, DStJG Bd. 25 (2002), S. 37 (46); ähnlich bereits *ders.*, DStJG Bd. 20 (1997), S. 5 (12); widersprüchlich *Weber-Grellet*, NJW 2008, S. 545 (549), der einerseits davon spricht, dass die Nichtberücksichtigung der Vorbelastung bedenklich sei, andererseits annimmt, dass durchgreifende Bedenken nicht erhoben werden dürften, weil es dem Gesetzgeber erlaubt sein dürfte, der formalen zivilrechtlichen Trennung zu folgen.

435 Statt vieler nur *Birk/Desens/Tappe*, SteuerR, Rdnr. 200 m.w.N. insb. auch zur Rspr. des BVerfG.

der Kapitalgesellschaft käme beim Steuerpflichtigen dann nur rund ein Viertel an; dies wäre wohl auch nach Aufgabe des Halbteilungsgrundsatzes[436] nicht mehr zu rechtfertigen. Vielmehr muss der Gesetzgeber entweder die hohe Vorbelastung auf Ebene der Kapitalgesellschaft bei der Besteuerung der Anteilseigner steuermindernd berücksichtigen oder alternativ die Belastung auf beiden Ebenen so moderat ausgestalten, dass selbst bei Nichtberücksichtigung der Doppelbelastung die Gesamtbelastung den durch Art. 14 I GG gezogenen Rahmen nicht überschreitet.

Die Abgeltungsteuer führt unter Berücksichtigung der die Kapitalgesellschaft wie eine zweite Körperschaftsteuer treffende Gewerbesteuer zu einer maximalen Gesamtbelastung von knapp unter 50 Prozent[437]. Sie liegt damit knapp unter der Höchstbelastung bei Anwendung des Teileinkünfteverfahrens und bewegt sich auf ähnlichem Niveau wie die Maximalbelastung der Gesellschafter einer Personengesellschaft oder auch eines selbständig oder nichtselbständig tätigen Steuerpflichtigen bei Anwendung des Spitzensteuersatzes. Aus diesem Grund beachtet die Abgeltungsteuer bei der Doppelbelastung von Dividenden die für eine noch zulässige wirtschaftliche Doppelbesteuerung geltenden Grenzen.

3. Allerdings: inkonsequente Ausgestaltung der Gleichbehandlung – dennoch: Möglichkeit der Rechtfertigung vorhanden

Nach den vorangegangenen Erläuterungen kann man somit gegen die Abgeltungsteuer nicht einwenden, dass Zinsen und Dividenden einer Gleichbehandlung unzugänglich seien. Auch hält sich die Doppelbelastung von Dividenden mit Körperschaftsteuer und Einkommensteuer noch im Rahmen der zulässigen Gesamtbelastungshöhe. Wenn dennoch moniert wird, dass relativ risikolose und nicht vorbesteuerte Investitionen wie etwa Zinsen genauso besteuert werden wie risikoreiche und vorbelastete Investitionen, z.B. Dividenden, weshalb für die Abgeltungsteuer bei Dividenden ein niedrigerer Steuersatz sachgerecht sei[438], so werden damit nur finanz- und steuerpolitische Fehlentscheidungen angesprochen. Verfassungsrechtliche Mängel der gesetzgeberischen Entscheidung gegen eine solchermaßen ausgestaltete Abgeltungsteuer werden auf diese Weise jedoch gerade nicht gerügt.

Eine konsequente Umsetzung der gesetzgeberischen Entscheidung zur Nichtberücksichtigung der Vorbelastung von Dividenden auf Ebene der Körperschaft zwingt aber zugleich dazu, diese Vorbelastung generell unbeachtet zu lassen. Gerade dies ist jedoch nicht geschehen. Die Nichtberücksichtigung beschränkt sich auf den Anwendungsbereich der Abgeltungsteuer. Für die Erträge aus betrieblich gehaltenen

---

436 Erfolgt durch BVerfGE 115, 97 ff.

437 Vgl. hierzu die Gegenüberstellung der Belastungswirkungen der Abgeltungsteuer und des Teileinkünfteverfahrens bei *Hey*, in: *Tipke/Lang*, SteuerR[22], § 11 Rdnr. 19 a.E.

438 So exemplarisch *Rädler*, DB 2007, S. 988 (990, 993), der für Dividenden einen Abgeltungsteuersatz i.H.v. 15 Prozent vorschlägt; dem folgend *Jochum*, in: *GS Schindhelm*, S. 405 (417); ähnlich ferner *Loos*, DB 2007, S. 704.

und damit nicht der Abgeltungsteuer unterfallenden Beteiligungen bleibt es gemäß § 3 Nr. 40 EStG bei der Fortgeltung eines modifizierten, an die niedrige Vorbelastung angepassten Teileinkünfteverfahrens[439]. Sollte schon unter Geltung des vorherigen Halbeinkünfteverfahrens der Vorbelastung von körperschaftlichen Gewinnausschüttungen Rechnung getragen werden, so folgt das Teileinkünfteverfahren diesem Gedanken weiterhin, indem es die gesunkene Belastung auf Ebene der Körperschaft zum Anlass nimmt, den Anteil der der Einkommensteuer unterliegenden Ausschüttung zu erhöhen. Bereits dadurch wird ersichtlich, dass der Gesetzgeber die bei der Ausgestaltung der Abgeltungsteuer negierte Bedeutung der Doppelbelastung von Dividenden steuerrechtlich doch weiterhin für beachtlich hält. Überdies ergibt sich ein ähnliches Bild, wenn man zudem noch §§ 17 I, 32d II Nr. 3 EStG mit in die Betrachtung einbezieht. Hierdurch offenbart sich, dass die Abgeltungsteuer nur für Fälle des Streubesitzes von Gesellschaftsanteilen passend erscheint, im Falle sog. unternehmerischer bzw. wesentlicher Beteiligungen hingegen nicht. In ersterem Fall hängt die Berücksichtigung steuerlicher Vorbelastung gerade durch das Teileinkünfteverfahren von der Entscheidung des Steuerpflichtigen ab. Im letzteren Fall findet von Gesetzes wegen auf die als gewerblich fingierten Gewinne aus der Veräußerung wesentlicher Beteiligungen nach wie vor das Entlastungsverfahren Anwendung, um der zumindest potenziellen Belastung der sich im Veräußerungserlös niederschlagenden offenen und stillen Reserven sowie der Gewinnerwartungen mit Ertragsteuern der Gesellschaft Rechnung zu tragen[440]. Dem Gesetzgeber kann dabei nicht einmal ein versehentliches, unbedachtes Handeln zu seiner Entlastung unterstellt werden. Zu eindeutig betont er in der Gesetzesbegründung, dass auch auf der Ebene privater Beteiligungserträge die Gesamtbelastung von Dividenden mit Körperschaftsteuer und Einkommensteuer maßgeblich sei[441]. Besonders signifikant wird diese Betrachtungsweise, wenn der Gesetzgeber im Weiteren darauf verweist, dass die wirtschaftliche Doppelbelastung privater Beteiligungserträge außerhalb des § 17 EStG nicht ohne Berücksichtigung der Belastung auf Unternehmensebene bleiben dürfe; dort profitiere der Anteilseigner von der Entlastung durch den abgesenkten Körperschaftsteuersatz[442]. Schon der Wortlaut der Gesetzesbegründung unterscheidet zutreffend nicht zwischen privaten und den übrigen Anteilseignern. Es ist offenbar, dass beiden in gleichem Maße die Absenkung des Körperschaftsteuersatzes zugutekommt. Eine weitere Kompensation der Vorbelastung nur bei den betrieblichen Beteiligungen durch das Teileinkünfteverfahren führt

---

439 *Englisch*, StuW 2007, S. 221 (231); *Jachmann*, DStJG Bd. 34 (2011), S. 251 (261).

440 *Englisch*, StuW 2007, S. 221 (231).

441 Vgl. BT/Drs. 16/4841, S. 33 und 46; kritisch dazu auch *Englisch*, StuW 2007, S. 221 (231), der zu Recht weitergehend darauf hinweist, dass sogar die Vorbelastung mit Gewerbesteuer als weiterer konzeptioneller Ertragsteuer mit in die Gesamtbetrachtung des Gesetzgebers miteinbezogen werde.

442 BT-Drs. 16/4841, S. 47.

daher zu Widersprüchen; entweder müsste es auf alle Anteilseigner Anwendung finden oder gänzlich entfallen[443].

Dennoch ist die der Gesetzesbegründung zu entnehmende Gesamtbetrachtung der Belastungswirkungen auf Unternehmens- und Anteilseignerebene auch zugunsten des Gesetzgebers heranzuziehen. In dem relativ niedrigen Proportionalsteuersatz von 25 Prozent auf private Beteiligungserträge kann nämlich auch ein typisierender Ausgleich für die Versagung des Teileinkünfteverfahrens gesehen werden[444]. Freilich kommt dies in der Gesetzesbegründung nicht explizit zum Ausdruck. Jedenfalls aber wird so eine Berücksichtigung der Vorbelastung von Dividenden sowohl bei privaten wie auch bei betrieblichen Anteilseignern vorgenommen. Sie erfolgt nur in unterschiedlicher Weise. Einmal bleibt es bei der vollen Bemessungsgrundlage, dafür wird der anzuwendende Tarif abgesenkt. Im anderen Fall wird die Bemessungsgrundlage reduziert, dafür aber findet der individuelle und regelmäßig sehr hohe Steuersatz Anwendung.

Wenn der Gesetzgeber eine weitere Kompensation von Beteiligungen im Privatvermögen durch Anwendung des Teileinkünfteverfahrens für entbehrlich hält, so ist dies vor dem Hintergrund der Tatsache, dass die Belastung im Hinblick auf den Steuersatz bei Anwendung des § 32d EStG in etwa der im Rahmen des § 3 Nr. 40 EStG entstehenden Belastung entspricht[445], verfassungsrechtlich zunächst nicht zu beanstanden[446]. Vielmehr verschiebt sich die verfassungsrechtliche Bewertung insoweit auf die Ebene der Typisierung[447]. Hier wird zu erörtern sein, ob der typisierende Ausgleich für die Versagung des Teileinkünfteverfahrens bei privaten Anteilseignern die zulässigen Grenzen wahrt und realitätsgerecht erfolgt ist.

Trotz der zunächst inkonsequent erscheinenden Umsetzung der Berücksichtigung einer körperschaftsteuerlichen Vorbelastung von Dividenden bleibt es damit bei der Möglichkeit einer verfassungsrechtlichen Rechtfertigung dieser Maßnahme. Eine Verfassungswidrigkeit der Gleichbehandlung von Zinsen und Dividenden

---

443 So auch *Jochum*, in: *GS Schindhelm*, S. 405 (414 f.); *Englisch*, StuW 2007, S. 221 (231).

444 *Jochum*, in: *GS Schindhelm*, S. 405 (415).

445 Vgl. *Jochum*, in: *GS Schindhelm*, S. 405 (415).

446 So auch *Jachmann*, DStJG Bd. 34 (2011), S. 251 (261); i.E. hingegen mit anderer Bewertung *Englisch*, StuW 2007, S. 221 (231 f.). Ihm ist zwar darin zuzustimmen, dass ein Abstellen auf die Reduzierung der Gesamtbelastung nicht tragfähig ist, weil gleichheitsrechtlich relevant allein die folgerichtige Ausgestaltung des Entlastungsverfahrens in seiner neuen Gestalt ist. Diese Folgerichtigkeit kann sich aber gerade auch aus dem nebeneinander zweier *aliuds* (Teileinkünfteverfahren und niedriger Abgeltungsteuersatz) ergeben. Eine Pflicht zur Entlastung auf genau dieselbe Art und Weise besteht nicht. Vgl. auch BVerfGE 116, 164 (181) wonach es für die Belastungsgleichheit unerheblich ist, ob sie über die Bemessungsgrundlage oder den Tarif erreicht wird.

447 Dazu später in diesem § unter IX. 3. c) (1) a.E.

speziell im Hinblick auf die steuerliche Vorbelastung kann deshalb an dieser Stelle (noch) nicht angenommen werden[448].

V. Zur Ungleichbehandlung von Anteilseignern mit Anteilen im Privatvermögen und Anteilseignern mit Anteilen im Betriebsvermögen (Binnengerechtigkeit im engeren Sinne)

1. *Problemaufriss*

Die Feststellung, dass eine wirtschaftliche Doppelbelastung des ausgeschütteten Gewinns nicht zwingend vermieden werden muss, stellt keinen Abschluss der verfassungsrechtlichen Prüfung dar, sondern führt zur Frage, ob die unterschiedliche Besteuerung betrieblicher und privater Dividendeneinkünfte verfassungsrechtlich zulässig ist[449]. Dabei geht es nicht um die Anwendung von Teileinkünfteverfahren oder niedrigem Proportionalsteuersatz und damit im weiteren Sinne zugleich um die Gleich- oder Ungleichbehandlung von Zinsen und Dividenden. Im Zentrum steht nun allein die Behandlung von Dividendeneinkünften und den hier vorzufindenden Unterscheidungen bei Werbungskosten und Betriebsausgaben. Hier drängen sich verfassungsrechtliche Bedenken auf, weil dem Privatinvestor der Weg zum Teileinkünfteverfahren und der damit verbundenen Möglichkeit des teilweisen Werbungskostenabzugs verwehrt ist[450]. Ihm bleibt zur Abdeckung seiner Werbungskosten ohne Ansehen des konkreten Falles nur der Pauschbetrag.

Dem Grundsatz nach müssen Kapitalerträge im Privat- und im Betriebsvermögen gleich behandelt werden[451]. Wie gesehen, kann eine solche Gleichbehandlung auch durch die Anwendung zweier verschiedener Systeme gelingen. Diese Systeme, das Teileinkünfteverfahren auf der einen, der Proportionalsteuersatz mit Pauschbetrag auf der anderen Seite, erwiesen sich dabei als zur Berücksichtigung der Vorbelastung von Dividenden nahezu gleichermaßen geeignet, indem sie zumeist zu vergleichbaren Gesamtbelastungen führten. Allerdings ermöglicht das Teileinkünfteverfahren über § 3c II EStG auch die steuerliche Berücksichtigung von 60 Prozent der im Zusammenhang mit den Erträgen stehenden Aufwendungen, sodass sich in der Gesamtbetrachtung das Teileinkünfteverfahren als gegenüber der Abgeltungsteuer deutlich vorteilhafter darstellt[452]. Daher ist zu fragen, ob aus diesem Grund nicht doch auch im Rahmen der Abgeltungsteuer der Werbungskostenpauschbetrag

---

448 Eine auch insgesamt uneingeschränkte verfassungsrechtliche Rechtfertigung der Gleichbehandlung nimmt Recnik (2011), S. 152 ff., 258 an. *Rockoff* (2014), S. 212 ff., 251 sieht hingegen bereits an dieser Stelle eine verfassungsrechtlich nicht gerechtfertigte Ungleichbehandlung.

449 *Intemann*, DB 2007, S. 1658 (1660 f.).

450 Vgl. *Rädler*, DB 2007, S. 988 (993); *Haisch*, DStZ 2007, S. 762 (772).

451 Stellvertretend etwa *Jachmann*, in: *Schick* (Hrsg.), S. 15 (18); *dies.*, Bd. I, S. 124 jeweils m.w.N.

452 Vgl. *Eckhoff*, FR 2007, S. 989 (997); *Intemann*, DB 2007, S. 1658 (1661).

zwingend dem Teileinkünfteverfahren insoweit weichen, wenigstens aber bei Veranlagungen im Zuge der sog. Günstigerprüfung greifen müsste[453]. Umgekehrt ließe sich eine Gleichbehandlung ebenso durch einen entsprechenden Pauschbetrag für Aufwendungen im Zusammenhang mit betrieblichen Kapitalerträgen erreichen[454].

Voraussetzung für die Notwendigkeit einer strikten Gleichbehandlung von Kapitalerträgen im Privat- und Betriebsvermögen hinsichtlich der mit ihnen im Zusammenhang stehenden Aufwendungen ist zunächst jedoch, dass sich keine rechtfertigenden Gründe für die beschriebenen Differenzierungen finden.

2. *Geteiltes Meinungsbild im Schrifttum*

Die Ansichten in der Literatur verlaufen diametral entgegengesetzt, sodass beide denkbaren Extrempositionen vertreten sind. Zur Begründung der Verfassungswidrigkeit der beschriebenen Ungleichbehandlung wird auf das Fehlen erkennbarer, besonderer sachlicher Gründe verwiesen[455]. Mit dem Ziel der Besserstellung privater Kapitaleinkünfte habe der Gesetzgeber zwar bewusst den zuvor geltenden Grundsatz der Gleichbehandlung aller Einkunftsarten durchbrochen, doch würden private Dividendeneinkünfte durch Integration in das Abgeltungsteuersystem gerade nicht begünstigt, sondern benachteiligt, sodass die für die Begründung der Einführung einer Abgeltungsteuer gegebene Erklärung, die Diskriminierung privater Dividendeneinkünfte verfassungsrechtlich nicht zu rechtfertigen vermöge[456].

Konträr hierzu wird vertreten, dass die Differenzierung hinsichtlich der Möglichkeit, mit Dividendeneinkünften zusammenhängenden Aufwand geltend machen zu können, sogar geboten sei, weshalb ein Verstoß gegen Verfassungsrecht nicht angenommen werden könne[457]. Dahinter steht der Gedanke, Beteiligungen im Betriebsvermögen würden oftmals über eine Fremdfinanzierung erworben, sodass im Falle der Anwendung des Sparer-Pauschbetrags anstelle einer 60-prozentigen Berücksichtigung der Zinsaufwendungen es solche Beteiligungen in vielen Fällen nicht mehr geben könne[458].

3. *Stellungnahme*

Die Gründe für die zuletzt genannte Auffassung überzeugen nicht. Die für die Rechtfertigung der Differenzierung vorgetragene Begründung setzt sich nämlich nicht

---

453 Letztgenannten Aspekt betont *Faltlhauser*, in: *FS Ritter*, S. 511 (517).

454 Erwägungen in diese Richtung finden sich bei *Thiel*, in: *FS ArbgemFAfStR*, S. 75 (87), wenn man die dort angesprochene Möglichkeit der steuertechnischen Einbeziehung betrieblicher Kapitalerträge in die Abgeltungsteuer konsequent zu Ende denkt.

455 *Loos*, DB 2007, S. 704.

456 *Intemann*, DB 2007, S. 1658 (1661).

457 So *Eckhoff*, FR 2007, S. 989 (997).

458 *Eckhoff*, a.a.O.

damit auseinander, dass der Gesetzgeber ebenso umgekehrt hätte verfahren können. Das Teileinkünfteverfahren würde dann auch weiterhin für im Privatvermögen gehaltene Kapitalgesellschaftsanteile gelten und die Problematik der Fremdfinanzierung von Beteiligungen auf diese Weise zugleich auch für den Bereich privat gehaltener Anteile gelöst. Es ist nicht ersichtlich, warum es allein im Bereich der betrieblich gehaltenen Anteile angezeigt sein soll, die Attraktivität fremdfinanzierter Erwerbe weiterhin zu sichern. Richtig ist zwar, dass hier, anders als zumeist bei privaten Beteiligungen, der Sparer-Pauschbetrag im Regelfall nicht ausreicht, um den Zinsaufwand angemessen zu berücksichtigen. Ein Verfassungsgrundsatz, der die uneingeschränkte Attraktivität von – mitunter spekulativen – fremdfinanzierten Kapitalgesellschaftsbeteiligungen gebietet, existiert indes nicht. Dagegen besteht aber ein verfassungsrechtliches Gebot, bei der Ausgestaltung von Ungleichbehandlungen das Verhältnismäßigkeitsprinzip zu wahren[459]. Eine Ausweitung des Teileinkünfteverfahrens auch auf private Beteiligungen beließe den betrieblich gehaltenen Beteiligungen die Privilegierung der 60-prozentigen Aufwandsberücksichtigung. Zugleich würde aber die Diskriminierung privat gehaltener Anteile beseitigt. Damit steht aber ein gleichermaßen geeignetes, milderes Mittel zur Verfügung, sodass eine Differenzierung zwischen Kapitalerträgen im Privat- und im Betriebsvermögen gerade nicht geboten sein kann[460].

Wer daraus die Verfassungswidrigkeit der Integration privater Dividendeneinkünfte in das System der Abgeltungsteuer ableitet, sieht sich allerdings dem Einwand ausgesetzt, dass er möglicherweise vorschnell und zu pauschal die gesetzgeberische Gestaltungsfreiheit mitsamt den dazugehörigen Spielräumen zurückdrängt. Denn im Grundsatz ist es Sache des Gesetzgebers, diejenigen Sachverhalte auszuwählen, an die er dieselbe Rechtsfolge knüpft und damit als im Rechtssinne gleich behandelt, wobei jedoch die Auswahl sachgerecht erfolgen muss[461]. Die Zuordnung der Dividendeneinnahmen zu verschiedenen Einkunftsarten und damit die systematische Unterscheidung zwischen den Einkunftsarten kann für sich allein die Ungleichbehandlung privat und betrieblich gehaltener Kapitalgesellschaftsanteile nicht

459 Vgl. etwa *Jarass*, in: *Jarass/Pieroth*, GG, Art. 3 Rdnr. 18; *Sodan*, in: *Sodan*, GG, Art. 3 Rdnr. 14; *BK/Rüfner*, Art. 3 Abs. 1 Rdnr. 97.

460 Dieses Ergebnis gilt ungeachtet der Frage, ob bzw. in welchem Umfang Art. 3 I GG überhaupt den Abzug erwerbsbedingter Aufwendungen bei Einkünften aus Finanzanlagen gebietet. Denn selbst wenn dies nicht der Fall sein sollte, so änderte dies an der soeben festgestellten Unverhältnismäßigkeit des Mittels nichts. Der Gesetzgeber könnte dann als weitere Alternative allerdings die gänzliche Abschaffung des Teileinkünfteverfahrens in Erwägung ziehen. Sollte hingegen der Gleichheitssatz den Aufwandsabzug zwingend fordern, muss dies unabhängig davon gelten, ob die zu Einkünften aus Kapitalvermögen führende Beteiligung im Betriebs- oder Privatvermögen gehalten wird. Letztlich zielt diese Frage aber auf die Reichweite des objektiven Nettoprinzips ab. Auf die Ausführungen unter VII. 2. b) aa) und bb) wird daher verwiesen.

461 Vgl. BVerfGE 103, 310 (318) m.w.N.

rechtfertigen[462]. Hierauf beruft sich der Gesetzgeber auch gar nicht. Er beruft sich aber auch nicht auf irgendeinen anderen Rechtfertigungsgrund, sondern schweigt sich einfach aus[463]. Wenn jedoch der Gesetzgeber keine Argumente für eine Differenzierung nennt und eine einleuchtende Rechtfertigung gleichfalls nicht aus sich objektiv aufdrängenden Gründen auf der Hand liegt, ist vom Fehlen einer hinreichenden Rechtfertigung auszugehen, der Rechtfertigungsnachweis mithin (nur) vom Gesetzgeber zu führen. Anderenfalls würde das Auffinden eines sachlichen Grundes für die unterschiedliche steuerliche Behandlung übermäßig erschwert. Denn besonders im Bereich von Gestaltungsspielräumen des Gesetzgebers fällt es schwer, von ihm nicht selbst dargelegte Erwägungen für ihre Inanspruchnahme zu unterstellen, will man allzu hypothetische Ausführungen vermeiden.

Zu erwägen wäre in Fortführung der These zur Gebotenheit einer Differenzierung zwischen betrieblichen und privaten Dividendeneinkünften noch, ob der Gesetzgeber nicht seine Gestaltungsfreiheit zur Verfolgung eines Lenkungsziels ausgeübt haben könnte. Welches dieses Lenkungsziel sein sollte, kommt aber im Gesetz schon nicht den Anforderungen an die Normenklarheit entsprechend zum Ausdruck und bleibt somit unklar – eine Lenkung hin zu weiterem fremdfinanzierten Erwerb von betrieblichen Beteiligungen, aber weg von entsprechenden privaten Beteiligungen kann nicht ernstlich unterstellt werden. Zu groß wären die Widersprüche zur immer wieder propagierten Finanzierungsneutralität[464]. Überdies fehlt es an der für die Verfolgung eines Lenkungsziels erforderlichen erkennbaren gesetzgeberischen Entscheidung[465] – auch dies ist Folge des Mangels an greifbaren Anhaltspunkten in der Gesetzesbegründung.

Lassen sich somit keine besonderen sachlichen Gründe für die unterschiedliche Behandlung privater und betrieblicher Beteiligungserträge finden, fehlt es folglich an einer tragfähigen Rechtfertigung für diese Differenzierung[466]. Damit ist die Unterscheidung zwischen privat und betrieblich gehaltenen Kapitalgesellschaftsanteilen hinsichtlich der Möglichkeit der Berücksichtigung von mit der Beteiligung in Zusammenhang stehendem Aufwand verfassungswidrig.

---

462 Vgl. BVerfGE 96, 1 (6); 99, 88 (95).

463 Vgl. *Intemann*, DB 2007, S. 1658 (1661); *Eckhoff*, FR 2007, S. 989 (997) formuliert seine Stellungnahme daher auch im Konjunktiv: „Der Grund für die Differenzierung *dürfte* sein, dass ..." [Hervorhebung durch den Verfasser].

464 S. etwa die Koalitionsverträge von CDU/CSU und SPD vom 11.11.2005, S. 81 und von CDU/CSU und FDP vom 26.10.2009, S. 13 f.; ohne Aussage in diesem Bereich jedoch zuletzt der Koalitionsvertrag von CDU/CSU und SPD vom 27.11.2013, S. 63 f.; vgl. ferner auch nachfolgend unter VI.

465 Vgl. BVerfGE 110, 274 (292 f.).

466 A.A. Recnik (2011), S. 163 ff., 258 f.

4. *Annexproblematiken: Die Veräußerung von Kapitalgesellschaftsanteilen*

a) *(Fehlende) Möglichkeit steuerneutraler Umschichtung – §§ 6 V, 6b X EStG*

Genügt die Behandlung privat gehaltener und der übrigen Kapitalgesellschaftsanteile im gerade untersuchten Bereich der Aufwandsberücksichtigung den verfassungsrechtlichen Maßstäben schon nicht, so soll dennoch kurz auf ein weiteres verfassungsrechtliches Problem im Hinblick auf die Besteuerung entsprechender Veräußerungsgewinne eingegangen werden. Hier setzt sich die Ungleichbehandlung von Betriebs- und Privatvermögen in anderer Gestalt fort.

§§ 6 V, 6b X EStG ermöglichen dem Steuerpflichtigen die steuerneutrale Umschichtung von Vermögensgütern im betrieblichen Bereich[467]. Privaten Veräußerungsgeschäften wird diese Option dagegen nicht eröffnet. Prima facie steht diese Ungleichbehandlung nicht im Zusammenhang mit der Einführung der Abgeltungsteuer. Betrachtet man jedoch die bisher vorgetragene Begründung für die verfassungsrechtliche Rechtfertigung dieser Ungleichbehandlung, so ergeben sich im Zusammenhang mit der Abgeltungsteuer nennenswerte Veränderungen in der Argumentationsführung. Bisher wurde die Nichtanwendung des § 6b EStG auf Privatveräußerungen als Konsequenz aus dem geltenden Einkünftedualismus gerechtfertigt[468]. Zugleich wird aber betont, dass dies nur solange gelten könne, wie der Gesetzgeber nicht von dieser Konzeption abweiche und auch Veräußerungen des Privatvermögens generell der Besteuerung unterwerfe[469]. Genau diese Tatsache ist aber mit Einführung der Abgeltungsteuer eingetreten und verlangt nach einer Ausweitung des § 6b EStG auf die erweiterte private Veräußerungsgewinnbesteuerung wie auch des § 6 V EStG und damit der Möglichkeit einer steuerneutralen Entnahme vom Betriebs- in das Privatvermögen, soweit die entnommenen stillen Reserven weiterhin im Privatvermögen einer steuerlichen Erfassung zugänglich bleiben[470].

Verfassungsrechtlich zwingend ist die skizzierte Ausweitung der §§ 6 V, 6b EStG indes nicht. Dem Gesetzgeber steht es frei, der Ungleichbehandlung auf andere Weise abzuhelfen. Die Verfassung fordert aber, dass der Gesetzgeber diesbezüglich nicht länger untätig bleibt. Da die bisherige Rechtfertigung nun schon seit 2009 nicht mehr besteht und hierauf bereits 2007 hingewiesen wurde, ist der Gesetzgeber zum Handeln angehalten, will er nicht weitere verfassungsrechtliche Angriffsfläche im Zusammenhang mit dem Abgeltungsteuerkomplex bieten.

b) *Ungleichbehandlung von Veräußerungs- und Ausschüttungsfall – § 17 EStG*

Eine weitere Folge der Veräußerung von zum Privatvermögen des Steuerpflichtigen gehörenden Kapitalgesellschaftsanteilen kann sein, dass die Veräußerungseinkünfte

---

467 Vgl. hierzu *Watrin/Benhof*, DB 2007, S. 233 (234 f.).

468 Vgl. BFH BStBl. II 2004, 284 (298).

469 BFH, a.a.O.

470 *Watrin/Benhof*, DB 2007, S. 233 (234 f.).

(nicht aber Einnahmen aus Ausschüttungen) gemäß § 17 EStG als gewerblich eingeordnet werden. Dies ist immer dann der Fall, wenn der Veräußerer innerhalb der letzten fünf Jahre entweder unmittelbar oder mittelbar zu wenigstens einem Prozent am Gesellschaftskapital beteiligt war. In diesen Fällen scheidet eine Anwendung des § 20 II Nr. 1 EStG aus, vgl. § 20 VIII EStG.

Es wurde bereits dargelegt, dass die Norm des § 17 EStG spätestens seit Einführung der Abgeltungsteuer funktional nicht mehr in ihre bisherige Position im Gefüge der Einkunftsarten hineinpasst[471]. Betrachtet man indes den Veräußerungsfall des betroffenen privaten Kapitalgesellschafters genauer, so zeigt sich, dass es nicht allein bei systematischen Mängeln bleibt. Vielmehr hat sich für diese Fälle eine steuerliche Ungleichbehandlung herausgebildet, die jedweder Rechtfertigung entbehrt; insoweit ist durch die Einbeziehung von Veräußerungsgewinnen des Privatvermögens in § 17 EStG eine willkürliche Schedulenbesteuerung herangewachsen. Die Gründe hierfür sind vielfältig.

Eine erste Ursache ist in der in § 17 EStG festgelegten maßgeblichen Beteiligungsgrenze von einem Prozent zu sehen. In vergangenen Zeiten lag diese Grenze hingegen zunächst bei 25 und später bei 10 Prozent. Erschien dabei noch – aufgrund der ähnlichen Einflussnahmemöglichkeiten auf die Geschäfte des Betriebs – der Gedanke der Vergleichbarkeit des zu 25 Prozent an einer Kapitalgesellschaft beteiligten Gesellschafters mit einem Mitunternehmer einer Personengesellschaft als zumindest durchaus vertretbares Argument für die steuerliche Gleichstellung im Veräußerungsfall, so ist dieses mit Absenkung auf 10 Prozent bereits fraglich[472] und nach der weiteren Absenkung auf ein Prozent[473] spätestens seit Einführung der Abgeltungsteuer nicht mehr haltbar. Gesellschaftsrechtlich ist eine Schwelle von einem Prozent nicht ansatzweise relevant[474]. Über eine solche Beteiligung einen Zusammenhang zum Mitunternehmer herzustellen, erscheint daher fernliegend. Aber auch eine Rechtfertigung der Ungleichbehandlung über lenkungstheoretische Erwägungen (Zweck: Förderung der Kapitalanlage des sog. Kleinanlegers als Altersvorsorge durch steuerliche Begünstigung) kann nicht gelingen[475], weil durch

---

471 Vgl. zu dieser steuersystematischen Kritik bereits oben, Fn. 253 sowie ferner *Seer*, in: *FS Hüffer*, S. 937 (945), der von einer systematischen Deplatzierung spricht und *Schneider*, in: *K/S/M*, EStG, § 17 Rdnr. A 223: „[§ 17 EStG] annähernd überflüssig".

472 Zur bereits damals geäußerten verfassungsrechtlichen Kritik an diesem Teil des sog. Steuerentlastungsgesetz 1999/2000/2002 v. 24.03.1999, BGBl. I 1999, 402 (409) s. nur die Nachweise bei *Desens* (2004), S. 150 Fn. 423.

473 Erfolgt durch das StSenkG v. 23.10.2000, BGBl. I 2000, 1433 (1435).

474 Ebenso *Seer*, in: *FS Hüffer*, S. 937 (945); vgl. außerdem *Eilers/R. Schmidt*, in: *H/H/R*, EStG, § 17 Anm. 9.

475 Dies galt sogar schon vor Einführung der Abgeltungsteuer, weil es bereits an einer absoluten Beteiligungsgrenze fehlt, sodass § 17 EStG infolge dessen eine unterschiedslose Besteuerung einprozentiger Beteiligungen an Groß- wie Kleinst-Kapitalgesellschaften bedingt und sich zu einem Massentatbestand entwickelt hat, vgl. *Kirchhof/Gosch*, EStG[14], § 17 Rdnr. 2; *Rapp*, in: *L/B/P*, EStG, § 17 Rdnr. 6. Dabei

die Abgeltungsteuer die Besteuerung von Veräußerungsgewinnen erheblich ausgeweitet wurde und sich damit der Aufbau einer Altersvorsorge durch Kapitalanlage unabhängig von der Höhe einer privat gehaltenen Kapitalgesellschaftsbeteiligung gleichermaßen einfach oder schwierig gestaltet.

Ungeachtet dessen erweist sich aber vor allem die durch § 17 EStG begründete ungleiche Behandlung von Veräußerungs- und Ausschüttungsfall als Verstoß gegen Art. 3 I GG. Insoweit bleibt es nicht nur bei dem bloßen Wertungswiderspruch, dass der Gesetzgeber die (wie soeben gezeigt völlig ungeeignete) 1-Prozent-Grenze nur im Veräußerungs-, nicht aber im Ausschüttungsfall als negatives Abgrenzungskriterium für das Vorliegen von Streubesitz nutzt. Entweder müsste ein entsprechend stark beteiligter Gesellschafter während der gesamten Dauer seiner Beteiligung nicht mehr bloßer Kleinanleger mit Streubesitz sein oder eben doch; mithin müsste seine Stellung als (Nicht-nur-)Kleinanleger gleichermaßen Auswirkungen auf die Besteuerung von Ausschüttungen wie von Einnahmen aus der Veräußerung der Beteiligung haben. Zudem ist überhaupt nicht erkennbar, warum der zu mehr als einem Prozent an einer Kapitalgesellschaft Beteiligte ausgerechnet während der gesamten Zeit seiner Beteiligung als privater Kapitalgeber und Nichtunternehmer mit Einkünften nach § 20 EStG behandelt wird, sich dann aber im Falle der Veräußerung seiner Beteiligung plötzlich in einen Mitunternehmer verwandeln soll[476]. In Anbetracht dessen, dass für die Möglichkeit einer mitunternehmerischen Einflussnahme einzig und allein die Zeit der Beteiligung relevant ist[477], folglich ein etwaig vorhandenes Einflusspotenzial des wesentlich Beteiligten gerade im Zeitpunkt der Veräußerung so gering ist wie nie zuvor während seiner Beteiligungsphase, entbehrt die gesetzgeberische Wertung nicht nur einer inneren Logik. Sie verkennt ohne jeden ersichtlichen Grund in eklatanter Weise die tatsächlichen Gegebenheiten und nimmt somit eine willkürliche Differenzierung vor.

Der aufgezeigte gleichheitsrechtliche Verfassungsverstoß ist nach vorstehender Betrachtung zwar nicht das Resultat der Einführung der Abgeltungsteuer und ihrer Begleiterscheinungen. Er besteht ungeachtet dessen, hat sich jedoch nunmehr abermals weiter vertieft, als durch die umfassende Ausweitung des § 20 EStG auf sämtliche Einkünfte aus der Veräußerung von privat gehaltenen Kapitalgesellschaftsbeteiligungen auch letzte Ansätze zur Rechtfertigung des § 17 EStG in seiner jetzigen Gestalt ihre schon zuvor nur beschränkte Überzeugungskraft vollends

---

liegt auf der Hand, dass eine knapp unter einem Prozent liegende Beteiligung an einem DAX-Konzern sich wertmäßig ganz wesentlich von einer Beteiligung im einstelligen oder unteren zweistelligen Prozentbereich an einer kleinen GmbH unterscheidet. Nicht über die Beteiligungshöhe, sondern über deren Wert definiert sich aber der Begriff des Kleinanlegers, weshalb ein Abstellen auf eine Beteiligungsgrenze schon im Ansatz verfehlt ist; s. hierzu, ebenso wie zu anderen (gleichfalls untauglichen) Rechtfertigungsansätzen aus dem Jahrzehnt vor der Abgeltungsteuer überzeugend *Desens* (2004), S. 155 ff.

476 Vgl. schon *Seer*, in: *FS Hüffer*, S. 937 (938 f.).

477 Hierzu auch *Seer*, in: *FS Lang*, S. 655 (668).

verloren haben. Die ersatzlose Streichung oder wenigstens eine systemkonforme Reformation des § 17 EStG sind daher seit dem 01.01.2009 nicht mehr nur wünschenswert, sondern auch verfassungsrechtlich mehr denn je geboten.

VI. Abgeltungsteuer und Finanzierungsneutralität

Wie in den Stellungnahmen der Sachverständigen und ihrer Anhörung im Finanzausschuss schon angeklungen[478], wirft die Abgeltungsteuer auch Probleme im Hinblick auf ihre Auswirkungen im Bereich von Finanzierungsentscheidungen auf. Die Abgeltungsteuer schafft Anreize, im Unternehmen vorhandenes Eigenkapital zum – gegenüber dem für sonstige Unternehmensgewinne ggf. zu zahlenden Spitzensteuersatz – deutlich niedrigeren Abgeltungsteuersatz zinsertragsbringend anzulegen. Dem so entstehenden Mangel an Eigenkapital wird durch die Aufnahme von Fremdkapital begegnet. Finanzierungskosten für diese Art von Unternehmensfinanzierung unterfallen dabei nicht den mit der Abgeltungsteuer verbundenen Restriktionen bei der Geltendmachung von Aufwand, sondern sind vielmehr steuerlich in vollem Umfang berücksichtigungsfähig. Es wird so deutlich, dass Eigenkapital durch die Einführung der Abgeltungsteuer einer stärkeren Besteuerung unterworfen wird als Fremdkapital. Damit aber bleibt die Besteuerung nicht mehr neutral, sondern wirkt sich auf die Finanzierungsentscheidungen aus. Auch hier muss daher nach der Vereinbarkeit der Abgeltungsteuer mit den Neutralitäts- bzw. Gleichbehandlungspflichten des Grundgesetzes gefragt werden.

1. *Finanzierungsneutralität als Bestandteil der Entscheidungsneutralität der Besteuerung*

Die Entscheidung darüber, ob ein Unternehmen mit Eigen- oder Fremdkapital finanziert werden soll, ist nur eine von zahlreichen Entscheidungen, auf die sich der Oberbegriff der Entscheidungsneutralität der Besteuerung bezieht. Hierzu zählen daneben auch Investitionsentscheidungen, Sparentscheidungen, Entscheidungen über Art und Umfang des Arbeitseinsatzes sowie Fragen der Rechtsformwahl[479]. Entscheidungsneutral ist eine Steuerrechtssetzung dann, wenn sie bei einem vernünftig denkenden Steuerpflichtigen keine Ausweichhandlungen hervorruft[480]. Derartige Ausweichhandlungen können finanzpolitisch erwünscht oder unerwünscht sein[481]; im Falle der Abgeltungsteuer können sie nicht erwünscht sein, weil sich sonst ein

---

478 Dazu oben, § 4 F. V.; außerdem stellvertretend für die Literatur *Höller* (2011), S. 249 ff.

479 Vgl. *F. W. Wagner*, StuW 2006, S. 101 (102) auch mit Ausführungen zu einzel- und gesamtwirtschaftlichen Zwecken der Besteuerungsneutralität.

480 Vgl. *D. Schneider*, IFB, S. 193; s. auch *Umlauf* (2008), S. 11 sowie zu den unterschiedlichen, i.E. aber regelmäßig an die Entscheidungsneutralität angelehnten, Definitionsversuchen der Finanzierungsneutralität a.a.O. S. 12 ff. m.w.N.

481 Hierzu *F. W. Wagner*, StuW 1992, S. 2 (3).

auffälliger Widerspruch zur Begründung der Unternehmensteuerreform und den Zielen der Politik insgesamt ergäbe[482]. Dennoch regt die Abgeltungsteuer, wie aufgezeigt, zu steuervermeidenden Planungsaktivitäten an. Wesentliche Bedeutung kommt deshalb der Frage zu, ob die Finanzierungsneutralität der Besteuerung auch verfassungsrechtlich vorgegeben ist. Zwar wird nicht nur im juristischen, sondern auch im betriebswirtschaftlichen Schrifttum der Forderung nach Finanzierungsneutralität beharrlich das Wort geredet[483]. Wenn aber von einer Verletzung des Gebots der Finanzierungsneutralität durch die Abgeltungsteuer gesprochen wird[484], dann ist damit noch nichts darüber gesagt, ob sich ein solches Gebot der Verfassung entnehmen lässt oder ob es sich (nur) um eine ökonomische, steuersystematische oder sonst wünschenswerte Vorgabe handelt.

2. Gleichheitsrechtliche Dimension der Entscheidungsneutralität, speziell der Finanzierungsneutralität

Eine Diskussion über die verfassungsrechtliche Dimension der Finanzierungsneutralität ist bislang, soweit ersichtlich, noch nicht geführt worden. Die Ursachen hierfür sind vielfältiger Natur. Zunächst lässt sich feststellen, dass Erörterungen zur Neutralität der Besteuerung im Allgemeinen vorwiegend von Ökonomen vorgenommen werden[485], bei denen marktwirtschaftliche Erwägungen im Vordergrund stehen[486]. Darüber hinaus wird die steuerjuristische Diskussion der Entscheidungsneutralität der Besteuerung von Unternehme(r)n eindeutig von der Frage nach der Rechtsformneutralität[487] der Besteuerung beherrscht[488].

Wenngleich in der Literatur noch keine Einigkeit über die verfassungsrechtliche Ableitung der rechtsformneutralen Besteuerung besteht – in der Mehrheit wird Art. 3 I GG hierfür herangezogen, aber auch Art. 9 I, 12 I und 14 I GG werden angeführt – so kann immerhin als gesichert gelten, dass das Gebot der Rechtsformneutralität ein verfassungsrechtliches ist[489]. Dagegen negiert die

---

482 S. BT-Drs. 16/4841, S. 29 sowie oben, Fn. 464.

483 *Elschen*, StuW 1991, S. 99 (108).

484 *Hey*, in: *Tipke/Lang*, SteuerR[22], § 11 Rdnr. 21.

485 Exemplarisch *Elschen*, StuW 1991, S. 99 ff.; speziell zur Finanzierungsneutralität *Umlauf* (2008), passim.

486 *F. W. Wagner*, StuW 1992, S. 2 (4). Besonders deutlich auch *Umlauf* (2008), S. 14 f.: „Dabei geht es nicht um die Frage, welche Erfolgsaussichten ein Steuerpflichtiger, der den Grundsatz der Finanzierungsneutralität verletzt sieht, in einem finanzgerichtlichen Verfahren haben könnte."

487 Zu deren Bedeutung ausführlich *F. W. Wagner*, StuW 2006, S. 101 ff.

488 S. nur die umfangreichen Nachweise bei *Montag*, in: *Tipke/Lang*, SteuerR[22], § 13 Vor Rdnr. 1 sowie *Hey*, ebenda, vor Rdnrn. 168 ff.

489 Umfangreiche Nachweise finden sich bei *Hey*, in: *Tipke/Lang*, SteuerR[22], § 13 Rdnr. 172 (Fn. 3 u. 4).

verfassungsgerichtliche Rechtsprechung ein aus Art. 3 I ableitbares allgemeines Verfassungsgebot der Rechtsformneutralität der Besteuerung[490].

Im Hinblick auf die Finanzierungsneutralität der Besteuerung lässt sich ein verfassungsrechtlicher Anknüpfungspunkt nur schwerlich finden. Die wirtschaftspolitische Neutralität des Grundgesetzes[491] ist eine viel zu abstrakte Größe, um allein hieraus verfassungsrechtliche Gebote über die steuerliche Behandlung von fremd- und eigenkapitalfinanzierten Unternehmen abzuleiten. Wenn in der finanzgerichtlichen Rechtsprechung trotzdem von einem Grundsatz der Finanzierungsfreiheit gesprochen wird[492], dann wird dabei gerade nicht auf Verfassungsvorgaben Bezug genommen. Vielmehr bleibt es bei der lediglich einfach(steuer)rechtlichen Feststellung, dass der Gesetzgeber die Entscheidung des Unternehmers für eine entsprechende Finanzierung in beiden Fällen akzeptiert und das Steuerrecht keine Vorgaben darüber macht, welche der beiden Finanzierungsarten in welcher Situation zu wählen ist.

Auch in der steuerrechtlichen Literatur wird deutlich, dass es sich bei der entscheidungsneutralen – also wirtschaftliche Entschließungen von Steuerpflichtigen bzw. Unternehmern nicht beeinflussenden oder verzerrenden – Besteuerung um ein Ideal handelt, dessen Ausprägung der Finanzierungsneutralität ebenfalls nur ökonomischen Idealvorstellungen folgt[493]. Die Bezugnahme auf die großen Ökonomen Smith und Mill und deren Plädoyer für eine entscheidungsneutrale Besteuerung als Ausfluss des Bequemlichkeitspostulats[494] verdeutlicht die in erster Linie ökonomisch-rational fundierte Basis der Forderung nach Finanzierungsneutralität im Steuerrecht.

Schließlich darf nicht unberücksichtigt bleiben, dass die Entscheidung eines Unternehmers für die Eigen- oder Fremdkapitalfinanzierung stets von einem subjektiven Moment beherrscht wird[495]. Ein verfassungsrechtliches Gebot auf einem den freien Planungen des Steuerpflichtigen unterliegendem Gebiet anzunehmen, führte zu einer völligen Unschärfe dieses Verfassungspostulats und zu Streitigkeiten zwischen Steuerpflichtigen und Finanzamt[496].

---

490 Vgl. BVerfGE 116, 164 (197); kritisch zur Konturenlosigkeit dieser Rspr., aber i.E. zustimmend *Heyes* (2014), S. 54.

491 Hierzu *Jarass*, in: *Jarass/Pieroth*, GG, Art. 12 Rdnr. 2.

492 So BFH BStBl. II 1992, 532 (536); 1998, 193 (197 ff.); aus der Literatur etwa *Eilers*, FR 2007, S. 733.

493 Vgl. *Hey*, in: *Tipke/Lang*, SteuerR^{22}, § 3 Rdnr. 42; ferner *Umlauf* (2008), S. 15.

494 Stellvertretend die Ausführungen und Nachweise von *Hey*, in: *Tipke/Lang*, SteuerR^{22}, § 7 Rdnr. 3 f.

495 Ähnlich auch *Elschen*, StuW 1991, S. 99 (115).

496 Ebenso *Drenseck*, in: *GS Trzaskalik*, S. 283 (287 f.) = FR 2006, S. 1 (4) für das objektive Nettoprinzip.

Somit besteht kein verfassungsrechtliches Gebot der Finanzierungsneutralität der Besteuerung und kann dementsprechend der Steuerpflichtige auch keinen rechtsverbindlichen Anspruch auf finanzierungsneutrale Behandlung geltend machen[497].

3. *Kein Verfassungsverstoß der Abgeltungsteuer unter dem Aspekt der Finanzierungsneutralität der Besteuerung*

Wird der Abgeltungsteuer vorgehalten, dass sie das Gebot der Finanzierungsneutralität verletze[498] oder anderweitig die Tendenz zur Fremdfinanzierung bzw. die Ungleichbehandlung der Besteuerung von Fremd- und Eigenkapital kritisiert[499], so handelt es sich hierbei nicht um die Verfassungswidrigkeit der Abgeltungsteuer begründende Monita. Zu Recht berufen sich die Kritiker deshalb auch nicht auf vermeintliche Verfassungskonflikte der Abgeltungsteuer in diesem Bereich. Ebenso zuzustimmen ist jedoch ihrem grundsätzlichen Anliegen nach Finanzierungsneutralität der Besteuerung als Beitrag zu einem insgesamt entscheidungsneutralen Steuerrecht. Gerichtlich einfordern lässt sich diese indessen nicht und auch vor der Einführung der Abgeltungsteuer konnte von einer finanzierungsneutralen Besteuerung nicht die Rede sein[500].

Doch selbst wenn man dem Grundgesetz ein Gebot der finanzierungsneutralen Besteuerung entnehmen wollte, so begründete die Abgeltungsteuer immer noch keinen Verstoß hiergegen. Nicht ausreichend für eine Rechtfertigung eines unterstellten Verstoßes der Abgeltungsteuer gegen das Gebot der Finanzierungsneutralität ist allerdings die vom Gesetzgeber vorgenommene Missbrauchsbekämpfungsregel des § 32d II EStG. Gerade im Bereich der unterschiedlichen Anreize zur Steuerarbitrage ist allen voran § 32d II Nr. 1 lit. c) EStG nicht hinreichend geeignet, hier eine tatsächliche Belastungsgleichheit herzustellen, weil der Anwendungsbereich der Norm in all jenen – bei guter Gestaltung und Beratung überwiegend anzutreffenden – Fällen, in denen allein durch marktübliches Verhalten und fremdvergleichskonforme

---

497 I.E. letztlich wie hier *Umlauf* (2008), S. 17; etwas anderes kann sich aber aus einem Vergleich der wirtschaftlichen Leistungsfähigkeit eines mit Eigenkapital und eines mit Fremdkapital wirtschaftenden Unternehmers ergeben. Insofern ließe sich bereits hier an das Leistungsfähigkeitsprinzip anknüpfen. Die Vereinbarkeit der Abgeltungsteuer mit diesem zentralen Besteuerungsgrundsatz wird an dieser Stelle aber noch nicht weiter hinterfragt, sondern im sogleich folgenden Abschnitt (VII.) ausführlich und gesondert geprüft.

498 So *Hey*, in: *Tipke/Lang*, SteuerR[22], § 11 Rdnr. 21.

499 *Reister*, Finanzausschuss, Protokoll Nr. 16/57, S. 16; *Homburg*, ebenda, S. 17; *BdSt*, Stellungnahme, S. 1; *BStBK*, Stellungnahme, S. 31–33; *Deutsche Bundesbank*, Stellungnahme, S. 1, 4; *DGB*, Stellungnahme, S. 5; *DSTG*, Stellungnahme, S. 10; *ifo*, Stellungnahme, S. 2; *Verbraucherzentrale Bundesverband*, Stellungnahme, S. 2; *ZEW*, Stellungnahme, S. 2, 5–7.

500 *Müller-Gantermann*, Stbg 2007, S. 145 (148); *Homburg/Houben/Maiterth*, WPg 2007, S. 376 (381); s. zuvor auch schon *Herzig*, FR 1994, S. 589; zur ähnlichen Situation in Österreich *Gassner/Lang*, 14. ÖJT, Wien 2000, Bd. III/1, S. 103 f.

Zinskonditionen bereits steuerliche Vorteile aus dem Zusammenspiel von Geldanlage und Kreditaufnahme erzielt werden, nach Satz 5 des lit. c) erst gar nicht eröffnet ist; damit ist und bleibt Fremdfinanzierung nicht nur möglich, sondern auch attraktiver[501].

Ein anderes Bild ergibt sich hingegen, wenn man die theoretischen Erwägungen zugunsten einer praxisorientierten Betrachtung zurückstellt. So ergeben sich bereits gravierende Probleme in der praktischen Durchführung, wenn ein Steuerpflichtiger ad hoc Eigenkapital durch Fremdkapital ersetzen möchte; auch ist die Anzahl der Personenunternehmer, für die sich ein solches Vorgehen aufgrund ihrer Spitzensteuerbelastung überhaupt rechnet, ziemlich gering[502]. Hinzu kommt, dass neben die steuerlichen Überlegungen des Unternehmers immer auch wirtschaftliche Erwägungen treten, die erstere regelmäßig überlagern, weil sie trotz steuerlich ungünstigerer Auswirkungen sinnvoller erscheinen. So lässt sich realiter eine Unternehmung mit geringem oder ohne Eigenkapital regelmäßig schon gar nicht beginnen bzw. ausführen und es ist ferner zu bedenken, dass ein Fehlen von ausreichendem Eigenkapital sich auf die Bewertung des Unternehmens und damit auf die Kreditkonditionen auswirkt[503]. Hieran zeigt sich, dass die die Finanzierungsentscheidungen möglicherweise verzerrenden Auswirkungen der Abgeltungsteuer zum einen deutlich hinter besteuerungsunabhängigen Überlegungen zurückbleiben. Zum anderen sind ihre danach noch verbleibenden Auswirkungen sowohl qualitativ als auch quantitativ als gering einzustufen. Ein im Ergebnis nur eine kleine Gruppe betreffender und zudem in seinen Auswirkungen gering ausfallender, wohlmöglich sogar nicht einmal praktisch belegbarer Verstoß gegen die Finanzierungsneutralität der Besteuerung reicht aber nicht aus, um insoweit die Verfassungswidrigkeit der Abgeltungsteuer zu begründen.

VII. Verletzung des Prinzips der Besteuerung nach der wirtschaftlichen Leistungsfähigkeit durch die Abgeltungsteuer

In der Literatur wird verschiedentlich angenommen, die Abgeltungsteuer in ihrer konkreten Ausgestaltung stelle einen Verstoß gegen das Gebot der Besteuerung nach der wirtschaftlichen Leistungsfähigkeit dar oder ihre Vereinbarkeit mit dem Leistungsfähigkeitsprinzip sei fraglich[504]. Bestätigte sich diese Annahme, so wäre dies jedoch nicht unbedingt gleichbedeutend mit der Verfassungswidrigkeit der Abgeltungsteuer. Zwar ist die Gruppe der Fürsprecher des Leistungsfähigkeitsprinzips

501 Vgl. insb. *Homburg*, DStR 2007, S. 686.

502 Überzeugend dargelegt und plastisch erörtert von *Schaap*, Finanzausschuss, Protokoll Nr. 16/57, S. 23 f.

503 *Schaap*, a.a.O., S. 24; ähnlich auch *Heyes* (2014), S. 76.

504 Beispielhaft *Oho/Hagen/Lenz*, DB 2007, S. 1322 (1326); *Behrens*, BB 2007, S. 1025 (1028); *Haisch*, DStZ 2007, S. 762 (772); ohne nennenswerte Bedenken hingegen *Weber-Grellet*, NJW 2008, S. 545 (548).

bzw. genauer des Prinzips der Besteuerung nach der wirtschaftlichen Leistungsfähigkeit eindeutig in der Mehrheit[505], doch finden sich ebenso bedeutsame und gut wahrnehmbare kritische oder sogar ablehnende Stimmen[506]. Zudem ist fraglich, ob dem Leistungsfähigkeitsprinzip Verfassungsrang zukommt, sodass es dann a priori auch für die Abgeltungsteuer gilt oder ob es nur deshalb und solange Gültigkeit beanspruchen kann, weil und wie der Gesetzgeber es zumindest dem EStG zugrunde legt[507]. Dies macht eine Auseinandersetzung mit Rang und Bedeutung des Leistungsfähigkeitsprinzips im deutschen Einkommensteuerrecht erforderlich, um sodann im Anschluss die Abgeltungsteuer an dem derart gewonnenen Maßstab in weiteren Punkten verfassungsrechtlich zu messen.

1. Verfassungsrechtliche Verankerung des Leistungsfähigkeitsprinzips

Das Grundgesetz enthält – im Gegensatz etwa zur Weimarer Reichsverfassung und einer Vielzahl von Verfassungen anderer Staaten in der heutigen Zeit – keinen ausdrücklichen Maßstab, an dem sich die Besteuerung messen lassen muss, was leicht dazu führen kann, der Versuchung zu erlegen, bei der Suche nach einem verfassungsrechtlichen Fundamentalprinzip der Besteuerung ein solches in das Grundgesetz hineinzulesen, obwohl es ihm vielleicht gar nicht immanent ist[508].

Wohl auch vor dem Hintergrund solcher Bedenken hat das BVerfG in seiner Rechtsprechung das Leistungsfähigkeitsprinzip über einen Umweg begründet, indem es aus Art. 3 I GG das Gebot der Steuergerechtigkeit ableitete[509], um dann hieraus die verfassungsrechtliche Forderung nach einer Besteuerung entsprechend der Leistungsfähigkeit zu begründen[510]. Schließlich gelangte das BVerfG dadurch zu einer unmittelbaren Ableitung aus dem allgemeinen Gleichheitssatz, dass es ihn für das Steuerrecht direkt mit dem Gebot einer Besteuerung nach der wirtschaftlichen Leistungsfähigkeit gleichsetzte[511]. Damit geht das BVerfG mit dem überwiegenden

505 Stellvertretend hierfür *Birk* (1983), passim; *ders.*, StuW 2000, S. 328 (329); *Lang* (1981/1988), passim; *ders.*, in: *FS Kruse*, S. 313 (315); *Eckhoff* (1999), S. 151 ff.; *Hey* (2002), S. 176 f.; *Elicker*, StuW 2002, S. 217 (218 f.); *Müller-Franken*, in: *GS Trzaskalik*, S. 195 (203 f.); *Seer*, 66. DJT, Stuttgart 2006, Teil Q, Bd. II/1 (Referate), S. 127 (129 f.); *Kube*, AmosInternational 2010, Heft 2, S. 10 (12); *Beiser*, ÖStZ 2000, S. 413 ff.; *Hey*, in: *Tipke/Lang*, SteuerR[22], § 3 Rdnrn. 40 ff.; *Tipke*, StRO[2], Bd. I, S. 479 ff. m.w.N.; s. aber auch schon *Heidrich* (1929), S. 83 ff.

506 Z.B. *Kruse*, DStJG Bd. 5 (1982), S. 71 (77 ff.); *ders.*, in: *FS Friauf*, S. 793 ff.; *Arndt/Schumacher*, AöR Bd. 118 (1993), S. 513 (519); *Gassner/Lang*, 14. ÖJT, Wien 2000, Bd. III/1, passim, insb. S. 58 ff., 66 ff., 117 ff., 121; *dies.*, ÖStZ 2000, S. 643 f.

507 Vgl. *Eckhoff*, FR 2007, S. 989 (992).

508 Vgl. *Tipke*, StRO[2], Bd. I, S. 484, 488 ff. mit zahlreichen Nachweisen; ferner *Seer*, 66. DJT, Stuttgart 2006, Teil Q, Bd. II/1 (Referate), S. 127 (130); *Gassner/Lang*, ÖStZ 2000, S. 643 (644).

509 BVerfGE 6, 55 (70); 13, 290 (298).

510 BVerfGE 43, 108 (120); 61, 319 (343 f.); 66, 214 (223).

511 BVerfGE 81, 228 (236, 238); 82, 60 (86).

Schrifttum davon aus, dass eine Besteuerung nach der finanziellen Leistungsfähigkeit verfassungsrechtlich geboten ist. In der jüngeren Vergangenheit ist das BVerfG dann dazu übergegangen, das Leistungsfähigkeitsprinzip (zusammen mit dem Gebot der Folgerichtigkeit) gleichsam als Schranke der dem Gesetzgeber auch auf dem Gebiet des Steuerrechts grundsätzlich zustehenden Gestaltungsfreiheit[512] nutzbar zu machen[513]. Gleichwohl bleibt die Anknüpfung an Art. 3 I GG in diesen Entscheidungen erhalten. Außerdem finden sich auch innerhalb dieser neuen Rechtsprechungslinie immer noch Entscheidungen, die durch Bezugnahme auf den Grundsatz der Steuergerechtigkeit oder die unmittelbare Annahme einer verfassungsrechtlich gebotenen Besteuerung nach der finanziellen Leistungsfähigkeit weiterhin deutlich an die verfassungsunmittelbare ältere Rechtsprechung anknüpfen[514].

Bei alledem darf nicht übersehen werden, dass auch das Leistungsfähigkeitsprinzip Einschränkungen unterliegt, indem es einer Abwägung am Maßstab einer streng verstandenen Verhältnismäßigkeitsprüfung zugänglich ist und keine unendliche, bis ins kleinste Detail des Einzelfalls gehende Differenzierung zwischen Steuerpflichtigen verlangt[515]. Hieraus wird auch ersichtlich, dass die häufig anzutreffende Bezeichnung als steuerrechtliches Fundamentalprinzip[516] nicht dazu verleiten darf, einen Ausnahmen nicht duldenden Absolutheitsanspruch des Leistungsfähigkeitsprinzips anzunehmen[517]. Wie im Anschluss noch zu zeigen sein wird, ist es aber dennoch terminologisch zutreffend, dem Leistungsfähigkeitsprinzip im Mindesten eine fundamentale Berechtigung zuzusprechen, weil nicht ersichtlich ist, mit welch anderem Vergleichsmaßstab Art. 3 I GG sonst im Bereich des (Ertrag)Steuerrechts operabel gemacht werden könnte[518].

Dazu ist eine Auseinandersetzung mit einigen durchaus beachtlichen Argumenten der Gegner des Leistungsfähigkeitsprinzips angezeigt. So verdient z.B. die Aussage, dass der Interpret aus dem Leistungsfähigkeitsprinzip nicht einen beliebigen, nicht aus der Rechtsordnung gewonnenen, mitunter ideologischen Inhalt ableiten dürfe, weil sonst unzulässigerweise außerrechtliche Wertungen zu normativen Maßstäben emporgehoben würden[519], Zustimmung. Ebenfalls zutreffend ist, dass sich

---

512 Hierzu schon BVerfGE 27, 58 (66 f.); 50, 57 (77).

513 BVerfGE 105, 73 (126); 107, 27 (46); 110, 412 (433); 127, 224 (245); 132, 179 (189); BVerfG BStBl. II 2015, 50 (66) = DStR 2015, 31 (41).

514 S. etwa BVerfGE 112, 268 (280); 117, 1 (30).

515 Vgl. BVerfGE 43, 108 (120); 116, 164 (181 f.); *Weber-Grellet* (2001), S. 120; *BK/Rüfner*, Art. 3 Abs. 1 Rdnr. 209.

516 Vgl. insb. *Lang* (1981/1988), S. 124 f., 143; *ders.*, in: *FS Kruse*, S. 313 (337): „oberster Rechtsgrundsatz des Steuerrechts“; *Hey*, in: *Tipke/Lang*, SteuerR^{22}, § 3 Rdnr. 40; *Tipke*, StRO^{2}, Bd. I, S. 491; *Beiser*, ÖStZ 2000, S. 413 (423); *Huster* (1993), S. 374.

517 Entsprechende Kritik findet sich bei *Kruse*, in: *FS Friauf*, S. 793 (805) m.w.N.

518 *Weber-Grellet* (2001), S. 120; *Seer*, 66. DJT, Stuttgart 2006, Teil Q, Bd. II/1 (Referate), S. 127 (129).

519 *Gassner/Lang*, 14. ÖJT, Wien 2000, Bd. III/1, S. 60, 63 f.; *Kruse*, DStJG Bd. 5 (1982), S. 71 (81).

aus dem Leistungsfähigkeitsprinzip allein konkrete Aussagen über die Gestaltung und Anwendung von Steuergesetzen kaum ableiten lassen[520]. Gerade weil sich die steuerrechtliche Rechtsprechung und die Steuerrechtswissenschaft jedoch nicht mit einem völlig abstrakt im luftleeren Raum schwebenden Begriff des Leistungsfähigkeitsprinzips begnügen, sondern stetig um Konkretisierungen und Präzisierung (erfolgreich) bemüht sind[521], greift die genannte Kritik aber zu kurz. Vielmehr ist es auf der Basis dieser wissenschaftlichen Arbeiten sehr wohl möglich nachzuprüfen, ob ein Steuergesetz dem Leistungsfähigkeitsprinzip entspricht oder nicht.

Zu folgen wiederum ist der Kritik, dass bei Annahme einer Umsetzung des Leistungsfähigkeitsprinzips auf verschiedenen Ebenen häufig in der Diskussion nicht hinreichend deutlich wird, ob die rechtpolitische, die einfachgesetzliche oder die verfassungsrechtliche Ebene berührt sein soll[522]. Abgesehen davon, dass eine solche Vermengung von Umsetzungsebenen des Leistungsfähigkeitsprinzips nicht der Regelfall ist, kann dem indes bereits dadurch begegnet werden, dass die Bezugnahme auf das Leistungsfähigkeitsprinzip in der steuerrechtlichen Diskussion klar abgegrenzt erfolgt. Im Bereich der Gesetzgebung bzw. der Ausarbeitung von Steuergesetzen sollte die rechtspolitische Dimension des Leistungsfähigkeitsprinzips vorherrschen, während bei der richterlichen Überprüfung von Steuergesetzen nach ihrem Inkrafttreten hingegen allein die verfassungsrechtliche Ebene herangezogen werden sollte. So wird zugleich auch der Gewaltenteilung entsprochen, nach der die Rechtspolitik gerade der Legislative obliegt, der Judikative dagegen verwehrt ist.

Wenn schließlich angeführt wird, dass nicht ersichtlich sei, warum Art. 3 I GG ausgerechnet im Steuerrecht eine eindeutige und zwingende Ausprägung erfahren sollte und das Leistungsfähigkeitsprinzip ohnehin kein Mehr an Grundrechtsschutz gewährleisten könne als der allgemeine Gleichheitssatz selbst[523], so wurde hierauf zum Teil bereits eingegangen[524]. Außerdem wird im Folgenden noch ausgeführt, dass das Leistungsfähigkeitsprinzip ungeachtet dessen, dass es den Gesetzgeber nicht mehr verpflichten kann als es Art. 3 I GG tut, in bestimmten Fällen zu einer Verstärkung des Grundrechtsschutzes führen kann.

Nicht immer bleibt die Kritik am Prinzip der Besteuerung nach der finanziellen Leistungsfähigkeit aber auf dem Boden der Sachlichkeit und verdient daher ihrerseits wieder Kritik. Wird etwa festgestellt, dass Art. 134 WRV nicht in das Grundgesetz übernommen wurde und deshalb in der Literatur auf Verfassungen ausländischer Staaten verwiesen wird, in denen das Leistungsfähigkeitsprinzip

---

520 Vgl. *Kruse*, a.a.O.

521 Vgl. *Seer*, 66. DJT, Stuttgart 2006, Teil Q, Bd. II/1 (Referate), S. 127 (130); ausführlich zur Konkretisierung *Tipke*, StRO^2, Bd. I, S. 492 ff.

522 *Gassner/Lang*, ÖStZ 2000, S. 643 gegen entsprechende Umsetzungsgebote von *Beiser*, ÖStZ 2000, S. 413 ff.

523 *Arndt/Schumacher*, AöR Bd. 118 (1993), S. 513 (519); *Kruse*, in: *FS Friauf*, S. 793 (804 f.); vgl. auch noch *Tipke* (1981), S. 57: Leistungsfähigkeitsprinzip nicht zwingend ableitbar.

524 S. dazu die Nachweise in Fn. 518.

expressis verbis verankert ist, in denen aber (trotzdem) die Durchsetzung der Steueransprüche zu wünschen übrig ließe[525], so fehlt es gänzlich am inneren Zusammenhang einer solchen Anmerkung. Es käme wohl auch niemand ernstlich auf die Idee zu behaupten, das Grundrecht auf Meinungsfreiheit finde sich in diesen oder jenen Ländern in der Verfassung, seine Durchsetzung sei aber unzureichend, weshalb man besser direkt auf es verzichten solle. Genauso wenig, wie eine solche Aussage etwas an der schlichtweg konstitutionellen Bedeutung der Meinungsfreiheit für einen freiheitlich-demokratischen Staat zu ändern vermag, kann die mangelhafte Durchsetzung von Steueransprüchen in Ländern, in denen die Verfassung das Leistungsfähigkeitsprinzip ausdrücklich statuiert, dazu führen, das Leistungsfähigkeitsprinzip in Zweifel zu ziehen – an ihm liegt die unzureichende Durchsetzung der Steueransprüche ganz sicher zuletzt.

Ebenfalls verfehlt ist es, noch weitergehend dem Leistungsfähigkeitsprinzip jede Bedeutung abzusprechen und es als für die Steuerrechtsdogmatik vollkommen wertlos abzutun[526]. Zwar gibt der wissenschaftliche Diskurs das Recht zur Kritik auch am Leistungsfähigkeitsprinzip, können doch allgemein anerkannte Grundsätze nur durch regelmäßiges Hinterfragen noch weiter verbessert und fortentwickelt oder ggf. auch geändert werden. Dabei sollte aber nicht die wissenschaftliche Leistung ganzer Habilitationsschriften missachtet und diesen Arbeiten gleichsam in einem Satz jedwede Berechtigung abgesprochen bzw. sie als zumindest überflüssig qualifiziert werden.

Zuletzt offenbaren die Kritiker auch Schwächen in der eigenen Argumentation, wenn sie monieren, dass eine Rechtsgrundlage für das Leistungsfähigkeitsprinzip nicht angegeben, seine Geltung vielmehr vorausgesetzt werde[527]. Es zeugt von einer gewissen Hilflosigkeit, wenn man sich auf einen einzelnen Vertreter des Prinzips der Besteuerung entsprechend der Leistungsfähigkeit stürzt, der die Rechtsgrundlage vielleicht tatsächlich nicht nennt, es aber offensichtlich und weitgehend bekannt ist, dass eine sehr große Gruppe in Rechtsprechung und Literatur in aller Ausführlichkeit die Rechtsgrundlage hergeleitet und ebenso fundiert begründet hat.

Nachdem die Kritik am Leistungsfähigkeitsprinzip damit skizziert und zugleich auch schon widerlegt ist, sollen aus der Vielzahl der für eine Besteuerung nach dem Prinzip der finanziellen Leistungsfähigkeit sprechenden Gründe noch einige wenige besonders hervorgehoben werden.

Zunächst bietet das Leistungsfähigkeitsprinzip argumentativ und systematisch erhebliche Vorteile gegenüber einer prinzipienlosen Behandlung der steuerlichen Lastenverteilung. Es führt gerade nicht dazu, dass es seinen Interpreten eine überzeugende, systematische Argumentation erspart, sodass es bei bloßen Behauptungen,

---

525 So *Kruse*, in: *FS Friauf*, S. 793 (795 Fn. 14) unter Bezugnahme auf *Tipke*, StRO^2, Bd. I, S. 488 ff.

526 Genau dies tun aber in ihrem Fazit *Gassner/Lang*, 14. ÖJT, Wien 2000, Bd. III/1, S. 121.

527 *Gassner/Lang*, ÖStZ 2000, S. 643 im Anschluss an *Beiser*, ÖStZ 2000, S. 413 ff.

eine Regelung widerspreche dem Leistungsfähigkeitsprinzip oder stimme mit ihm überein, bleiben könnte[528]. Genau das Gegenteil ist richtig. Gerade durch die Entwicklung des Gebots der Folgerichtigkeit und dessen Verknüpfung mit dem Leistungsfähigkeitsprinzip wird die Systematik des Steuerrechts gestärkt[529] und werden systematische Argumente besonders effektiv einer Verwendung zugänglich gemacht.

Des Weiteren verstärkt das Leistungsfähigkeitsprinzip den allgemein anerkannten Schutz des Existenzminimums[530] vor dem steuerlichen Zugriff durch das subjektive Nettoprinzip. Das subjektive Nettoprinzip wird zwar aus verschiedenen Verfassungsnormen abgeleitet, darunter aber auch das Leistungsfähigkeitsprinzip des Art. 3 I GG, und genießt Verfassungsrang[531]. Wollte man nun dem Leistungsfähigkeitsprinzip seinen Verfassungsrang absprechen, so müsste das zwangsläufig auch für sein Subprinzip, das subjektive Nettoprinzip, gelten. Allein über den grundgesetzlichen Gleichheitssatz ließe sich die steuerliche Verschonung des Existenzminimums indes kaum begründen. Wenn nämlich alle Steuerpflichtigen mit einem sehr moderaten Steuersatz von z.B. einem oder drei Prozent im Bereich der ersten 10.000 € zu versteuerndem Einkommen belastet würden, wäre eine Ungleichbehandlung nicht ersichtlich. Auch die Freiheitsgrundrechte bieten hier nur eingeschränkten Schutz, weil eine entsprechende Regelung nicht per se unverhältnismäßig erscheint. Allein die verfassungsrechtliche Verankerung des Leistungsfähigkeitsprinzips in Art. 3 I GG ermöglicht die sachgerechte Begründung für den Verzicht auf eine Besteuerung eines bestimmten Grundfreibetrages: Es liegt eben noch keine wirtschaftliche Leistungsfähigkeit vor, da sämtliches Einkommen wenigstens bis zur Grenze des Grundfreibetrages zur Sicherung der Existenz benötigt wird.

Ein ähnliches Bild bietet sich daneben im Bereich der Bruttobesteuerung. Hier ergäben sich ebenfalls Schwierigkeiten, einen Verfassungsverstoß geltend zu machen, wenn alle Steuerpflichtigen (bei sehr niedrigem Linearsteuersatz oder abgesenkter Progression) keine oder nur eingeschränkte Aufwendungen geltend machen könnten, weil dann eine Ungleichbehandlung prima facie nicht vorliegt. Erst die Anknüpfung an die steuerrechtliche Ausprägung des Art. 3 I GG in Form des Leistungsfähigkeitsprinzips ermöglicht hier umfassenden Grundrechtsschutz. Zuzugeben ist zwar, dass die Freiheitsgrundrechte, insbesondere das Übermaßverbot des Art. 14 I GG, ebenfalls Wirkungen entfalten. Allerdings liegt dieses Übermaß relativ hoch und betrifft auch nur eine geringe Zahl von Steuerpflichtigen mit besonders hohen Betriebsausgaben bzw. Werbungskosten. Dagegen fragt Art. 3 I GG in Verbindung mit dem Leistungsfähigkeitsprinzip schon in weitaus weniger

528 So jedoch *Gassner/Lang*, 14. ÖJT, Wien 2000, Bd. III/1, S. 72; *dies.*, ÖStZ 2000, S. 643 (644).

529 In diesem Sinne auch *Mellinghoff*, Ubg 2012, S. 369.

530 Hierzu nur BVerfGE 82, 60 (85 ff.); *Lehner* (1993), S. 264 ff., 290 ff; *Uelner*, in: *FS Schmidt*, S. 21 (29 f.).

531 Vgl. etwa BVerfGE 107, 27 (48 f.); 110, 412 (433 f.); zu den weiteren verfassungsrechtlichen Maßstäben des subjektiven Nettoprinzips (Art. 1 I, 2 I, 12 I, 14 I, 20 I, 28 I 1 GG) *Hey*, in: *Tipke/Lang*, SteuerR[22], § 8 Rdnr. 74.

gravierenden Fällen und damit auch im steuerlichen Regelfall nach der Wahrung der Verhältnismäßigkeit durch ausreichende Berücksichtigung der tatsächlichen Wirtschaftskraft in Form eines disponiblen Einkommens des Steuerpflichtigen.

Es bleibt folglich dabei, dass es sich beim Prinzip der Besteuerung nach der wirtschaftlichen Leistungsfähigkeit zwar nicht um ein verfassungsrechtliches Rechtsprinzip, wohl aber um ein in Art. 3 I GG verfassungsrechtlich verankertes Rechtsprinzip handelt, zu dem eine Alternative nicht ersichtlich ist[532].

2. Konkrete Kollisionen der Abgeltungsteuer mit dem Leistungsfähigkeitsprinzip

a) Der Tarif

An dieser Stelle geht es nicht um die bereits erörterte Problematik, dass die Abgeltungsteuer für private Kapitalerträge einen Sondersteuersatz ein- und damit eine Ungleichbehandlung gegenüber anderen Einkunftsarten sowie betrieblichen Kapitalerträgen herbeiführt[533]. Gefragt wird nun vielmehr danach, ob das Prinzip der Besteuerung nach der wirtschaftlichen Leistungsfähigkeit einen proportionalen Steuersatz von 25 Prozent auf private Kapitalerträge überhaupt zulässt. Dahinter steckt die nach wie vor uneinheitlich beantwortete Frage nach dem Verhältnis von Leistungsfähigkeitsprinzip und Steuerprogression.

Insbesondere in der älteren Literatur und Rechtsprechung findet sich die Auffassung, dass eine progressive Einkommensbesteuerung zwingende Folge des Leistungsfähigkeitsprinzips sei[534]. Unter diesen Voraussetzungen müsste der Proportionalsteuersatz für abgeltungsbesteuerte Einkünfte besonders gerechtfertigt werden, um verfassungsgemäß zu sein.

Dagegen wird in jüngerer Vergangenheit betont, dass aus dem Leistungsfähigkeitsprinzip kein progressiver Tarif abzuleiten, sondern zunächst einmal eine proportionale Besteuerung die Folge sei[535]. Erst unter Berücksichtigung des Sozialstaatsprinzips ließe sich eine über diesen proportionalen Fiskalzwecksteuersatz hinausgehende Progression rechtfertigen; vom Leistungsfähigkeitsprinzip aus betrachtet soll also die Proportion die Regel, die Progression aber als ebenfalls zulässige, weil verfassungsrechtlich gerechtfertigte, Ausnahme anzusehen sein[536].

---

532 So schon *Lang* (1981/1988), S. 125; ferner *Eckhoff* (1999), S. 157.

533 Dazu bereits in diesem § unter III. und V.

534 BVerfGE 8, 51 (68 f.); vgl. aber jüngst auch noch BVerfGE 127, 224 (247 f.); *Hensel*, VjSchrStFR 1930, S. 441 (469), dort sogar noch als „unbestrittene und einhellige Meinung“ dargestellt; *Neumark* (1970), S. 179; zurückhaltender noch *Heidrich* (1929), S. 89, der die Progression als zur differenzierten Erfassung von Leistungsfähigkeit zumindest geeigneter ansieht.

535 *Tipke* (1981), S. 97; *ders.*, StRO^2, Bd. I, S. 403 ff.; *Hey*, in: *Tipke/Lang*, SteuerR^{22}, § 3 Rdnr. 212, § 7 Rdnr. 8 jeweils m.w.N.; *Beiser*, ÖStZ 2000, S. 413 (416); *Lang*, in: *FS Kruse*, S. 313 (322 f.).

536 Vgl. die Nachweise in vorheriger Fn. sowie *Lang*, DStJG Bd. 24 (2001), S. 49 (57).

Es mutet in der Tat auf den ersten Blick etwas verwunderlich an, warum aus dem Leistungsfähigkeitsprinzip keine proportionale, sondern eine progressive Besteuerung abzuleiten sein soll. Der von Art. 3 I GG geforderten formalen Gleichheit wird entsprochen, wenn Durchschnittsverdiener genauso wie wohlhabende oder weniger bemittelte Steuerpflichtige mit einem identisch hohen Steuersatz belastet werden. Eine ungerechtfertigte Gleichbehandlung von wesentlich Ungleichem kann hierin nicht gesehen werden, denn wer mehr Einkommen erzielt, zahlt auch absolut gesehen mehr Steuern. Und er tut dies sogar genau in dem Verhältnis, wie sein Einkommen über dem desjenigen liegt, der bei gleichem Steuersatz der Höhe nach weniger Steuern zahlen muss. Zwar lässt sich durchaus anführen, dass in der Marktwirtschaft unserer Zeit zuweilen Einkommen erzielt werden, die weit über das hinausgehen, was objektiv noch einer tatsächlichen Leistung entspricht, sodass man geneigt sein könnte, durch progressive Besteuerung eine der relativen Leistungsfähigkeit des Steuerpflichtigen angemessene Steuerlast (sog. Opfertheorie) zu erreichen[537]. Eine solchermaßen begründete *verhältnismäßige* Gleichheit lässt sich aber schon aus Art. 3 I GG nicht ableiten. Folglich kann sie sich erst recht nicht aus der steuerrechtlichen Ausprägung des Gleichheitssatzes, dem Leistungsfähigkeitsprinzip, ergeben. Vielmehr sorgt hier schon u.a. eine proportionale Besteuerung dafür, dass Art. 3 I GG im Bereich des Steuerrechts entsprochen wird. Darüber hinausgehende Forderungen könnten zwar an die Steuergerechtigkeit als Vorstufe oder übergeordneten Leitgedanken zum Leistungsfähigkeitsprinzip anknüpfen. Eine so verstandene Gerechtigkeit ist aber keine steuerspezifische Gerechtigkeit mehr. Sie ist eine soziale Gerechtigkeit. Aus diesem Grund ist es daher auch im Ergebnis sachgerecht, die progressive Besteuerung mit Art. 20 I GG zu rechtfertigen[538], sie aber nicht als von Verfassungs wegen vorgegeben anzusehen. Letztlich sind damit Fragen des Tarifs nur demokratisch vom hierzu berufenen Gesetzgeber zu entscheiden[539] und somit weitgehend einer verfassungsrechtlichen Prüfung am Maßstab des Art. 3 I GG entzogen. Der mit der Abgeltungsteuer für private Kapitaleinkünfte eingeführte proportionale Tarif ist damit seinem Wesen nach verfassungsrechtlich unbedenklich. Über seine konkrete Höhe wird an anderer Stelle noch zu reden sein[540].

b) Die Bruttobesteuerung

Weil es im Regelfall bestimmte Aufwendungen erfordert, um einen finanziellen Zuwachs zu erzielen, entsteht Leistungsfähigkeit im Sinne des Leistungsfähigkeitsprinzips nicht schon durch Umsatz oder Bruttoeinnahmen, sondern erst durch den Teil des Geldzuflusses, der dem Steuerpflichtigen auch tatsächlich zur privaten

537 Vgl. *Neumark* (1970), S. 179; *Tipke* (1981), S. 99.

538 Vgl. hierzu etwa *Heun*, in: *Dreier*, GG, Art. 3 Rdnr. 79 m.w.N. sowie Miteinbeziehung der Steuergerechtigkeit.

539 *Eckhoff*, in: *FS Solms*, S. 27 (32).

540 Dazu in diesem § unter IX. 3. c) (1).

Verausgabung zur Verfügung steht[541]. Die Abgeltungsteuer lässt bis auf den Sparer-Pauschbetrag keinen Abzug von Werbungskosten im Bereich privater Kapitalerträge zu, sodass sie einer reinen Bruttobesteuerung sehr nahe kommt. Daraus resultiert die Möglichkeit einer unangemessenen bis hin zu einer unverhältnismäßigen Besteuerung[542]. Folglich ist auch auf der Ebene der Bruttobesteuerung eine Kollision mit dem Leistungsfähigkeitsprinzip zu verzeichnen.

Andererseits liegt es jedoch in der Natur der Sache, dass eine Quellensteuer als Bruttosteuer ausgestaltet ist, weil nur so die hierdurch angestrebte erhebliche Vereinfachung des zugehörigen Besteuerungsverfahrens erreicht werden kann[543]. Die verfassungsrechtliche Würdigung einer Bruttobesteuerung hat diese Gegebenheiten gegeneinander abzuwägen.

Allerdings ist das Stichwort der Bruttobesteuerung bei dogmatisch genauer Betrachtung nicht der richtige Ausgangspunkt, um diese verfassungsrechtliche Prüfung vorzunehmen[544]. Das Leistungsfähigkeitsprinzip bildet nämlich niemals für sich den Vergleichsmaßstab, sondern ist für verschiedene Bereiche näher auszugestalten, indem es durch Subprinzipien weiter konkretisiert wird; nur so kommt es zu einer auch rechtssystematisch folgerichtigen Falllösung[545]. Ein Unterprinzip des Prinzips der Besteuerung nach der Leistungsfähigkeit ist das objektive Nettoprinzip, das sich dem Grunde nach gegen eine Bruttobesteuerung wendet. Folglich kann auch die verfassungsrechtliche Prüfung der Abgeltungsteuer im Hinblick auf diesen Problemkreis nur an einem entsprechend präzisierten Maßstab in Form des objektiven Nettoprinzips vorgenommen werden.

aa) Das objektive Nettoprinzip als insoweit präzisierter Prüfungsmaßstab

(1) Die verfassungsrechtliche Behandlung des objektiven Nettoprinzips

Die Frage, ob es sich beim objektiven Nettoprinzip, das die steuerliche Erfassung nur der Reinvermögenszuwächse gebietet, um eine einfachgesetzliche Systementscheidung oder um eine grundgesetzliche Vorgabe handelt, ist bisher noch keiner abschließenden Klärung zugeführt worden[546]. Insbesondere die Rechtsprechung hat sich hier lange Zeit nicht zu eindeutigen Aussagen durchringen können. Während

541 *Birk*, StuW 2000, S. 328 (331); *Englisch* (2005), S. 177; ferner *Tipke*, StRO², Bd. I, S. 481; *Beiser*, ÖStZ 2000, S. 413 (415); *Seer*, DStJG Bd. 23 (2000), S. 87 (120 f.) m.w.N.

542 *Lang/Englisch*, StuW 2005, S. 3 (5); *Kämmerer*, DStR 2010, S. 27 (29).

543 *Hey*, BB 2007, S. 1303 (1307); *Eckhoff*, FR 2007, S. 989 (997); *Seer*, BB 2004, S. 2272 (2277); *Weber-Grellet*, NJW 2008, S. 545 (548 f.).

544 Insoweit zu pauschal *Eckhoff*, FR 2007, S. 989 (997 f.); *Hey*, BB 2007, S. 1303 (1307); nicht nur dogmatisch, sondern auch in der Sachfrage der verfassungsrechtlichen Zulässigkeit der mit der Abgeltungsteuer verbundenen Bruttobesteuerung ohne angemessenes Problembewusstsein *Weber-Grellet*, NJW 2008, S. 545 (548).

545 Vgl. *Lang* (1981/1988), S. 125, 131; *Seer*, 66. DJT, Stuttgart 2006, Teil Q, Bd. II/1 (Referate), S. 127 (130).

546 *Seiler*, DStJG Bd. 34 (2011), S. 61 (63); *Englisch* (2005), S. 177.

der BFH inzwischen vorsichtige Schritte hin zur Anerkennung einer Verfassungsrelevanz des objektiven Nettoprinzips gegangen ist[547], zieht sich das BVerfG nach wie vor auf die von ihm schon lange Zeit vertretene Position zurück, nach der es stets offen bleiben konnte, ob das objektive Nettoprinzip Verfassungsrang hat[548]. Immerhin hat es aber anerkannt, dass dem Einkommensteuerrecht zumindest die Sachgesetzlichkeit der Nettobesteuerung innewohnt, weil der einfache Gesetzgeber dieses Prinzip zur Ermittlung der wirtschaftlichen und finanziellen Leistungsfähigkeit anwendet[549]. Damit besteht jedenfalls Einigkeit darüber, dass das objektive Nettoprinzip eine gesetzgeberische Grundentscheidung und ein historisch überkommenes, identitätskonstituierendes Merkmal der Einkommensteuer darstellt[550].

Kein Konsens besteht dagegen im Schrifttum im Hinblick auf den Verfassungsrang des objektiven Nettoprinzips und eine ggf. erforderliche grundgesetzliche Herleitung einer solchen Annahme. Zum Teil wird der Verfassungsrang des objektiven Nettoprinzips verneint[551]. Zur Begründung dieser Auffassung wird darauf verwiesen, dass das objektive Nettoprinzip zwar zur Ermittlung des verfassungsrechtlich vorgegebenen Maßstabs der finanziellen Leistungsfähigkeit genutzt werde, es hierdurch aber nur zur – der genauen Bestimmung einer verfassungsrechtlich erheblichen Maßgröße – dienenden Maßgröße und deshalb eben nicht selbst gleichfalls verfassungsrechtlicher Maßstab werde; auch aufgrund seines komplexen und variablen Inhalts könne dem objektiven Nettoprinzip zudem schon kein Verfassungsrang zukommen[552].

---

547 Diese Entwicklung wird ausführlich dargestellt von *Bergkemper*, StuW 2006, S. 311 (312 ff.); *Lang*, StuW 2007, S. 3 (5 f.); *Seiler*, DStJG Bd. 34 (2011), S. 61 (64 f.). BFH DStR 2015, 2539 (2540) zur verfassungsrechtlichen Beurteilung des Abzugsverbots für Gewerbesteuer gem. § 4 Vb EStG hat sich jüngst aber wieder einer Stellungnahme enthalten und sich damit auf die nachfolgend zitierte BVerfG-Linie zurückgezogen.

548 Begonnen mit BVerfGE 81, 228 (237); bis in jüngste Zeit fortgeführt durch BVerfGE 107, 27 (48); 122, 210 (234); 126, 268 (279 f.); 127, 224 (248); aus der Literatur *Arndt/ Schumacher*, AöR Bd. 118 (1993), S. 513 (520 ff.); *Breinersdorfer*, DStR 2010, S. 2492 (2494); *Kube*, DStR 2016, S. 572 (574 f.).

549 Unentschlossen noch BVerfGE 27, 58 (65); vgl. in der Folge dann aber BVerfGE 81, 227 (236 f.); 107, 27 (47); 110, 412 (433).

550 Stellvertretend *Englisch*, DStR 2009, Beihefter zu Heft 34, S. 92; *ders.* (2005), S. 177 Fn. 347 jeweils mit umfangreichen weiteren Nachweisen sowie *Drüen*, StuW 2008, S. 3 (10).

551 Z.B. *S. Schneider*, DStR 2009, Beihefter zu Heft 34, S. 87; *Heuermann*, FR 2012, S. 435 (438).

552 Vgl. *S. Schneider*, a.a.O., S. 87 (89); auch *Heuermann*, a.a.O., S. 435 f. u. 438 sieht nur eine einfachrechtliche Fundierung und warnt insbesondere davor, durch die Ummünzung steuerrechtlicher Idealvorstellungen in verfassungsrechtliche Maßstäbe eine „Quasi-Sakralisierung" zu betreiben.

Herrschend ist allerdings die Auffassung, dass dem objektiven Nettoprinzip Verfassungsrang zukomme. Uneinigkeit besteht jedoch in der Begründung dieser These, wobei sich im Wesentlichen drei verschiedene Ansätze anführen lassen.

Zum einen wird ein finanzverfassungsrechtlicher Ansatz verfolgt, indem auf die in Art. 106 GG vorausgesetzten traditionellen Steuerbegriffe abgestellt wird. Weil dabei u.a. zwischen Einkommensteuer und Umsatzsteuer unterschieden wird, könne die Einkommensteuer nicht gänzlich an Bruttoumsätze anknüpfen, da sie sonst faktisch zu einer verfassungsrechtlich unzulässigen zweiten Umsatzsteuer mutiere[553].

Daneben existieren grundrechtlich fundierte Begründungsversuche, die entweder an Art. 14 GG oder an Art. 3 I GG anknüpfen. Im Zuge einer freiheitsgrundrechtlichen Entfaltung des objektiven Nettoprinzips wird darauf abgestellt, dass Art. 14 GG den Steuerpflichtigen vor einem Zugriff auf für die Sicherung oder den Erhalt seiner Einkommensquelle unverzichtbares Erwerbseinkommen schütze und die Missachtung des objektiven Nettoprinzips darüber hinaus zu einer mit Art. 14 GG unvereinbaren, die Erwerbstätigkeit als ökonomisch sinnlos erscheinen lassenden, grundlegenden Beeinträchtigung des wirtschaftlichen Erfolgs (bis hin zur Erdrosselung) führen könne[554].

Die Vertreter eines gleichheitsgrundrechtlichen Ansatzes folgern hingegen aus dem Subprinzipiencharakter des objektiven Nettoprinzips, dass es seine Wurzeln mit denen des Oberprinzips der Besteuerung nach der wirtschaftlichen Leistungsfähigkeit teilt, mithin ebenfalls über den allgemeinen Gleichheitssatz Verfassungsrang genießt[555].

(2) Stellungnahme

α) Bisher: Verständnis und Zustimmung für nachvollziehbare BVerfG-Rechtsprechung

Wenngleich alle Versuche im Schrifttum, den Verfassungsrang des objektiven Nettoprinzips darzulegen oder auch zu verneinen, jeweils in Teilen ihrer Begründungen Zustimmung verdienen, so ist doch auch die Haltung des BVerfG zu dieser Frage bis zur Einführung der Abgeltungsteuer gut nachvollziehbar und verständlich. Berücksichtigt man nämlich, dass im EStG Erwerbsaufwendungen mit wenigen Ausnahmen – die allerdings aufgrund eines dann häufig bestehenden latenten privaten Zusammenhangs berechtigt sind – unabhängig von ihrer Notwendigkeit, Zweckmäßigkeit oder Üblichkeit zum Abzug zugelassen werden, so zeigt sich, dass das

---

553 Vgl. *Arndt/Schumacher*, AöR Bd. 118 (1993), S. 513 (524); *Drüen*, StuW 2008, S. 3 (7); *Englisch*, DStR 2009, Beihefter zu Heft 34, S. 92 f.

554 *Lehner*, DStR 2009, S. 185 (190 f.), dort zugleich auch für eine bereichsspezifische verfassungsrechtliche Verankerung; *ders.* (1993), S. 408 ff.; *Englisch*, DStR 2009, Beihefter zu Heft 34, S. 92 (94); vgl. ferner *Mellinghoff*, 66. DJT, Stuttgart 2006, Teil Q, Bd. II/1, (Referate), S. 85 (105).

555 Vgl. *Lang*, StuW 2007, S. 3 (4); *ders.*, in: Tipke/Lang, SteuerR[20], § 9 Rdnr. 55 a.E.; *Englisch*, DStR 2009, Beihefter zu Heft 34, S. 92 (94); *ders.* (2005), S. 178 m.w.N.; wohl auch *Tipke*, StRO[2], Bd. II, S. 762 f.

objektive Nettoprinzip eine in jedem Fall individuelle Aufwandsberücksichtigung und keine von vornherein auf die Höhe eines zulässigen Aufwandstatbestands festgelegte konkrete Maßgröße darstellt[556]. Will man das objektive Nettoprinzip in den Verfassungsrang heben, so sieht man sich aus diesem Grunde mit der Schwierigkeit der Festlegung einer konkreten Maßgröße zur Bestimmung der verfassungsrechtlichen Grenzen dieses Prinzips konfrontiert[557].

Doch nicht nur aus diesem Grund hat das BVerfG gut daran getan, zum Verfassungsrang des objektiven Nettoprinzips bisher nicht abschließend Stellung zu beziehen. Ob bzw. worin überhaupt ein Mehrwert der verfassungsrechtlichen gegenüber der einfachrechtlichen Ableitung zu sehen sein sollte, liegt nämlich – zumindest bisher – nicht ohne weiteres auf der Hand[558]. Immerhin kann das objektive Nettoprinzip unabhängig von seiner verfassungsrechtlichen Qualität vom Gesetzgeber aus gewichtigen, sachlich in besonderer Weise berechtigten Gründen durchbrochen werden[559]. Schon rein praktisch war und ist eine lupenreine Verwirklichung des objektiven Nettoprinzips niemals geboten, weil sie infolge des dann entstehenden uferlosen Verwaltungsaufwands weder durchführbar noch effektiv kontrollierbar wäre. Das objektive Nettoprinzip würde überstrapaziert, wenn es zur Vermeidung jedweder Art von Ungleichbehandlung herhalten müsste, sodass seiner Umsetzbarkeit im praktischen Besteuerungsverfahren auch Bedeutung für die Reichweite des objektiven Nettoprinzips zukommt[560]. Deshalb darf sich der Gesetzgeber zum Zwecke der besseren Praktikabilität und Verwaltungsvereinfachung in eingeschränktem Umfang generalisierender und pauschalierender Aufwandsberücksichtigungsnormen bedienen[561]. Auch Förderungs- und Lenkungszwecke können in diesem Zusammenhang ein Abweichen von einer exakt dem objektiven Nettoprinzip entsprechenden Aufwandsberücksichtigung rechtfertigen – indes dürfen

556 Vgl. *Drenseck*, in: *GS Trzaskalik*, S. 283 (287 f.) = FR 2006, S. 1 (4), der trotzdem davon ausgeht, dass das objektive Nettoprinzip wenigstens verfassungsrechtlichen Bestandsschutz genießt; *S. Schneider*, DStR 2009, Beihefter zu Heft 34, S. 87 (89).

557 Vgl. *Mellinghoff*, zitiert in: *Paetsch u.a.*, DStR 2009, Beihefter zu Heft 34, S. 78 (82); auch *Drüen*, StuW 2008, S. 3 (5) weist darauf hin, dass das BVerfG offenbar aus diesem Grund vor einer Entscheidung zurückschreckt, um keine verfassungsrechtliche Überhöhung des objektiven Nettoprinzips zu betreiben.

558 Ähnlich auch *Wernsmann*, zitiert in: *Paetsch u.a.*, DStR 2009, Beihefter zu Heft 34, S. 78 (83), der allerdings m.E. zu Unrecht keine Unterscheidung zwischen dem Zeitalter vor und nach Einführung der Abgeltungsteuer vornimmt.

559 S. nur BVerfGE 127, 224 (248) m.w.N. sowie stellvertretend für das Schrifttum *Tipke*, StRO², Bd. II, S. 776; ein Überblick über zulässige und unzulässige Gründe in diesem Sinne findet sich bei *Seiler*, DStJG Bd. 34 (2011), S. 61 (70 f.).

560 *Spindler*, zitiert in: *Paetsch u.a.*, DStR 2009, Beihefter zu Heft 34, S. 78 (83).

561 Auch dies ist ständige Rspr. des BVerfG, vgl. hierzu und zum Folgenden nur BVerfGE 122, 210 (231 f.); 126, 268 (278); 127, 224 (245 f.); für das Schrifttum *Birk/Desens/Tappe*, SteuerR, Rdnr. 218 f.

sie vom Gesetzgeber nicht nachträglich untergeschoben, sondern müssen von ihm von Anfang an normenklar benannt werden.

Hinzu kommt, dass das BVerfG gerade in der jüngeren Vergangenheit schon relativ strenge Anforderungen an die Rechtfertigungsgründe für Durchbrechungen des einfachgesetzlich verstandenen objektiven Nettoprinzips gestellt hat. Dies zeigen eindrücklich die Entscheidungen zur Pendlerpauschale und zum häuslichen Arbeitszimmer[562]. Somit erschien es lange Zeit so, als werde das objektive Nettoprinzip bereits durch die auf einfachrechtlicher Grundlage vorgenommene Behandlung durch das BVerfG ausreichend der Disposition des Gesetzgebers entzogen. In diesem Fall hätte die Beibehaltung des bisherigen Verständnisses vom objektiven Nettoprinzip zu dessen Schutz ausgereicht. Idealiter wäre zu seiner optimalen Absicherung der Forderung nach einer ausschließlich an einem strengen Verhältnismäßigkeitsmaßstab ausgerichteten Prüfung des Gleichheitssatzes[563] in diesem Bereich zu entsprechen gewesen.

β) Nunmehr: Abgeltungsteuer fordert auch vom BVerfG klare Positionierung – zugleich Plädoyer für Verfassungsrang des objektiven Nettoprinzips

Mit Einführung der Abgeltungsteuer hat sich allerdings für die Frage nach dem Verfassungsrang des objektiven Nettoprinzips der Hintergrund für eine Antwort ganz wesentlich verändert. Durch die zahlreichen Verlustverrechnungsbeschränkungen sowie vor allem durch den prinzipiellen Ausschluss von über den in § 20 IX EStG festgelegten Sparer-Pauschbetrag hinausgehenden tatsächlichen Werbungskosten wird erstmalig das objektive Nettoprinzip für eine der sieben Einkunftsarten des EStG komplett aufgegeben. Spätestens dadurch verliert die Frage nach Geltungsgrund und Reichweite des objektiven Nettoprinzips aber ichren rein akademischen Charakter[564]. Sie erlangt vielmehr nun elementare Bedeutung für die Zukunft des objektiven Nettoprinzips. Konnte man zuvor noch darauf verweisen, dass die gesetzgeberischen Aktivitäten stets nur punktuelle Einschränkungen des objektiven Nettoprinzips auslösten, so kann man nun die Augen vor dem Frontalangriff auf das objektive Nettoprinzip in seinem Kerngehalt nicht verschließen. Damit aber kommt es unausweichlich auch zur Entscheidung über seine verfassungsrechtliche Einordnung. Nur bei Bejahung des Verfassungsrangs bliebe gesichert, dass das objektive Nettoprinzip nicht einfach so – und sei es ggf. auch nur in einer Einkunftsart – von der Bildfläche verschwindet und seine Geltungskraft verliert. Verneint man hingegen den Verfassungsrang, so ist auch in den übrigen Einkunftsarten die Abkehr vom objektiven Nettoprinzip im Grundsatz möglich, sofern sich nur hinreichend

562 BVerfGE 122, 210; 126, 268; rückschrittig dagegen wieder BVerfGE 127, 224 zu § 8b III 1/V 1 KStG.

563 So *R. Wendt*, zitiert in: *Paetsch u.a.*, DStR 2009, Beihefter zu Heft 34, S. 78 (80).

564 Vgl. *Drüen*, StuW 2008, S. 3 (4); s. zur Frage der Grenzen einer Einschränkung des obj. Nettoprinzips auch *Arndt/Schumacher*, AöR Bd. 118 (1993), S. 518 (523 ff.).

tragfähige Rechtfertigungsgründe für eine solche Entscheidung finden. Folglich wird auch das BVerfG in absehbarer Zeit aufgefordert sein, diesbezüglich eindeutig Farbe zu bekennen[565].

Im Zuge dessen sollte es sich klar und unmissverständlich für einen aus Art. 3 I GG abgeleiteten Verfassungsrang des objektiven Nettoprinzips aussprechen. Für eine verfassungsrechtliche Verankerung des objektiven Nettoprinzips spricht zunächst, dass nur so dem weiteren Absinken seines steuerpolitischen Stellenwerts dauerhaft wirkungsvoll begegnet und der Gesetzgeber insoweit wieder zur Wahrnehmung seiner Verantwortung für den Grundrechtsschutz im Steuerrecht angehalten wird[566].

Des Weiteren ist es nur konsequent, dem objektiven Nettoprinzip ebenso Verfassungsrang zuzusprechen, wie dies allgemein anerkannt beim subjektiven Nettoprinzip[567] geschieht. Es ist nicht einzusehen, warum die wirtschaftliche Existenz des Steuerpflichtigen bis zur Grenze des zum Überleben Allernotwendigsten verfassungsrechtlich geschützt sein soll, die wirtschaftliche Existenz des gleichen Steuerpflichtigen oberhalb dieser Existenzminimumsgrenze verfassungsrechtlich dagegen weniger Wert haben soll. In einem freiheitlich-demokratischen Staat, der nicht nur seine soziale Ausgestaltung, sondern auch eine ebensolche Marktwirtschaft zu seinen wesentlichen, ihn prägenden Merkmalen zählt, muss der soziale Gedanke steuerrechtlich nicht nur im Bereich der existenzsichernden, sondern auch im Bereich der erwerbssichernden Aufwendungen Berücksichtigung finden. Dann aber lässt sich nicht mehr begründen, warum das subjektive Nettoprinzip für den Verfassungsrang geeignet sein soll, das objektive Nettoprinzip dagegen nicht[568]. Die Frage nach der Eignung zum Prinzip mit Verfassungsrang darf vor diesem

---

565 In diesem Sinne auch *Lang*, StuW 2007, S. 3 (15) sowie *Drüen*, StuW 2008, S. 3 (5), der aber m.E. zu Unrecht davon ausgeht, das BVerfG könne sich weiterhin ebenso gut auf den allgemeinen Gleichheitssatz zurückziehen, wonach schon deshalb eine Rechtfertigung erforderlich ist, weil bestimmte Erwerbsaufwendungen abziehbar sind (im hiesigen Falle im Bereich der übrigen sechs Einkunftsarten), andere hingegen nicht (hier im Bereich der Kapitaleinkünfte). Es liegt nämlich nicht nur ein selektives, einkunftsartenintern wirkendes, sondern ein generelles, intra Einkunftsarten stehendes Abzugsverbot für eine gesamte Einkunftsart vor. Zwar ließe sich noch argumentieren, dass mit den Kapitaleinkünften wiederum eine einzelne Einkunftsart von den übrigen selektiert werde. Sich auf dieser Basis aber immer noch auf den allgemeinen Gleichheitssatz zurückzuziehen bedeutete, den Geltungsanspruch des objektiven Nettoprinzips *per se* in Frage zu stellen und das Prinzip der Nettoeinkunftsermittlung an sich zu leugnen.

566 Vgl. *Lang*, StuW 2007, S. 3 (15).

567 Statt vieler *Hey*, in: *Tipke/Lang*, SteuerR[22], § 8 Rdnrn. 70 ff. m.w.N. auch zu den wenigen Kritikern; den sozialen Anspruch des subj. Nettoprinzips und damit den Bezug zum Sozialrecht beleuchtet *Lehner* (1993), S. 134 ff.

568 So aber *S. Schneider*, DStR 2009, Beihefter zu Heft 34, S. 87 (88 f.).

Hintergrund nicht gestellt werden[569]. Vielmehr muss die Aufgabe nunmehr lauten, eine für beide Prinzipien gleichermaßen tragfähige Begründung hinsichtlich ihres Verfassungsrangs zu finden. Geeigneter Anknüpfungspunkt kann hier die in Art. 1 I GG garantierte Menschenwürde sein. Genauso wie mit dieser überzeugend argumentiert werden kann, dass alles, was einem menschenwürdigen Dasein im Sinne der wirtschaftlichen Existenz dient, nicht Gegenstand einer zu besteuernden Leistungsfähigkeit sein kann, sollte auch im Hinblick auf die erwerbssichernden Aufwendungen gedacht werden. Hieraus ergibt sich, dass auch die Menschenwürde der Erwerbstätigen tangiert wird, wenn der Staat unter völliger Ignoranz des mit dem Erwerb verbundenen Aufwands eine steuerpflichtige Leistungsfähigkeit des Erwerbstätigen annimmt, die Rücksicht auf regelmäßig notwendige Investitionen seitens des Erwerbstätigen vermissen lässt. Auf diese Weise wird der Steuerpflichtige vom Besteuerungssubjekt zum Objekt staatlicher Geldgier. Dies jedoch ist mit Art. 1 I GG nicht vereinbar. Gleiches gilt schließlich für den beim Steuerpflichtigen unweigerlich entstehenden Eindruck, dass er für die Entstehung von Erwerbsaufwand selbst verantwortlich und ihm daher die „Schuld“ für seine objektartige Behandlung durch den Fiskus zuzuschreiben sei.

Sind damit die Gründe für den Verfassungsrang des objektiven Nettoprinzips dargelegt, so gilt es nun zu erörtern, warum Art. 3 I GG der richtige grundgesetzliche Anknüpfungspunkt für die verfassungsrechtliche Verankerung ist. Zum einen spricht hierfür das Gebot der Logik. Das objektive Nettoprinzip als Subprinzip des Leistungsfähigkeitsprinzips kann denknotwendig schon keine andere Grundlage haben als das übergeordnete Prinzip. Das Leistungsfähigkeitsprinzip basiert aber wiederum auf einer Ausprägung des allgemeinen Gleichheitssatzes für das Steuerrecht[570]. Folglich muss auch das objektive Nettoprinzip hierauf gegründet sein. Noch schwerer wiegt allerdings, dass eine allein auf Freiheitsgrundrechten (hier insbesondere Art. 14 GG) basierende Verankerung des objektiven Nettoprinzips im Gegensatz zur gleichheitsgrundrechtlichen Fundierung keine Breitenwirkung zu entfalten vermag[571]. Freiheitsrechte schützen Steuerpflichtige nämlich erst dann vor Eingriffen in das objektive Nettoprinzip, wenn diese zu unverhältnismäßigen Ergebnissen führen, mithin der Kernbereich des Eigentumsrechts betroffen ist bzw. der ursprüngliche Hinzuerwerb nach dem Steuerzugriff zu keinem nennenswerten Erfolg in Form des Verbleibs eines angemessenen Anteils beim Steuerpflichtigen mehr führt. Profitieren kann hiervon nur, wer sehr hohe Erwerbsaufwendungen

569 I.Ü. trifft es auch nur bedingt zu, dass der Aufwandstatbestand beim subjektiven Nettoprinzip der Höhe nach genau feststeht. Zwar muss er im Gegensatz zum objektiven Nettoprinzip nicht individuell ermittelt werden, doch stellt er keine perpetuierte Größe dar. Die Höhe der Aufwendungen, die zum Leben existenziell sind, unterliegt sowohl unter dem Gesichtspunkt des entwicklungstechnischen Fortschritts und gesellschaftlichen Wandels als auch unter dem Aspekt des Preisniveaus am Markt dem Wandel.

570 Dazu ausführlich oben unter 1.

571 Hierzu auch *Englisch*, DStR 2009, Beihefter zu Heft 34, S. 92 (94).

vorzuweisen hat. Die breite Masse derer, bei denen Erwerbsaufwendungen im mittleren und unteren Bereich anfallen, blieben insoweit ohne Grundrechtsschutz. Sie sind darauf angewiesen, dass Erwerbsaufwendungen stets bei der Bemessung ihrer wirtschaftlichen Leistungsfähigkeit berücksichtigt werden. Dies gelingt aber nur, wenn sie sich auch außerhalb eines enteignend oder erdrosselnd wirkenden Steuerzugriffs auf ein Prinzip der Nettoeinkunftsermittlung berufen können. Aus diesem Grund bedarf es der Anwendung von Art. 3 I GG, um zu ermöglichen, dass Steuerpflichtige unabhängig von einer konfiskatorischen Wirkung des konkreten Steuerzugriffs die Beachtung des objektiven Nettoprinzips einfordern können.

bb) Schlussfolgerungen für die Abgeltungsteuer

Wie wirkt sich aber nun der Ausschluss des objektiven Nettoprinzips für die Einkünfte aus Kapitalvermögen auf die Verfassungsmäßigkeit der Abgeltungsteuer aus? Hierbei könnte eine Unterscheidung zwischen zwei Fragestellungen Relevanz erlangen. Zunächst ist zu klären, ob sich hinreichend gewichtige Gründe für die Durchbrechung des objektiven Nettoprinzips im Bereich der Abgeltungsteuer finden lassen. Nur wenn dies gelingt, bleibt noch zu fragen, ob diese Gründe von derart überragender Qualität sind, dass sie nicht nur eine Durchbrechung, sondern ggf. sogar die Abschaffung des objektiven Nettoprinzips in einem Teilbereich des EStG rechtfertigen.

(1) Die vorgetragenen Rechtfertigungsgründe im Überblick

Ein erster Ansatz zur Rechtfertigung des Werbungskostenausschlusses bei der Abgeltungsteuer geht davon aus, dass in der Schedule Kapitaleinkünfte keine Bindung des Gesetzgebers an das objektive Nettoprinzip besteht und dass es in dem neuen Teilsystem Kapitaleinkünfte die Spezie Werbungskosten überhaupt nicht mehr gebe[572]. Dahinter steht die Prämisse, dass der Gesetzgeber die Grundentscheidung für das objektive Nettoprinzip im Wege einer bereichsspezifischen Betrachtung atomisieren dürfe, mithin die Relativierung der Grundentscheidung[573] zulässig sei. Dem kann nicht gefolgt werden. Abgesehen davon, dass nach der hier vertretenen Auffassung schon die Schedule der Einkünfte aus Kapitalvermögen in ihrer konkreten Ausgestaltung verfassungswidrig ist[574], sodass sie den Gesetzgeber nicht von Prinzipienbindungen befreien kann, bestehen im Weiteren Bedenken gegen die angeführte Prämisse. Zwar entspricht es dem Relativitätsgebot, das objektive Nettoprinzip nicht zu verabsolutieren und seine Relativierung zuzulassen, wenngleich dies in erster Linie im Grenzbereich zwischen privaten und erwerbswirtschaftlichen Aufwendungen geschehen sollte; jedenfalls aber verlangt die Relativierung ebenso wie die Durchbrechung

---

572 So *Jachmann*, DStR 2009, Beihefter zu Heft 34, S. 129 (131); *dies.*, DStJG Bd. 34 (2011), S. 284.

573 Überzeugend hierzu *Drüen*, StuW 2008, S. 3 (10); *Englisch*, DStJG Bd. 34 (2011), S. 130.

574 Dazu ausführlich oben unter III.

qualifizierte Rechtfertigungsgründe und unterliegt auch der Verhältnismäßigkeitsprüfung[575]. Anderenfalls erhielte der Gesetzgeber insoweit eine grenzenlose Gestaltungsmacht, als er es doch in der Hand hätte, für jeden noch so kleinen Bereich die Grundentscheidung, dass Erwerbsaufwendungen abziehbar sind, durch eine gegenteilige neue Grundentscheidung zu ersetzen. Auf diese Weise löste er sich zugleich problemlos vom Gebot der Folgerichtigkeit[576] und entzöge sich einer entsprechenden verfassungsrechtlichen Überprüfung der vorgenommenen Relativierung.

Schon mehr Überzeugungskraft wohnt einem zweiten Rechtfertigungsgrund für die Durchbrechung des objektiven Nettoprinzips inne. Danach ist der Ausschluss des individuellen Werbungskostenabzugs deshalb zulässig, weil er auf anderem Wege regelmäßig kompensiert werde[577]. Ein Kleinanleger ist mit 801 € Pauschbetrag pro Jahr in der Tat zunächst einmal sehr gut bedient. Selbst wenn er monatlich oder sogar nahezu wöchentlich Aktienankäufe und -verkäufe tätigen würde, blieben die in diesem Zusammenhang anfallenden Gebühren einschließlich etwaiger Depotgebühren im dreistelligen Bereich. Dem typischen Kleinanleger, der sich mit einem kurz- oder langfristig laufenden Sparbrief o.Ä., einem einzelnen Aktienpaket oder einer Fondsbeteiligung betätigt, entstehen hingegen regelmäßig nicht einmal Werbungskosten im dreistelligen Bereich. Dies führt im Ergebnis zu einer steuerfreien Vereinnahmung von Zinsen, Gewinnausschüttungen oder Veräußerungserlösen. Auf diese Weise wird der Steuerpflichtige sogar durch den Ausschluss des objektiven Nettoprinzips begünstigt, führt doch der Sparer-Pauschbetrag zu einer Überkompensation. Dass damit zugleich ein Verzicht auf den Steuerzugriff trotz gestiegener finanzieller Leistungsfähigkeit einhergeht und somit eine Ungleichbehandlung gegenüber den Beziehern der anderen Einkunftsarten entsteht, ist zunächst als bloße Begünstigung im Hinblick auf das objektive Nettoprinzip grundrechtlich unproblematisch. Aber auch die Ungleichbehandlung findet ihre Rechtfertigung gleich in mehreren Gründen: der Inflationsanfälligkeit des Kapitals, dem legitimen Lenkungs- und Förderungszweck des Aufbaus einer Altersvorsorge sowie der sehr moderaten Höhe der Begünstigung.

Auch die Bezieher hoher Kapitaleinkünfte profitieren tatsächlich von einem Steuersatz in Höhe von 25 Prozent, müssten sie doch eigentlich 45 Prozent ihrer Überschüsse aus Kapitalanlagen an den Fiskus abführen. Der Sparer-Pauschbetrag mit seiner in diesen Konstellationen gering erscheinenden Höhe fällt hier naturgemäß nicht ins Gewicht. Auf den ersten Blick suggeriert die Absenkung des

---

575 *Englisch*, DStJG Bd. 34 (2011), S. 130 f.; *ders.*, StuW 2007, S. 221 (224); *Drüen*, StuW 2008, S. 3 (11).

576 Hierzu exemplarisch BVerfGE 93, 121 (136); 124, 282 (295); 127, 224 (245) jeweils m.w.N. sowie BVerfG BStBl. II 2015, 50 (51) = DStR 2015, 31; ausführlich noch unten unter VIII.

577 Vgl. *Wernsmann*, DStR 2009, Beihefter zu Heft 34, S. 101 (102); *Jachmann*, DStJG Bd. 34 (2011), S. 251 (258); ähnlich auch *Musil*, FR 2010, S. 149 (154).

Steuersatzes um fast 45 Prozent[578] jedoch schon für sich, dass den ggf. anfallenden Werbungskosten in großzügig bemessenem Maße Rechnung getragen wird. Immerhin führt dies im Ergebnis dazu, dass der Abgeltungsteuertarif erst in den Fällen zu einer dem Spitzensteuersatz entsprechenden Steuerlast führt, in denen der Steuerpflichtige für einen Ertrag von 100.000 € mit rund 44.444 € fast die Hälfte dessen als Werbungskosten hat aufbringen müssen. Jeder durchschnittlich verdienende nichtselbständige Arbeitnehmer würde einen Werbungskostenpauschbetrag in Höhe der Hälfte seiner Bruttoeinkünfte mit größter Freude registrieren. Folglich liegt es nahe, dass sich auch die Gruppe der Spitzeninvestoren in Kapitalvermögen mit den Regelungen der Abgeltungsteuer zufrieden geben können sollte.

Als wohl schwerwiegendstes Argument für die Rechtfertigung der Durchbrechung des objektiven Nettoprinzips im Rahmen der Abgeltungsteuer wird schließlich der erheblich vereinfachte Steuervollzug angeführt[579]. Es lässt sich nicht leugnen, dass sowohl Steuerpflichtige als auch Finanzämter hiervon in nennenswertem Umfang profitieren. Der Steuerpflichtige erspart sich das Ausfüllen einer gesamten Anlage zu seiner Einkommensteuererklärung, die Finanzämter werden von den entsprechenden Auswertungen befreit. Vor allem aber entfällt die Kapitalertragsteuer als bloße Vorauszahlung auf die letztendliche Einkommensteuerschuld. Infolgedessen wird zudem auch ein verifizierter und gleichmäßiger Steuervollzug gefördert: Dem Steuerpflichtigen wird die Versuchung genommen, Kapitalerträge in seiner Steuererklärung zu verschweigen. Umgekehrt werden entsprechende (der Realität geschuldete) Befürchtungen der Finanzämter und daraus resultierende „Schnüffeleien“ in der Vermögenssphäre (=Privatsphäre) des Steuerpflichtigen obsolet.

(2) Eigene Beurteilung des Angriffs auf den horizontalen Kernbereich des objektiven Nettoprinzips

Die geschilderten Rechtfertigungsgründe sind nunmehr – sofern sie nicht bereits entkräftet wurden oder noch werden – in eine Abwägung mit den für die vom Werbungskostenausschluss betroffenen Steuerpflichtigen streitenden Argumenten einzustellen, um anhand dessen die Verhältnismäßigkeit des § 20 IX EStG zu überprüfen.

Die These, dass entweder der Sparer-Pauschbetrag oder der deutlich abgesenkte Lineartarif in der ganz überwiegenden Mehrheit von Fällen einen ausreichenden Ausgleich für den Werbungskostenausschluss darstellen, fordert zu Widerspruch heraus. Zuzugeben ist, dass in der Breite sicherlich keine Schlechterstellung der Steuerpflichtigen erfolgt, mithin die Zahl derer, die nachteilig betroffen sind, relativ gering ist. Dennoch darf man diese Fälle nicht als bloße Abweichungen in Sonderkonstellationen

---

578 Der Sparer-Pauschbetrag bleibt in dieser und folgenden Berechnungen aus Vereinfachungsgründen ebenso außer Betracht wie der Solidaritätszuschlag und eine etwaige Kirchensteuer.

579 Vgl. *Musil*, FR 2010, S. 149 (152, 154 f.); *Wernsmann*, DStR 2009, Beihefter zu Heft 34, S. 101 (102); *Jachmann*, DStJG Bd. 34 (2011), S. 251 (259); in diese Richtung auch *Eckhoff*, FR 2007, S. 989 (998).

behandeln[580]. Hintergrund ist zum einen das Maß, zum anderen die Intensität der in diesen Fällen entstehenden Härten.

Maßstab für die nachteiligen Folgen der Abgeltungsteuer ist die verbreiterte Bemessungsgrundlage. Dagegen findet die Entlastung der Steuerpflichtigen auf der Ebene des Tarifs statt. Bemessungsgrundlage und Tarif sind jedoch zwei völlig verschiedene „Paar Schuhe"[581]. Aus diesem Grund führt eine durch die Nichtbeachtung des objektiven Nettoprinzips eklatant verbreiterte Bemessungsgrundlage zu einer Härte, die nur durch Rückführung der Bemessungsgrundlage in Richtung des Nettomaßes abgemildert werden kann. Zwar ist zu berücksichtigen, dass der Verstoß gegen das objektive Nettoprinzip durch eine erhöhte Bemessungsgrundlage weniger belastet, wenn der Steuersatz sinkt[582]. Dies ändert aber an der übermäßigen Härte der Abgeltungsteuer nichts. Von einer spürbaren Entlastung durch den Tarif kann in echten Härtefällen, wenn überhaupt, nur im (unteren) einstelligen Prozentbereich gesprochen werden. Ein 25-prozentiger Satz ist dagegen erkennbar ungeeignet, nennenswerte Entlastung zu bieten.

Plastisch wirkt sich dies insbesondere im Bereich der Fremdfinanzierung von Kapitalanlagen aus. Wer etwa seine 100.000 €-Kapitalanlage zu einem sehr moderaten Zinssatz von 4 Prozent fremdfinanziert, hieraus im Veranlagungszeitraum Ausschüttungen oberhalb des Pauschbetrages in Höhe von 2.000 € erhält, zahlt hierauf 500 € Abgeltungsteuer. Effektiv hat er aber in diesem Veranlagungszeitraum gar keinen Überschuss erzielt. Gleichwohl greift der Fiskus zu. Das Beispiel geht dabei noch von einem vergleichsweise geringen Anlagebetrag sowie einem sehr günstigen Finanzierungszinssatz aus. Vervielfacht man den Anlagebetrag und lässt auch den Zinssatz auf ein durchschnittliches Niveau ansteigen, wird deutlich, dass der fiskalische Zugriff schnell nicht nur schmerzlich, sondern unerträglich wird. Dies ist die Konsequenz eines rüden Steuerzugriffs auf eine nicht einmal wenigstens geringfügige Leistungsfähigkeit, sondern auf ein negatives Saldo (also eine Nicht-Leistungsfähigkeit), einen entstandenen Aufwand, der sich eben nicht allein mit dem Verweis auf den niedrigen Tarif rechtfertigen lässt[583].

Hinzu kommt, dass der Bereich der Fremdfinanzierung wahrlich nicht der einzige ist, der von einer exzessiven Wirkung der Abgeltungsteuer betroffen ist. Gerade die Gruppe der Vielfach-Millionäre wird eher weniger zu fremdfinanzierten Kapitalanlagen greifen, sondern vielmehr ihr großes Vermögen einem Vermögensbetreuer z.B. bei einer Privatbank anvertrauen. Handelt es sich bei dem Vermögen etwa um einen Aktienbestand im Wert von 10 Millionen Euro, werden ferner 800.000 € an Dividenden ausgeschüttet, während sich der Aktienbestand aufgrund

580 So aber *Musil*, FR 2010, S. 149 (154).

581 In diesem Sinne auch *Seer*, DStJG Bd. 34 (2011), S. 279; ebenso *Hey*, ebenda, S. 278.

582 *Görke*, DStR 2009, Beihefter zu Heft 34, S. 106 (109).

583 Ebenso *Kirchmayr*, zitiert in: *Paetsch u.a.*, DStR 2009, Beihefter zu Heft 34, S. 78 (82); sehr treffend auch *Hey*, BB 2007, S. 1303 (1309): „[...] die Besteuerung von Aufwand wird auch nicht dadurch erträglicher, dass sie zu einem niedrigen Steuersatz erfolgt."

einer eintretenden weltweiten Wirtschaftskrise bis zum Jahresende im Wert auf 6 Millionen Euro verringert und belaufen sich die realisierten Veräußerungsverluste nach Saldierung mit entsprechenden Gewinnen auf eine Million Euro bei einer Vermögensverwaltungsgebühr von Seiten der Bank in Höhe von 2 Prozent des Vermögens, ergibt sich folgendes Bild: Der Anleger zahlt ungeachtet dessen, dass er faktisch um 400.000 € ärmer geworden ist, 200.000 € Abgeltungsteuer. Auch hierin zeigt sich ein ebenso untragbarer Effekt der Abgeltungsteuer wie im Bereich der Fremdfinanzierung. Die Folgen einer seltenen, aber gleichwohl denkbaren Kombination beider Beispielsfälle für den Steuerpflichtigen will man sich lieber erst gar nicht ausmalen. Selbst bei sehr vermögenden Steuerpflichtigen könnte es dann zu Zahlungsschwierigkeiten kommen, weil die Steuerschuld ab einer bestimmten Größenordnung auch nicht aus an anderer Stelle noch vorhandenen liquiden Mitteln gezahlt werden kann. Nebenbei sei bemerkt, dass es sich bei den angesprochenen liquiden Mitteln um bereits zum Spitzensteuersatz versteuerte Einkünfte handeln wird.

Nun ließe sich noch daran denken, dass man den soeben beschriebenen Szenarien durch die Anwendung der §§ 163, 227 AO begegnet. Abgesehen davon, dass dem Steuergesetzgeber dann aber unter Umständen in bedeutendem Umfang eingeplante Einnahmen aus der Abgeltungsteuer entgingen und damit ein Widerspruch zum mit ihrer Einführung u.a. verfolgten Ziel eines stetigen Steueraufkommens auch im Bereich der Kapitalerträge entstünde, ist ein solches Vorgehen auch unzulässig. §§ 163, 227 AO dienen nämlich nicht dazu, eine verfassungswidrige Norm im Härtefall so abzumildern, dass sie im Einzelfall dann doch zu rechtmäßigen Ergebnissen führt. Dem Steuergesetzgeber ist es verwehrt, unter Verweis auf die Abhilfemöglichkeiten gemäß den Billigkeitsvorschriften sehenden Auges zwangsläufig entstehende, unverhältnismäßige Härtefälle zu provozieren[584]. Weil im Gesetzgebungsverfahren aber nun wirklich kein Mangel an Hinweisen auf die Problematik einer möglichen Übermaßbesteuerung infolge des neuen § 20 IX EStG bestand, liegt eine für den Gesetzgeber deutlich erkennbare Härte vor. Dieser hätte er im Wege einer anderen Gesetzgebung abhelfen müssen; über §§ 163, 227 AO und die diese Normen anwendende Finanzverwaltung ist ihm dies verwehrt.

Damit bleibt allein das Vereinfachungsargument der Abgeltungsteuer übrig, um in eine Abwägung mit den gegen § 20 IX EStG streitenden Gründen eingestellt zu werden. Durch die Vereinfachung der Werbungskostenberücksichtigung begegnet der Gesetzgeber praktischen Nachteilen des objektiven Nettoprinzips. Dies sind vor allem sein erheblicher Verwaltungs- und Verifikationsaufwand, seine Missbrauchsanfälligkeit sowie die Bevorzugung derer, die steuerliche Konsequenzen ihres erwirtschaftenden Handelns unentwegt bedenken und jede noch so kleine Aufwendung sorgfältig dokumentieren[585]. Das Gewicht dieses Arguments ist nicht

---

584 Vgl. *Loose*, in: *Tipke/Kruse*, AO, § 227 Rdnrn. 44, 54a; *v. Groll*, in: *H/H/Sp*, AO, § 227 Rdnr. 35 m.w.N.; konkret in Bezug auf das obj. Nettoprinzip *Englisch*, DStR 2009, Beihefter zu Heft 34, S. 92 (99).

585 *Görke*, DStR 2009, Beihefter zu Heft 34, S. 106 (109).

zuletzt auch vor dem Hintergrund der Bedeutung von Deklaration und Verifikation von (Kapital)Einkünften für die Steuergerechtigkeit[586] sehr groß. Es findet sich hierzu aber auch ein bedeutendes Gegenüber.

Dabei handelt es sich um den Umstand, dass der Gesetzgeber durch die Typisierung der Werbungskosten im Bereich der Kapitaleinkünfte[587] nicht nur das objektive Nettoprinzip beschneidet, sondern zugleich in schützenswerte Rechte des Steuerpflichtigen eingreift. Konkret geht es um dessen Einschätzungsprärogative[588], wonach er grundsätzlich selbst entscheiden darf, welche Aufwendungen er in welcher Höhe für notwendig ansieht. Einschränkungen des Ausgabenabzugs sind deshalb rechtfertigungsbedürftig. Dies gelingt vor allem, wie der Katalog des § 4 V EStG überwiegend beweist, immer dann, wenn Aufwendungen betroffen sind, die einen engen Bezug zur privaten Lebensführung des Steuerpflichtigen aufweisen[589]. In Fällen von zur Erzielung von Kapitaleinkünften entstehenden Werbungskosten ist ein solcher Bezug zur privaten Lebensführung des Steuerpflichtigen allerdings kaum vorstellbar. Folglich wird der Steuerpflichtige in seiner Einschätzung, welche Aufwendungen zur Erzielung welcher Größenordnung von Kapitalerträgen erforderlich sind, beeinflusst. Ihm wird mit durchaus spürbarem Druck durch das Steuerrecht nahe gelegt, seine Kapitalerträge unter Einsatz von möglichst wenig Aufwendungen zu erzielen, will er unter dem Strich zu einem positiven Ergebnis seiner Anlage kommen. Dieser Eingriff in seine Einschätzungsprärogative wiegt zunächst nicht übermäßig schwer, führt er doch nur dazu, dem Steuerpflichtigen eine Wirtschaftsmaxime nahe zu legen, die auch sonst einleuchtet: mit möglichst wenig Aufwand möglichst viel Ertrag zu erzielen. Allerdings lässt sich ein Ertrag an sich und erst recht ein sehr hoher Ertrag zumeist nur unter Einsatz von erheblichen Aufwendungen erzielen. Aus diesem Grund wächst die Eingriffsintensität des § 20 IX EStG in einer Vielzahl von Fällen dann doch über die Erheblichkeitsschwelle hinaus. Ursprünglich besonders lukrative Finanzanlagen werden nun auf einmal unattraktiv, die Risikobereitschaft des Steuerpflichtigen staatlich vorgegeben und auf ein als gesund empfundenes Maß zurechtgestutzt[590]. Darin zeigt sich aber sowohl die Schärfe

586 Vgl. hierzu die grundlegende Entscheidung BVerfGE 84, 239 ff. zum sog. „strukturellen Vollzugsdefizit".

587 Ausführlich zur verfassungsrechtlichen Bewertung dieses Vorgehens unten IX. 3. c) (2).

588 Begriff geht zurück auf *Englisch* (2005), S. 179; *ders.*, DStR 2009, Beihefter zu Heft 34, S. 92 (94 f.); einschränkend *Jachmann*, DStR 2009, Beihefter zu Heft 34, S. 129 f., die dies zwar im Grundsatz ebenfalls anerkennt, jedoch von einer damit einhergehenden Befugnis des Gesetzgebers zur Aufwandstypisierung ausgeht; kritisch zur Einschätzungsprärogative *Kirchhof*, zitiert in: *Paetsch u.a.*, DStR 2009, Beihefter zu Heft 34, S. 78 (80).

589 Vgl. hierzu *Schmidt/Heinicke*, EStG[34], § 4 Rdnr. 521; *Kirchhof/Bode*, EStG[14], § 4 Rdnr. 196; *Stapperfend*, in: *H/H/R*, EStG, § 4 Anm. 1102.

590 Dies mag man in Zeiten massiver Kritik an der Zockermentalität von Banken, Hedge-Fonds u.a., die zur weltweiten Finanz- und Wirtschaftskrise der jüngeren

des Eingriffs als auch die Benachteiligung gegenüber den übrigen Einkunftsarten. Während z.B. ein selbständiger Unternehmer darin frei ist, seine Geschäftsräume statt zum durchschnittlichen Preis im Außenbezirk von Düsseldorf zum drei- bis fünffachen Preis an der Königsallee anzumieten, kann der Kapitalanleger vergleichbare Überlegungen für sich nicht mehr sinnvoll anstellen. Im Falle des Unternehmers ist die Investition steuerlich vollumfänglich absetzbar und kann sich aufgrund einer erhöhten Frequentierung seines Geschäfts und mitunter solventerer Kundschaft gut rechnen. Der Kapitalanleger hingegen, der sein wertvolles Aktiendepot zu einer Bank verlagern möchte, die in seinen Augen durch ihre gegenüber der bisherigen Bank qualifiziertere Vermögensverwaltung höhere Erträge für ihn erwirtschaften würde, kann hiervon durch § 20 IX EStG abgehalten werden. Sollte nämlich die neue Bank eine höhere Vermögensverwaltungsgebühr erheben, wächst für den Steuerpflichtigen zugleich auch der Anteil der nicht abziehbaren Werbungskosten. Fällt der von der neuen Bank vermutlich erzielte Mehrertrag geringer aus als die Erhöhung der Verwaltungsgebühr, so wird der Steuerpflichtige allein durch § 20 IX EStG an einem wirtschaftlich eigentlich vernünftigen Wechsel gehindert. Dieser erhebliche Eingriff in die Entscheidungsfreiheit des Steuerpflichtigen ist daher dem Vereinfachungsargument der Abgeltungsteuer gegenüberzustellen und in die Abwägung miteinzubeziehen.

Eine allzu pauschale Beurteilung im Hinblick auf die Verhältnismäßigkeit des Vereinfachungsargumentes verbietet sich. Zu stark wiegen je für sich betrachtet der Umfang der Vereinfachung und die hieraus für den Steuerpflichtigen manchmal entstehenden Härtefälle. Für das Ergebnis der Abwägung sind zwei Gesichtspunkte von entscheidender Bedeutung. Zum einen handelt es sich beim Steuervollzug um ein jährlich wiederkehrendes Massenverwaltungsverfahren, zu dessen Sicherung Vereinfachungsregelungen (wie hinsichtlich der Werbungskosten bei Kapitaleinkünften durch die Abgeltungsteuer geschehen) beitragen und damit grundsätzlich einen anzuerkennenden Rechtfertigungsgrund im Hinblick auf die Durchbrechung des objektiven Nettoprinzips bilden, selbst wenn sie zu unvermeidbaren Härten führen[591]. Doch wo liegen die äußersten Grenzen solcher Härten? Für die Beantwortung dieser Frage erlangt ein zweiter Aspekt Relevanz. Dabei geht es um die Relation von Anforderungen an die Rechtfertigungsgründe in Abhängigkeit von der Zwangsläufigkeit von Aufwendungen. Diesbezüglich lässt sich sagen, dass der Spielraum für den Gesetzgeber zur Einschränkung des objektiven Nettoprinzips

---

Vergangenheit geführt hat, begrüßen. Als Rechtfertigungsgrund im Sinne eines Lenkungszweckes ist dieser Ansatz jedoch untauglich, wurde das Unternehmensteuerreformgesetz 2008 mitsamt der Abgeltungsteuer doch vor dieser Krise entworfen, beraten und verabschiedet.

591 Vgl. BVerfGE 126, 268 (278 f.) m.w.N.; *Seer*, 66. DJT, Stuttgart 2006, Teil Q, Bd. II/1 (Referate), S. 127 (135); *Drüen*, StuW 2008, S. 3 (13).

im gleichen Maße abnimmt, wie die Zwangsläufigkeit von Erwerbsaufwendungen zunimmt, sodass die Anforderungen an die Rechtfertigung entsprechend wachsen[592].

Für § 20 IX EStG bedeutet dies, dass hohe Hürden zur Rechtfertigung genommen werden müssen. Denn der Steuerpflichtige kann Finanzierungskosten, An- und Verkaufsgebühren, Ausgabeaufschläge, Depotgebühren sowie etliche weitere Verwaltungskosten regelmäßig nicht vermeiden, es sei denn, er verzichtet auf die Kapitalinvestition. Daraus folgt, dass Härtefälle nicht bis zur Grenze des noch irgendwie Erträglichen hingenommen werden dürfen. Es ist anzuerkennen, dass der Gesetzgeber durch Einfügung des § 32d II Nr. 3 EStG den Versuch unternommen hat, die Zahl der vorhersehbaren Härtefälle zu reduzieren[593]. Für fremdfinanzierte Beteiligungen an Kapitalgesellschaften unterhalb der 25-Prozent-Grenze, für die der Anteilseigner nicht beruflich tätig ist, für Fremdfinanzierungen im Bereich der Vielzahl von anderen Anlageprodukten sowie bei den schon beschriebenen Vermögensbetreuungssituationen bleibt es dagegen bei der Möglichkeit von Härtefällen. Diese Bereiche lassen sich auch nicht marginalisieren. Hinzu kommt, dass der Gesetzgeber mit § 32d II Nr. 3 EStG nur einem kleinen Teil der möglichen Härtefälle begegnet. Seine hierin erkennbare Bereitschaft zur Abmilderung von Härtefällen ist also nur schwach ausgeprägt. Zwar kann die Abgeltungsteuer ihren Vereinfachungseffekt nur dann leisten, wenn sie Rückausnahmen von der Grundregel des § 20 IX EStG nicht oder nur in sehr begrenztem Umfang zulässt. Mildere Mittel zur Vermeidung von Härten sind also nicht gegeben, da sich der Vereinfachungszweck sonst nicht in vergleichbarer Weise erreichen lässt. Insoweit ist das Vorgehen des Gesetzgebers im Hinblick auf § 32d II Nr. 3 EStG zumindest verständlich und eine Nichtausweitung auch unter Berücksichtigung des gesetzgeberischen Gestaltungsspielraums konsequent.

Aufgrund der Vielzahl noch verbleibender Härtefallkonstellationen und der Tatsache, dass diese durch zwangsläufige Erwerbsaufwendungen entstehen, muss für die Grenze noch zumutbarer Härten Folgendes gelten: Der Vereinfachungsfunktion kommt eine die Durchbrechung des objektiven Nettoprinzips rechtfertigende Wirkung dem Grunde nach zu. Diese reicht aber nicht so weit, dass sie per se jede Folge der Durchbrechung rechtfertigt. Sie findet ihre Grenze dort, wo sie nicht mehr nur dazu führt, dass der Steuerpflichtige im Bereich einer positiv vorhandenen finanziellen Leistungsfähigkeit nicht genau dieser entsprechend zu seinen Ungunsten abweichend besteuert wird, sondern darüber hinaus auch den Steuerzugriff im Bereich negativer Leistungsfähigkeit zulässt. Echte Verluste, die zu der hier angeführten negativen Leistungsfähigkeit, also einer Leistungsunfähigkeit führen, sind keine geeignete

592 BVerfGE 107, 27 (49); 122, 210 (234 f.); *Drüen*, StuW 2008, S. 3 (11); *Drenseck*, in: *GS Trzaskalik*, S. 283 (288) = FR 2006, S. 1 (4).

593 Zu weitgehend aber *Weber-Grellet*, NJW 2008, S. 545 (549), der dies unkritisch als ausreichend ansieht. Außerdem führt die Rückausnahme des § 32d II Nr. 3 EStG, wie im nachfolgenden Abschnitt (3) noch aufgezeigt werden wird, mitnichten zu einer lupenreinen Verwirklichung des objektiven Nettoprinzips.

endgültige Besteuerungsgrundlage[594]. Weil die Abgeltungsteuer diese Rechtsfolge jedoch als Konsequenz des Werbungskostenausschlusses zulässt, durchbricht sie das objektive Nettoprinzip in unverhältnismäßiger und damit unzulässiger Weise.

Doch selbst wenn man – mit einem hoffentlich merklichen Gefühl des Unbehagens angesichts der Vielzahl und Intensität möglicher Härtefälle – den Rechtfertigungsgrund der Vereinfachung noch stärker zugunsten der Abgeltungsteuer gewichtet, gelangt man zu keinem anderen Ergebnis. Durch § 20 IX EStG wird das objektive Nettoprinzip gezielt für Einkünfte aus Kapitalvermögen außer Kraft gesetzt[595]. Es handelt sich also nicht bloß um eine Durchbrechung des objektiven Nettoprinzips, vielmehr wird es im Anwendungsbereich der Abgeltungsteuer ganz abgeschafft. Dem lässt sich nicht entgegenhalten, dass durch Sparer-Pauschbetrag und 25-prozentigen Linearsteuersatz Werbungskosten typisiert Beachtung fänden. Mit dieser Typisierung wird versucht, die Werbungskosten möglichst allgemein zutreffend im Rahmen der Einkünfte aus Kapitalvermögen zu berücksichtigen. Sie ändert aber nichts daran, dass eine Subtraktion der Aufwendungen von den Einnahmen und damit eine Gegenüberstellung im Sinne des objektiven Nettoprinzips zur Ermittlung des tatsächlichen Ertrags vollständig unterbleibt. An dieser Stelle kommt nun das objektive Nettoprinzip in seinem Verfassungsrang zur praktischen Anwendung. Der Verfassungsrang führt zwar nicht dazu, dass der Abzug von Erwerbsaufwendungen in allen Einzelheiten verfassungsrechtlich vorgegeben ist[596]. Seine Geltung vermag ein Prinzip mit Verfassungsrang indes nur dann hinreichend zu entfalten, wenn es zumindest einer Aushöhlung seiner selbst durch Preisgabe seines Kernbereichs, mit der Folge dass letztlich nur noch eine leere Hülse zurückbliebe, entgegensteht. Wenn aber eine Nettoeinkunftsermittlung in der Schedule der Kapitaleinkünfte in keinem einzigen Fall mehr stattfindet, ist genau dieser Kernbereich[597] berührt. Hier greift der verfassungsrechtliche Schutz des Art. 3 I GG und lässt eine völlige Preisgabe des objektiven Nettoprinzips im Anwendungsbereich der Abgeltungsteuer nicht zu. Erst recht kann das Vereinfachungsargument hier keine rechtfertigende Kraft entfalten, ist es doch, wenn überhaupt[598], allenfalls geeignet, gewisse Durchbrechungen des objektiven Nettoprinzips zu rechtfertigen. Für seine Abschaffung wären aufgrund seines Verfassungsranges aber selbst erheblich qualifiziertere Gründe, die hier schon nicht ersichtlich sind, zur Rechtfertigung untauglich.

Als Zwischenergebnis lässt sich somit feststellen, dass durch die Abgeltungsteuer das objektive Nettoprinzip nicht nur durchbrochen, sondern für einen Teilbereich des EStG gänzlich abgeschafft wurde. Mangels ausreichender Rechtfertigungsgründe hierfür und darüber hinaus aufgrund des dem objektiven Nettoprinzip

---

594 Vgl. *Jachmann*, Bd. I, S. 134; *dies.*, DStR 2009, Beihefter zu Heft 34, S. 129 (130).
595 *Groh*, FR 2008, S. 264 (265).
596 *Englisch*, DStR 2009, Beihefter zu Heft 34, S. 92 (100).
597 Vgl. hierzu auch *Englisch*, DStR 2009, Beihefter zu Heft 34, S. 92 (96).
598 Nach hier vertretener Auffassung allerdings nicht.

zukommenden Verfassungsranges, der zumindest die Existenz eines Kernbereichs garantiert, verletzt § 20 IX EStG die Vorgaben des Art. 3 I GG und ist deshalb verfassungswidrig[599]. Folglich müssten auch weiterhin alle Finanzierungs- und

---

599 Ebenso *Groh*, FR 2008, S. 264 (265); *Görke*, zitiert in: *Paetsch u.a.*, DStR 2009, Beihefter zu Heft 34, S. 78 (83); *Englisch*, StuW 2007, S. 221 (238 f.); *Hey*, BB 2007, S. 1303 (1307); *Kämmerer*, DStR 2010, S. 27 f.; *Rockoff* (2014), S. 214 ff., 251, der die Problematik des obj. Nettoprinzips aber m.E. nicht in der gebotenen Tiefe abhandelt; i.E. wohl auch *Kirchmayr*, zitiert in: *Paetsch u.a.*, DStR 2009, Beihefter zu Heft 34, S. 78 (82); *Blümich/Ratschow*, EStG, § 20 Rdnr. 28 macht das Ergebnis davon abhängig, ob der Systemwechsel an sich zulässig ist; a.A. *Strohm* (2010), S. 181 ff., 306; *Recnik* (2011), S. 123 ff., 257. Während *Recnik* den Verstoß gegen das obj. Nettoprinzip durch die Kompensationswirkung des niedrigen Lineartarifs auf der einen sowie die Typisierung des Sparerpauschbetrages auf der anderen Seite als gerechtfertigt ansieht, nennt *Strohm* an dieser Stelle neben der von ihm ebenfalls als verfassungsrechtlich zulässig anerkannten Typisierung auch noch das Argument der erheblich vereinfachten Steuererhebung, um zur Rechtfertigung für die Durchbrechung der bisherigen Belastungsentscheidung für eine Nettobesteuerung des Einkommens zu gelangen. Beide verkennen indes, dass die Absenkung des Steuertarifs zur typisierenden Berücksichtigung von Erwerbsaufwendungen sachfremd und deshalb ungeeignet ist, sodass systematisch eine typisierende Berücksichtigung des Erwerbsaufwandes überhaupt nur auf Ebene der Bemessungsgrundlage erfolgen kann. Auf die darüber hinaus bestehenden Probleme der Realitätsgerechtigkeit der Typisierung [dazu hier unter IX. 3.] wird zudem nicht hinreichend, auf die (unzulässige) Kumulation verschiedener Typisierungsfaktoren [hierzu unter IX. 3. c) (3)] sogar überhaupt nicht eingegangen. *Treml* (2014), S. 117 ff., 197 f. sieht lediglich eine „Beeinträchtigung“ des obj. Nettoprinzips. Wenngleich er zumindest erkennt, dass sich infolge der Höhe des Sparer-Pauschbetrages gleichheitswidrige Begünstigungen ergeben können und hieraus einen Verstoß der derzeitigen Ausgestaltung gegen Art. 3 I GG ableitet, so fehlt es an einer Einstufung bereits des Verstoßes gegen das obj. Nettoprinzip als verfassungswidrig. Vielmehr hat er ebenfalls keine grundsätzlichen Bedenken gegen die Bruttobesteuerung bei der Abgeltungsteuer als solcher. Auch BFH BStBl. II 2014, 975 (976 f.); 2015, 255 (256), 270 (271) u. 387 (388) sowie FG Nürnberg EFG 2014, 1103 (1104 f.) [Rev. zunächst VIII R 34/14, inzwischen IX R 52/14]; FG Münster EFG 2014, 1793 (1795 f.) kommen nunmehr zu dem Ergebnis, dass an der Verfassungsmäßigkeit der Regelung des § 20 IX EStG keine Zweifel bestünden. Ihre Betrachtungen bleiben aber zu oberflächlich und stoßen zu den soeben geäußerten Aspekten ebenfalls erst gar nicht vor. FG Thüringen EFG 2014, 1305 (1307 ff.) setzt sich zwar erfreulich ausführlich mit dem Werbungkostenausschluss auseinander und erkennt auch, dass von Seiten des Gesetzgebers trotz der Bruttobesteuerung am obj. Nettoprinzip festgehalten wurde. Es spricht von einem schwerwiegenden Eingriff in das obj. Nettoprinzip sowie von einer teilweise massiven Beeinträchtigung desselben. Sodann bleibt das Gericht aber leider „auf halber Strecke stehen“ und schließt sich i.E. den zuvor genannten Ansichten an, wobei es insb. das absolute Werbungskostenabzugsverbot (zu Unrecht) als „Preis“ der Abgeltungsteuer akzeptiert. Immerhin musste sich im nachfolgenden Revisionsverfahren nun erstmals eine andere Richterbank des

Verwaltungskosten, die als Werbungskosten im Bereich der Kapitaleinkünfte entstehen, grundsätzlich in vollem Umfang zum Abzug zugelassen werden[600].

(3) Keine Änderung der Bewertung im Anwendungsbereich des § 32d II Nr. 3 EStG

Im vorstehenden Abschnitt wurde bereits dargestellt, dass die in § 32d II Nr. 3 EStG für typischerweise unternehmerische Beteiligungen eröffnete Option[601] zur Einbeziehung von Gewinnausschüttungen in die allgemeine Bemessungsgrundlage unter Anwendung des Regeltarifs als bloß punktuell wirkende Maßnahme bereits ungeeignet ist, die Zahl der durch die im Übrigen infolge der Durchbrechung des

---

BFH als die des VIII. Senats mit der Thematik befassen. Doch auch der IX. Senat gelangte zu keinem anderen Ergebnis, wobei er indes lediglich apodiktisch äußerte, an der Verfassungsmäßigkeit der Regelung des § 20 IX EStG keine Zweifel zu haben und auf die Rspr. des VIII. Senats verwies, vgl. BFH DStR 2016, 527 (530). Wie hier dagegen zumindest i.E., wenngleich auch mit einem anderen Begründungsansatz, der u.a. bereits die Frage der Typisierung und Pauschalierung [dazu hier nachfolgend erst unter IX.] für die Frage der Rechtfertigung der Bruttobesteuerung berücksichtigt, *Worgulla* (2013), S. 138 f., 190 ff. u. 254.

600 Vgl. *Mellinghoff*, 66. DJT, Stuttgart 2006, Teil Q, Bd. II/1, (Referate), S. 85 (106); *Englisch* (2005), S. 179.

601 FG Thüringen EFG 2014, 277 sieht bzgl. der Anforderungen an die berufliche Tätigkeit des Steuerpflichtigen bei der ausschüttenden Körperschaft kaum Einschränkungen und gewährt auch einer Sachbearbeiterin mit der tatsächlichen Stellung einer Chefsekretärin das Wahlrecht gem. § 32d II Nr. 3 lit. b) EStG. Der Entscheidung ist zwar insoweit zuzustimmen, als der Wortlaut diese Auslegung ohne weiteres zulässt. Gleichwohl wird m.E. das nicht aus dem Wortlaut, dafür aber aus dem Vergleich mit § 32d II Nr. 3 lit. a) EStG klar erkennbare qualitative Kriterium des unternehmerischen Interesses nicht hinreichend berücksichtigt und der Anwendungsbereich der Norm des § 32d II Nr. 3 lit. b) EStG damit etwas überdehnt. Dennoch ist die Entscheidung durch BFH DStR 2015, 2278 bestätigt worden, wobei das Gericht der Ansicht ist, dass sich auch weder aus Gesetzesmaterialien noch aus dem Gesetzeszweck eine vom Wortlaut abweichende Auslegung ableiten lasse.
Das FG Rheinland-Pfalz EFG 2015, 405 f. [Rev. VIII R 1/15] lässt die Optionsmöglichkeit des § 32d II Nr. 3 lit. b) EStG sogar dann greifen, wenn der Steuerpflichtige an der Kapitalgesellschaft, für die er tätig ist, nur mittelbar (über einen Organträger) beteiligt ist.
Die Frage der zeitlichen Befristung des Antrags auf Anwendung des Teileinkünfteverfahrens (§ 32 d II 1 Nr. 3 Satz 4 EStG) ist zwischenzeitlich höchstrichterlich entschieden worden, vgl. BFH DStR 2015, 2234 [Verfassungsbeschwerde 2 BvR 2167/15]; s. hierzu sowie zur ebenfalls höchstrichterlich (BFH DStR 2015, 2061) behandelten Frage eines nachträglichen, nach Ablauf der Einspruchsfrist für den Einkommensteuerbescheid gestellten Antrags auf Günstigerprüfung nach § 32d VI EStG *Sikorski*, NWB 2016, S. 621 ff.

objektiven Nettoprinzips potenziell entstehenden Härtefälle in hinreichendem Maße reduzieren zu können. Zugleich wurde angedeutet, dass selbst bei Anwendung des § 32d II Nr. 3 EStG keineswegs unter Beachtung des objektiven Nettoprinzips eine leistungsfähigkeitsgerechte Besteuerung gewährleistet ist. Dieser Gedanke soll nunmehr nochmals aufgegriffen werden.

Macht ein Steuerpflichtiger, der die Voraussetzungen der Norm erfüllt, von seinem Optionsrecht Gebrauch, so unterfallen die ihm zufließenden Gewinnausschüttungen dem sog. Teileinkünfteverfahren, werden also gemäß § 3 Nr. 40 lit. d) EStG zu 40 Prozent von der Besteuerung ausgenommen. Damit korrespondiert auch die Anwendung des Teilabzugsverbotes nach § 3c II EStG, sodass auch zur Erzielung der Einnahmen getätigte Aufwendungen nur in einem auf 60 Prozent beschränkten Umfang Berücksichtigung finden. Auf den ersten Blick handelt es sich um eine konsequente Komplementärregelung, die zunächst plausibel erscheinend den Grundgedanken des Korrespondenzprinzips, wonach der Steuerpflichtige nicht in inkongruenter Weise eine Begünstigung erfahren darf, verwirklichen soll[602]. Allerdings liegt bloß formal eine 40-prozentige Steuerbefreiung der Einnahmen vor; tatsächlich soll hierdurch die körperschaftsteuerliche Vorbelastung typisierend berücksichtigt werden, sodass keine steuerliche Subvention vorliegt, sondern ein steuertechnisches Instrument, um zu einer Einmalbesteuerung zu gelangen[603]. Liegt aber keine materielle Steuerbefreiung vor, besteht auch kein Grund, den Abzug von zur Erzielung von Einnahmen aus Gewinnausschüttungen getätigter Aufwendungen einzuschränken. Hierüber geht § 3c II EStG unter Verletzung des objektiven Nettoprinzips ohne sachlich rechtfertigenden Grund hinweg und verstößt bereits deshalb gegen Art. 3 I GG[604]. Selbst wenn man eine Verfassungswidrigkeit der Regelung mit der genannten herrschenden Meinung verneint, so kann doch zumindest der Bruch mit dem objektiven Nettoprinzip als

---

602 *Schmidt/Heinicke*, EStG[34], § 3c Rdnr. 25; *Lindemann*, in: *L/B/P*, EStG, § 3c Rdnr. 71; *Kirchhof/v. Beckerath*, EStG[14], § 3c Rdnr. 2; *Blümich/Erhard*, EStG, § 3c Rdnr. 7; vgl. auch *Seer*, in: *FS Hüffer*, S. 937 (947 f.).

603 *v. Beckerath*, in: *K/S/M*, EStG, § 3c Rdnr. A 141; ähnlich *Seer*, in: *FS Hüffer*, S. 937 (946).

604 S. hierzu die zahlreichen Nachweise bei *Desens*, in: *H/H/R*, EStG, § 3c Anm. 10 und *Lindemann*, in: *L/B/P*, EStG, § 3c Rdnr. 72; ferner *Seer*, in: *FS Hüffer*, S. 937 (947). Die Rspr. von BFH und BVerfG (Nachweise bei *Blümich/Erhard*, EStG, § 3c Rdnr. 10) ist dieser auf dem Gedanken einer fehlenden Folgerichtigkeit beruhenden Argumentation nicht gefolgt, wobei der BFH immerhin die Durchbrechung des obj. Nettoprinzips gleichfalls klar benennt, sie dann aber auf der Grundlage eines formalen Trennungsprinzips (vgl. zu der in der Tat mitentscheidenden Problematik, ob der Besteuerung von Körperschaften und Anteilseignern eine wirtschaftlich-transparente oder rechtlich-trennende Betrachtungsweise zugrundezulegen ist, die ausführliche Stellungnahme von *Desens*, in: *H/H/R*, EStG, § 3c Anm. 10) rechtfertigen zu können glaubt, während sich das BVerfG einer (m.E. gebotenen) Entscheidung durch lapidare Nichtannahmebeschlüsse entzogen hat.

allgemein anerkannt gelten. Bereits dies genügt indes um aufzuzeigen, dass auch die vermeintlich wohlwollende Rückausnahme des § 32d II Nr. 3 EStG gerade nicht zu einer Besteuerung unter Beachtung des objektiven Nettoprinzips führt. Damit bleibt es bei einer umfassenden und vollständigen Außerkraftsetzung des objektiven Nettoprinzips im Dunstkreis der Abgeltungsteuer, die sich in zweifacher Gestalt präsentiert: einmal offensichtlich in Form von § 20 IX EStG und daneben in etwas verschleierter Weise auch bei Ausnahmen von der Abgeltungsteuer durch § 32d II Nr. 3 in Verbindung mit §§ 3 Nr. 40 lit. d), 3c II EStG.

Besonders gravierend wirkt sich die Nichtbeachtung des objektiven Nettoprinzips dann aus, wenn aus der unternehmerischen Kapitalgesellschaftsbeteiligung nur geringe oder gar keine Gewinnausschüttungen fließen[605], für den Erwerb der Beteiligung aber von Seiten des Steuerpflichtigen hohe (Finanzierungs- und Verwaltungs-) Aufwendungen getätigt werden, sodass er im Ergebnis Verluste erleidet. In diesen Fällen bewirkt die Durchführung des Teileinkünfteverfahrens nicht einen Schutz des Steuerpflichtigen vor wirtschaftlicher Doppelbelastung, sondern führt über das systemwidrige teilweise *Aufwendungs*abzugs- hinaus sogar zu einem teilweisen *Verlust*abzugsverbot. Auch dieses Ergebnis, bei dem der Steuerpflichtige sogar noch schlechter gestellt wird als ohne Anwendung des als Entlastung gedachten Teileinkünfteverfahrens, ist seinerseits systemwidrig und lässt sich nicht rechtfertigen, führt mithin ebenfalls zu einem Verfassungsverstoß[606]. Nachdem zwischenzeitlich auch noch § 3c II 2 bzw. nunmehr § 3c II 7 EStG u.a. bestimmt, dass für die Anwendung des § 3c II 1 EStG die Absicht zur Erzielung von Betriebsvermögensmehrungen oder Einnahmen im Sinne des § 3 Nr. 40 EStG ausreichend ist, erscheint auch kaum mehr Raum[607] für eine verfassungsrechtlich eigentlich gebotene verfassungskonforme Auslegung[608] dahingehend, dass § 3c II EStG insoweit reduziert wird, als u.a. die soeben beschriebenen Verlustfälle vom Anwendungsbereich der Norm

605 Darüber hinaus droht dem Steuerpflichtigen nach der jüngsten BFH-Rspr. (BStBl. II 2015, 270) ggf. sogar, dass ihm die Option zur Regelbesteuerung nach § 32d II Nr. 3 EStG gänzlich versagt bleibt, sofern (z.B. aufgrund eines Insolvenzverfahrens über das Vermögen der Kapitalgesellschaft) davon auszugehen ist, dass Kapitalerträge aus der Beteiligung weder gegenwärtig noch zukünftig fließen werden, mithin die Auskehrung von weiterem Vermögen mit Sicherheit ausgeschlossen werden kann.

606 Vgl. insbesondere auch *Desens* (2004), S. 293, 409 f., 417; *ders.*, in: *H/H//R*, EStG, § 3c Anm. 10 a.E.

607 Im Einzelnen *Desens*, in: *H/H//R*, EStG, § 3c Anm. 12.

608 Ausführlich zu deren Herleitung *Seer*, in: *FS Hüffer*, S. 937 (949 ff.). Vor der erwähnten Änderung des § 3c II EStG hatte die BFH-Rspr., wenig praktikabel und unter Inkaufnahme problematischer Grenzfälle, zumindest in Fällen ohne tatsächliche Beteiligungseinnahmen die volle Berücksichtigung der Beteiligungsverluste zugelassen, vgl. die Nachweise bei *Schmidt/Heinicke*, EStG[34], § 3c Rdnr. 30; *Blümich/Erhard*, EStG, § 3c Rdnr. 56; *Kirchhof/v. Beckerath*, EStG[14], § 3c Rdnr. 30g f. Schon diese Auslegung half in der Vielzahl der Fälle aber nicht weiter, in denen zwar Einnahmen aus der Beteiligung flossen, dem Steuerpflichtigen unter dem Strich jedoch ein Verlust entstand. Inzwischen hat BFH BStBl. II 2015, 257 ff. auch die

ausgenommen und die Verluste vollumfänglich in Ansatz gebracht werden können. Auch hier gilt letztlich besonders nachdrücklich das bereits Gesagte: § 32d II Nr. 3 EStG eröffnet keineswegs den Zugang zur Anwendung des objektiven Nettoprinzips. Die danach für einige Fälle mögliche Rückausnahme vom Ausnahmefall der Abgeltungsteuer führt nämlich gerade nicht zu einer vollen synthetischen Normalbesteuerung, sondern zum Teileinkünfteverfahren und den damit verbundenen system- und verfassungswidrigen Restriktionen des § 3c II EStG[609]. Betroffene Steuerpflichtige können allenfalls der Abgeltungsteuer ausweichen, nicht aber einem durch teilweise Abschaffung bzw. nachhaltige Verletzung des objektiven Nettoprinzips und damit unter Verstoß gegen das Prinzip der Besteuerung nach der wirtschaftlichen Leistungsfähigkeit erfolgenden Steuerzugriff. § 32d II Nr. 3 EStG beseitigt den durch § 20 IX EStG bewirkten Verfassungsverstoß also nicht nur partiell nicht, sondern dehnt die Verletzung des Art. 3 I GG unter dem Deckmantel eines nur vermeintlich gegebenen gegenteiligen Effektes sogar aus.

c) Vertikale und zeitliche Dimension der Problematik – Einschränkungen der Verlustverrechnungsmöglichkeiten

Die Abgeltungsteuer gerät aber nicht nur in Konflikt mit dem objektiven Nettoprinzip innerhalb eines Veranlagungszeitraumes. Weil das objektive Nettoprinzip auch zwischen verschiedenen Veranlagungszeiträumen zu beachten ist, ergeben sich auf der Zeitachse des objektiven Nettoprinzips ebenfalls verfassungsrechtliche Zweifelsfragen.

Konkret geht es dabei um die Regelungen in § 20 VI 1 und § 20 VI 4 EStG[610]. Danach wird zunächst der vertikale Verlustausgleich insoweit ausgeschlossen, als

---

Neufassung des § 3c II 2 EStG als verfassungskonform abgesegnet, ohne die verfassungsrechtliche Problematik vertieft zu behandeln.

609 *Seer*, in: *FS Lang*, S. 655 (666).

610 Zur daneben problematischen Frage der durch § 20 VI 1 EStG a.F. und den Wegfall von § 3 Nr. 40 lit. j) EStG bedingten Folge eines Ausgleichs von „halbierten" Altverlusten mit „vollen" Neugewinnen aus Wertpapiergeschäften s. FG Berlin-Brandenburg EFG 2013, 1219 ff. (bestätigt durch BFH DStR 2016, 583) und FG Saarland EFG 2014, 1592 ff., die eine Verfassungswidrigkeit insoweit zutreffend verneinen, als es sich um unterschiedliche Systeme handelt und sich im Falle einer vollen Berücksichtigung von Altverlusten eine ungerechtfertigte Benachteiligung all jener Steuerpflichtigen ergäbe, deren Spekulationsverluste aus Altfällen nicht zu einem Verlustvortrag über den 31.12.2008 hinaus führten.
Anders verhält es sich dagegen mit Blick auf die ebenfalls in diesem Kontext relevante Übergangsvorschrift des § 52a XI 11 EStG a.F., wonach die Verrechnung von Altverlusten aus Aktiengeschäften (§ 23 III 9 u. 10 EStG a.F.) letztmals für den Veranlagungszeitraum 2013 möglich war. Danach gingen die Altverluste zwar nicht unter, können aber seitdem nur noch mit anderen sonstigen Einkünften nach § 23 EStG, also etwa Veräußerungsgewinnen aus Immobilien, Kunstgegenständen u.ä. verrechnet werden, was aber aufgrund der

Verluste aus Kapitalvermögen nicht mit Einkünften aus anderen Einkunftsarten ausgeglichen oder nach § 10d EStG abgezogen werden dürfen (§ 20 VI 1 EStG). Noch weitergehend führt § 20 VI 4 EStG dann sogar zu einer Verlustverrechnungssperre innerhalb der Einkunftsart Kapitaleinkünfte[611], sofern Verluste aus Aktienverkäufen vorliegen. Hieraus ergibt sich für die weitere Untersuchung zweierlei. Erstens ist eine unterschiedliche Behandlung von Verlusten in Abhängigkeit von der jeweiligen Einkunftsart zu beobachten. Es liegt mithin eine vertikale Ungleichbehandlung in der einkommensteuerlichen Behandlung von Verlusten vor. Zweitens wird zugleich das objektive Nettoprinzip dadurch eingeschränkt, dass seine zeitliche Geltung durch Verlagerung von Verlusten aus Kapitaleinkünften in andere Veranlagungszeiträume verzögert werden kann. Weil die Rechtfertigungsprobleme zuvörderst in diesem Bereich bestehen, wird diese Problematik auch erst an dieser Stelle behandelt und wurde nicht schon im Bereich der verschiedenen, der Abgeltungsteuer geschuldeten Ungleichbehandlungen thematisiert.

Bevor nun detailliert auf die Einzelfragen bzgl. der Verfassungsmäßigkeit der angesprochenen Normen eingegangen wird, soll zunächst ein Überblick über die Bedeutung des objektiven Nettoprinzips für die Behandlung von Verlusten im Einkommensteuerrecht gegeben werden.

d) Die Verlustverrechnung und das objektive Nettoprinzip

Das objektive Nettoprinzip kann seine Funktion, als gerechte Ermittlungsgrundlage für die finanzielle Leistungsfähigkeit des Steuerpflichtigen zu dienen, nur dann erfüllen, wenn es nicht nur den wirtschaftlichen Erfolg, sondern auch wirtschaftlichen Misserfolg der Erwerbstätigkeit des Steuerpflichtigen in der Bemessungsgrundlage

---

Unwahrscheinlichkeit des Vorliegens hinreichenden Verlustverrechnungssubstrats einem Verfall der Verluste gleichkommt, vgl. *Hey*, FR 2014, S. 349 (350). Hintergrund hierfür ist, dass § 20 VI 1 EStG a.F. vorrangig eine Verrechnung gem. § 43a III 2 EStG (Verlustverrechnungstöpfe der Banken) vorsah, sodass die Verrechnung mit Altverlusten immer erst in einem zweiten Schritt vorgenommen wurde, in dem aber u.U. für einen Abzug der Altverluste überhaupt keine Verrechnungsmasse mehr übrig blieb, vgl. zu den Einzelheiten und Rechenbeispielen *Philipowski*, DStR 2014, S. 2051 (2052 f.). Diese Beschränkung der Verrechnung der Altverluste aus Aktiengeschäften geschieht letztlich ohne jeden sachlichen Grund und erweist sich damit als rein fiskalisch motivierter Willkürakt; i.E. wie hier auch *Philipowski*, DStR 2014, S. 2051 (2054 f.), der ebenfalls einen Verstoß gegen Art. 3 I GG annimmt sowie *Hey*, FR 2014, S. 349 (350 ff.), die die Verfassungswidrigkeit gleich aus drei Gründen (unzulässige unechte Rückwirkung, Verletzung des Folgerichtigkeitsgebots und auch des obj. Nettoprinzips) bejaht; a.A. aber nunmehr FG Sachsen EFG 2016, 196 [Rev IX R 48/15], ohne sich jedoch mit den hier zitierten Stimmen auseinanderzusetzen. Auch eine Prüfung der hier erwähnten inhaltlichen Probleme wird nur teilweise vorgenommen.

611 *Gemmel/Hoffmann-Fölkersamb*, NWB 2007, S. 2935 (2942); *S. Wagner*, DStZ 2007, S. 748 (751).

der Steuer Berücksichtigung finden lässt. Dem Fiskus ist es verwehrt, ausschließlich an den Erträgen des Steuerpflichtigen zu partizipieren, indem Aufwandsüberschüsse allein dem Steuerpflichtigen zur Lastentragung aufgebürdet werden[612]. Geht man von der grundsätzlichen Gleichwertigkeit aller Einkunftsarten und damit auch der mit ihnen einhergehenden Verluste aus[613], so ergibt sich daraus, dass die Ergebnisse der unterschiedlichen Einkunftsarten zu saldieren sind, also prinzipiell ein Gebot besteht, Verluste zu berücksichtigen und den vertikalen Verlustausgleich zuzulassen[614] (s. auch § 2 III EStG, der von der Summe der Einkünfte spricht). Auf diese Weise wirkt das objektive Nettoprinzip einkunftsartenübergreifend[615]. Ihm kommt auch im Bereich von Verlustausgleichsbeschränkungen eine Maßstabsfunktion zu, sodass die Nichtberücksichtigung von Erwerbsaufwendungen oder durch sie entstandene Verluste innerhalb des betroffenen Veranlagungszeitraumes rechtfertigungsbedürftig ist[616].

Können oder dürfen Verluste innerhalb derselben Besteuerungsperiode schon nicht bzw. nicht vollständig mit aus anderen Einkunftsarten erzielten positiven Einkünften ausgeglichen werden, so stellt sich die Frage nach ihrer Berücksichtigung in anderen Besteuerungsabschnitten, wodurch die zeitliche Dimension des objektiven Nettoprinzips angesprochen ist[617]. Auf der Zeitschiene verlangt das objektive Nettoprinzip die möglichst schnelle Berücksichtigung von Verlusten, denn erst nachdem die Verluste in die steuerliche Bemessungsgrundlage Eingang gefunden haben, führt dies zu einer Abbildung der realen „Insgesamtleistungsfähigkeit" des Steuerpflichtigen[618]. Je länger diese Bestandsaufnahme verzögert wird, umso mehr

---

612 Vgl. *Schön*, DStJG Bd. 28 (2005), S. 84.

613 Vgl. hierzu *Eckhoff*, DStJG Bd. 28 (2005), S. 11 (20); *M. Wendt*, DStJG Bd. 28 (2005), S. 41 (46).

614 *Birk*, DStJG Bd. 34 (2011), S. 11 (27); *Englisch*, StuW 2007, S. 221 (235).

615 BFH BStBl. II 2007, 259 (261); *Jachmann*, Bd. I, S. 133; *Seer*, 66. DJT, Stuttgart 2006, Teil Q, Bd. II/1 (Referate), S. 127 (136) m.w.N.

616 *Wernsmann*, DStR 2009, Beihefter zu Heft 34, S. 101 (103); *Lang/Englisch*, StuW 2005, S. 3 (5); ähnlich auch *Jachmann*, DStJG Bd. 34 (2011), S. 251 (262); ferner i.E. ebenso *M. Wendt*, DStJG Bd. 28 (2005), S. 41 (53 f.), der den Schutz des obj. Nettoprinzips im Verlustbereich allerdings freiheitsrechtlich entfaltet; ein Überblick über die zahlreichen Verlustausgleichsbeschränkungen des EStG findet sich bei *Görke*, DStR 2009, Beihefter zu Heft 34, S. 106 (107); Röder (2010), S. 20 ff.; *Birk/Desens/Tappe*, SteuerR, Rdnrn. 619 ff., 627.

617 *Lang/Englisch*, StuW 2005, S. 3 (6); ausführlich zur intertemporalen Verlustverrechnung *Kube*, DStR 2011, S. 1781 ff., 1829 ff.; ferner *M. Wendt*, DStJG Bd. 28 (2005), S. 41 (68 f.); *Beiser*, ÖStZ 2000, S. 413 (417 f.).

618 In diesem Sinne auch *Lang/Englisch*, StuW 2005, S. 3 (7). Auf die Diskussion, welche Anforderungen genau an die Ausgestaltung der überperiodischen Verlustberücksichtigung zu stellen sind (z.B. Verlustvortrag vs. Verlustrücktrag; Zulässigkeit der Streckung von Verlustvorträgen), wird hier mangels hinreichender Relevanz für die mit der Abgeltungsteuer verbundenen Regelungen nicht eingegangen. Vgl. hierzu *Tipke*, StRO², Bd. II, S. 759 f., 780 ff. m.w.N.; *Lang/Englisch*, StuW 2007, S. 3 (6 ff.).

wird ggf. bei der Besteuerung des Steuerpflichtigen zu dessen Lasten von einer gerechten Besteuerung abgewichen. Somit ist schon offensichtlich, dass ein Abzug nicht beliebig verzögert werden darf[619]. Dieser Umstand ist in erster Linie der Inflation geschuldet; kann der Steuerpflichtige Verluste z.B. erst nach 10 Jahren steuerlich geltend machen, sind sie im Rahmen einer Steuererstattung realiter weniger wert als noch im Jahre ihrer Entstehung. Außerdem unterliegt das Einkommensteuerrecht einem steten gesetzgeberischen Aktivitätsdrang. Hieraus kann sich unter Umständen aufgrund einer geänderten Gesetzeslage ebenfalls eine für den Steuerpflichtigen nachteilige Wertigkeit von Altverlusten ergeben, etwa aufgrund von Veränderungen im Progressionsverlauf des Steuertarifs. Eine verspätete Berücksichtigung von Verlusten widerspricht damit prima facie dem objektiven Nettoprinzip und bedarf ebenfalls der besonderen Rechtfertigung.

Wenngleich damit die Möglichkeit einhergeht, dass Beschränkungen des Verlustausgleichs zulässig sein und nicht per se abgelehnt werden können[620], so zeigt sich doch auch an dieser Stelle, dass das objektive Nettoprinzip und damit vor allem Art. 3 I GG als verfassungsrechtliche Hauptschranke des „Verluststeuerrechts" fungiert[621]. Ob § 20 VI EStG diese Schranke unzulässigerweise durchbricht, ist Gegenstand der folgenden Ausführungen.

aa) § 20 VI 1 EStG

Mit Einführung der Abgeltungsteuer sind die bis dahin geltenden Regelungen zu den Haltefristen bei privaten Veräußerungsgeschäften im Bereich der Kapitaleinkünfte weggefallen. Damit ist die Besteuerung von Gewinnen aus entsprechenden Anlagen zum Regelfall geworden und nicht mehr wie zuvor in erster Linie abhängig von Gestaltungsentscheidungen des Steuerpflichtigen. Dieser Umstand hat zugleich Bedeutung für die hier zu behandelnde Zulässigkeit eines allgemeinen Verlustverrechnungsverbotes. Unter der alten Rechtslage diente die Regelung des § 23 III 8 f. EStG der Verhinderung missbräuchlicher Steuergestaltungen. Verluste konnten nur mit Gewinnen, die ebenfalls aus privaten Veräußerungsgeschäften entstanden waren, verrechnet werden, nicht aber mit Gewinnen aus den übrigen Einkunftsarten. Andernfalls hätten Steuerpflichtige nahezu nach Belieben bei Bedarf

---

619 *Elicker*, StuW 2002, S. 217 (219); zum Tangieren des Nettoprinzips durch eine zeitliche Streckung der Verlustverrechnung *Lang/Englisch*, StuW 2005, S. 3 (4), dargestellt am Beispiel der Mindestbesteuerung; wesentlich großzügiger dagegen *Wernsmann*, DStR 2009, Beihefter zu Heft 34, S. 101 (103) und *Seiler*, DStJG Bd. 34 (2011), S. 61 (82), wonach dem obj. Nettoprinzip schon dann genügt werde, wenn Verluste nur überhaupt periodenübergreifend berücksichtigt werden können.

620 Vgl. *Mellinghoff*, 66. DJT, Stuttgart 2006, Teil Q, Bd. II/1, (Referate), S. 85 (106 f.) zugleich mit dem Hinweis auf die grds. gebotene periodenübergreifende Verlustberücksichtigung für Einkünfte aus derselben Einkunftsquelle [ebenso *Seiler*, DStJG Bd. 34 (2011), S. 61 (82)]; *M. Wendt*, DStJG Bd. 28 (2005), S. 65 f.

621 *Heintzen*, DStJG Bd. 28 (2005), S. 163 (178 ff.).

Verlustverrechnungspotenzial aus einer Einkunftsart generieren können, die ihnen zugleich eine durchaus großzügige Möglichkeit zur Vereinnahmung steuerfreier Gewinne eröffnete. Die Abgeltungsteuer hebt nun aber die begrenzte Steuerverhaftung in wesentlichen Teilen der von § 23 III 8 f. EStG erfassten Konstellationen auf[622], sodass die zuvor gegebene und überzeugende Begründung für die Zulässigkeit der Einschränkung hinsichtlich der Verrechenbarkeit von Veräußerungsverlusten nicht länger trägt[623]. Im Gegenteil ist durch die nunmehr geltende umfassende Steuerverhaftung ein Missbrauch schon dem Grunde nach nicht mehr denkbar, weil der Steuerpflichtige auch im Falle einer allein auf Reduktion der Steuerlast zielenden Verlustrealisierung nur von einer Möglichkeit Gebrauch macht, die ihm der Gesetzgeber eigens eröffnet hat[624]. Kehrseite und Intention dieses gesetzgeberischen Handelns ist die Partizipation des Staates an sämtlichen aus der Veräußerung von Kapitalvermögen resultierenden Gewinnen des Steuerpflichtigen.

Obwohl schon die in § 20 VI 2 f. EStG eröffnete Möglichkeit der Verlustverrechnung mit in späteren Veranlagungszeiträumen erzielten Gewinnen keine gleichwertige Verwirklichung des objektiven Nettoprinzips darstellt[625], sprechen noch weitere Gründe gegen die Annahme einer solchen Rechtfertigung. So handelt es sich bei Kapitaleinkünften um einen mitunter spekulativen, jedenfalls aber im Hinblick auf eine tatsächlich eintretende Gewinnerzielung unsicheren Einkünftebereich. Anders als z.B. bei Einkünften aus nichtselbständiger Tätigkeit kann der Steuerpflichtige bei Kapitalanlagen nicht mit annähernd vergleichbarer Gewissheit von der Erwirtschaftung eines Ertrages ausgehen. Damit aber bleibt offen, ob der Steuerpflichtige im Jahr nach der Verlustentstehung überhaupt schon wieder Gewinne aus Kapitalvermögen erzielt; gleiches gilt für die Frage, ob etwaige Gewinne der Höhe nach ausreichen, um sämtliche Verlustvorträge ausnutzen zu können. Folglich ist die Wahrscheinlichkeit, dass der Steuerpflichtige die Verlustverrechnung erst mit erheblicher Verzögerung vornehmen kann, im Bereich der Kapitaleinkünfte sehr hoch. Hinzu kommt, dass es gerade bei Kapitalanlagen – im Gegensatz zu „normalen" Erwerbstätigkeiten – viel eher geschehen kann, dass die Tätigkeit aufgrund von Verlusten entnervt aufgegeben wird. Hierbei spielt auch die erhöhte psychische Belastung für den Steuerpflichtigen, die etwa mit einem drastischen Kursverlust des Börsenindexes einhergeht, eine Rolle. Nimmt der Steuerpflichtige von weiteren Aktivitäten an der Börse Abstand, so tut er dies regelmäßig als Ergebnis von

622 Zur nach Einführung der Abgeltungsteuer nur nachrangig möglichen Verrechnung vorgetragener Altverluste aus privaten Veräußerungsgeschäften mit Einkünften aus Kapitalvermögen vgl. die gut vertretbare Entscheidung des FG Baden-Württemberg EFG 2013, 35 ff.

623 Vgl. *Watrin/Benhof*, DB 2007, S. 233 (235); *Englisch*, StuW 2007, S. 221 (236); *Wernsmann*, DStR 2009, Beihefter zu Heft 34, S. 101 (104); *Loos*, DStZ 2010, S. 78 (79).

624 BFH BStBl. II 2008, 789 f.; 2009, 999 (1000); BFH/NV 2010, 387 f.; *Jachmann*, DStJG Bd. 34 (2011), S. 251 (262 f.); a.A. FG Schleswig-Holstein EFG 2007, 192 f.; *Englisch*, StuW 2007, S. 221 (236 Fn. 142).

625 S. dazu soeben oben unter d).

Misserfolgen in Form von Verlustergebnissen. Auf diese Weise zeigt sich aber, dass gerade im Bereich der Kapitaleinkünfte § 20 VI 1 EStG dazu führen kann, dass Verlustverrechnungspotenzial dauerhaft verloren geht[626]. Anders als im Falle des § 10d EStG wiegt hier auch das Fehlen eines Verlustrücktrags schwer[627]. Dem wirkt § 20 VI 2 f. EStG nicht entgegen. Die Regelung ist daher zur Rechtfertigung für das allgemeine Verlustverrechnungsverbot nicht geeignet.

Damit bleibt als letzte Rechtfertigungsmöglichkeit nur noch das am häufigsten zu vernehmende Argument: Proportional niedrig besteuerte Verluste aus Kapitaleinkünften dürften nicht dazu dienen, um mit den einem ggf. signifikant höheren, progressiven Tarif unterliegenden Gewinnen aus den übrigen Einkunftsarten verrechnet zu werden. Dahinter steht der Gedanke, dass der Steuerpflichtige sonst eine potenzielle Steuerminderung von 25 Prozent aufgebe, um unter Umständen eine sehr viel höhere Steuerlast einzusparen[628]. Insofern soll gelten, dass sich aus der Einführung einer Schedule zwingend eine Verlustausgleichsbeschränkung ergebe, weil sich die Abschottung der Scheduleneinkünfte in letzter Konsequenz auch auf negative Einkünfte beziehen müsse[629]. Allerdings wird zugleich auch ein Zusammenhang zwischen der Grundentscheidung für einen Sondertarif und dem Verlustverrechnungsverbot aufgestellt: Wenn ersterer gerechtfertigt sei, gelte dies auch für letzteres[630].

Nun wurde aber bereits dargelegt, dass sich der Sondertarif und mit ihm die Schedularisierung der Kapitaleinkünfte in ihrer konkreten Ausgestaltung nicht rechtfertigen lassen[631]. Doch selbst wenn man entgegen der hier vertretenen Auffassung einer Rechtfertigung zugeneigt ist, so trifft jedenfalls die „Wenn-dann-Rechtfertigungsthese" nicht ohne weiteres zu. Denn die vollständige Versagung des horizontalen Verlustausgleichs darf nicht über das Ziel hinausschießen, sondern muss sich im Rahmen des Erforderlichen halten. Dies macht es aber notwendig, sich mit der Frage nach milderen Mitteln zur Verwirklichung der Gleichbehandlung von Gewinnen und Verlusten aus Kapitalvermögen auseinanderzusetzen.

Zunächst ist daran zu denken, dass die vollständige Versagung des horizontalen Verlustausgleichs schon deshalb unverhältnismäßig sein könnte, weil auch Steuerpflichtige mit niedrigen Grenzsteuersätzen, die aus einer Verlustverrechnung

626 Vgl. allgemein zu der Möglichkeit, dass Verlustausgleichsbeschränkungen in der Realität zu unspezifischen Abzugsverboten mutieren *Görke*, DStR 2009, Beihefter zu Heft 34, S. 106 (107).

627 Ähnlich *Oho/Hagen/Lenz*, DB 2007, S. 1322 (1324); zur sonst grds. weniger zwingenden Notwendigkeit eines Verlustrücktrages *Seer*, 66. DJT, Stuttgart 2006, Teil Q, Bd. II/1 (Referate), S. 127 (137); *Mellinghoff*, 66. DJT, Stuttgart 2006, Teil Q, Bd. II/1, (Referate), S. 85 (107 f.).

628 *Loos*, DStZ 2010, S. 78 (79).

629 *M. Wendt*, DStJG Bd. 28 (2005), S. 41 (46 f.); *Jachmann*, Bd. I, S. 135 und 137; *Birk*, DStJG Bd. 34 (2011), S. 11 (28); *Tipke*, StRO², Bd. II, S. 780.

630 *Jachmann*, DStJG Bd. 34 (2011), S. 251 (263); *Birk*, DStJG Bd. 34 (2011), S. 11 (28).

631 Oben unter III.

keine Vorteile ziehen können, betroffen sind[632]. Berücksichtigt man ferner, dass eine nicht unerhebliche Zahl der Steuerpflichtigen einem Grenzsteuersatz unterhalb des Abgeltungsteuersatzes unterliegt[633], so zeigt sich ebenfalls die nachteilige Breitenwirkung der Maßnahme. Um eine stärker am einkunftsartenübergreifenden Leistungsfähigkeitsprinzip orientierte Lösung zu erreichen, könnte als Alternative die Gewährung einer Steuergutschrift in Form eines steuerlichen Anrechnungsguthabens dienen[634]. Dazu müssten lediglich die negativen Kapitaleinkünfte geviertelt werden. Der sich hieraus ergebende Betrag wäre dann kein relativer mehr, sondern ein absoluter und gewährleistete trotz Beibehaltung von linearen und progressiven Einkunftsarten eine den Missbrauch ausschließende Vergleichbarkeit. Er stünde dem Steuerpflichtigen zwecks Verrechnung mit der Einkommensteuerschuld der laufenden oder folgenden Veranlagungsperioden zur Verfügung.

Allerdings schließt selbst die Einführung dieser deutlich großzügigeren Verrechnungsmöglichkeit nicht aus, dass der Steuerpflichtige trotz niedrigem oder negativem Gesamteinkommen in nicht unerheblichem Umfang zum Schuldner einer Steuer wird, weil die Umrechnung der Verluste in das Anrechnungsguthaben mittels Lineartarif nicht ausreicht, um die – zahlenmäßig betrachtet – gegenüber den Kapitaleinkunftsverlusten geringeren Gewinne der progressiv besteuerten Einkunftsarten auf der Steuerlastachse auszugleichen[635]. Wenn hieraus und in der Gesamtschau mit dem zuvor skizzierten Argument der Möglichkeit eines milderen Mittels in Form der Steuergutschrift im Wege eines Erst-recht-Schlusses die Verfassungswidrigkeit

632 Vgl. *Loos*, DB 2007, S. 704 (705).

633 Nach der Einkommensteuer-Grundtabelle für das Jahr 2014 ergibt sich ein Grenzsteuersatz von 25 Prozent ab einem zu versteuernden Einkommen im Bereich von 15.554–15.878 €, in der Splittingtabelle im Bereich von 31.109–31.757 €. Berücksichtigt man, dass das durchschnittliche Bruttojahreseinkommen der deutschen Arbeitnehmer derzeit in einer Region leicht unterhalb von 30.000 € liegt, knapp 20 Prozent der Haushalte ein monatliches Nettoeinkommen unter 1.300 € haben und mehr als 30 Prozent aller Haushalte – darunter nicht wenige mit mehr als einer Person – über ein Nettoeinkommen zwischen 1.300 € und 2.600 € verfügen, so dürfte selbst ein Grenzsteuersatz von weniger als 25 Prozent keine Ausnahmeerscheinung sein, vgl. das umfangreiche Zahlenmaterial des Statistischen Bundesamtes, abrufbar unter www.destatis.de.

634 *Englisch*, StuW 2007, S. 221 (236 f.); *Röder* (2010), S. 340 f.; *Kirchhof/ v. Beckerath*, EStG[14], § 20 Rdnr. 10; *Jochum/Wassermeyer*, in: *K/S/M*, EStG, § 20 Rdnr. A 168; a.A. wohl *Kube*, DStR 2011, S. 1781 (1791), der offenbar aufgrund der für Kapitaleinkünfte einerseits und die übrigen Einkünfte andererseits geltenden Steuertarife zu Unrecht annimmt, das Leistungsfähigkeitsprinzips selbst rechtfertige zusammen mit dem Gedanken der Missbrauchsvermeidung bereits die Einschränkungen der Verlustverrechnung. Dem Leistungsfähigkeitsprinzip trägt die Möglichkeit einer Verlustverrechnung mittels Steuergutschrift aber zweifellos besser Rechnung.

635 Vgl. *Englisch*, StuW 2007, S. 221 (237).

des Verlustverrechnungsverbotes gefolgert wird[636], so kann dem indes nicht gefolgt werden. Die Umsetzung einer Steuergutschrift erforderte die Veranlagung der Einkünfte aus Kapitalvermögen und würde so das zentrale Vereinfachungsziel der Abgeltungsteuer unterlaufen, was zu vermeiden – zumindest im Kontext der Verlustverrechnung[637] – noch von der gesetzgeberischen Gestaltungsfreiheit gedeckt wird[638]. Hinzu kommt, dass das zweite Standbein des Erst-recht-Schlusses nicht trägt. Dem Umstand, dass auch im Falle eines indirekten Verlustausgleichs über Steuergutschriften noch Konstellationen denkbar sind, in denen trotz negativer Gesamteinkünfte eine Steuerlast entsteht, kommt kein wesentliches Gewicht zu, weil dem mit Hilfe der Billigkeitsvorschriften begegnet werden kann. Anders als im Bereich des § 20 IX EStG handelt es sich bei solchen Konstellationen um echte Härtefälle, die nicht auf gesetzgeberische Ignoranz zurückzuführen sind. Vielmehr hat der Gesetzgeber das Problem der Verlustberücksichtigung gesehen und insoweit einer zumindest vertretbaren Lösung zugeführt, während er im Bereich der Werbungskosten das Problem nicht wenigstens durch Berücksichtigung zu einem späteren Zeitpunkt, sondern überhaupt nicht gelöst hat.

Soweit ersichtlich noch nicht diskutiert, wurde die Vermeidung der Veranlagung zur Ermittlung der Steuergutschrift durch Einbeziehung der Banken in den Berechnungsprozess. Diese haben regelmäßig einen Überblick über die mit der bei ihnen getätigten Kapitalanlage zusammenhängenden Kosten und könnten infolgedessen auch die Höhe eines etwaigen Verlustes beziffern und gesondert feststellen. Durch Übermittlung dieser Verlusthöhe (auf Antrag des Steuerpflichtigen) an das Finanzamt, könnte dieses mittels weniger Rechenschritte die unter Einbeziehung von Solidaritätszuschlag und ggf. bestehender Kirchensteuerpflicht zutreffende Höhe der Steuergutschrift ermitteln und in der Gesamtveranlagung berücksichtigen. Der Vereinfachungseffekt der Abgeltungsteuer bliebe so erhalten.

Letztlich stellt aber auch dieser Ansatz keine den Gestaltungsspielraum des Gesetzgebers einschränkende Alternative dar. Hierfür fehlt es ihm sowohl an der

---

636 So *Englisch*, StuW 2007, S. 221 (237); ihm folgend *Oho/Hagen/Lenz*, DB 2007, S. 1322 (1324); i.E. ebenso, aber allein auf der Grundlage von Art. 14 GG, *Röder* (2010), S. 341; kritisch ferner *Loos*, DB 2007, S. 704 (705); *ders.*, DStZ 2010, S. 78 (79); zweifelnd auch *Jochum/Wassermeyer*, in: *K/S/M*, EStG, § 20 Rdnr. A 168.

637 Bereits im Rahmen der Ausführungen zur Bruttobesteuerung [oben b) bb)] wurde das erhebliche Gewicht des Vereinfachungsarguments der Abgeltungsteuer hervorgehoben. Es konnte dort wegen der vollständigen Aushebelung des obj. Nettoprinzips im Bereich der Werbungskosten aber gleichwohl für eine Rechtfertigung nicht ausreichen. Die weniger einschneidende Beschränkung des obj. Nettoprinzips hinsichtlich der Verlustverrechnung – diese wird nur eingeschränkt, aber nicht gänzlich ausgeschlossen – rechtfertigt hingegen an dieser Stelle eine andere Bewertung dahingehend, dem Vereinfachungsziel insoweit eine noch hinreichende Rechtfertigungswirkung beizumessen.

638 Ebenso *Strohm* (2010), S. 216 f.; *Jachmann*, DStJG Bd. 34 (2011), S. 251 (264); unklar *S. Wagner*, Stbg 2007, S. 313 (320).

Geeignetheit als auch an der Erforderlichkeit. Als noch vergleichsweise wenig problematisch stellt sich dabei die Verlagerung der Bestimmung der zutreffenden Steuerschuldhöhe von den Finanzämtern auf die Banken dar[639], sofern gleichwohl die Anforderungen an eine gleichmäßige Festsetzung der Steuern gewahrt blieben. Dies könnte insbesondere durch Verifizierung der von den Banken übermittelten Angaben im Rahmen der ohnehin zur Überprüfung eines richtigen Abgeltungsteuereinbehalts erforderlichen Banken-Außenprüfungen erfolgen. Hierbei müssten indes die von den Banken ermittelten und den Finanzbehörden mitgeteilten Daten betreffend die Verluste von Steuerpflichtigen nachgeprüft werden – genauso wie es sonst auch im Rahmen von Veranlagungen geschähe; der Vereinfachungseffekt wäre weitgehend nicht mehr gegeben. Zudem handelt es sich auch nicht um ein tatsächlich milderes Mittel. Zwar wird die Abweichung vom Leistungsfähigkeitsprinzip in ihren Folgen erheblich abgemildert. Der Preis hierfür ist aber ein (weiterer) Eingriff in die ebenfalls grundrechtlich geschützten Positionen der Banken, die zur (weiteren) Übernahme von Aufgaben der Finanzbehörden gezwungen und somit in der Durchführung ihrer wirtschaftlichen Tätigkeit beeinträchtigt würden. Darüber hinaus ist in Kapitalanlagen mit Bezug zu mehreren Kreditinstituten unter Umständen auch die Wahrung von Geschäftsgeheimnissen ebenso betroffen wie das Recht der Steuerpflichtigen auf informationelle Selbstbestimmung.

Damit ist die Regelung des § 20 VI 1 EStG jedoch noch nicht umfassend gerechtfertigt. Zwar deckt die gesetzgeberische Gestaltungsfreiheit den Verzicht auf ein Steuergutschriftenverfahren. Zweifelhaft bleibt aber immer noch, ob dies im Gegenzug den vollständigen – also auch die Vielzahl von Gering- und Durchschnittsverdiener betreffenden – Ausschluss der Verlustverrechnung rechtfertigt. Zieht man hinzu, dass die Wahrscheinlichkeit endgültiger Verlustuntergänge zudem überdurchschnittlich hoch ist, so erscheint der durch § 20 VI 1 EStG unvermeidliche Kollateralschaden in seinen Ausmaßen doch zu groß, als dass er noch akzeptiert werden könnte. Wenn die negativen und dem Grunde nach rechtfertigungsbedürftigen Begleiterscheinungen einer gesetzlichen Regelung nicht mehr einen Ausnahmefall bilden, bzw. zumindest nur eine Minderheit der Fälle betreffen, muss der Gestaltungsspielraum des Gesetzgebers seine Grenzen finden[640]. Weil § 20 VI 1 EStG das objektive Nettoprinzip zwar nicht im Kern, dafür aber in einer mehrheitlichen Fallzahl beeinträchtigt, kann der vollständige Ausschluss der Verrechnung des Verlustes aus Kapitaleinkünften im Jahre seiner Entstehung mit Einkünften aus anderen Einkunftsarten vor Art. 3 I GG keinen Bestand haben[641].

---

639 Zum zulässigen Einbehalt der Abgeltungsteuer durch die Banken und ihrer Rolle in diesem Besteuerungsverfahren insgesamt s. in diesem Kapitel unten unter E. II.; allg. zur Indienstnahme Privater im Rahmen des Steuergesetzesvollzugs *Drüen* (2005/2012), passim.

640 Ähnlich in jeweils anderem Zusammenhang auch BVerfGE 82, 60 (101 f.); *Lang/Englisch*, StuW 2005, S. 3 (10).

641 A.A. aber Strohm (2010), S. 204 ff., 308; ebenso Recnik (2011), S. 258, der noch nicht einmal eine rechtfertigungsbedürftige Ungleichbehandlung sieht; i.E. dagegen wie

bb) § 20 VI 4 EStG

Greift schon § 20 VI 1 EStG in nicht mehr zu rechtfertigender Weise in das objektive Nettoprinzip ein, so lässt sich schon erahnen, dass § 20 VI 4 EStG als Schedule in der Schedule[642] noch weniger Chancen hat, vor Art. 3 I GG zu bestehen. Der Gesetzgeber nennt als Sinn und Zweck der Regelung die Verhinderung von durch Spekulationsgeschäfte bedingten, abstrakt drohenden, qualifizierten Haushaltsrisiken; diese abstrakte Gefahr für den Haushalt müsse er vorbeugend in seiner Prognose berücksichtigen dürfen, um seiner künftigen Haushaltsverantwortung gerecht werden zu können[643]. Nun liegt in dieser Regelung zwar noch kein per se unzulässiger völliger Ausschluss der Verlustverrechnung[644], doch hat sich schon bei § 20 VI 1 EStG gezeigt, dass hieraus nicht schon die Zulässigkeit einer weniger weitgehenden Beschränkung gefolgert werden kann[645]. Vielmehr hat die Sonderregelung für Aktienverkäufe zur Folge, dass das objektive Nettoprinzip noch weitergehend als ohnehin schon der Unvollständigkeit und Zeitferne seiner Umsetzung ausgesetzt wird. Die Frage, ob der Rechtssicherheit und der Verstetigung der Staatseinnahmen demgegenüber der Vorrang eingeräumt werden kann[646], ist mit einem eindeutigen Nein zu beantworten. In der Begründung des Gesetzgebers dringt in zugleich erfreulicher Unmissverständlichkeit wie trauriger Gewissheit sein ausdrückliches Fiskalinteresse durch. Allein finanzielle Erwägungen rechtfertigen aber nicht Differenzierungen im Hinblick auf die unterschiedliche Besteuerung von Personengruppen und den Umsetzungsgrad des objektiven Nettoprinzips[647]. Gleichwohl finden sich immer wieder Stimmen, die bzgl. des staatlichen Finanzierungsbedarfes auf ein haushalterisches Kontinuitäts- und Planbarkeitserfordernis hinweisen[648]. Dieser Gedanke mag an anderer Stelle seine Berechtigung haben, passt aber aus einer langen Reihe von Gründen[649] nicht zur Konstellation des § 20 VI 4 EStG.

hier *Worgulla* (2013), S. 193 ff., 201 sowie – mit allerdings nur sehr oberflächlicher und undifferenzierter Betrachtung – *Rockoff* (2014), S. 220 ff., 251.

642 So etwa *Weber-Grellet*, NJW 2008, S. 545 (550); *Dinkelbach*, DB 2009, S. 870 (873).

643 BT-Drs. 16/5491, S. 19.

644 Stellvertretend BVerfGE 99, 88 (95 ff.).

645 Vgl. auch *Lang/Englisch*, StuW 2005, S. 3 (9).

646 S. zu dieser Thematik auch *Eckhoff*, DStJG Bd. 28 (2005), S. 11 (34); *Röder* (2010), S. 337.

647 Ständige Rspr. beginnend mit BVerfGE 6, 55 (80); 19, 76 (80); zuletzt BVerfGE 122, 210 (233, 236 f.) m.w.N.; 126, 268 (281).

648 In diese Richtung *Kube*, DStR 2011, S. 1829 (1834 f.); ähnlich wohl *Weber-Grellet*, NJW 2008, S. 545 (550); BVerfGE 82, 60 (102) m.w.N. lässt zumindest das Argument dringend erforderlicher Haushaltssanierung zu.

649 Hiervon werden an dieser Stelle nur einige thematisiert. Diejenigen, die eine fehlende Folgerichtigkeit des § 20 VI 4 EStG erkennen lassen, werden in einem eigenständigen Abschnitt [unten VIII. 3. e) und f)] behandelt.

Hauptmanko der Gesetzesbegründung ist, dass sie die wahren Motive für die Einführung des § 20 VI 4 EStG verschweigt[650]. Dies geschieht unabhängig vom Zustandekommen der dort zu lesenden Formulierung mit „gutem" Grund. Bei dem Verweis auf Haushaltsrisiken handelt es sich in erster Linie immer noch um einen fiskalisch geprägten Gedanken; gleiches gilt für Ziele wie Haushaltskonsolidierung[651] und Schuldenabbau. Daneben ist aber zumindest noch der Gedanke des Bemühens um Einhaltung verfassungsrechtlicher und europäischer Vorgaben erkennbar. Dies gilt jedoch überhaupt nicht mehr, wenn man die in der Presse mehrfach nachzulesende[652] wirkliche Intention, die in den Gesetzesmotiven nicht einmal ansatzweise erwähnt wird, zum Maßstab für eine Rechtfertigung des § 20 VI 4 EStG erhebt. Danach ging es dem Gesetzgeber einzig und allein um eine Gegenfinanzierungsmaßnahme für vorgenommene Entlastungen bei der Zinsschranke. Eindeutiger kann der Fiskalzweck einer Verlustverrechnungsbeschränkung kaum formuliert werden.

Allerdings ergibt sich somit auch die Frage, ob die wahren oder die vorgeschobenen Motive für die Verfassungsmäßigkeit des § 20 VI 4 EStG heranzuziehen sind. Wenngleich – insbesondere unter dem Aspekt, dass dem Steuergesetzgeber derart missbräuchliches Agieren ebenso wie dem Steuerpflichtigen nach der Regelung in § 42 AO zu sanktionieren ist – die besseren Gründe dafür sprechen, die wirklichen Motive des Gesetzgebers hinzuzuziehen[653], so führt doch auch eine gegenteilige Entscheidung im Ergebnis nicht zu einer abweichenden rechtlichen Bewertung.

So ist zunächst schon angeführt worden, dass auch im Falle dieser mit „höheren Weihen" versehenen, vermeintlich hehren Ziele des Gesetzgebers es immer noch bei einer fiskalisch dominierten Motivation zur Verbesserung der Haushaltslage bleibt, die vor Art. 3 I GG nicht bestehen kann[654]. Des Weiteren spricht die Gesetzesbegründung ausdrücklich Spekulationsgeschäfte an, rückt so private Aktieninvestoren in die Nähe von Glücksspielern[655] und suggeriert damit eine in breiten Teilen der Gesellschaft wohl ebenfalls vorhandene Antipathie für Spekulanten[656]. Damit soll hier durchaus nicht das zum Teil ins Perverse abdriftende Handeln

---

650 Auch sonst lässt sich der wahre Gesetzeszweck nicht immer aus den Motiven ablesen, deshalb mit Recht kritisch *Tipke*, StuW 2007, S. 201 (216).

651 BVerfGE 122, 210 (233, 236 f. m.w.N.) zur Pendlerpauschale spricht erneut deutlich aus, dass hierdurch allein keine vom Leistungsfähigkeitsprinzip abweichende Mehrbelastung der Steuerpflichtigen gerechtfertigt wird; stellvertretend für die Literatur *Osterloh/Nußberger*, in: *Sachs*, GG, Art. 3 Rdnr. 145.

652 S. etwa *Handelsblatt* vom 10.05.2007, S. 7, vom 15.05.2007, S. 6 und vom 16.05.2007, S. 4.

653 Insoweit wird verwiesen auf die überzeugende Darstellung bei *Loos*, DStZ 2010, S. 78 (81).

654 I.E. ebenso *Loos*, DStZ 2010, S. 78 (82); *Jachmann*, DStJG Bd. 34 (2011), S. 251 (264 f.); *Jochum*, DStZ 2010, S. 309 (313).

655 Zu Unrecht, vgl. *Loos*, DStZ 2010, S. 78 (83).

656 *Röder* (2010), S. 336 f.

mancher „Zocker" beschönigt werden, das in der jüngsten Vergangenheit zur schwersten Weltwirtschaftskrise der letzten Jahrzehnte geführt hat. Wenn solche Spekulanten durch § 20 VI 4 EStG wenigstens geringfügig in ihrer Spiellust gebremst würden, so wäre dies voll und ganz gerechtfertigt. Problematisch ist jedoch, dass die Verlustverrechnung zum einen nur private „Zocker" erfasst, zum anderen mangels Abhängigkeit von der Haltedauer keine Grenze mehr zwischen Spekulation und langfristiger Anlage vornimmt. Da aber die Zahl privater „Zocker" im Bereich privater Aktieninvestitionen gegenüber den langfristigen Investoren, die vor allem an einer regelmäßigen und attraktiven Dividende und nicht an kurzfristigen Kurssteigerungen interessiert sind, vernachlässigenswert gering sein dürfte, fehlt es insoweit an einer tatsächlichen Abstimmung des Gesetzeszweckes mit dem verfolgten Zweck[657]. Um die wirklichen Spekulanten zu treffen, sind Maßnahmen im Bereich der privaten Kapitaleinkünfte evident ungeeignet. Wenn die Gesetzesbegründung darüber hinaus auf der Grundlage des Börsencrashs von 2000 bis 2002 vorrechnet, wie sich massive Kursverluste konkret auf den Haushalt auswirken können, so erfolgt dies viel zu pauschal. Eine detailgetreue Berechnung offenbart nämlich die marginalen Effekte selbst größerer Börsencrashs auf den Bundeshaushalt. Rechnet der Gesetzgeber auf Basis der Börsenbaisse der Jahre 2000 bis 2002 gerundet mit Verlusten von 12 Milliarden Euro, so verteilen sich diese auf drei Haushaltsjahre mit durchschnittlich 4 Milliarden Euro – im Verhältnis zum gesamten Bundeshaushalt eine schon nicht mehr besonders große Summe[658]. Erst recht haushalterisch beherrschbar werden die Effekte der Verluste dann aber, wenn man berücksichtigt, dass – selbst für den völlig unrealistischen Fall einer tatsächlichen Realisierung aller zunächst nur auf dem Papier bestehenden Verluste (das Instrument der Teilwertabschreibung steht hier ja nicht zur Verfügung) durch Verkauf sämtlicher betroffener privat gehaltener Aktien – diese aufgrund der Regelung des § 20 VI 1 EStG lediglich in Höhe von 25 Prozent auf die Steuereinnahmen durchschlagen[659]. Dann aber verbleibt eine mögliche Minderung des Steueraufkommens in Höhe von maximal 1 Milliarde Euro, tendenziell jedoch deutlich darunter liegend. Warum aber ein dreistelliger Millionenbetrag die Planung eines Haushalts im dreistelligen Milliardenbereich in irgendeiner Weise nennenswert beeinträchtigen soll, ist nicht ersichtlich. Nur exemplarisch sei angeführt, dass die aus der realen Wirtschaftsentwicklung resultierenden Abweichungen der tatsächlichen Steuereinnahmen von der Steuerschätzung nahezu immer stärker spürbare Auswirkungen auf den Bundeshaushalt haben, ohne dass in diesem Zusammenhang von „abstrakt drohenden qualifizierten Haushaltsrisiken" gesprochen wird. Letztlich wird mit solch vorgeschobenen Begründungen nur das eigentliche Problem verschwiegen. Nicht etwa die vom Gesetzgeber heraufbeschworenen nicht einschätzbaren Haushaltsrisiken

657 Gleicher Ansicht *Wernsmann*, DStR 2009, Beihefter zu Heft 34, S. 101 (104); *Röder* (2010), S. 336 f.

658 Vgl. *Jachmann*, DStJG Bd. 34 (2011), S. 251 (265).

659 Vgl. *Röder* (2010), S. 338; ähnlich auch *Loos*, DStZ 2010, S. 78 (82, 83).

aufgrund einer Börsenbaisse begründen das Risiko eines den finanzverfassungsrechtlichen Anforderungen nicht genügenden Bundeshaushaltes, sondern einzig und allein das seit jeher kritisierte strukturelle Haushaltsdefizit[660].

Nach alledem verstößt § 20 VI 4 EStG in nicht mehr zu rechtfertigender Weise gegen das objektive Nettoprinzip und ist daher wegen Verletzung von Art. 3 I GG verfassungswidrig[661].

VIII. Folge(un)richtigkeit und System(un)gerechtigkeit der Abgeltungsteuer

Die bisherigen Ausführungen streiften die Thematik der Folgerichtigkeit nur am Rande. Dabei ist lediglich aufgezeigt worden, dass das Folgerichtigkeitsgebot neben dem Gebot der Besteuerung nach der wirtschaftlichen Leistungsfähigkeit die zweite, die Gestaltungsfreiheit des Steuergesetzgebers insbesondere im Bereich des Einkommensteuerrechts begrenzende Leitlinie bildet. Nachdem zunächst das Verhältnis der Abgeltungsteuer zum Leistungsfähigkeitsprinzip abgehandelt wurde, ist es nunmehr angezeigt, die Abgeltungsteuer unter dem Aspekt der Folgerichtigkeit zu untersuchen.

Weil eng hiermit verbunden soll daneben auch die Systemgerechtigkeit der Abgeltungsteuer einer genaueren Prüfung unterzogen werden. Zwar ist die systematische Analyse der Abgeltungsteuer schon erfolgt[662]. Verfassungsrechtliche Schlussfolgerungen konnten hieraus aber noch nicht gezogen werden, da eine allein steuersystematische Kritik zunächst einmal keine Relevanz für eine verfassungsrechtliche Würdigung hat. Deshalb schlägt erst die Untersuchung der Systemgerechtigkeit die Brücke hin zu einer möglichen gleichheitsrechtlichen Bedeutung der zuvor vorgenommenen steuersystematischen Erörterung.

Gerade im Hinblick auf die nachfolgende Prüfung der Abgeltungsteuer bzgl. ihrer Vereinbarkeit mit dem Folgerichtigkeitsgebot verdient ein Aspekt noch gesonderte Erwähnung: Schon die bisherigen verfassungsrechtlichen Prüfungen haben die

---

660 *Englisch*, StuW 2007, S. 221 (238); eine exemplarische Kritik zum Zusammenspiel von Schuldenbremse, Steuersenkungen und strukturellem Haushaltsdefizit findet sich bei *Klotz*, DÖV 2012, S. 504 ff.

661 So auch *Recnik* (2011), S. 143 ff., 258; *Worgulla* (2013), S. 266 f.; *Rockoff* (2014), S. 220 ff., 251 (mit allerdings nur sehr oberflächlicher und undifferenzierter Betrachtung); *Wernsmann*, DStR 2009, Beihefter zu Heft 34, S. 101 (104); *Jachmann*, DStJG Bd. 34 (2011), S. 251 (264); *Englisch*, StuW 2007, S. 221 (237 f.); *Loos*, DStZ 2010, S. 78 ff.; *Röder* (2010), S. 339; wohl auch *Kirchhof/v. Beckerath*, EStG[14], § 20 Rdnr. 11; *Behrens*, DStR 2007, S. 1998 (1999); *Dinkelbach*, DB 2009, S. 870 (873); unklar *S. Wagner*, DStZ 2007, S. 748 (751 f.) und *Blümich/Ratschow*, EStG, § 20 Rdnrn. 26 u. 469 (dort zumindest mit Zweifeln); Strohm (2010), S. 204 ff. sieht offenbar noch nicht einmal eine verfassungsrechtliche Zweifelsfrage und geht daher auf § 20 VI 4 EStG insoweit überhaupt nicht ein.

662 Dazu oben, § 5.

Unvereinbarkeit der Abgeltungsteuer mit Art. 3 I GG offenbar werden lassen. Es bedurfte folglich nicht einmal mehr Folgerichtigkeits- und Systemgerechtigkeitserwägungen. Schon hierin zeigt sich eine erhebliche Intensität des Verfassungsverstoßes. Gleichwohl ergibt sich hieraus noch kein Präjudiz für die abgetrennte Prüfung der Folgerichtigkeit und der Systemgerechtigkeit. Sollte sich indes auch insoweit eine Verfassungswidrigkeit der Abgeltungsteuer zeigen, so führte dies zu einer für sie erdrückenden Belastung. Sie würde dann gleich beide vom BVerfG gegenüber dem Steuergesetzgeber aufgestellten Begrenzungsmauern durchbrechen – ein wohl nahezu einmaliger Vorgang in der verfassungsrechtlichen Beurteilung von Steuergesetzen.

1. Inhalt und Bedeutung der Folgerichtigkeit

Ebenso wie das Prinzip der Besteuerung nach der wirtschaftlichen Leistungsfähigkeit wird auch das Folgerichtigkeitsgebot aus Art. 3 I GG abgeleitet[663]. Infolgedessen zielt es besonders auf die Wahrung des Besteuerungsgleichmaßes im Falle gesetzgeberischer Veränderungsaktivität. Es verlangt dem Gesetzgeber die Berücksichtigung von grundlegenden Rechtsgedanken, die im schon vorhandenen Gesetzeswerk Eingang gefunden haben, auch bei der Einfügung neuen Rechts in diesen Regelungsgegenstand ab. Auf diese Weise fordert das Folgerichtigkeitsgebot logische Konsequenz, Stetigkeit und Widerspruchsfreiheit für den Rechtssatz, den der Gesetzgeber in ein Teilrechtsgebiet und damit zugleich in die Gesamtrechtsordnung einzufügen gedenkt; mithin wird ein Abstimmungsbedürfnis von allgemeiner Regel und ausführendem Rechtssatz, von vorgefundenem und hinzutretendem Rechtssatz statuiert[664]. Für den Steuerpflichtigen bedeutet dies, dass er keinen widersprüchlichen Handlungsanweisungen ausgesetzt werden darf. Dies gilt selbstverständlich im Hinblick auf die Stringenz und Einheitlichkeit der gesetzlichen Einschätzung für oder gegen die Besteuerungswürdigkeit eines bestimmten Gegenstandes, daneben aber auch in Bezug auf das Verhältnis von gesetzgeberischer Belastungsentscheidung und ihrer tatsächlichen Durchsetzung. Letztlich scheint im Folgerichtigkeitsgebot das schon im römischen Recht bekannte Verbot des „venire contra factum proprium" im Regelungszusammenhang des allgemeinen Gleichheitssatzes durch[665].

---

663 Vgl. *Hey* (2002), S. 346; *Kirchhof*, in: *Isensee/Kirchhof*, HStR Bd. VIII, § 181 Rdnrn. 209 ff.; *Mellinghoff*, Ubg 2012, S. 369 (372) m.w.N.; daneben wird z.T. ergänzend das Rechtsstaatsprinzip herangezogen, s. z.B. *Kube*, AmosInternational 2010, Heft 2, S. 10 (14).

664 *Kirchhof*, in: *Isensee/Kirchhof*, HStR Bd. VIII, § 181 Rdnrn. 209 u. 221.

665 *Breinersdorfer*, DStR 2010, S. 2492 (2494). Bei alledem ist aber zu beachten, dass das Folgerichtigkeitsgebot nicht schon durch jede gesetzgeberische Unzulänglichkeit verletzt wird. Weil es sich um ein verfassungsrechtlich verankertes Prinzip handelt, muss schon ein gesetzgeberisches Versagen von einigem Gewicht vorliegen, um die Schwelle zu einer verfassungsverletzenden Handlung zu überschreiten.

2. *Zur Relevanz des Folgerichtigkeitsgebotes im Einkommensteuerrecht*

Das Folgerichtigkeitsgebot entfaltet seine Wirkung nicht nur im Steuerrecht. Es stellt in allen Bereichen des Rechts einen Prüfungsmaßstab dar[666]. Aus diesem Grund ist die Forderung des BVerfG nach einem hinreichenden Maß an Folgerichtigkeit einfachgesetzlicher Wertungen ein seine jüngere Rechtsprechung zum Gleichheitssatz besonders nachhaltig beeinflussender Grundgedanke[667]. Für den Bereich des Steuerrechts verdeutlicht das BVerfG zudem, dass gerade hier „die grundsätzliche Freiheit des Gesetzgebers, diejenigen Sachverhalte zu bestimmen, an die das Gesetz dieselben Rechtsfolgen knüpft und die es so als rechtlich gleich qualifiziert" auch durch das Gebot der Folgerichtigkeit begrenzt wird[668]. Konkret bedeutet dies, dass dem Gesetzgeber zwar ein weitreichender Entscheidungsspielraum sowohl bei der Auswahl des Steuergegenstandes als auch des Steuersatzes zukommt, er nach Regelung dieses Ausgangstatbestandes aber die einmal getroffene Belastungsentscheidung folgerichtig im Sinne der Belastungsgleichheit umzusetzen hat[669]. Auf diese Weise wendet sich das BVerfG gegen Gruppeninterventionen und Kompromissanfälligkeit im Steuerrecht[670]. Schon die bisherigen Untersuchungen haben deutlich werden lassen, dass auch die Abgeltungsteuer spürbar von Lobbyinteressen[671] und gesetzgeberischen, Fiskalzwängen geschuldeten Kompromissen geprägt ist. Damit ist zweifelhaft, ob sie den soeben angeführten Anforderungen des BVerfG genügt und ein noch akzeptables Maß an Folgerichtigkeit aufweist. Jedenfalls weist die Abgeltungsteuer eine Vielzahl von Bereichen auf, in denen ihre folgerichtige Ausgestaltung fraglich erscheint und die deshalb einer näheren Betrachtung bedürfen.

---

666 *Kirchhof*, in: *Isensee/Kirchhof*, HStR Bd. VIII, § 181 Rdnr. 215; zur zentralen Bedeutung im Steuerrecht zuletzt grundlegend *Schön*, StuW 2013, S. 289 (295 ff.).

667 Vgl. *Osterloh/Nußberger*, in: *Sachs*, GG, Art. 3 Rdnr. 98; zur Schärfe der mit dem Folgerichtigkeitsgebot bewirkten Systemkontrolle sowie zur Kritik an dieser Rspr. vgl. die Nachweise bei *Mellinghoff*, Ubg 2012, S. 369 (371 f.).

668 St. Rspr., s. nur BVerfGE 110, 412 (433); 122, 210 (231) m.w.N.; 124, 282 (294 f.).

669 Ebenfalls st. Rspr., vgl. BVerfGE 93, 121 (136); 107, 27 (47) m.w.N.; 124, 282 (295); 132, 179 (189); zur Schwierigkeit, die getroffene Belastungsentscheidung zu identifizieren s. *Seiler*, DStJG Bd. 34, S. 61 (69 f.).

670 *Kirchhof*, StuW 2006, S. 3 (14); ausführlich zum Folgerichtigkeitsgebot als Kriterium der (Steuer)Gerechtigkeit *Tipke*, StuW 2007, S. 201 (205 ff.).

671 Zu derart bedingten, die Folgerichtigkeit in Frage stellenden Ausnahmeregelungen im Steuerrecht insgesamt *Kube*, AmosInternational 2010, Heft 2, S. 10 (11).

3. *Konkrete Bereiche nicht folgerichtiger Ausgestaltung der Abgeltungsteuer*

a) *Das Verhältnis von Zinsschranke und Abgeltungsteuer*

Das Zusammenspiel der ebenfalls durch das Unternehmensteuerreformgesetz 2008 in § 4h EStG eingeführten Zinsschranke und der Abgeltungsteuer[672] erweist sich gleichsam als übergeordnetes Folgerichtigkeitsproblem. Während die Zinsschranke von der gesetzgeberischen Grundentscheidung getragen wird, im Grundsatz eine übermäßige Fremdfinanzierung von Unternehmen zugunsten einer ausreichenden Eigenkapitalausstattung zurückzudrängen, steht die Abgeltungsteuer hierzu im Widerspruch. Wie schon ausgeführt[673], schafft die Abgeltungsteuer starke Anreize zur Fremdfinanzierung von Unternehmen, indem sie anfallenden Zinsaufwand mit voller Progressionswirkung zum Abzug zulässt, während sich Zinserträge aus angelegtem Eigenkapital zum Abgeltungsteuersatz versteuern lassen. Dass der Gesetzgeber damit sich eindeutig widersprechende Handlungssignale an die Steuerpflichtigen aussendet, ist offensichtlich. Dennoch ist nicht davon auszugehen, dass diese fehlende Folgerichtigkeit Auswirkungen auf die Frage der Verfassungsmäßigkeit der Abgeltungsteuer hat. § 4h II EStG schränkt den Anwendungsbereich der Zinsschranke mitunter in erheblichem Umfang ein. In Anbetracht der dort vorgesehenen Ausnahmen von der grundsätzlichen Beschränkung des Betriebsausgabenabzugs für Zinsaufwendungen, verbleibt – wenn überhaupt – nur eine äußerst geringe Anzahl denkbarer Fälle, in denen der aufgezeigte Widerspruch zwischen Abgeltungsteuer und Zinsschranke zum Tragen kommen könnte. Fehlende Folgerichtigkeit ist dem Gesetzgeber daher kaum im Umsetzungsbereich einer Belastungsentscheidung vorzuhalten. Sie bezieht sich vielmehr auf die mangelhafte Gesamtkonzeption der Unternehmensteuerreform 2008. Ihr mangelt es an hinreichender Abstimmung der unterschiedlichen Regelungsbereiche aufeinander. Eine somit vorliegende Folgeunrichtigkeit in der systematischen Abstimmung ist zwar kritikwürdig; zu einem Gleichheitsverstoß im Sinne des hier maßgeblichen Folgerichtigkeitsbegriffs führt sie jedoch nicht.

b) *Folgerichtigkeit in der Entwicklung des Schedulenkonzepts?*

Fraglich ist, ob sich vom Gesetzgeber überhaupt Folgerichtigkeit zwischen unterschiedlichen Schedulen einfordern lässt[674]. Dafür spricht, dass der partielle Übergang

---

672 Vgl. hierzu *Kollruss*, GmbHR 2007, S. 1133 ff.; zu den grundlegenden Inhalten der Zinsschranke *Höller* (2011), S. 173 ff.; neue Rechtfertigungsansätze zur Zinsschranke bietet jüngst *Heyes* (2014), passim.

673 In § 4 unter F. V.

674 Dies m.E. zutreffend verneinend *Hey*, BB 2007, S. 1303 (1308); bejahend und keine folgerichtige Entwicklung des Schedulensteuerkonzepts attestierend *Englisch*, StuW 2007, S. 221 (236); ebenfalls skeptisch im Hinblick auf diesen Folgerichtigkeitsaspekt der Abgeltungsteuer *Tipke*, StuW 2007, S. 201 (209).

zu einem Schedulensteuerkonzept nicht zur Loslösung von der synthetisch bemessenen Einkommensleistungsfähigkeit führen darf. Dagegen spricht das Recht des Gesetzgebers zu einem Systemwechsel[675], im Rahmen dessen er sich innerhalb der Schedule für andere Prinzipien entscheiden kann (z.B. die Bruttobesteuerung) als bei den übrigen Einkunftsarten. Dieses Recht würde nicht nur stark beschnitten, sondern praktisch ausgehöhlt, wenn man vom Gesetzgeber beim Systemwechsel weiterhin eine folgerichtige Anknüpfung oder Fortsetzung des vorherigen Systems verlangte. Vor willkürlichen Systemwechseln bietet Art. 3 I GG in seinem klassischen Anwendungsbereich ausreichend Schutz. Es genügt deshalb, dem Gesetzgeber Folgerichtigkeit in der Entwicklung des neuen (Teil)Systems abzuverlangen. In der Entwicklung einer Schedulensteuer an sich, hier der Abgeltungsteuer, liegt folglich noch kein Verstoß gegen das Folgerichtigkeitsgebot.

c) Veranlagungen ohne Umsetzung des objektiven Nettoprinzips

Unter dem Aspekt der Folgerichtigkeit ebenfalls problematisch sind die Fälle der sog. Günstigerprüfung (§ 32d VI EStG). Hierbei wird nämlich zur Ermittlung des anzuwendenden Steuersatzes eine Veranlagung auch unter Einbeziehung von privaten Kapitaleinkünften vorgenommen. Gleichwohl bleiben Werbungskosten außer Betracht, sodass eine zumindest partiell auf Bruttogrößen basierende Veranlagung durchgeführt wird. Wenn der Gesetzgeber mit Einführung der Abgeltungsteuer eine grundlegende Abkehr von der Steuerveranlagung im Rahmen der Besteuerung von Einkünften aus Kapitalvermögen vollzieht, so hat er auch diese Grundentscheidung folgerichtig umzusetzen[676]. Ob er dem in Fällen der Günstigerprüfung entsprochen hat, erscheint indes fraglich. Zunächst ist es schon nicht konsequent, dass eine Abkehr von der Veranlagung erfolgen soll, dies dann aber nicht umfassend geschieht, sondern wiederum Ausnahmen vorgesehen sind. Hiermit begibt sich der Gesetzgeber in Widerspruch zu seiner Vollzugsvereinfachungsintention. Allerdings ist die Durchführung einer Günstigerprüfung an sich zur Gewährleistung einer leistungsfähigkeitsgerechten Besteuerung zwingend. Allein der Umstand, dass hierzu eine Veranlagung auch der Einkünfte aus Kapitalvermögen erfolgt, ist aus Folgerichtigkeitserwägungen abzulehnen. Ebenso gut hätten durch einen höheren Sparer-Pauschbetrag und/oder einen niedrigeren Steuertarif (im Idealfall im Bereich der Höhe des Eingangssteuersatzes) jede Günstigerprüfung und folglich die entsprechenden Veranlagungen obsolet werden können. Zuzugeben ist aber, dass diese Alternative zwar eine umfassende Folgerichtigkeit der Abkehr von der Veranlagung darstellt, das Vorhandensein von „Veranlagungsrestfällen" dennoch keine die Folgerichtigkeit der Abkehr von der Veranlagung eindeutig ausschließende Situation begründet. Die gesetzgeberische Entscheidung gegen den ausnahmslosen

---

675 Ausführlich *Leisner* (2002), S. 235 ff., insb. 241; *Hey* (2002), S. 346; ferner *Birk*, StuW 2000, S. 328 (334); konkret bezogen auf die Abgeltungsteuer *Eckhoff*, FR 2007, S. 989 (993 f.); vgl. zudem zur Frage der Systemwidrigkeit unten unter VIII. 4.

676 Vgl. *Wenzel*, DStR 2009, S. 1182 (1184); *Musil*, FR 2010, S. 149 (154).

Ausschluss einer Veranlagung von Einkünften aus Kapitalvermögen lässt in ihrer konkreten Ausgestaltung immer noch ein hinreichendes Maß an Abkehr vom Veranlagungsprinzip und damit an Folgerichtigkeit erkennen.

Wesentlich schwerer wiegt dagegen die im Falle der Günstigerprüfung trotz Veranlagung partiell erfolgende Bruttobesteuerung[677]. Bis zur Einführung der Abgeltungsteuer folgte aus der Durchführung einer Veranlagung auch die Berücksichtigung von Betriebsausgaben bzw. Werbungskosten und erwies sich die Veranlagung als u.a. der Wahrung des objektiven Nettoprinzips dienendes Instrument. Nun gilt dies wie aufgezeigt nicht mehr uneingeschränkt. Damit verlässt der Gesetzgeber den zuvor beschrittenen Weg zur Ermittlung der Grundlagen seiner Belastungsentscheidung. Wenn er hierbei auf Veranlagungen im Bereich der Kapitaleinkunftsschedule vollständig verzichten würde, so wäre dies aufgrund der systematischen Neukonzeption dieser Schedule mit ihrer selbständigen Belastungsentscheidung durchaus folgerichtig. Anders verhält es sich dagegen bei ausnahmsweise zugelassenen Veranlagungen dieser Scheduleneinkünfte. Hier bleibt es bei der engen Verzahnung des Veranlagungsverfahrens mit der Verwirklichung des objektiven Nettoprinzips. Trotz Einführung der Abgeltungsteuer dominiert dieser Zusammenhang immer noch in den übrigen Einkunftsarten des EStG. Mithin kommt der Relation „wenn Veranlagung, dann Wahrung des objektiven Nettoprinzips" nach wie vor für das Einkommensteuerrecht eine immer noch fast uneingeschränkte Geltungswirkung zu. Die Aufgabe dieser Bedingung in einer neu geschaffenen Schedule führt nicht zur Abstandsnahme von dieser Entscheidung insgesamt. Weil sie vielmehr im übrigen EStG beibehalten wird, bleibt

677 Wenn FG Baden-Württemberg EFG 2013, 1041 dem dadurch begegnen wollte, dass im Wege einer verfassungskonformen Auslegung des § 32d VI EStG dahingehend, dass die tatsächlich entstandenen Werbungskosten jedenfalls dann abzugsfähig seien, wenn der individuelle Steuersatz unter Berücksichtigung des Sparer-Pauschbetrages unter 25 Prozent liege, so verdiente dies nur verhaltenen Beifall. Anzuerkennen ist das Bemühen um die Wahrung des obj. Nettoprinzips (dies wird zutreffend gewürdigt in der Besprechung von *Mertens/Karrenbrock*, DStR 2013, S. 950 ff.; fraglich bleibt hingegen, warum nicht auch Fälle, in denen der individuelle Steuersatz über 25 Prozent liegt, erfasst sein sollen). Weil aber § 32d VI 1 EStG ausdrücklich auf die „nach § 20 ermittelten Kapitaleinkünfte" und damit auch auf § 20 IX EStG verweist, handelt es sich um eine (gut gemeinte) Auslegung contra legem. Auf diese Weise ließen sich zwar viele der hier festgestellten verfassungswidrigen Einzelpunkte der Abgeltungsteuer „heilen" (allerdings auch nur im Einzelfall). Eine solche Vorgehensweise ist den Gerichten aber versagt. Somit wäre auch das FG Baden-Württemberg allein zu einer Aussetzung des Verfahrens und Vorlage an das BVerfG berufen gewesen. Dies wird auch von BFH BStBl. II 2015, 393 bemängelt, wo die Entscheidung des FG Baden-Württemberg daher völlig zu Recht [a.A. unter Verkennung der soeben aufgezeigten Problematik *Karrenbrock*, NWB 2015, S. 1310 (1313 f.)] aufgehoben und festgestellt wird, dass ein Abzug tatsächlicher Werbungskosten auch bei der Günstigerprüfung nach derzeitiger Rechtslage nicht in Betracht kommt (so zuvor bereits FG Rheinland-Pfalz EFG 2013, 932).

sie der Maßstab für folgerichtige Entscheidungen des Gesetzgebers. Nur im Einzelfall hiervon abzuweichen, ist ihm daher wegen seiner Bindung an das Folgerichtigkeitsgebot verwehrt[678]. Dies gilt umso mehr, als dass im Zuge einer Veranlagung das zur Begründung einer Bruttobesteuerung angeführte Vereinfachungsargument nicht mehr greift. Wo der Steuerpflichtige seine Kapitaleinkünfte in der Steuererklärung angibt, da kann im Rahmen der Verarbeitung dieser Daten durch das Finanzamt unschwer auch noch der beigefügte Aufwandsposten einfließen.

d) Die Abgeltungsteuer und die Spendenabzugsbeschränkung

aa) VZ 2009–2011

Ein Problem der besonderen Art ergibt sich im Zusammenspiel von Abgeltungsteuer und der Abzugsmöglichkeit von Zuwendungen zur Förderung steuerbegünstigter Zwecke. Mit dem Gesetz zur weiteren Stärkung des bürgerschaftlichen Engagements[679] sind die Abzugsmöglichkeiten in § 10b EStG erheblich erweitert worden. Anknüpfungspunkt für den möglichen Höchstabzugsbetrag ist dabei nach wie vor u.a. der Gesamtbetrag der Einkünfte. Allerdings führt seit Geltung der Abgeltungsteuer der durch das Unternehmensteuerreformgesetz 2008 neu eingefügte § 2 Vb Satz 1 EStG zu mitunter erheblichen Einschränkungen der Spendenabzugsmöglichkeit. Danach haben Kapitalerträge, die der Abgeltungsteuer unterliegen, bei der Ermittlung des Gesamtbetrags der Einkünfte außer Betracht zu bleiben. Dies führt nun dazu, dass Steuerpflichtige, die ausschließlich oder hauptsächlich Einkünfte aus Kapitalvermögen erzielen, entweder überhaupt keinen steuerlichen Vorteil von einer Spende haben oder zumindest das volle Abzugspotenzial ihrer Spende nicht nutzen können[680]. Dabei ist doch gerade die Gruppe der Großspender regelmäßig mit der Gruppe von Beziehern sehr hoher Einkünfte, die wenigstens weit überwiegend aus Kapitalvermögen bestehen, identisch. Es erfolgt also eine Beschneidung steuerlicher Anreizmechanismen in Konstellationen, in denen eine – vom Gesetzgeber wohlgemerkt ausdrücklich gewünschte – hohe Spendenbereitschaft typischerweise besonders realistisch zu erwarten ist[681]. Ob diese offenkundig äußerst widersprüchlichen Gesetze nur eine gesetzgeberische Schwachleistung sind oder der eingeschränkte Spendenabzug sogar mangels Folgerichtigkeit verfassungswidrig ist[682], steht damit noch nicht fest.

Zu beachten war hierfür zunächst die weitere Regelung in § 2 Vb Satz 2 Nr. 1 EStG, die dem Steuerpflichtigen im Falle des Spendenabzugs auf Antrag die

678 I.E. ebenso *Wenzel*, DStR 2009, S. 1182 (1184 f.).

679 BGBl. I 2007, 2332; zu den durchweg positiven literarischen Stellungnahme vgl. die Nachweise bei *Musil*, FR 2010, S. 149 (150 Fn. 7).

680 Vgl. *Musil*, FR 2010, S. 149 (150); s. ferner die ausführlichen Beispielrechnungen von *Roth*, FR 2008, S. 209 (210 ff.).

681 In diesem Sinne auch *Musil*, FR 2010, S. 149 (152).

682 Allgemein zur Unterscheidung zwischen bloßem Gesetzgebungsmangel und Verfassungswidrigkeit *Kirchhof*, in: *Isensee/Kirchhof*, HStR Bd. VIII, § 181 Rdnrn. 219 ff.

Nichtanwendung des § 2 Vb Satz 1 EStG ermöglichte. Dadurch konnte es zu einer Reduktion des sonst ungenutzten Sonderausgabenabzugs kommen, bei in ausreichendem Maße neben den Kapitaleinkünften vorhandenen anderen Einkünften sogar zu einer vollständigen Ausnutzung des Sonderausgabenabzugs[683].

Des Weiteren spielte in diesem Zusammenhang nochmals die sog. Günstigerprüfung des § 32d VI EStG eine Rolle. Denn nach § 2 Vb Satz 2 Nr. 2 EStG galt auch dann die Regelung des § 2 Vb Satz 1 EStG nicht. Ob und inwieweit dies dem ausschließlich Kapitaleinkünfte beziehenden Steuerpflichtigen tatsächliche Vorteile bringen konnte, hängt indes von der Auslegung des § 32d VI EStG ab.

Trotz des eigentlich eindeutigen Wortlautes ist umstritten, wie die Günstigerprüfung zu erfolgen hat. Der Gesetzeswortlaut stellt darauf ab, ob die Einbeziehung der Kapitaleinkünfte in die Veranlagung der Einkünfte aus den übrigen Einkunftsarten zu einer niedrigeren Einkommensteuer führt[684]. Die Gesetzesbegründung meint, dass damit für Steuerpflichtige mit einem persönlichen Steuersatz unterhalb des Abgeltungsteuersatzes die Möglichkeit geschaffen werde, dass deren Einkünfte aus Kapitalvermögen diesem niedrigeren Steuersatz unterworfen werden[685]. Hieraus wird vielfach abgeleitet, dass dem Antrag auf Günstigerprüfung nur dann zu entsprechen sei, wenn der Einkommensteuersatz für die Einkünfte, die dem progressiven Tarif unterliegen, unter 25 Prozent liegt[686]. Das BMF hat zwar ausführlich zu Einzelfragen der Abgeltungsteuer Stellung bezogen[687]. Im Hinblick auf die hier thematisierte Problematik ist seine Stellungnahme indes wenig ergiebig, da sie aufgrund ihrer Widersprüchlichkeit mehr Unsicherheit als Klarheit schaffen kann. So ist einerseits davon die Rede, dass für Steuerpflichtige, deren Belastung mit der tariflichen Einkommensteuer auf Kapitaleinkünfte niedriger ist als der Abgeltungsteuersatz, die Möglichkeit geschaffen werde, ihre Einkünfte aus Kapitalvermögen diesem niedrigeren Steuersatz zu unterwerfen[688]. Dies klingt deutlich nach einer Bezugnahme auf die Gesetzesbegründung und bestätigt prima facie die herrschende

---

683 Vergleichende Berechnungen finden sich bei *Roth*, FR 2008, S. 209 (210 f.).

684 Genau genommen einschließlich der Zuschlagsteuern. Aus Vereinfachungsgründen bleiben diese in der weiteren Betrachtung allerdings unberücksichtigt.

685 Vgl. BT-Drs. 16/4841, S. 62.

686 So die wohl h.M., s. etwa *Kirchhof/Lambrecht*, EStG[14], § 32d Rdnr. 20; *Schlotter*, in: *L/B/P*, EStG, § 32d Rdnr. 50; zuletzt *Karrenbrock*, NWB 2015, S. 1310 (1312 f.); *vgl.* ferner die zahlreichen weiteren Nachweise bei *Roth*, FR 2008, S. 209 (215 Fn. 35).

687 Zunächst BStBl. I 2010, 94 ff. mit Anmerkungen von *Haisch/Krampe*, FR 2010, S. 311 ff. (Teil I) und *Elser/Bindl*, FR 2010, S. 360 ff. (Teil II); ferner *Kracht*, NWB-EV 2010, S. 77 ff. (Teil 1) und S. 142 ff. (Teil 2) sowie *Ronig*, DB 2010, S. 128 ff. Nachfolgend aktualisiert und ergänzt durch BStBl. I 2012, 953 ff. mit Anmerkungen von *Spieker*, DB 2012, S. 2836 ff. und *Ronig*, NWB 2012, S. 3770 ff. sowie BStBl. I 2014, 1608 ff. mit Anmerkungen von *Spieker*, DB 2015, S. 207 ff. und jüngst BStBl. I 2016, 85 ff. mit Anmerkungen von *Spieker*, DB 2016, S. 197 ff.

688 BMF BStBl. I 2010, 94 (115 Rdnr. 149), BStBl. I 2012, 953 (976 Rdnr. 149), BStBl. I 2014, 1608 (1609 Rdnr. 149) und BStBl. I 2016, 85 (109 Rdnr. 149).

Meinung. Andererseits wird aber weiter ausgeführt, dass das Finanzamt im Rahmen einer solchen Steuerfestsetzung von Amts wegen prüfe, ob die Anwendung der allgemeinen Regelungen zu einer niedrigeren Steuerfestsetzung führt[689]. Hieraus lässt sich ein anderes Verständnis ableiten als aus der erstgenannten Aussage. Danach wäre im Rahmen der Günstigerprüfung allein darauf abzustellen, ob die absolute Steuerlast – unabhängig vom persönlichen Steuersatz – für den Steuerpflichtigen bei Veranlagung

Letztgenannter Ansatz überzeugt; ihm ist daher zu folgen. Hierfür spricht, wie schon angedeutet, zunächst der Wortlaut des § 32d VI EStG[690]. Hätte der Gesetzgeber tatsächlich allein den tariflichen Einkommensteuersatz als Vergleichsmaßstab für die Günstigerprüfung wählen wollen, so hätte er eine andere Formulierung unter Verwendung von entsprechend eindeutigen Termini gebrauchen müssen. Des Weiteren lässt auch schon die Gesetzesbegründung ein solches Verständnis des § 32d VI EStG zu. In Bezug auf den möglichen negativen Ausfall der Günstigerprüfung heißt es dort nämlich, dass dies *z.B.* der Fall sein könnte, weil der persönliche Steuersatz des Steuerpflichtigen oberhalb von 25 Prozent liegt[691]. Der persönliche Steuersatz allein kann damit nicht entscheidend für das Ergebnis der Günstigerprüfung sein. Mindestens ein anderer Bewertungsmaßstab muss als weitere Alternative daneben treten, damit wirklich von einem Beispiel in der Gesetzesbegründung gesprochen werden kann. Vor dem Hintergrund des Wortlauts in § 32d VI EStG drängt sich dann aber wiederum die absolute Steuerlast als Betrachtungsgröße auf. Schließlich führt dieses Verständnis auch zu einer zumindest folgerichtigkeitsfreundlichen, wenn nicht sogar verfassungskonformen Auslegung. Diese reduzierte – wie im Folgenden aufgezeigt wird – die Widersprüche zwischen dem Gesetz zur weiteren Stärkung des bürgerschaftlichen Engagements und der Abgeltungsteuer auf ein geringes und damit noch akzeptables Maß und ist auch aus diesem Grunde vorzugswürdig.

In Anbetracht dieser Umstände blieben für die Annahme einer fehlenden Folgerichtigkeit des Spendenabzugs bei der Abgeltungsteuer nur noch folgende Konstellationen: Zum einen bestand die Möglichkeit, dass eine Spende dann trotz der Sonderregelungen in § 2 Vb Satz 2 Nrn. 1 und 2 EStG steuerlich nur eingeschränkt ihre Wirkung entfaltete und ein ungenutzter Sonderausgabenabzug zurückblieb, wenn die neben den Kapitaleinkünften erzielten anderen Einkünfte nicht mindestens 20 Prozent der gesamten Einkünfte ausmachten. Zum anderen lohnte sich für Steuerpflichtige, die ausschließlich Kapitaleinkünfte bezogen und die im Zuge der Günstigerprüfung mit dem Spitzensteuersatz belastet wurden, die Veranlagung nicht, wenn sie nicht zwischen 36 und 44,5 Prozent der Summe ihrer Einkünfte als Sonderausgaben geltend machen konnten[692]. Zwar war damit für Bezieher von Kapitaleinkünften das Spenden zuweilen unattraktiv geworden, weil es an einer

689 BMF, a.a.O., jeweils Rdnr. 150.
690 Ebenfalls hierauf abstellend *Musil*, FR 2010, S. 149 (151); *Roth*, FR 2008, S. 209 (215).
691 Vgl. BT-Drs. 16/4841, S. 62 [Hervorhebung durch den Verfasser].
692 S. hierzu ausführlich und mit grafischer Aufbereitung *Roth*, FR 2008, S. 209 (216 f.).

steuerlichen Relevanz fehlte[693]. Allerdings ist der Zahl der Steuerpflichtigen, die über derart hohe Kapitaleinkünfte verfügen und dann auch noch einen für sie steuerlich ungünstigen Anteil spenden, äußerst gering. Dagegen war die weit überwiegende Mehrheit der Steuerpflichtigen von den Wirkungen der Abgeltungsteuer in Bereich des Spendenabzuges nicht negativ betroffen. Zudem ließ sich nicht behaupten, dass die Folgen des gesetzgeberischen Handelns, wonach sich für Kapitaleinkunftsmillionäre eine Spendenhöhe im Bereich von rund 40 Prozent steuerlich rechnete, für die Betroffenen inakzeptabel gewesen wäre und negative Folgen für die Spendenkultur zu befürchten waren. Häufig gehen superreiche Wohltäter zwar noch deutlich über diesen Bereich hinaus, doch spielen die steuerlichen Wirkungen der Spende in diesen Fällen ohnehin keine Rolle mehr. Somit durfte auch der Gesetzgeber sie vernachlässigen. Nach alledem nahm die fehlende Folgerichtigkeit der Abgeltungsteuer im Bereich der Spendenabzugsmöglichkeiten nur sehr beschränkten Raum ein. § 2 Vb Satz 2 Nrn. 1 und 2 EStG sorgten demgegenüber für eine überwiegende Folgerichtigkeit im Verhältnis von Abgeltungsteuer und Spendenabzugsmöglichkeiten. Die dennoch bestehenden unzureichenden Anreizwirkungen für potenzielle Großspender blieben kritikwürdig. Weil für die Folgerichtigkeit aber entscheidend ist, dass sie in nahezu allen Fällen vorhanden ist und nicht, dass sie auch noch die Fälle mit den höchsten Summen erfasst, war im Zusammenspiel von Abgeltungsteuer und Spendenabzug jedenfalls bis Ende 2011 keine Verfassungswidrigkeit anzunehmen[694].

bb) VZ seit 2012

Nach der ersatzlosen Streichung des § 2 Vb Satz 2 EStG durch das StVereinfG 2011 ist nunmehr allein die bereits problematisierte Regel des § 2 Vb (Satz 1) EStG übrig geblieben. Trotz deren zweifelhafter Rechtmäßigkeit werden die mit ihr wieder auflebenden Probleme des Spendenabzugs allerdings kaum hinreichend thematisiert[695]. Dabei ist es äußerst fraglich, ob das Zurückstellen der in den Vorjahren noch durchschlagenden Gerechtigkeitsbedenken zugunsten der Vereinfachung[696] tatsächlich eine tragfähige Rechtfertigung für die Neuregelung bietet. Denn selbst wenn man wegen der besonders folgerichtigen Umsetzung des mit der Abgeltungsteuer verbundenen Vereinfachungszwecks insoweit durchaus gut vertretbar einen Folgerichtigkeitsverstoß verneint, so bliebe immer noch ein möglicher Gleichheitsverstoß übrig. Denn die Personengruppe, bei der die Abgeltungsteuer nicht greift, wird gegenüber der Personengruppe, die infolge der Abgeltungsteuer von der geringeren und damit nachteiligen Höhe des möglichen Sonderausgabenabzugs betroffen ist,

---

693 Vgl. *Musil*, FR 2010, S. 149 (151).

694 Ebenso *Musil*, FR 2010, S. 149 (152 u. 154).

695 Kritik findet sich nur vereinzelt im Rahmen der Sachverständigenanhörung, vgl. *Reimer*, Finanzausschuss, Protokoll Nr. 17/51, S. 27 f. und *Gutmann* (BAGFW), a.a.O., S. 36; unkritisch hingegen *Kirchhof/Kirchhof*, EStG[14], § 2 Rdnr. 111; *Schmidt/Weber-Grellet*, EStG[34], § 2 Rdnr. 65.

696 *Blümich/Ratschow*, EStG, § 2 Rdnr. 167.

ungleich behandelt, ohne dass hierfür rechtfertigende Gründe ersichtlich wären. Als einziger Ausweg bleibt in diesen Fällen eine sehr weite Auslegung des § 32d VI EStG. Danach müsste es vom Wahlrecht des Steuerpflichtigen auch umfasst sein, die Überprüfung seiner Steuerschuld unter Einbeziehung der Kapitaleinkünfte in die Regelung des § 10b EStG zu verlangen. Ergibt sich dann trotz Anwendung des progressiven Tarifs aufgrund der nun möglichen höheren Spendenabzüge eine geringere Steuerschuld, so ist diese festzusetzen.

Dass dieser Weg ganz offensichtlich der beabsichtigten weitergehenden Konzentration der Vereinfachung durch die Abgeltungsteuer[697] zuwiderläuft, ist hinzunehmen. Immerhin wird so die Verfassungswidrigkeit des § 2 Vb EStG vermieden. Einmal mehr zeigt sich aber das fehlende Bewusstsein des Gesetzgebers für die Folgen seines Handelns. Ob darüber hinaus bei den betroffenen Steuerpflichtigen die Bereitschaft besteht, Spenden im Ergebnis letztlich wirklich bis zu 100 Prozent aus ihrem Privatvermögen zu leisten, wird sich zeigen müssen. Gerade dann, wenn die hier vorgeschlagene verfassungskonforme weite Auslegung des § 32 VI EStG von der Finanzverwaltung oder wenigstens der Rechtsprechung nicht vorgenommen wird, erscheint ein unerwünschter Rückgang der (vormals möglicherweise noch stark ausgeprägten) Spendenbereitschaft von Steuerpflichtigen, die über sehr hohe Kapitalvermögen und hieraus fließende Einkünfte verfügen, nicht ausgeschlossen[698].

e) *Besteuerungsquellenerweiterung bei gleichzeitiger Einschränkung von Abzugsmöglichkeiten*

Unter dem Blickwinkel des Folgerichtigkeitsgebots stößt auch der Umgang des Gesetzgebers mit der Einkunftsquelle „Kapitaleinkünfte" auf erhebliche Bedenken. Dabei geht es nicht um die grundsätzliche Erweiterung dieser Besteuerungsquelle an sich[699], sondern um die im Zuge dessen auftretenden Verstöße gegen allgemeine Rechtsgrundsätze. Anerkannt ist, dass bei steuerfreien Einnahmen kein steuerlicher Vorteil durch zusätzlichen Abzug damit unmittelbar verbundener Aufwendungen erzielt werden soll[700]; die Regelung des § 3c I EStG mag hierbei als gelungenes Beispiel dienen. Folgerichtig ist es, diesen Grundsätzen auch im umgekehrten Fall Geltung zu verschaffen: Wo Steuerquellen erweitert oder neu erschlossen werden, darf dem Steuerpflichtigen kein Nachteil durch zusätzliche Einschränkungen damit unmittelbar verbundener Aufwendungen entstehen. Es muss grundsätzlich gelten, dass die Ausdehnung des Einkunftsbegriffs auch zu einer Erweiterung des

697 Vgl. BT-Drs. 17/6146, S. 17.
698 Kritisch auch *Graf/Paukstadt*, FR 2011, S. 249 (265 u. 267).
699 Zu deren Zulässigkeit s. bereits oben unter B.
700 BFH BStBl. II 2002, 823; *Kirchhof/v. Beckerath*, EStG[14], § 3c Rdnr. 1; *Schmidt/Heinicke*, EStG[34], § 3c Rdnr. 1.

abzugsfähigen Aufwands führt[701]. Dem trägt die Abgeltungsteuer allerdings nicht mit hinreichender Folgerichtigkeit Rechnung.

Zwar war die Rechtslage zuvor unter dem hier erörterten Aspekt insoweit ebenfalls nicht folgerichtig ausgestaltet, als dass Aktionäre die Möglichkeit hatten, Verluste innerhalb der Spekulationsfrist zu realisieren und zu verrechnen, die Realisierung von Gewinnen hingegen bis zum Ablauf dieser Frist hinauszuzögern[702]. Dieser Umstand gestattet es dem Gesetzgeber aber (natürlich) nicht, nunmehr die Abzugsmöglichkeiten, konkret der Verlustverrechnung, über das dem besonderen Steuersatz für Kapitaleinkünfte geschuldete Maß[703] hinaus einzuschränken. Daraus folgt, dass die durch die umfassende Besteuerung privater Aktiengeschäfte nunmehr konsequentere Ausschöpfung der Steuerquelle „Einkommen" dazu führen muss, die Verlustverrechnung innerhalb der Kapitaleinkünfte uneingeschränkt zuzulassen[704]. An dieser Folgerichtigkeit mangelt es der Abgeltungsteuer aber.

f) Insbesondere: Ausnutzen fiskalischer Chancen – Abwälzung korrespondierender Risiken

Bei dieser „einfachen"[705] Art von Folgeunrichtigkeit bleibt es jedoch nicht. Vielmehr zeigt sich auch noch ein in doppelter Weise qualifizierter Verstoß gegen das Folgerichtigkeitsgebot, wenn man die gesetzgeberische Intention für die Regelung des § 20 VI 4 EStG in die Betrachtung miteinbezieht. Hierin wird zunächst erkennbar, dass die Abgeltungsteuer allein auf das Ausnutzen fiskalischer Chancen abzielt, die daneben vorhandenen Risiken für den Fiskus aber auf die Steuerpflichtigen abgewälzt werden sollen. Die Belastungsentscheidung der Abgeltungsteuer zielt aber im Bereich der privaten Aktiengeschäfte bewusst auf einen volatilen Steuergegenstand, sodass dem Grunde nach sowohl sprunghaft steigende Steuereinnahmen bei einer Hausse an den Börsen als auch ein ebenso deutlicher Rückgang des Steueraufkommens im Falle einer Baisse hinzunehmen sind[706]. Vor diesem Hintergrund ist es nicht folgerichtig, wenn sich der Staat darauf beschränkt, allein die Vorteile des von ihm gewählten Steuergegenstandes zu beanspruchen, die Nachteile dagegen unter Durchbrechung des Grundsatzes der Belastungsgleichheit den

---

701 *Seiler*, DStJG Bd. 34 (2011), S. 61 (72); vgl. auch *Mellinghoff*, 66. DJT, Stuttgart 2006, Teil Q, Bd. II/1, (Referate), S. 85 (103).

702 Vgl. hierzu *Tipke*, StRO^2, Bd. II, S. 734 f.

703 Hierzu soeben unter d) aa).

704 Vgl. *Loos*, DStZ 2010, S. 78 (83); *Englisch*, StuW 2007, S. 221 (238).

705 Die hier vorgenommene Unterscheidung zwischen einfachem und qualifiziertem Folgerichtigkeitsverstoß hat zwar keine rechtlichen Auswirkungen; sie soll aber veranschaulichen, dass nicht einmal die auf der ersten Folgeunrichtigkeit aufbauende Konstruktion des Gesetzgebers die Anforderungen an eine folgerichtige Ausgestaltung der getroffenen Belastungsentscheidung wahrt. Der Begriff der Qualifikation mag dies daher verdeutlichen.

706 Vgl. *Röder* (2010), S. 338.

Steuerpflichtigen aufzubürden[707]. Entweder trägt der Fiskus durch Zulassung des uneingeschränkten Verlustausgleichs innerhalb der Schedule „Kapitaleinkünfte" auch die entsprechenden Haushaltsrisiken, oder, wenn er die damit einhergehenden Aufkommensschwankungen als zu riskant ansieht, er verzichtet konsequenterweise von vornherein auf die Erfassung solcher Veräußerungen[708]. Allein diese beiden Wege wären folgerichtig. Weil der Gesetzgeber keinen von ihnen beschritten hat, liegt insoweit ein erster qualifizierter Folgerichtigkeitsverstoß vor.

Daneben wird den vom Gesetzgeber unterstellten qualifizierten Haushaltsrisiken zudem noch in anderer Weise nicht folgerichtig begegnet. Zum einen entscheidet sich der Gesetzgeber nicht – wie soeben dargelegt – für eine der beiden allein möglichen Szenarien, zum anderen geht er den von ihm beschrittenen unzulässigen dritten Weg abermals nicht folgerichtig zu Ende, da er nur die Direktanlagen in Aktien, nicht aber auch die indirekte Aktienanlage (z.B. Aktienfonds, Aktienzertifikate) sowie noch deutlich risikoreichere Finanzprodukte (wie etwas Optionsscheine) in das Verlustverrechnungsverbot einbezieht[709]. Zwar versucht der Gesetzgeber dies damit zu rechtfertigen, dass nicht unwesentliche Haushaltsrisiken nur von privaten Aktienanlegern ausgingen, diese Anlageart neben dem Aktienfonds zudem mit Abstand am weitesten verbreitet sei; letzterer weise aber aufgrund seiner Risikomischung keine vergleichbaren Haushaltsrisiken auf[710]. Diese seine Einschätzung ist jedoch unzutreffend. Wenn er die Zahl der Aktienanleger mit denen der Inhaber von Zertifikaten und anderen Finanzprodukten vergleicht, so bezieht er sich damit auf keine für das Haushaltsrisiko bedeutenden Faktoren. Maßstab hierfür muss allein das Investitionsvolumen sein, weil hiervon im Wesentlichen das Risikopotenzial für den Haushalt abhängt. Die Volumina in Aktien bzw. in andere Finanzprodukte investierter Gelder dürften sich aber in etwa entsprechen[711], sodass auch die Haushaltsrisiken vergleichbar sind. Schließlich hat nicht erst die jüngste weltweite Finanz- und Wirtschaftskrise offenbart, dass insoweit auch Aktienfonds ähnlich risikobehaftet sind wie Aktien. Bei fundamentalen Krisen – und nur in solchen Fällen könnten auch Aktienverluste überhaupt relevante Haushaltsrisiken hervorrufen – werden regelmäßig alle Wirtschaftsbranchen getroffen. Damit verliert der Aktienfonds wie die Aktie auf ganzer Linie an Wert, weil es an stützenden

707 *Röder*, a.a.O.

708 Vgl. *Englisch*, StuW 2007, S. 221 (238); ebenso *Loos*, DStZ 2010, S. 78 (83).

709 Vgl. *Jachmann*, DStJG Bd. 34 (2011), S. 251 (265); ebenfalls kritisch *Loos*, DStZ 2010, S. 78 (83 f.); *Jochum*, DStZ 2010, S. 309 (313 f.).

710 Vgl. BT-Drs. 16/5491, S. 19.

711 Genaue, verlässliche Zahlen gibt es hierzu zwar m.E. nicht. Allerdings zeigt eine Statistik des *Deutschen Aktieninstitutes* (abrufbar unter www.dai.de, linke Spalte unter der Rubrik „wichtigste Zahlen"), dass die Zahl der Fondsbesitzer während der letzten 10 Jahre immer mindestens um mehr als 2 Millionen höher war, als die der Aktienbesitzer. Dies ist ein sehr starkes Indiz für die Richtigkeit der hier aufgestellten These, dass das Anlagevolumen in Aktien sich auf ähnlichem Niveau wie in andere Finanzanlagen, auf gar keinen Fall aber erheblich darüber bewegt.

Aufwärtsbewegungen einzelner Fondsanteile fehlt. Weil somit keines der vom Gesetzgeber angeführten Argumente trägt, liegt innerhalb des § 20 VI 4 EStG nochmals ein Verstoß gegen das Folgerichtigkeitsgebot vor, indem allein Aktienverluste von der Verrechnungsbeschränkung erfasst werden.

4. *Abgeltungsteuer = Systembruch = Systemwidrigkeit = Verfassungswidrigkeit?*

Die steuersystematische Analyse der Abgeltungsteuer hat bereits zahlreiche Systembrüche aufgezeigt. Wie ein Bruch mit dem bisherigen System[712] aus dem Blickwinkel des Verfassungsrechts zu behandeln ist, wird in Literatur und Rechtsprechung seit jeher diskutiert. Im Folgenden soll hauptsächlich der Frage nachgegangen werden, ob schon die bloße Systemwidrigkeit der Abgeltungsteuer für sich zur Verfassungswidrigkeit führen kann[713]. Sollte dies nicht der Fall sein, ist aufzuzeigen, welche Bedeutung der Systemgerechtigkeit trotzdem für die hiesige Untersuchung insgesamt zukommen kann. Zuvor wird einführend auf den Inhalt des Systemgerechtigkeitsbegriffs und die ihm zugrunde liegenden rechtlichen Gedanken und Vorstellungen eingegangen.

a) Zum Begriff der Systemgerechtigkeit

Der Begriff der Systemgerechtigkeit ist eng verwandt mit der Folgerichtigkeit und auch mit der Systemkonsequenz[714]. Deshalb werden die Begriffe mitunter auch nebeneinander oder alternativ verwendet[715]. Wesentliche Unterschiede für das

---

712 Die Bestimmung des vom Gesetzgeber gewählten Systems bereitet zwar häufig Probleme (*Starck*, in: *v. Mangoldt/Klein/Starck*, GG, Art. 3 Abs. 1 Rdnr. 49), doch darf dies entgegen *Birk* (1983), S. 160 f. nicht dazu führen, dass man aufgrund des chaotischen Zustandes des geltenden (Einkommen)Steuerrechts die Anwendung der Systemgerechtigkeit und des Folgerichtigkeitsgebots verneint. Vielmehr macht diese Situation ihr nachdrückliches Einfordern in besonderer Dringlichkeit erforderlich; ebenso *Eckhoff* (1999), S. 178.

713 Dagegen bedarf es an dieser Stelle keiner Entscheidung zu der Frage, ob sich aus Art. 3 I GG nicht nur ggf. ein Gebot der Systemerhaltung, sondern auch der Systemaufstellung ergibt; s. hierzu bejahend *Tipke* (1981), S. 47 ff. i.V.m. S. 24 ff., ebenso *Eckhoff* (1999), S. 179 f.; ablehnend *Peine* (1985), S. 232 mit dem m.E. zutreffenden Hinweis, dass es einer grundgesetzlichen Absicherung insoweit nicht bedarf. Hiefür spricht schon, dass es der Logik und Vernunft entspricht, bei der Kreation einer Norm ein Grundprinzip oder einen Leitgedanken zugrunde zu legen.

714 *Huster*, in: *Friauf/Höfling*, BKGG, Art. 3 Rdnr. 110; vgl. ferner *Osterloh/Nußberger*, in: *Sachs*, GG, Art. 3 Rdnrn. 98 ff.

715 So z.B. *Eckhoff* (1999), S. 163 ff., der statt des Gebots der Systemgerechtigkeit auf das Gebot der Systemkonsequenz abstellt; ähnlich *Starck*, in: *v. Mangoldt/Klein/Starck*, GG, Art. 3 Abs. 1 Rdnr. 52 f.

Verständnis des Begriffs ergeben sich hieraus aber nicht. Bezugspunkt der Systemgerechtigkeit ist die vom Gesetzgeber zu gestaltende Ordnung[716]. Bei ihrer Änderung soll der Gesetzgeber einer gewissen Selbstbindung dergestalt unterliegen, dass er zwar keinem allgemeinen Konsequenzgebot folgen, sondern (nur) eine relative Bindung an seine eigenen Gerechtigkeitsmaßstäbe und Prinzipien wahren muss[717]. Kommt der Gesetzgeber dem nicht nach, führt dies zu einer Systemwidrigkeit. Diese liegt vor, wenn er sich in widersprüchliches Verhalten zu seinen eigenen Prinzipien – nicht aber einzelnen Normen – begibt, diesbezügliche Konkretisierungsspielräume also uneinheitlich gehandhabt werden[718].

Im Bereich des Steuerrechts weist das Gebot der Lastenverteilungsgleichheit in vielfacher Hinsicht eine besondere Nähe zum Gebot der Systemgerechtigkeit auf[719]. Welche Gerechtigkeitsmaßstäbe der Gesetzgeber insoweit aufgestellt und im Rahmen einer systemgerechten Gestaltung der Abgeltungsteuer zu beachten hat, liegt nicht ohne weiteres auf der Hand. Als gesichert kann nur gelten, dass jedenfalls willkürliches Handeln bei einer Neukonzeption wie der Abgeltungsteuer die Systemgerechtigkeit nicht wahren kann[720]. Ein solches Vorgehen kann dem Gesetzgeber – trotz aller, nicht nur hier geäußerter Kritik – aber nicht unterstellt werden. Ob darüber hinaus weitere vom Gesetzgeber selbst aufgestellte Gerechtigkeitsmaßstäbe und -prinzipien durch die Abgeltungsteuer missachtet werden, ist indes nur dann von Bedeutung, wenn eine daraus ggf. resultierende Systemwidrigkeit schon isoliert für sich einen eigenen Verfassungsverstoß begründen kann.

b) Eigenständige Bedeutung einer Systemwidrigkeit für die verfassungsrechtliche Würdigung?

Würde man zum Nachweis der Verletzung des Gleichheitssatzes eine bloße Abweichung vom gesetzlichen System ausreichen lassen, so bedeutete dies einen Zwang des Gesetzgebers zur lücken- und ausnahmslosen Durchhaltung selbst aufgestellter Systeme[721]. Schon eine solche Ausgangslage wäre aber problematisch. Denn nahezu alle Gesetze stehen in einem mehr oder weniger großen Wertungs- und Systemzusammenhang[722]. Soll Systemgerechtigkeit dann bedeuten, dass tatsächlich alle hierdurch entstandenen Maßstäbe und Prinzipien im Grundsatz

716 Vgl. *Degenhart* (1976), S. 2.

717 Vgl. *Huster* (1993), S. 394; *ders.*, in: *Friauf/Höfling*, BKGG, Art. 3 Rdnr. 110.

718 *Englisch* (2008), S. 147; *Degenhart* (1976), S. 4.

719 Vgl. näher *Weber-Grellet* (2001), S. 34; eine weitere Verbindung der Systemgerechtigkeit besteht zum rechtsstaatlichen Vertrauensschutz und damit zur Rückwirkungsproblematik; vgl. zu dieser Parallele *Stern*, in: *Stern*, StaatsR, Bd. I, § 20 IV 4 g) a.E.

720 In diesem Sinne auch *Peine* (1985), S. 236.

721 *Herzog*, in: *Maunz/Dürig*, GG, Art. 3 Anhang Rdnr. 31.

722 *Eckhoff* (1999), S. 169; vgl. auch *Starck*, in: *v. Mangoldt/Klein/Starck*, GG, Art. 3 Abs. 1 Rdnr. 50.

verfassungsrechtlich abgesichert und auf diese Weise fundamentiert werden? Die Antwort auf diese Frage muss insbesondere zwei Aspekte in den Blick nehmen: Erstens kann verfassungsrechtlich nur geschützt sein, was auch von Verfassungs wegen als schützenswert angesehen wird und deshalb im Grundgesetz zumindest angedeutet wird. Damit nicht zu vereinbaren wäre die Möglichkeit, dass bestimmte Teile des einfachen, ggf. gerade neu gestalteten Rechts als Systementscheidung qualifiziert werden, die eine Selbstbindung des Gesetzgebers bewirken und so einen quasi-verfassungsrechtlichen Rang erlangen[723]. Zweitens ist zu berücksichtigen, dass der parlamentarische Gesetzgeber aufgrund seiner Gestaltungsfreiheit berechtigt ist, seine eigenen Systemgerechtigkeitsvorstellungen durch die Modifikation alter, als korrekturbedürftig erkannter Regelungen oder die Einfügung neuer Regelungen in neuer Gestalt zu präsentieren; gerade hierzu wird er durch Wahlen demokratisch legitimiert[724]. Ausfluss dessen ist das Recht des Gesetzgebers zum Systemwechsel[725], das nicht durch ein extensives, auf die verfassungsrechtliche Ebene gehobenes Verständnis der Systemgerechtigkeit ausgehöhlt werden darf.

Aus diesen Gründen führt eine Systemwidrigkeit für sich allein noch nicht zu einem Verstoß gegen Art. 3 I GG[726]. Mithin hat auch die Figur der Systemgerechtigkeit keine eigenständige verfassungs- bzw. gleichheitsrechtliche Bedeutung[727]. Unabhängig davon zeichnet sich eine gute Gesetzgebung auch dadurch aus, dass sie trotz der insoweit fehlenden verfassungsrechtlichen Bindung Gesetze auf klare Prinzipien aufbaut, diese sodann konsequent umsetzt und Wertungswidersprüche vermeidet[728]. Vor dem Gleichheitssatz und damit verfassungsrechtlich bedeutsam ist aber nicht die Systematik bzw. Kohärenz einer einzelnen Teilrechtsordnung, sondern allein, ob die infolge einer Systemumstellung entstehenden Ungleichbehandlungen gerechtfertigt werden können[729].

---

723 *Huster*, in: *Friauf/Höfling*, BKGG, Art. 3 Rdnr. 111, dort in Fn. 230 auch mit umfangreichen Nachweisen zur literarischen Kritik in der Verfassungsrechtswissenschaft an der Figur der Systemgerechtigkeit.

724 Vgl. *Peine* (1985), S. 234; *Wernsmann*, DStR 2009, Beihefter zu Heft 34, S. 101 (103); *Starck*, in: *v. Mangoldt/Klein/Starck*, GG, Art. 3 Abs. 1 Rdnr. 54; *Huster*, in: *Friauf/Höfling*, BKGG, Art. 3 Rdnr. 111.

725 S. hierzu bereits oben die Nachweise in Fn. 675 sowie *Eckhoff* (1999), S. 168 f.

726 So auch schon BVerfGE 66, 214 (223 f.); außerdem *Englisch* (2008), S. 145 m.w.N.; die Systemwidrigkeit ist also nur notwendige, nicht aber hinreichende Bedingung für eine Verletzung von Art. 3 I GG, vgl. auch *Degenhart* (1976), S. 51.

727 *Englisch* (2008), S. 153; ferner *Eckhoff* (1999), S. 179, der aber eine Konkretisierungsmöglichkeit des Art. 3 I GG mit Hilfe des Gebots der Systemkonsequenz sieht; a.A. *Isensee* (1976), S. 166: „Der allgemeine Gleichheitssatz fordert Systemgerechtigkeit [...]. Der Selbstwiderspruch des Gesetzgebers ist somit zugleich Widerspruch gegen höheres (Verfassungs)Recht."

728 Vgl. *BK/Rüfner*, Art. 3 Abs. 1 Rdnr. 42.

729 Vgl. *Huster* (1993), S. 397; *Wernsmann*, DStR 2009, Beihefter zu Heft 34, S. 101 (103).

c) *Fehlende Systemgerechtigkeit der Abgeltungsteuer bestätigt aber eindrucksvoll die bisherigen Ergebnisse der verfassungsrechtlichen Würdigung*

Gleichwohl ist die Frage nach der Systemgerechtigkeit bzw. Systemwidrigkeit der Abgeltungsteuer nicht ohne Bedeutung für die verfassungsrechtliche Würdigung. Wie bereits ausführlich dargelegt[730], weist die Abgeltungsteuer aus systematischer Sicht eklatante Schwächen auf und erweist sich als greifbar systemwidrig. Die Nähe der Systemgerechtigkeit zur Folgerichtigkeit und damit mittelbar auch zu Art. 3 I GG führt dazu, dass (verfassungsrechtlich grundsätzlich unbedeutende) systematische Mängel ein Hinweis auf zugleich vorliegende (verfassungsrechtlich bedeutsame) Verstöße gegen den allgemeinen Gleichheitssatz sein können. Damit ist die Indizien- bzw. Signal- und Veranschaulichungsfunktion der Systemgerechtigkeit[731] angesprochen. Danach legt die Durchbrechung des vom Gesetzgeber selbst geschaffenen Systems widerlegbar die Vermutung nahe, dass ein Gleichheitsverstoß vorliegt, wohingegen die konsequente Einhaltung dieses Systems für Gleichheit und Gerechtigkeit sprechen[732]. Diese Indizienfunktion der Systemgerechtigkeit bestätigt sich im Falle der Abgeltungsteuer eindrucksvoll. So führen die bereits im Rahmen der systematischen Analyse kritisierten Systemverstöße der Abgeltungsteuer gegen das objektive Nettoprinzip auch auf Verfassungsebene zu Verstößen. Gleiches gilt im Hinblick auf die schon steuersystematisch bemängelte Ungleichbehandlung von Kapitaleinkünften und den übrigen Einkünften sowie die unterschiedliche Behandlung von privaten und betrieblichen Kapitaleinkünften. Anders verhält es sich nur im Bereich des Einkünftedualismus und des Syntheseprinzips, wo die aufgezeigten Systembruchvertiefungen nicht zugleich auch einen Verfassungsverstoß zur Folge haben.

Darüber hinaus führt die an vielen Stellen zu beobachtende Systemwidrigkeit der Abgeltungsteuer zu einer Vervollständigung des schon zuvor durch die steuersystematische Analyse und die Folgerichtigkeitsanalyse gewonnenen Bildes. Sie passt zu dem Eindruck, dass es sich bei der Abgeltungsteuer um einen absoluten Fremdkörper im Einkommensteuerrecht handelt. Vor allem aber sind auch keine ausreichenden Anzeichen für ein neues System erkennbar. Gerade die Folgerichtigkeitsprüfung hat gezeigt, dass es an dafür notwendiger Konsequenz fehlt. Ein zulässiger Systemwechsel kann aber nicht ohne ein Mindestmaß an neuer

---

730 Oben in § 5 H.

731 Ebenso BVerfGE 66, 214 (224); *Englisch* (2008), S. 153.

732 *BK/Rüfner*, Art. 3 Abs. 1 Rdnr. 38; *Degenhart* (1976), S. 22. Umgekehrt ließe sich auch formulieren, dass dann, wenn der Gesetzgeber sich bei der Neukonzeption oder Weiterentwicklung von Gesetzen innerhalb des von ihm geschaffenen Systems bewegt, dies regelmäßig zu keinem gesonderten Begründungs- bzw. Rechtfertigungszwang führt, während hingegen Systemdurchbrechungen eine Begründungslast zur Rechtfertigung seitens des Gesetzgebers auslösen.

Systemorientierung erfolgen[733]. Auch insofern bestätigt ihre Systemwidrigkeit die Verfassungswidrigkeit der Abgeltungsteuer.

IX. Gleichheitsrechtliche Beurteilung von im Rahmen der Abgeltungsteuer vorgenommenen Typisierungen und Pauschalierungen

Aspekte der Typisierung und Pauschalierung kommen bei der Abgeltungsteuer an zwei Stellen zum Tragen. Zum einen sollen die Werbungskosten für Einkünfte aus Kapitalvermögen durch eine unwiderlegbare Pauschalierung für die unteren Einkommensgruppen typisiert werden. Zum anderen sollen die Werbungskosten in den oberen Einkommensgruppen durch den abgesenkten Linearsteuersatz typisierend mit abgegolten werden. Darüber hinausgehende Erwägungen für die vorgenommenen Typisierungen und Pauschalierungen enthält die Gesetzesbegründung nicht[734].

Bevor nun die Abgeltungsteuer hinsichtlich der mit ihr verbundenen Typisierungen und Pauschalierungen auf ihre Verfassungsmäßigkeit hin untersucht wird, soll zunächst das Instrument der Typisierung und Pauschalierung vergegenwärtigt werden. Dazu wird aufgezeigt, was es genau beinhaltet und wird auf seinen Sinn und Zweck eingegangen. Ferner wird dargelegt, dass die Anwendung dieses Instruments nicht nur grundsätzlich zulässig, sondern insbesondere im Steuerrecht häufig sogar geboten ist. Da aber auch Typisierung und Pauschalierung nicht unbegrenzt und voraussetzungslos angewendet werden dürfen, unterliegt ihre Nutzung zahlreichen Einschränkungen. Auch diese werden erörtert, um sodann zu prüfen, ob die Abgeltungsteuer sich in dem hierdurch vorgegebenen Rahmen bewegt. Abschließend wird auf besondere Rechte des Gesetzgebers im Bereich der Typisierung und Pauschalierung eingegangen, die für die Beurteilung der Abgeltungsteuer ebenfalls Bedeutung erlangen.

1. Das Instrument der Typisierung und Pauschalierung

Eine Typisierung kann sowohl schon auf Gesetzesebene als auch erst auf der Ebene des Vollzugs vorgenommen werden[735]. Weil der Gesetzgeber bei der Abgeltungsteuer schon in den Normen typisiert und pauschaliert hat, der Verwaltung hingegen

---

733 BVerfGE 122, 210 (242); danach fehlte es hieran auch bei dem damaligen Neuregelungsversuch der Pendlerpauschale. Vgl. hierzu *Breinersdorfer*, DStR 2010, S. 2492 (2495 f.).

734 Vgl. BT-Drs. 16/4841, S. 57; kritisch hierzu bereits oben unter III. 4. b) a.E. Dennoch wird auf weitere mit der Typisierung zusammenhängende Gesichtspunkte, wie die Inflationsanfälligkeit von Kapitaleinkünften sowie ggf. ihre steuerliche Vorbelastung, auch im Rahmen des hiesigen Gliederungspunktes eingegangen.

735 Vgl. *Huster*, in: *Friauf/Höfling*, BKGG, Art. 3 Rdnr. 128; umfassend zur Typisierung auf der Vollzugsebene *Isensee* (1976), passim.

insoweit keine Typisierungsspielräume verbleiben, geht es nachfolgend auch immer nur um die Ebene der Norm. Kurz gefasst bedeutet Typisierung in diesem Sinne, bestimmte in wesentlichen Elementen gleich geartete Lebenssachverhalte normativ zusammenzufassen[736]. Bei der Pauschalierung handelt es sich um eine Unterart der Typisierung; hierbei werden die rechnerischen Grundlagen eines (steuer)gesetzlichen Tatbestandes typisiert[737]. Durch eine Typisierung wird aus einem regelmäßig auftretenden Tatbestand der – mitunter unwiderlegbare – Maßstab einer (Steuer)Norm. Infolgedessen finden die konkreten Umstände des Einzelfalls sowohl zu Gunsten wie auch zu Lasten des betroffenen Steuerpflichtigen keine Berücksichtigung mehr[738]. Man mag in solchem Vorgehen eine Inkonsequenz des Gesetzgebers sehen[739]. Berücksichtigt man aber neben dem Fiskal- und ggf. vorhandenen Lenkungszweck einer Steuernorm ihre weitere Zielrichtung, so führt dies zu einer anderen Bewertung. Steuergesetze müssen das Steuererhebliche vom Steuerunerheblichen trennen, und zwar auf abstrakt-generelle Weise, sodass sie keine Ansammlung vorgefertigter Einzelentscheidungen sein können[740]. Für die Entscheidung im Einzelfall steht vielmehr der Verwaltungsakt als klassisches Instrument konkret-individueller Betrachtung der Steuer(un)erheblichkeit zur Verfügung. Aber auch der Verwaltungsakt würde in seiner Kapazität überbeansprucht, wenn durch ihn aufgrund gänzlich untypisierender Gesetzesnormen in jedem Einzelfall eine Differenzierung bis in die letzte Verästelung des konkreten Falles vorgenommen werden müsste. Deshalb ist letztlich die Typisierung durch den Gesetzgeber in moderatem Umfang sogar konsequent. Durch das punktuelle gesetzliche Absehen von der Berücksichtigung aller Einzelfallumstände bzw. durch den Verzicht auf die nach dem Normzweck eigentlich gebotene Differenzierung wird auch die wesentliche Funktion der Typisierung sichtbar. Sie soll im Steuerrecht die Entlastung des Rechtsanwenders im Massenfallrecht bewirken[741]. Anderenfalls würde nämlich, wie bereits beschrieben, das wichtigste Handlungsinstrument des Anwenders, der Verwaltungsakt, in seinen Möglichkeiten überfordert. Aber auch der Normadressat, also der Steuerpflichtige, profitiert zunächst insoweit, als die Rechtslage für ihn überschaubarer und die Verwaltungsentscheidung vorhersehbarer wird, weil die typisierende Norm gerade auf Unsicherheitsfaktoren wie eine aufwendig kasuistische Detailregelung oder unbestimmt weitreichende Generalklauseln verzichtet[742].

---

736 BVerfGE 126, 268 (279); 133, 377 (412); weitere Definitionsansätze finden sich z.B. bei *Tipke*, StRO², Bd. I, S. 349; *Huster*, in: *Friauf/Höfling*, BKGG, Art. 3 Rdnr. 128; *Osterloh* (1992), S. 26.

737 Vgl. *Tipke*, StRO², Bd. I, S. 349.

738 Hierzu *Weber-Grellet* (2001), S. 121; *Isensee*, StuW 1994, S. 3 (10).

739 So *Isensee* (1976), S. 166.

740 *Osterloh* (1992), S. 94; *Kirchhof*, StuW 2006, S. 3 (15).

741 BVerfGE 127, 224 (254).

742 Vgl. *Huster* (1993), S. 251.

2. *Zu seiner grundsätzlichen Zulässigkeit, ja sogar Gebotenheit im Steuerrecht*

Dass nachfolgend gleichwohl die Zulässigkeit und Grenzen einer Typisierung vor dem Hintergrund des Art. 3 I GG untersucht werden, mag daher zunächst verwundern. Hinzu kommt, dass beachtliche Stimmen in der Literatur eine solche Diskussion im Grundsatz für nicht angezeigt halten. Nach ihrer Auffassung geraten Typisierungen mit dem Gleichheitsprinzip nicht in Konflikt, sondern tragen zu seiner Erfüllung bei[743]. Für diese Ansicht streitet vor allem, dass der allgemeine Gleichheitssatz keine Differenzierung ad infinitum verlangt, weil eine übermäßig erfolgende Differenzierung letztlich zur Auflösung der gewünschten Gleichheit führt[744]. Hieraus ließe sich eine aus Art. 3 I GG fließende Forderung an den Gesetzgeber zur Verwendung von Typisierungen durchaus ableiten. Der Gleichheitssatz würde ihm danach gebieten, auf Differenzierungen so lange zu verzichten, wie sie nicht hinreichend begründet sind[745]. Die wohl herrschende Gegenmeinung steht auf dem Standpunkt, dass Typisierungen per se erst einmal rechtfertigungsbedürftig sind. Sie betont die mit einer Typisierung dem Grunde nach einhergehende Gleichheitswidrigkeit, die sich aus dem Verzicht auf eine Verschiedenbehandlung wegen relevanter Unterschiede und damit auf Individualgerechtigkeit ergebe[746]. Dafür, dieser Argumentation zu folgen, spricht insbesondere, dass, von einem (zwar unzweifelhaft niemals erreichbaren und schon gar nicht praktisch umsetzbaren) Idealzustand aus gedacht, der Gleichheitssatz sehr wohl eine individualisierende Gesetzgebung verlangt, um den individuellen Betroffenheiten und Verhältnissen des Bürgers auf bestmögliche Art und Weise Rechnung zu tragen[747]. Hinzu kommt, dass, selbst wenn man den daraus resultierenden Drang zur Spezialität nicht anerkennt, nicht vorschnell auf ein Gebot zur Vereinfachung durch Typisierung geschlossen werden darf. Die Einfachheit des (Steuer)Rechts allein ist noch kein Wert an sich und kann schon gar nicht als Leitprinzip für das Verständnis von Art. 3 I GG fungieren, da es hierfür an einer Aussage zur sachgerechten Zuteilung von Rechten und Pflichten fehlt[748]. Das

---

743 Vgl. insb. *Kirchhof*, in: *Isensee/Kirchhof*, HStR Bd. VIII, § 181 Rdnrn. 129 ff.; *Eckhoff* (1999), S. 195, ferner S. 81 f. m.w.N.

744 Vgl. *Weber-Grellet* (2001), S. 119 u. 122; *Starck*, in: *v. Mangoldt/Klein/Starck*, GG, Art. 3 Abs. 1 Rdnr. 23; *Huster*, in: *Friauf/Höfling*, BKGG, Art. 3 Rdnr. 137; die insoweit übergeordnete Bedeutung der Verständlichkeit und Unausweichlichkeit des Belastungsgrundes hebt BVerfGE 96, 1 schon im 1. Leitsatz hervor.

745 *Eckhoff* (1999), S. 82.

746 *Osterloh/Nußberger*, in: *Sachs*, GG, Art. 3 Rdnr. 110; *BK/Rüfner*, Art. 3 Abs. 1 Rdnr. 111; außerdem *Isensee* (1976), S. 134 m.w.N. zum älteren Schrifttum; *Huster* (1993), S. 260; *Englisch* (2008), S. 159 ff.

747 Ebenso *Englisch* (2008), S. 162.

748 Vgl. *Weber-Grellet* (2001), S. 22; *Englisch* (2008), S. 162; *Jochum*, in: *GS Schindhelm*, S. 405 (418); zu den (verfassungsrechtlichen) Grenzen der Steuervereinfachung *Ruppe*, DStJG Bd. 21 (1998), S. 29 ff.

Leitprinzip für die gerechte Verteilung der Steuerlast nach Maßgabe des Gleichheitssatzes ist das Leistungsfähigkeitsprinzip[749]. Dementsprechend sollten im Hinblick auf Art. 3 I GG auch Typisierungen und Pauschalierungen im Steuerrecht daran zu messen sein, ob sie zu einer der tatsächlichen wirtschaftlichen Leistungsfähigkeit des Steuerpflichtigen zumindest sehr stark angenäherten Besteuerung führen oder ob die Abweichungen hiervon in einer Vielzahl von Fällen bzw. im Hinblick auf die Steuerlast zwar nur in Einzelfällen, dafür aber in erheblichem Umfang auftreten.

Unabhängig von dem soeben dargestellten Meinungsstreit und damit der Frage, ob Typisierungen und Pauschalierungen den Gleichheitssatz erst verwirklichen oder prima facie einen Widerspruch zum Recht auf Gleichbehandlung darstellen, lässt sich indes Folgendes konstatieren: Unterschiede ergeben sich hieraus nur insoweit, als die Herangehensweise an die Rechtfertigungsebene einer Typisierung eine andere ist[750]. Entweder wird nach der Notwendigkeit einer Rückführung der Typisierung und einem Mehr an Differenzierung gefragt oder es wird darauf abgestellt, ob die Typisierung genügend Einzelfallgerechtigkeit gewährleisten kann. Im ersten Fall nähert man sich gewissermaßen von oben der Rechtfertigungsgrenze, indem man prüft, ob die Typisierung *immer noch zulässig* ist. Im zweiten Fall tastet man sich von unten an diese Grenze heran und fragt, ob die Typisierung im konkreten Fall *überhaupt erst zulässig* ist.

Einigkeit besteht aber darüber, dass Typisierungen und Pauschalierungen in einem bestimmten Rahmen ohne Zweifel zulässig sind[751]. Zutreffendes Hauptargument hierfür ist die Praktikabilität der Massenfallregelung, ohne die sich eine Massenrechtmaterie wie das Steuerrecht überhaupt nicht gleichmäßig und damit gesetzmäßig anwenden ließe[752], sondern unbeherrschbar bliebe. Wären die Finanzbehörden nämlich gezwungen, in jedem Steuerfall eine detaillierte Untersuchung der nach dem Gesetz verwirklichten Steuerfolgen vorzunehmen, so könnten sie aufgrund der knappen Verwaltungsressourcen nur wenige Fälle exakt, andere dagegen überhaupt nicht entsprechend dem materiellen Steuergesetz behandeln[753]. Auch das BVerfG trägt diesem Umstand Rechnung, wenn es in ständiger Rechtsprechung formuliert, dass der Gesetzgeber bei der Ordnung von Massenerscheinungen stets auf Verallgemeinerungen angewiesen sei und sich deshalb generalisierender, typisierender und pauschalierender Regelungen bedienen dürfe[754], ohne allein schon wegen der damit verbundenen Härten gegen den allgemeinen Gleichheitssatz zu

---

749 Dazu ausführlich oben unter VII. 1.

750 Stellvertretend hierzu *Eckhoff* (1999), S. 82 ff. einerseits (zur h.M.) und S. 196 andererseits.

751 Statt vieler nur *Huster* (1993), S. 266; *Weber-Grellet* (2001), S. 170; zu entsprechenden Positionen in ausländischen Rechtsordnungen vgl. *Tipke*, StRO², Bd. I, S. 351 f.

752 Vgl. *BK/Rüfner*, Art. 3 Abs. 1 Rdnr. 111; *Eckhoff* (1999), S. 89.

753 *Seer* (1996), S. 230.

754 BVerfGE 81, 228 (237); 101, 297 (308).

verstoßen[755]. Dabei weist es zutreffend auf die Rolle des Steuerrechts als Massenrecht par excellence hin[756] und zieht ebenfalls Praktikabilitätserwägungen zur Rechtfertigung für die Vernachlässigung der Einzelfallumstände heran[757].

In Anbetracht der immer komplexer werdenden Steuergesetzgebung und dem fortschreitenden Personalabbau in der Steuerverwaltung erscheint es sogar angebracht, über die im Grundsatz verfassungsrechtlich unbedenkliche Zulässigkeit von Typisierungen hinauszugehen. Man sollte zugleich auch von der Gebotenheit ihrer Verwendung durch den Gesetzgeber sprechen[758]. Denn nur so werden überhaupt erst die Voraussetzungen für einen dem Rechtsstaat angemessenen, sich durch Gesetzmäßigkeit, Gleichmäßigkeit und Leistungsfähigkeit auszeichnenden Verwaltungsvollzug geschaffen. Hinzu kommt, dass eine ausschließlich individualisierende Behandlung auch deshalb verfehlt ist, weil der Bürger gegenüber der Verwaltung regelmäßig bestrebt ist, seinen Fall als Grenzfall zu präsentieren[759], um auf diese Weise in den Genuss der Anwendung einer für ihn günstigeren Norm zu gelangen. Auch dem kann durch die gebotene Anwendung von Typisierungen effektiv begegnet werden, da infolgedessen weitaus weniger Fälle sich in Grenzbereichen abspielen. Damit sinkt zugleich die Gefahr eines gesetzwidrigen und ungleichmäßigen Verwaltungsvollzugs.

Gleichwohl unterliegen auch (steuerrechtliche) Typisierungen verfassungsrechtlichen Einschränkungen. Ihre wirtschaftlich ungleichen Wirkungen auf die Steuerzahler dürfen nämlich ein gewisses Maß nicht übersteigen[760]. Es gilt daher zu klären, welche Maßstäbe insoweit gelten und wo die Grenzen einer noch zulässigen und mitunter gebotenen Typisierung liegen. Dies läuft auf die Frage hinaus, wieweit Steuervereinfachung gehen darf, ohne das Gebot der Gleichmäßigkeit der Besteuerung zu verletzen[761].

---

755 S. etwa BVerfGE 87, 234 (255); 112, 268 (280); 126, 268 (278 f.); 127, 224 (257); 133, 377 (412).

756 So z.B. BVerfGE 84, 348 (359); 125, 1 (37); vgl. auch *Seer*, in: *Tipke/Lang*, SteuerR[22], § 21 Rdnr. 5: Die Finanzverwaltung erlässt pro Jahr etwa 120 Millionen Verwaltungsakte.

757 Vgl. nur BVerfGE 110, 274 (292); 117, 1 (31); BVerfG BStBl. II 2015, 50 (84) = DStR 2015, 31 (59).

758 In diesem Sinne auch schon BVerfGE 71, 146 (157), das von „Notwendigkeit" spricht; anderes kann auf der Ebene der Verwaltung gelten, der z.B. mit der AO ein differenziertes Ermittlungsinstrumentarium zur Verfügung steht, vgl. *Isensee* (1976), S. 105: „Typisierung [scheint insoweit] geradezu entbehrlich zu sein."

759 Vgl. *Kirchhof*, StuW 2006, S. 3 (15 f.).

760 BVerfGE 110, 274 (292); 117, 1 (31); 125, 1 (37); 127, 224 (246); BVerfG BStBl. II 2015, 50 (84) = DStR 2015, 31 (59); BVerfG DStR 2015, 1678 (1686).

761 Vgl. *Ruppe*, DStJG Bd. 21 (1998), S. 29 (31).

3. *Begrenzungen und Einschränkungen*

Durch die Anwendung einer normativ niedergelegten Typisierung kommt es zu Benachteiligungen oder auch zu Begünstigungen der betroffenen Personengruppen. Im Falle benachteiligender Wirkungen besteht eine Spannungslage zur Individualgerechtigkeit; mithin besteht das verfassungsrechtliche Problem in dem Verhältnis von Typisierung und Billigkeit im Einzelfall[762]. Um überhaupt vor Art. 3 I GG bestehen zu können, müssen daher zunächst einmal die Gründe, die vom Gesetzgeber zum Anlass für eine Typisierung genommen wurden, von einigem Gewicht sein, um die Ungleichbehandlungen bzw. Ungerechtigkeit gegenüber den nachteilig betroffenen Personengruppen rechtfertigen zu können[763]. Naturgemäß kann dabei nicht wie sonst bei der Anwendung des Art. 3 I GG berücksichtigt werden, ob zwischen den betroffenen Personengruppen wesentliche, die Ungleichbehandlung rechtfertigende Unterschiede bestehen, weil die Typisierung ja gerade per definitionem diese wesentlichen Eigenschaften ignoriert[764]. Neben der hinreichenden Gewichtigkeit der vom Gesetzgeber mit der Typisierung verfolgten Ziele sind aber noch zahlreiche weitere Anforderungen entwickelt worden, denen eine verfassungsgemäße Typisierung entsprechen muss.

a) *Erfordernis realitätsgerechter Festlegungen*

Nimmt der Gesetzgeber steuerrechtliche Typisierungen und Pauschalierungen vor, so kann die Entscheidung über den typischen bzw. pauschalen Wert nicht beliebig erfolgen. Vielmehr ist zu bedenken, dass der Gesetzgeber durch den Gebrauch seines Rechts zur Verallgemeinerung ein Leitbild aufstellt. Dieses muss aber allein schon aus Akzeptanzgründen und noch viel mehr aus Gründen der Gerechtigkeit auf einer nachvollziehbaren und tragfähigen Annahme beruhen. Deshalb darf eine gesetzliche Typisierung keinen atypischen Fall als Leitbild wählen, sondern muss sich realitätsgerecht am typischen Fall orientieren[765]. Dies kann nur dann gelingen, wenn der Gesetzgeber auf einer breiten, alle betroffenen Gruppen und Regelungsgegenstände

762 Hierzu *Pernice* (1991), S. 244 f.

763 *Herzog*, in: *Maunz/Dürig*, GG, Art. 3 Anhang Rdnr. 26; *Huster* (1993), S. 273.

764 *Huster*, in: *Friauf/Höfling*, BKGG, Art. 3 Rdnr. 129.

765 St. Rspr., vgl. BVerfGE 112, 268 (280 f.); 117, 1 (31); 125, 1 (37); 126, 268 (279); BVerfG DStR 2015, 1678 (1686); aus der Literatur *Isensee*, StuW 1994, S. 3 (10); *Kirchhof*, in: *Isensee/Kirchhof*, HStR Bd. VIII, § 181 Rdnr. 130; wenn BVerfGE 127, 224 (257) abgekürzt formuliert, dass „ein atypischer oder gar realitätsferner Fall [...] nicht als Leitbild gewählt werden [darf]", so liegt hierin m.E. eine zutreffende Beschränkung auf das Wesentliche. Vor allem aber wird so präziser deutlich, dass allein die Erhebung eines atypischen Falles zum Leitbild eine Rechtfertigung unmöglich macht. Ob dieser besonders atypisch und damit sogar realitätsferner ist, spielt dann keine Rolle mehr. Ebenso ergibt sich von selbst, dass die Wahl eines atypischen Falles zugleich die Orientierung an einem realitätsgerechten typischen Fall ausschließt.

einschließenden Beobachtung aufbaut bzw. die ihm vorliegenden Erfahrungen zutreffend nutzt, um ein entsprechendes Gesamtbild zu erzeugen[766]. Anderenfalls würde es an einer Ausrichtung an der Normalität fehlen. Die Typisierung dient aber nicht dazu, die Normalität zu verlassen und eine neue, völlig irreale Normalität zu begründen. Sie soll lediglich helfen, die Normalität praktikabel abzubilden und auch die realistische Durchsetzung des Gesetzes zum Normalfall zu erheben oder erst zu ermöglichen. Genau dies macht es aber, wie auch vom BVerfG erkannt, erforderlich, dass der Gesetzgeber bei einer geplanten Typisierung seine Entscheidungsfindung auf eine ordnungsgemäße und breite empirische Grundlage stützen kann[767]. Fehlt es hieran, so können Typisierungen und Pauschalierungen, selbst wenn sie zur Verfolgung gewichtiger Ziele dienen und unter Wahrung der sogleich genannten weiteren Einschränkungen erfolgen, vor Art. 3 I GG nicht bestehen. Aus diesem Grund und auch unter Berücksichtigung der Hervorhebung und Bedeutung des Kriteriums der realitätsgerechten Festlegung von Typisierungen und Pauschalierungswerten und -grenzen handelt es sich hierbei um die primäre und zugleich bedeutsamste Begrenzung der gesetzgeberischen Befugnis zur Typisierung und Pauschalierung[768].

b) Weitere Kriterien/Verhältnismäßigkeit

Neben das Kriterium der realitätsgerechten Festlegung treten in der Rechtsprechung des BVerfG immer wieder in stetem Wechsel weitere Prüfungsaspekte, die für die Entscheidung über die Zulässigkeit einer Typisierung Bedeutung erlangen können. So fordert das BVerfG, dass die mit der Typisierung einhergehenden steuerlichen Vorteile im rechten Verhältnis zu der mit der Typisierung notwendig verbundenen Ungleichheit der steuerlichen Belastung stehen müssen[769]. Eine Gegenüberstellung und Abwägung von Vorteilen der Typisierung mit den Nachteilen der Beeinträchtigung des Gleichbehandlungsgebotes ist aber nichts anderes als die Vornahme einer Verhältnismäßigkeitsprüfung, weshalb die Literatur davon ausgeht, dass die Typisierung auch einer solchen Kontrolle unterliegt[770]. Die Bedeutung der

766 Vgl. nur BVerfGE 96, 1 (6); 101, 297 (309) und 84, 348 (359); 127, 224 (257); 133, 377 (412); dies setzt i.Ü. die Möglichkeit voraus, dass ein typisches Leitbild überhaupt bestimmbar ist.

767 Ebenso *Breinersdorfer*, DStR 2010, S. 2492 (2496).

768 A.A. wohl *Englisch* (2008), S. 169, der grds. die Verhältnismäßigkeitsprüfung (dazu sogleich) als bedeutsamer ansieht („...Intensität der Abweichung von einer sachgerechten, gleichmäßigen Behandlung ausschlaggebend für die Zulässigkeit der Typisierung..."). Zur Prüfung der Verhältnismäßigkeit gelangt man aber erst auf der Sekundärebene und damit nur, wenn die Typisierung überhaupt ein (realitätsgerechtes) Leitbild festgelegt hat.

769 BVerfGE 125, 1 (37); 127, 224 (246); 133, 377 (413); BVerfG BStBl. II 2015, 50 (84) = DStR 2015, 31 (59 f.) mit zahlreichen weiteren Rspr.-Nachweisen; BVerfG DStR 2015, 1678 (1686).

770 Vgl. *Huster*, in: *Friauf/Höfling*, BKGG, Art. 3 Rdnr. 130 f.; *Englisch* (2008), S. 168 m.w.N.

Verhältnismäßigkeit zeigt sich des Weiteren, wenn das BVerfG für die Zulässigkeit einer Typisierung danach fragt, ob die mit ihr verbundenen Härten nur unter Schwierigkeiten vermeidbar wären und ferner voraussetzt, dass die eintretenden Härten und Ungerechtigkeiten nur eine im Verhältnis kleine Personenzahl betreffen und der Gleichheitsverstoß nicht sehr intensiv ist[771]. Hierbei geht es ebenfalls um klassische Inhalte einer Verhältnismäßigkeitsprüfung, namentlich um den Bereich der Erforderlichkeit und der Angemessenheit einer Typisierung. Im Rahmen einer solchen Verhältnismäßigkeitsprüfung kann der Gesetzgeber zugunsten einer Typisierung zumeist nur die Praktikabilität und Einfachheit des Rechts, also Gesichtspunkte der Verwaltungsökonomie, anführen. Auch diesem Umstand trägt das BVerfG Rechnung, indem es den praktischen Erfordernissen der Verwaltung in der Abwägung Gewicht beimisst[772]. Zwar ist der Aspekt der Verwaltungsökonomie schon mehr geeignet als rein fiskalische Interessen, eine Ungleichbehandlung zu rechtfertigen. Weil aber die Grundrechte in ihrer Bedeutung immer noch erheblich höher zu gewichten sind als ökonomische Interessen des Staates, kann ihre eine Ungleichbehandlung legitimierende Wirkung nur von begrenztem Umfang sein. Deshalb können Gründe der Praktikabilität durch eine Ungleichbehandlung hervorgerufene starke Belastungen ganzer Gruppen nicht rechtfertigen[773]. Wenn das BVerfG allerdings annimmt, dass im Falle einer geringen Belastung auch die Benachteiligung größerer Gruppen gerechtfertigt werden könne[774], so sollte zum Schutz der von den Ungleichbehandlungen betroffenen Grundrechtsträger der unbestimmte Begriff der „größeren Gruppe" restriktiv ausgelegt werden. Andernfalls besteht die Gefahr, dass im Ergebnis in einer Mehrheit von Fällen eine Benachteiligung zulässig werden könnte, solange diese in ihrer finanziellen Auswirkung nur gering genug bleibt. Eine solche Relativierung des vom allgemeinen Gleichheitssatz gewährleisteten Schutzbereichs ist aber unzulässig. Vorzuziehen ist daher, dass man die „größere Gruppe" dadurch definiert, dass sie jedenfalls nicht eine Mehrheit bilden darf. Im Idealfall sollte sie vielmehr „überschaubar" (wenngleich es sich auch hierbei um einen nicht absolut bestimmten Ausdruck handelt) bleiben müssen.

Neben den genannten Kriterien spielen zudem noch drei weitere Aspekte für die verfassungsrechtliche Beurteilung einer Typisierung eine Rolle. Erstens ist dem Gesetzgeber bei bevorzugenden Typisierungen ein größerer Gestaltungsspielraum zuzubilligen als bei benachteiligender Typisierung[775]. Zweitens ist von Bedeutung, ob die Typisierung widerlegbar oder unwiderlegbar ausgestaltet ist[776]. Hiervon hängt nämlich ab, ob der Steuerpflichtige es selber in der Hand hat, die für ihn

771 BVerfGE 84, 348 (360); 87, 234 (255); 103, 310 (319); 133, 377 (413).

772 Vgl. vor allem BVerfGE 110, 412 (436 f.); außerdem BVerfGE 84, 348 (360); 87, 234 (255 f.).

773 So auch schon BVerfGE 82, 60 (102).

774 BVerfG a.a.O.

775 Vgl. BVerfGE 103, 310 (319); zur Entwicklung dieser Unterscheidung *Eckhoff* (1999), S. 92.

776 Hierzu *Ruppe*, DStJG Bd. 21 (1998), S. 29 (51 ff.); *Pernice* (1991), S. 250 f. m.w.N.

benachteiligenden Wirkungen der Typisierung ggf. durch Nachweis von vom Leitbild der Typisierung abweichenden eigenen Verhältnissen zu vermeiden. In diesem Fall wäre der Steuerpflichtige grundsätzlich vor unverhältnismäßigen Härten geschützt. Sollten sie sich dennoch ergeben, so beruht dies nicht mehr nur auf staatlichem Handeln in Form einer gesetzlichen Typisierung, sondern ist primär Folge des eigenen Verhaltens, der eigenen Untätigkeit. Die Intensität der Ungleichbehandlung ist in einem solchen Fall gering oder strebt gar gegen Null.

Drittens lassen ggf. bestehende Billigkeitsregelungen oder Härteklauseln zur Milderung von typisierungsbedingten Härten die Typisierung tendenziell eher als zulässig erscheinen, sofern sie nicht die Geltung der Typisierung als solche in Frage stellen oder im Ganzen unterlaufen[777].

Mit den genannten Einschränkungen werden den grundsätzlich zulässigen gesetzgeberischen Typisierungen und Pauschalierungen deutliche Grenzen gesetzt[778]. Die entscheidenden Grenzen sind die realitätsgerechte Festlegung und die Verhältnismäßigkeit[779]. Im Rahmen der Verhältnismäßigkeitsprüfung stehen zum einen die Intensität der Benachteiligung im Einzelfall, zum anderen die Anzahl der insgesamt von der Typisierung Betroffenen im Vordergrund[780]. Damit ist der verfassungsrechtliche Prüfungsmaßstab für die mit der Abgeltungsteuer verbundenen Typisierungen und Pauschalierungen benannt und kann nachfolgend konkret angewendet werden.

c) Verfehlen dieser Vorgaben im Falle der Abgeltungsteuer

(1) Tarif

Die Zulässigkeit der mit dem Linearsteuersatz vorgenommenen Typisierung ist äußerst zweifelhaft und im Ergebnis nicht mehr zu bejahen. Zunächst stellt sich die Frage, ob eine realitätsgerechte Festlegung der Steuersatzhöhe im Hinblick auf den hiermit verfolgten Typisierungszweck vorgenommen wurde. Im Fokus dieser Betrachtung stehen die Bezieher hoher und höchster (Kapital)Einkünfte. Für sie müsste das Absenken des Steuersatzes für Kapitaleinkünfte um bis zu 20 Prozent (Spitzensteuersatz vs. Abgeltungsteuersatz) die Versagung der steuerlichen Geltendmachung tatsächlich angefallener Erwerbsaufwendungen in den als üblich anzusehenden Szenarien ausgleichen. Auf den ersten Blick scheint die neue Situation für die besagte Gruppe der Steuerpflichtigen durchaus komfortabel. Zuvor fiel bei einem Kapitalertrag von 1 Million Euro eine Steuerlast von 450.000 € an, sodass noch 550.000 € beim Steuerpflichtigen verblieben. Nun führt für diesen Steuerpflichtigen

777 Vgl. *Osterloh/Nußberger*, in: *Sachs*, GG, Art. Rdnr. 111; *BK/Rüfner*, Art. 3 Abs. 1 Rdnr. 114 jeweils m.w.N.; ferner zum Dispens als Typisierungs-Korrektiv *Isensee* (1976), S. 170 f.

778 Ähnlich bereits *Kirchhof*, StuW 1984, S. 297 (307).

779 In Anbetracht dessen erscheint es zumindest unpräzise und missverständlich, wenn *Pernice* (1991), S. 247 entscheidend auf die Sachgerechtigkeit und Willkürfreiheit abstellt.

780 S. zu dieser Zweiteilung *Huster* (1993), S. 274 ff.

erst ein Kapitaleinkommen von 1,8 Millionen Euro zu einer entsprechend hohen Steuer. Er könnte mithin die Nichtberücksichtigung von Werbungskosten bis zu einer Höhe von 800.000 € verschmerzen, weil sich bis zu diesem Punkt eine Besserstellung für ihn ergibt. Zu Recht wird sich nicht nur der Kleinanleger vor diesem Hintergrund fragen, ob die Höhe des Abgeltungsteuersatzes noch realitätsgerecht typisierend sein kann, wenn auf diese Weise für den Regelfall Werbungskosten von über 40 Prozent der Einkünfte unterstellt werden, während sich im Falle geringer Werbungskosten für den Steuerpflichtigen nach Steuern ein Plus von über 30 Prozent gegenüber der Regelbesteuerung ergeben kann[781]. Letzteres deutet schon an, dass sich die Bemessung individueller Leistungsfähigkeit nur sehr begrenzt typisieren lässt.

Diesem Einwand der unteren Einkommensgruppen können die Mitglieder der oberen Einkommensgruppen nun allerdings die Frage der Abgeltung von Fremdfinanzierungsaufwand[782] entgegenhalten, womit die Problematik weitere Kreise zieht. Es bedarf keiner großen Rechenleistungen um festzustellen, dass im Falle von fremdfinanzierten Kapitaleinkünften der Proportionalsteuersatz die aus der Versagung des Werbungskostenabzugs für die oberen Einkommensgruppen resultierenden Benachteiligungen nicht hinreichend kompensiert[783]. Dies liegt insbesondere darin begründet, dass in Abhängigkeit vom individuellen (hohen) Steuersatz des betroffenen Steuerpflichtigen der Abgeltungsteuertarif eine den Fremdfinanzierungskosten angemessene Entlastung nur dann bewirkt, wenn der (Guthaben)Zinssatz für die Anlage den des Fremdkapitals jedenfalls um über 50 Prozent bis hin zu mehr als 60 Prozent übersteigt. Gerade im konservativen Anlagenbereich hat dies – zumal in wirtschaftlich schwierigen Zeiten mit entsprechend unsicheren Bedingungen an den Finanzmärkten – aber mit den Realitäten überhaupt nichts zu tun[784]. Im Bereich des spekulativen Anlagesegments sieht dies mit Sicherheit anders aus. Allerdings kann es hier auch zu wesentlich höheren Verlusten kommen, sodass eine realitätsgerechte Typisierung dann zumindest auf die unverhältnismäßigen Verlustverrechnungsbeschränkungen des § 20 VI 1 und

---

781 Gerade im Falle des Bezugs von Zinseinkünften, die keiner Vorbelastung mit Körperschaftsteuer unterliegen und vor allem regelmäßig nicht sonderlich werbungskostenintensiv sind, kann dieses Ergebnis nicht hingenommen werden. Ebenfalls ablehnend *Jochum*, DStZ 2010, S. 309 (313).

782 Vgl. hierzu auch *Jochum*, in: *GS Schindhelm*, S. 405 (412 ff.); gleiches gilt i.Ü. auch für die mit einer Vermögensverwaltung in Zusammenhang stehenden Kosten.

783 Für konkrete Rechenbeispiele wird auf die Ausführungen oben unter VII. 2. b) bb) (2) sowie *Jochum*, in: *GS Schindhelm*, S. 405 (413 f.) verwiesen.

784 In solchen Phasen bieten Anlagen gewöhnlich nur eine marginale oder sogar überhaupt keine Rendite (vgl. *F.A.Z.* vom 23.05.2012: Deutschland nimmt Milliarden mit Nullzins-Anleihe ein sowie *Die Welt* vom 18.07.2012: Deutschland kassiert Geld fürs Schuldenmachen). So lagen etwa im Jahre 2011 die Kreditzinsen für Kredite an Privatpersonen etwa ca. so hoch wie entsprechende Anlagezinsen (s. hierzu die Statistiken unter www.bundesbank.de).

4 EStG verzichten müsste. Zudem ist die Zahl der hochspekulativen Kapitalanlagen im Bereich der oberen Einkommensgruppen nicht der Regelfall, weshalb sie für eine Typisierung ohnehin nicht als Leitbild herangezogen werden dürften. Aus dem gleichen Grund wird allerdings auch die Unbeachtlichkeit der hier gegenständlichen Fremdfinanzierungsproblematik angenommen: Auch diese Konstellation stelle nicht den Normalfall dar und eigne sich folglich nicht als Grundlage der Typisierung[785].

Die Annahme, dass ein gut beratener Großinvestor mit kreditfinanzierter Kapitalanlage die Ausnahme bilde, ist schon zu pauschal gehalten. Sie übersieht, dass im Falle der Einsetzung eines Vermögensverwalters sich für die Typisierung die gleiche Problematik einstellt. Es wäre verfehlt zu glauben, dass der Großkapitalist ähnlich einem Kleinanleger durch schlichte Besuche seiner Hausbank zum Zwecke von Anlageauftragserteilungen oder sogar vom heimischen Computer aus und damit letztlich ohne Inanspruchnahme kostenpflichtigen Fachwissens sein Kapital verwaltet. Jedenfalls zusammengenommen bildet die Gruppe der fremdfinanzierenden und die der eine professionelle Vermögensverwaltung in Anspruch nehmenden Spitzeninvestoren keine zu vernachlässigende Randerscheinung mehr[786]. Es ist vielmehr davon auszugehen, dass in den oberen Einkommensgruppen diese Gruppe einen nennenswerten, wenn nicht sogar die Mehrheit erreichenden Anteil ausmacht. Dann aber ist es unzulässig, diese Gruppe bei Bildung des der Typisierung zugrunde liegenden Maßstabes unberücksichtigt zu lassen.

Gleichwohl kommt es auf die genaue Größe dieser Gruppe im Ergebnis aber noch nicht einmal an. Denn außer der Fremdfinanzierung und der Vermögensverwaltung sind kaum andere werbungskostenintensive Kapitalanlageformen denkbar. Stattdessen ähnelt in den anderen Fällen die Situation der Großinvestoren derjenigen der Kleinanleger. Es fallen lediglich Kontoführungsgebühren, Depotgebühren u.Ä. und damit kaum Werbungskosten, schon gar nicht in größerem Umfang, an. Dann aber schließt sich der Kreis, indem die oberen Einkommensgruppen, wie schon beschrieben, in ganz erheblichem Maße steuerlich begünstigt werden. Unabhängig

785 Exemplarisch *Jachmann*, DStJG Bd. 34 (2011), S. 251 (259) m.w.N.; neben den in den weiteren Ausführungen dargelegten Argumenten, spricht gegen diese Ansicht aber schon, dass es ihr an der letzten eigenen Überzeugung fehlt. So formuliert *Jachmann* a.a.O., dass „die Absenkung des Steuertarifs ... hinreichend ausgeglichen sein *dürfte*"[.] und: „[Insb.] die Fremdfinanzierung von Kapitalanlagen *dürfte* nicht mit einer solchen Häufigkeit und einem solchen Umfang zu veranschlagen sein..." (Hervorhebungen durch den hiesigen Verfasser); der auch darüber hinaus noch zur Beurteilung der Werbungskosten-Pauschbetrags verwendete Konjunktiv zeugt von Unsicherheit in der Bewertung, die offenbar nicht auf eine ausreichend breite Tatsachenbasis gegründet wurde.

786 Dies zeigt etwa der erheblich gewachsene Markt unabhängiger Vermögensverwalter (dem Ende 1997 mit 7 Mitgliedern gegründeten Verband unabhängiger Vermögensverwalter Deutschland e.V. gehören derzeit deutlich über 200 Mitglieder an, vgl. www.vuv.de/aufgaben-und-zweck.html) sowie die deutliche Ausweitung des sog. „Private Banking" in der jüngeren Vergangenheit.

davon, wie man also die Gruppen der fremdfinanzierenden und der vermögensverwaltenden sowie der selbständig mit Eigenkapital agierenden Steuerpflichtigen im oberen Einkommensbereich in ihrer jeweiligen Größe einordnet: Zumindest eine Gruppe muss denknotwendig in ihrer Größe überwiegen. Es spricht sogar vieles dafür, dass alle genannten Gruppen eine beachtliche Größe haben, selbst wenn man berücksichtigt, dass wegen § 32d II Nr. 3 EStG einige Fälle nicht von der hier erörterten Problematik betroffen sind. Da nun aber in beiden Fällen Gleichheitsverstöße auftreten, einmal übermäßig belastend, das andere Mal übermäßig begünstigend, erweist sich die Realität offenbar als zu vielgestaltig, als dass ein typisches Leitbild festgestellt werden könnte[787]. Der vom Abgeltungsteuertarif für die oberen Einkommensgruppen angenommene Typus ist in der Realität nur schwer auffindbar. Für die Zulässigkeit der Typisierung müsste es aber genau umgekehrt sein: Die dem Typus zuwiderlaufenden Fälle dürften nur selten anzutreffen sein.

Somit bestand für den Gesetzgeber folgendes Dilemma: In vielen Fällen war eine Entlastung trotz der infolge der Versagung der über den Pauschbetrag hinausgehenden Werbungskosten starken Einschränkungen überhaupt nicht erforderlich. Zahlreiche andere Fälle hätten aber nach einer deutlich stärkeren Absenkung des Tarifs als um nur 20 Prozentpunkte verlangt. Abgesehen davon, dass der Gesetzgeber entsprechende Überlegungen zur Begründung des insoweit etwa mittigen Steuersatzes nicht angestellt hat, verbietet sich eine solche Mittelwertbildung auch. Weil das für die Festlegung des Typus notwendig zu ermittelnde mittlere Entlastungsvolumen sich damit quasi mangels Existenz aber überhaupt nicht bestimmen lässt, scheitert die Zulässigkeit der mit dem Abgeltungsteuertarif verbundenen Typisierung bereits wegen fehlender Realitätsgerechtigkeit, mithin auf der ersten Stufe[788]. Hieraus folgt zugleich auch, dass der gebotene typisierende Ausgleich für die Versagung des Teileinkünfteverfahrens bei privaten Anteilseignern nicht in verfassungsrechtlich zulässiger Weise vorgenommen wurde. Die Typisierung kann nämlich wegen ihrer Realitätsferne auch einer ggf. bestehenden körperschaftsteuerlichen Vorbelastung nicht angemessen Rechnung tragen[789].

(2) Sparer-Pauschbetrag

Mit dem Sparer-Pauschbetrag soll eine Typisierung der in den unteren Einkommensgruppen gewöhnlich anfallenden Werbungskosten gelingen. Anders als beim Tarif geht es hier somit nicht darum, aus einer Mixtur aus Regelsteuersatz und Werbungskosten einen gemeinsamen Nenner zu finden, sondern ausschließlich darum, die mit den Kapitaleinkünften in diesen Fällen zusammenhängenden

787 Vgl. auch *Englisch* (2008), S. 170.

788 I.E. wie hier auch *Englisch*, StuW 2007, S. 221 (227 f.); *Jochum*, in: *GS Schindhelm*, S. 405 (414).

789 Auf die überdies bestehende Kumulationsproblematik wird sogleich unter (3) eingegangen.

Aufwendungen typisierend zu erfassen[790]. Damit scheint die Zulässigkeit dieser Typisierung eher möglich. Doch dieser Schein trügt. Auch die Höhe des Werbungskostenpauschbetrages begegnet hinsichtlich der Zulässigkeit der hiermit vorgenommenen Typisierung tiefgreifenden Bedenken[791]. Zwar ist der Sparer-Pauschbetrag im typischen Fall unzweifelhaft ausreichend, um die pro Kalenderjahr anfallenden Werbungskosten des Kleinanlegers abzudecken. Sich auf dieser Basis indes vorschnell für die Zulässigkeit dieser Pauschalierung zu entscheiden[792], wäre dennoch verfehlt. Es würde dann nämlich die Frage der Realitätsgerechtigkeit schlichtweg übergangen. Der Umstand, dass nur sehr wenige Kleinanleger Werbungskosten für Kapitaleinkünfte über 801 € pro Jahr aufbringen müssen, sagt lediglich aus, dass eine bevorzugende Typisierung mit Breitenwirkung vorliegt. Auch eine solche Typisierung ist aber nur dann zulässig, wenn sich die Privilegierung gegenüber der Gruppe von Benachteiligten (in diesem Fall die Steuerpflichtigen ohne Kapitaleinkünfte) rechtfertigen lässt. Deshalb dürfen hier ebenfalls keine realitätsfernen Pauschalwerte gebildet worden sein. Gerade dies ist aber auch hier wieder geschehen. Dabei soll sogar noch vernachlässigt werden, dass sich auch im Falle von Kleinanlegern Fremdfinanzierungskosten schon gar nicht realitätsgerecht typisieren lassen, weil ein solcher Vorgang mit dem reinen Ansparen nichts mehr gemein hat[793]. Aufmerksamkeit verdient dafür umso mehr die Entwicklung der Höhe des Sparer-Pauschbetrages[794]. Dieser betrug vor Einführung der Abgeltungsteuer nur 51 €. Warum nun auf einmal 750 € mehr geboten sein sollen, um die Werbungskosten der Kapitalanleger realitätsgerecht abzubilden, ist nicht ersichtlich. Insbesondere ist nicht erkennbar, dass der Gesetzgeber die Korrektur einer als (dann massiv) zu gering erkannten Pauschalierung beabsichtigte. Es mag insoweit zwar nachvollziehbar sein, wenn der Gesetzgeber durch Verschmelzung von bisherigem Sparer-Freibetrag mit dem Werbungskostenpauschbetrag eine Schlechterstellung der Steuerpflichtigen vermeiden wollte; dies ist aber keine sinnvolle und noch viel weniger eine realitätsgerechte Grundlage für eine Pauschalierung[795].

Begründet dies nur relativ abstrakt die fehlende Realitätsgerechtigkeit der Pauschalierung, so führt eine nähere Betrachtung des Ausmaßes der durch die

---

790 Zur grds. Zulässigkeit einer Typisierung auch bei der Erfassung von Aufwand s. BVerfGE 96, 1 (9); 99, 280 (290); 101, 297 (310).

791 Vgl. auch *Hey*, BB 2007, S. 1303 (1307).

792 So aber *Eckhoff*, FR 2007, S. 989 (998); *Jachmann*, DStJG Bd. 34 (2011), S. 251 (258 f.) m.w.N.; grundlegend verkannt wird die hiermit verbundene Problematik von *Hänsch*, SteuStud 2012, S. 275 (281).

793 Zu dieser Problematik *Groh*, FR 2008, S. 264 (265).

794 Schon das ständige und z.T. massive Auf und Ab der Sparer-Freibeträge über die vergangenen Jahrzehnte lassen Zweifel daran aufkommen, ob überhaupt jemals eine solide Grundlage für eine realitätsgerechte Pauschalierung von Werbungskosten für Kapitalerträge bestanden hat; ebenso und mit konkreten Zahlen zur Höhe der jeweiligen Sparer-Freibeträge *Wenzel*, DStR 2009, S. 1182 (1183).

795 *Wenzel*, DStR 2009, S. 1182 (1183).

Pauschalierung erzeugten Bevorzugung der typischen Kleinanleger zu einer konkreten Erkenntnis über die bestehende Realitätsungerechtigkeit. Dazu muss berücksichtigt werden, in welchem Rahmen sich die durchschnittlichen Werbungskosten für Einkünfte aus Kapitalvermögen bewegen. Und hier sprechen die Statistiken eine eindeutige Sprache[796]. So liegen schon die durchschnittlichen Werbungskosten aus Kapitalvermögen bei 349 € und damit unterhalb der Hälfte des nunmehr angesetzten Pauschbetrages. Im Durchschnittswert sind zudem noch die in ihrer absoluten Anzahl wenigen, dafür in ihren Auswirkungen aber erheblichen Ausreißer mit enthalten. Um diesem Aspekt, dass einige wenige Steuerpflichtige Werbungskosten von mehreren zehn- oder gar hunderttausend Euro erreichen, Rechnung zu tragen, ist vorzugsweise auf den Median der Werbungskosten abzustellen. Dieser liegt bei nur 102 €. Bedenkt man nun, dass folglich schon die Hälfte der Steuerpflichtigen bei ihren Werbungskosten den Betrag von 102 € nicht übersteigen, so liegt die Zahl derer, die die Höhe des Pauschbetrages nicht erreichen, noch ungleich höher[797]. Für die Frage nach der Realitätsgerechtigkeit der Pauschalierung bereits ausreichend ist die Feststellung, dass jedenfalls die Hälfte der Steuerpflichtigen durch einen um den Faktor 8 von den tatsächlichen Gegebenheiten abweichenden Werbungskosten-Pauschbetrag bevorzugt wird. Unabhängig davon, ob der These, dass für bevorzugende Typisierungen ein weiterer Spielraum gelten solle als für benachteiligende, gefolgt werden kann, so ist auch dieser Spielraum bei weitem überschritten, wenn über die Hälfte aller von der Typisierung erfassten Fälle dem Typus widersprechen[798]. Aufgrund der – wegen des mit ihr verfolgten Entlastungs- und Vereinfachungszweckes konsequenten – Unwiderlegbarkeit der Pauschalierung wirkt sich

796 Die nachfolgenden Zahlen ergeben sich aus von mir beim Statistischen Bundesamt angeforderten Daten zu den Einkünften aus Kapitalvermögen im Jahre 2008. Ein Abdruck der Tabelle mit dem entsprechenden Zahlenmaterial findet sich im Anhang. Zu vom Statistischen Bundesamt offiziell veröffentlichen Zahlen des Jahres 2002, die keine starke Abweichung von denen des Jahres 2008 aufweisen vgl. *Wenzel*, DStR 2009, S. 1182 (1183).

797 Ebenso *Wenzel*, DStR 2009, S. 1182 (1183).

798 In der Rspr. von BVerfG und BVerwG werden die Grenzen im Bereich von 10% Abweichungsfälle gesehen, vgl. die Nachweise bei *Huster* (1993), S. 263 f.; *Eckhoff* (1999), S. 92; selbst bei großzügiger Zubilligung einer Verdoppelung dieser Grenzen für privilegierende Typisierungen wären diese hier evident überschritten. Auf den Grad der Abweichung kommt es nicht mehr an. Maßstäbe sind, soweit ersichtlich, auch noch nicht entwickelt worden, was auch darauf zurückzuführen sein dürfte, dass die Festlegung bestimmter, noch zulässiger Abweichungsfaktoren sich einer Verabsolutierung entziehen. Deshalb darf hier nicht zu engmaschig in die Freiheit des Gesetzgebers eingegriffen werden. Die Annahme, dass der Pauschalierungswert von einem realen Mittelwert nicht um mehr als den Faktor 2 und um einen realen Median nicht um mehr als den Faktor 4 abweichen darf, würde m.E. einerseits den Interessen des Gesetzgebers, andererseits den Anforderungen an eine noch hinreichende Anknüpfung an die Realität angemessen Rechnung tragen. Im Hinblick auf den Median genügt der Pauschbetrag dem freilich ebenfalls

ihre realitätsferne Bestimmung auch in einer ebenso großen Zahl von Steuerfällen praktisch aus[799]. Mithin wahrt auch die Pauschalierung der Werbungskosten bei Einkünften aus Kapitalvermögen nicht die verfassungsrechtlichen Anforderungen, die insoweit an eine zulässige Pauschalierung zu stellen sind[800].

Gleiches gilt darüber hinaus auch bei Vornahme einer Verhältnismäßigkeitsbetrachtung. Kommt es nämlich bei einer Pauschalierung zu einer Vielzahl von Benachteiligungen oder Privilegierungen, so mangelt es an der Erforderlichkeit der jeweiligen Pauschale, weil das Ausmaß der Beeinträchtigung bei gleichbleibendem Vereinfachungseffekt reduziert werden könnte, indem die Pauschale höher bzw. niedriger angesetzt würde[801]. Aus diesem Grund fehlt es dem Werbungskostenpauschbetrag nicht nur an der Realitätsgerechtigkeit, sondern zugleich an der Erforderlichkeit und damit an der Verhältnismäßigkeit. Auch deshalb ist er verfassungswidrig[802].

---

nicht, sodass selbst wenn weniger Steuerpflichtige bevorzugt würden, die Realitätsgerechtigkeit zu verneinen wäre.
Darüber hinaus bemängelt BVerfGE 78, 249 (288) schon den Umstand, dass eine Typisierung wesentlich mehr Fallkonstellationen (im konkreten Fall 18 Prozentpunkte) weitgehend zutreffend erfassen könnte, als sie es tatsächlich tut. Ob auch unter diesem Gesichtspunkt durch Anhebung oder Absenkung von Tarif und Pauschbetrag wirklich eine Verbesserung erreicht werden kann, erscheint ob der gleichermaßen im Bereich der Bevorzugung wie der Benachteiligung sich abspielenden Problematik im Falle der Abgeltungsteuer zweifelhaft.

799 Dagegen ist z.B. der (außerdem noch zugunsten des Steuerpflichtigen widerlegbare) Werbungskosten-Pauschbetrag für Einkünfte aus nichtselbständiger Tätigkeit wesentlich realitätsnäher bemessen und liegt zudem nicht gravierend über, sondern etwas unterhalb der tatsächlich zu beobachtenden Werte, vgl. die im Anhang abgedruckte tabellarische Übersicht des *Statistischen Bundesamtes*, Finanzen und Steuern, Fachserie 14, Reihe 7.1.1 - 2008, S. 14: Danach lagen im Jahr 2007 die durchschnittlichen Werbungskosten bei Einkünften aus nichtselbständiger Arbeit bei 2.205 €, der Median bei 1.609 €.

800 Wie hier auch *Englisch*, StuW 2007, S. 221 (238 f.); *Wenzel*, DStR 2009, S. 1182 (1185); *Treml* (2014), S. 140 ff.; vgl. ferner *Jochum*, DStZ 2010, S. 309 (312); wohl auch *Ruppe*, DStJG Bd. 21 (1998), S. 29 (53), da er bereits die Zulässigkeit unwiderlegbarer Pauschalierungen im Bereich von Erwerbsaufwendungen verneint.

801 *Englisch* (2008), S. 170.

802 Ein anderes Ergebnis lässt sich m.E. auch nicht mit dem Argument begründen, dass im Bereich der unteren Einkommensgruppen ein Freibetrag durchaus erheblich angehoben werden darf, um die Zahl der Veranlagungen gering zu halten und so die Steuervollzugsfähigkeit zu erhalten. Denn auch im Falle eines realitätsgerechteren, also niedrigeren Pauschbetrages würde sich an den Veranlagungszahlen nichts ändern, da Veranlagungen bis auf einige Ausnahmen, die in keinem unmittelbaren Zusammenhang mit dem Werbungskostenpauschbetrag stehen, bereits durch die Abgeltungsteuer als solche ohnehin ausgeschlossen sind; auf die Höhe eines Freibetrages kommt es folglich überhaupt nicht an. Zudem bedarf es im Falle einer (durch die Abgeltungsteuer in ihrer konkreten Ausgestaltung

(3) Die kumulative Typisierung

Erweisen sich schon die durch den Abgeltungsteuertarif und den Werbungskostenpauschbetrag vorgenommenen Typisierungen und Pauschalierungen für sich genommen als unzulässig, so liegt doch noch ein weiteres, grundsätzliches Problem, das an dieser Stelle ebenfalls beleuchtet werden soll, in einem anderen Umstand begründet. Hierbei steht noch einmal im Fokus, welche Absichten der Gesetzgeber bei der Typisierung verfolgte bzw. was er hierbei hätte berücksichtigen müssen.

Danach ergeben sich drei Fragestellungen[803]. Deren erste, ob der Gesetzgeber bereits deshalb, weil er einen ermäßigten Steuersatz gewährt, das Ob und Wie der Entstehung erwerbsbezogener Aufwendungen typisierend ausblenden darf, wurde soeben ausführlich beantwortet. Nun geht der Gesetzgeber zu Recht aber ersichtlich davon aus, dass Kapitaleinkünfte häufig mit Körperschaftsteuer vorbelastet sind, sodass diese Vorbelastung zu berücksichtigen ist. In den Blick zu nehmen ist daher die Gesamtbelastung mit Einkommensteuer und Körperschaftsteuer, die die maximal mögliche Höhe einer nur durch Einkommensteuer entstehenden Steuerlast nicht überschreiten sollte. Ohne dass der Gesetzgeber dies ausdrücklich bekundet, soll der niedrige Abgeltungsteuersatz bei höheren Einkommensgruppen die Versagung des Werbungskostenabzugs ausgleichen und zum anderen eine Kompensation für körperschaftsteuerliche Vorbelastung bei Beteiligungen leisten[804]. Eine Unterscheidung zwischen vorbelasteten und nicht vorbelasteten Kapitaleinkünften erfolgt allerdings im Rahmen der Abgeltungsteuer nicht. Daraus folgt neben der o.g. ersten die zweite Frage, ob der Gesetzgeber infolge der Gewährung eines ermäßigten Steuersatzes *zugleich* ausblenden darf, ob vorbelastete Kapitaleinkünfte vorliegen oder nicht. Und drittens ist, wenngleich der Gesetzgeber dieses Problem unbeachtet gelassen und infolgedessen auch verfassungswidrig gehandelt hat[805], zu fragen, ob *wiederum zugleich* aufgrund der Typisierung ausgeblendet werden darf, dass Kapitalvermögen der Inflation unterliegt.

Die Fragestellungen zusammenfassend, ist zu prüfen, ob ein und dieselbe Typisierung mehrere Faktoren kumulativ berücksichtigen kann und darf. Solange die Realitätsgerechtigkeit bei der Bemessung der für die einzelnen Faktoren maßgebenden

---

indes bewirkten) verfassungswidrigen Besteuerung wohl kaum einer Sicherung der Vollzugsfähigkeit.
Schließlich trägt auch ein möglicher Lenkungszweck (= Förderung der Vermögensbildung) nicht. Ungeachtet dessen, dass ein solcher allenfalls „untergeschoben" werden könnte, weil der Gesetzgeber sich hierauf in keiner Weise beruft, würde sich hieraus nur eine andere, ebenfalls nicht zu rechtfertigende Ungleichbehandlung gegenüber den Beziehern anderer Einkunftsarten ergeben, die – ohne ebenfalls über einen Sparerpauschbetrag zu verfügen – beim Aufbau größerer Ansparrücklagen benachteiligt wären (s. dazu bereits in diesem § unter III. 3.).

803 Im Folgenden formuliert in Anlehnung an *Jochum*, DStZ 2010, S. 309 (312).

804 *Jochum*, in: *GS Schindhelm*, S. 405 (417).

805 Dazu oben unter III. 4. b).

Größe gewahrt wird, ist hiergegen theoretisch nichts einzuwenden[806]. Allerdings ist der Aufwand zur empirischen Bestimmung nur eines realitätsgerechten Typus schon enorm, wenn auf einer notwendig breiten Grundlage nach ihm gesucht wird. Sind auf diesen ersten Typus dann noch weitere Typisierungsfaktoren abzustimmen, so steigt der Aufwand nicht linear, sondern exponentiell an. Deshalb ist schon aus rein praktisch-ökonomischen Interessen von einer kumulativen Typisierung abzuraten.

Dass sich zudem im Ergebnis kaum ein realitätsgerechter Maßstab finden lässt, beweist darüber hinaus der Abgeltungsteuersatz leider nur allzu gut. Zu unterschiedlich, weil zu spezifisch sind die Anforderungen, die jeder Typus für sich genommen an das Gesamtergebnis der Typisierung stellt. Lediglich zwei Aspekte sprechen isoliert betrachtet für eine ansatzweise gelungene Gesamttypisierung. So schmilzt zum einen die Höhe von steuersatzbedingten Privilegierungen wieder ein wenig ab, wenn man die Inflation noch mit in die Gesamtrechnung einbezieht. Zum anderen gilt dies ggf. auch hinsichtlich einer Vorbelastung von Gewinnausschüttungen mit Körperschaftsteuer. So kann sich immerhin eine Gesamtbelastung von 36,25 Prozent ergeben (15 Prozent KSt + 25 Prozent Abgeltungsteuer auf die ausgeschütteten 85 Prozent). Diese liegt weniger als 10 Prozentpunkte unter der maximal möglichen Belastung ausschließlich durch Einkommensteuer. Bezieht man nun noch kumulativ die Inflation mit ein, so ergibt sich eine durchaus realitätsgerechte Typisierung.

Dieser positive kleine Ausschnitt aus dem großen Ganzen vermag aber die negativen Auswüchse der kumulativen Typisierung nicht zu verbergen. So kann es im Hinblick auf vorbelastete Kapitaleinkünfte vielfach an einem messbaren Einfluss des hierfür vorgesehenen Typisierungsfaktors fehlen. Wenn nämlich etwa der ermäßigte Steuersatz aufgrund hoher Werbungskosten schon nicht ausreicht, um hierfür einen angemessenen Ausgleich zu schaffen, so kann ihm für die Vorbelastung schon gar keine Bedeutung mehr zukommen. Besonders deutlich zeigt diese Konstellation auf, dass ein typisierender Ausgleich für die Versagung des Teileinkünfteverfahrens nicht vorhanden ist. Umgekehrt fehlt es in Fällen steuersatzbedingter Privilegierungen bei zudem unvorbelasteten Kapitaleinkünften schon an einem Typisierungsgrund. Innerhalb der Typisierung wären sie stark steuersatzerhöhend zu berücksichtigen. Dies verträgt sich aber nicht mit der gegenläufigen Intention, durch eine Steuersatzabsenkung Vorbelastungsfälle in der Typisierung zu erfassen. Ihre Aufnahme in den Typus allein unter Inflationsgesichtspunkten kann auch nicht gerechtfertigt sein, weil die Belastungsunterschiede zu ebenfalls der Inflation unterliegenden, vorbelasteten Kapitaleinkünfte erhalten bleiben. Somit hat der Gesetzgeber bereits bei dem Versuch, zwei Regelungsbereiche durch einen ermäßigten

806 Vgl. auch *Jochum*, DStZ 2010, S. 309 (312): „Dieser Anforderung [Anm.: Nachvollziehbarkeit der Belastung] hat der Gesetzgeber auch und erst recht zu genügen, wenn er diverse steuerliche Be- und Entlastungen in einem Regelungsmodell kombiniert."

Proportionalsteuersatz typisierend zu erfassen, seinen Spielraum in unzulässiger Weise überschritten[807].

Ein anderes Ergebnis ergibt sich auch nicht bei Einbeziehung des dritten Kumulationsfaktors, der Inflationsanfälligkeit von Kapitaleinkünften. Selbst wenn man dem Gesetzgeber wohlwollend unterstellen möchte, er habe auch zur Berücksichtigung der Inflation typisieren wollen, ist ihm dies nicht realitätsgerecht gelungen. Zunächst lässt sich das gleiche Problem feststellen, das sich schon bei der Typisierung der Vorbelastung ergeben hat. Wer aufgrund hoher Werbungskosten durch den moderaten Steuersatz schon nicht ausreichend entlastet wird, der kann über den Steuersatz schon gar keinen Ausgleich für die Inflation mehr erfahren. Genau wie hinsichtlich der Vorbelastung kann die Wirkung des ermäßigten Steuersatzes also häufig schon auf der ersten Stufe der Typisierung vollständig aufgebraucht worden sein, einschließlich der Möglichkeit einer Unterkompensation. Hinzu tritt, dass, selbst wenn die Inflationskomponente auch einmal noch nach Berücksichtigung der zweiten Stufe (Vorbelastung) wirksam zum Zuge kommt, die Entlastungswirkung nur in wenigen Fällen zielgerichtet eintritt. Wer z.B. in kürzesten Zeitabständen kauft und verkauft, bedarf einer typisierenden Entlastung für Inflation nicht. Wer aber langfristig anlegt, den kann die noch vorhandene, geringe typisierende Inflationsabgeltung allenfalls über den Wertverlust von ein bis zwei Jahren hinwegtrösten. Weitere Jahre können typisierend nicht erfasst werden. Hieran zeigt sich, dass die Inflation ein eigentlich jährlich zu berücksichtigendes Phänomen ist. Der ermäßigte Tarif soll die Inflation typisierend ausgleichen, dies aber nur einmalig und unabhängig von der Dauer der den entsprechenden Kapitaleinkünften zugrunde liegenden Anlage. Dies ist aber dem beschriebenen Wesen der Inflation gemäß gerade nicht möglich. Eine realitätsgerechte Typisierung müsste ihre statische Rolle aufgeben und dynamisch ausgestaltet werden. Dies ist bei einer kumulativen Typisierung indes nicht machbar.

Es zeigt sich somit, dass überzeugende Antworten auf die Frage der Realitätsgerechtigkeit der unter Vermischung diverser Ansätze erfolgten Typisierung nicht zu formulieren sind[808]. Eine kumulative Typisierung darf zudem auch die tatsächlichen Belastungswirkungen nicht verwischen, sondern muss diese nach wie vor transparent belassen. Vor allem diesen Anforderungen genügt der Abgeltungsteuertarif nicht. Er verwischt in unübersichtlicher und unzulässiger Weise die tatsächliche Steuerlast, indem er mitunter schon (mehrfach) „aufgebrauchtes Ausgleichspotenzial" der Typisierung im Rahmen weiterer Typisierungsfaktoren erneut einsetzt. Damit stellt der Abgeltungsteuertarif nicht nur für sich genommen wegen fehlender

---

807 Ebenso *Jochum*, in: *GS Schindhelm*, S. 405 (417).

808 Wie hier auch *Jochum*, DStZ 2010, S. 309 (312); a.A. *Worgulla* (2013), S. 252 f., der die Bevorzugungen und Benachteiligungen der hier vorgestellten drei Typisierungsbereiche schlichtweg gegeneinander aufrechnet, um sodann im Rahmen einer Bewertung des Gesamtkonzeptes zu einer noch realitätsgerechten Typisierung zu gelangen, ohne die hier beschriebene Problematik zu erkennen.

Realitätsgerechtigkeit eine unzulässige Typisierung dar. Darüber hinaus ist er auch in seiner Rolle als Allheilmittel zur kumulativen Typisierung von Aufwand, steuerlicher Vorbelastung und Inflation hoffnungslos überfordert und deshalb als Typisierungsinstrument innerhalb der Abgeltungsteuer insoweit unhaltbar.

d) *Abgeltungsteuer als besonderen Rechten des Gesetzgebers unterliegende Regelung?*

Das Thema Typisierung und Pauschalierung abschließend, soll noch darauf eingegangen werden, ob nicht dem Gesetzgeber bzgl. der Typisierung ausnahmsweise Sonderrechte zustehen, die doch noch geeignet sind, die grundsätzlich festgestellte Unzulässigkeit zu vermeiden. Zuvörderst geht es dabei um die Möglichkeit eines dem Gesetzgeber zuzubilligenden „Experimentierfreiraums". Bei den mit der Abgeltungsteuer in Zusammenhang stehenden Regelungsbereichen handelt es sich fraglos um solche hochkomplexer Natur. Deshalb wird in diesen Fällen dem Gesetzgeber bei derartigen Neuregelungen zunächst zugestanden, sich mit gröberen Typisierungen zu begnügen, um diese nach hinreichender Sammlung von Erfahrungen zu verbessern[809]. Mit anderen Worten spricht in diesen Konstellationen für die vom Gesetzgeber gewählte Lösung allein schon, dass er absolutes Neuland betritt, weshalb ihm ein Irrtumsrecht im Sinne von „trial and error" zuzugestehen ist[810]. Die Anforderungen würden überspannt, wenn man bei der rechtlichen Prüfung gesetzlicher Typisierungen stets die immer gleichen Maßstäbe anlegte, ohne zu berücksichtigen, ob der Regelungsgegenstand vom Gesetzgeber schon immer behandelt wurde oder ob er für ihn eine noch völlig unbekannte Materie darstellt.

Weiterer Anknüpfungspunkt für besondere Rechte des Gesetzgebers bei der mit Einführung der Abgeltungsteuer vorgenommenen Typisierung können die Grundrechte aller Steuerpflichtigen und hierbei insbesondere das Recht auf informationelle Selbstbestimmung sein. Der Steuerpflichtige ist ungeachtet seiner freiheitlichen Grundrechte grundsätzlich gehalten, gegenüber der Finanzverwaltung durch Offenlegung seiner Verdienst-, Familien- und zum Teil auch Vermögensverhältnisse Privates preiszugeben, um eine gesetzmäßige Besteuerung und deren gleichmäßigen Vollzug zu ermöglichen. Wenn aber durch eine Typisierung konkrete Nachforschungen beim Steuerbürger entbehrlich werden, die Privatsphäre also geschont wird, ist diesem freiheitsbewahrenden Umstand in der Abwägung mit Art. 3 I GG ein erhöhtes Gewicht beizumessen[811].

Will man schließlich auch das „große Ganze" im Sinne von Wohlstand und florierender Wirtschaft mit in den Blick nehmen, so können auch wirtschaftspolitische

---

809 BVerfGE 78, 249 (288) m.w.N.; 89, 15 (27).

810 *Huster* (1993), S. 299; *Pernice* (1991), S. 259.

811 *Kube*, AmosInternational 2010, Heft 2, S. 10 (15); *Englisch* (2008), S. 165; vgl. auch *Seer*, 66. DJT, Stuttgart 2006, Teil Q, Bd. II/1 (Referate), S. 127 (135).

Erwägungen wie die Förderung und Sicherung des Standorts Deutschland erweiterte Typisierungsrechte des Gesetzgebers begründen[812].

e) *Keine Sonderrechte des Gesetzgebers erkennbar*

Selbst wenn man in gewissem Umfang davon ausgeht, dass dem Gesetzgeber die soeben genannten Sonderrechte bei einer Typisierung zustehen können, ändert dies an der verfassungsrechtlichen Beurteilung der Typisierungen und Pauschalierungen nichts. Zum Zeitpunkt der Einführung der Abgeltungsteuer waren ihre Voraussetzungen nicht erfüllt. Was die Experimentierklausel anbelangt, so ist zu konstatieren, dass dem Gesetzgeber Daten und Statistiken z.B. zu Werbungskosten bei Kapitaleinkünften oder zur Inflation schon im Gesetzgebungsverfahren zur Verfügung standen. Insoweit bedurfte es keiner Erfahrungssammlung. Mithin ist die Experimentierklausel hier überhaupt nicht anwendbar.

Außerdem spricht vieles dafür, den Spielraum für Experimentiergesetze aufs Engste zu begrenzen, sodass nur zu Lasten des Staates, nicht aber auf Kosten der Grundrechte der Bürger experimentiert werden kann[813]. Weil die festgestellte Unzulässigkeit der Typisierungen und Pauschalierungen im Rahmen der Abgeltungsteuer in erheblichem Umfang auf realitätsfernen Benachteiligungen beruht, kann die Experimentierklausel insoweit schon gar nicht greifen. Selbst wenn sie entgegen der oben dargelegten Auffassung in den übrigen Fällen oder sogar insgesamt zur Anwendung gelangte, ist dies für das Ergebnis indes ohne Belang. Denn nach Ablauf des dem Gesetzgeber einzuräumenden Erfahrungs- und Beobachtungszeitraumes sind die Mängel der Typisierung zu beheben, indem durch eine Differenzierung die zu Unrecht erfassten Fälle aus dem Tatbestand ausgenommen werden[814]. Es ist aber weder ersichtlich, dass der Gesetzgeber nach Einführung der Abgeltungsteuer überhaupt darauf bedacht gewesen ist, Erfahrungen zu sammeln und Beobachtungen zu machen, noch dass in irgendeiner Weise die realitätsfernen Typisierungen und Pauschalierungen mit der Intention einer Verbesserung zur Diskussion gestellt worden sind. Zudem sollte die Experimentierphase, um dem Kriterium der Erforderlichkeit noch zu genügen, einen Zeitraum von drei Veranlagungszeiträumen nicht übersteigen, sodass spätestens mit dem Jahressteuergesetz 2012 die überfälligen Änderungen vorzunehmen gewesen wären. Dies ist gleichfalls nicht geschehen.

Die Eingriffe in das Grundrecht auf informationelle Selbstbestimmung sind mit der Abgeltungsteuer sicherlich in bedeutendem Maße zurückgegangen. Allein dies rechtfertigt aber nicht die Folgen der Typisierungen und Pauschalierungen. Entscheidend ist vielmehr eine gewichtende Abwägung. Danach liegt im Bereich der informationellen Selbstbestimmung lediglich eine Reduktion eines schon bestehenden, regelmäßig wiederkehrenden Grundrechtseingriffs vor. Dieser wird dadurch erkauft, dass im Bereich eines anderen Grundrechts (Art. 3 I GG) überhaupt

812 In diesem Sinne BVerfGE 116, 164 (189, 193).
813 Vgl. hierzu auch *Pernice* (1991), S. 260 f. m.w.N.
814 *Eckhoff* (1999), S. 94.

erst ein Eingriff bzw. eine Ungleichbehandlung erfolgt. Zudem ist der Umfang der Reduktion relativ gering, da eine Vielzahl von Daten immer noch durch die Finanzbehörden abgefragt wird. Dagegen erfolgt die Beeinträchtigung im Bereich des allgemeinen Gleichheitssatzes gleichsam von null auf hundert. Weil sich die Zahl der von den positiven und negativen Auswirkungen Betroffenen deckt, kommt auch allein der Eingriffsintensität Bedeutung zu. Hierbei überwiegen aber, wie aufgezeigt, die negativen Folgen der Typisierung gegenüber den positiven erheblich. Folglich ändert sich auch hierdurch die Bewertung der Typisierung nicht.

Schließlich liegen auch die Voraussetzungen für einen wirtschaftspolitisch begründeten erweiterten Typisierungsspielraum nicht vor. Die Abgeltungsteuer verfolgt das Ziel, das deutsche Steuersubstrat langfristig zu sichern. Damit spielen aber weniger wirtschaftliche, sondern vielmehr fiskalische Interessen die Hauptrolle. Stellt man auf die Anziehung von Kapital als Lenkungszweck ab, so ist auch dieser nicht zielgerichtet ausgestaltet[815]. Im Übrigen wird die Verhinderung von Steuerflucht mit der vorgenommenen Typisierung nur inkonsequent verfolgt. Die Verfehlung realitätsgerechter Maßstäbe führt insoweit dazu, dass ein „reuiger Steuersünder“ in vielen Fällen von der Rückkehr zur Legalität abgeschreckt wird, indem er ob seiner hohen Werbungskosten von einer Ungerechtigkeit in die nächste übersiedelt. Während er zuvor rechtswidrig gar keine Steuern in Deutschland gezahlt hat, soll er nun mitunter Steuern auf einen Zufluss zahlen, dem letztlich aber gar kein oder nur ein verschwindend geringer Überschuss gegenübersteht. Das Förderungs- und Lenkungsargument taugt also ebenfalls nicht zur Rechtfertigung der Typisierung, weil es den Spielraum des Gesetzgebers nur geringfügig erweitert und somit nicht die hier attestierten enormen Realitätsungerechtigkeiten gestattet.

D. Freiheitsrechtliche Aspekte der Abgeltungsteuer

Trotz der Dominanz der durch die Abgeltungsteuer erzeugten gleichheitsrechtlichen Probleme[816], offenbaren sich auch im Hinblick auf einige grundgesetzliche Freiheitsrechte rechtfertigungsbedürftige Eingriffe. Im Wesentlichen geht es dabei um die Frage, ob die Ausnahmeregelungen des § 32d II EStG als verfassungsrechtlich tragfähig angesehen werden können. Daneben ist die Frage der Zulässigkeit einer inhaltlichen Verknüpfung von Abgeltungsteuer und Kirchensteuer unter Offenlegung der Religionszugehörigkeit des Steuerpflichtigen zu untersuchen. Hinzu kommt das wiederkehrende Problem der Bedeutung von Art. 14 GG für den Besteuerungszugriff und für Verlustverrechnungsbeschränkungen oder -ausschlüsse. Schließlich geht es um die Frage nach einem Eingriff in die Berufsfreiheit des Art. 12 I GG. In diesem Zusammenhang wird dann auch das – durch die Abgeltungsteuer noch weiter verschärfte – Problem der Rechtsformneutralität besprochen. Ebenso wie der Schutz vor einer Übermaßbesteuerung durch

815 Dazu bereits oben unter III. 2.

816 Vgl. *Eckhoff*, FR 2007, S. 989 (993) sowie ausführlich soeben unter C.

Art. 14 GG weist auch die Frage der Rechtsformneutralität einen engen Zusammenhang zum allgemeinen Gleichheitssatz auf. Deshalb bilden diese beiden Punkte gleichsam eine Schnittstelle zur gleichheitsrechtlichen Prüfung und leiten nach dem Abschluss der gleichheitsrechtlichen Erörterungen nun die verfassungsrechtliche Prüfung der Abgeltungsteuer im Hinblick auf freiheitsrechtliche Aspekte ein.

I. Art. 14 I GG

Es besteht immer noch keine Einigkeit darüber, welche Bedeutung dem Grundrecht aus Art. 14 I GG für die verfassungsrechtliche Prüfung von Steuergesetzen genau zukommt. Während zumindest unstreitig ist, dass das Eigentumsrecht nicht ganz ohne Bedeutung für die Verfassungsmäßigkeit von Steuergesetzen ist, so bleibt nach wie vor unklar, wie weit seine Schutzwirkung zugunsten des Steuerpflichtigen reicht[817]. Jedenfalls kommt dem eigentumsrechtlichen Wertschutz bei der Abgabenerhebung eine selbständige Bedeutung zu[818]. Als Kerngehalt schützt Art. 14 I GG vor einer maßlosen Besteuerung, die zumindest dann vorliegt, wenn die Privatnützigkeit des Erwerbs so weit zurückgedrängt wird, dass der Steuerpflichtige zur Vermeidung existenzieller Not infolge seiner hohen Steuerschuld zur Veräußerung von Eigentumssubstanz gezwungen wird[819]. Auch die steuerliche Belastung der höheren Einkommen darf im Regelfall nicht so weit gehen, dass durch eine grundlegende Beeinträchtigung des wirtschaftlichen Erfolgs dieser im wirtschaftlichen Ergebnis nicht mehr angemessen Ausdruck findet[820].

Mit Blick auf den niedrigen Steuersatz der Abgeltungsteuer allein ist eine eigentumsfeindliche Belastung nicht nachweisbar[821]. Diese kann sich erst aufgrund der Bruttobesteuerung in § 20 IX EStG und der Verlustverrechnungsbeschränkungen des § 20 VI EStG ergeben. Weil aber im Bereich der Werbungskosten das Leistungsfähigkeitsprinzip im Vordergrund steht und auch im Rahmen der Verlustverrechnungsbeschränkungen die Frage nach der Vereinbarkeit mit den aus Art. 3 I GG fließenden Anforderungen dominiert, wurden diese Themenkomplexe bereits innerhalb der verfassungsrechtlichen Prüfung des Art. 3 I GG behandelt. Schon hierbei haben sich zahlreiche Verfassungsverstöße offenbart. Gleichwohl sollen die Regelungen in § 20 VI, IX EStG nochmals betrachtet werden, diesmal unter dem Blickwinkel des Art. 14 I GG. Möglicherweise werden so die bisher allein gleichheitsrechtlich untermauerten Verfassungsverstöße noch freiheitsrechtlich bestätigt

---

817 Vgl. statt vieler nur *Tipke*, StRO², Bd. I, S. 437 ff. mit umfangreichen Nachweisen zur konträren Rspr. der beiden Senate des BVerfG sowie umfassender Auswertung des Schrifttums; außerdem *Wernsmann*, in: *H/H/Sp*, AO, § 4 Rdnrn. 535 ff.

818 Ausführlich hierzu *R. Wendt* (1985), S. 316 ff.

819 *Englisch*, NJW 2006, S. 1025 (1027); *Mellinghoff*, Stbg 2007, S. 549 (556 f.); überhaupt vermögen nur die Freiheitsgrundrechte vor einer maßlosen Besteuerung zu schützen, vgl. *Mellinghoff*, 66. DJT, Stuttgart 2006, Teil Q, Bd. II/1, (Referate), S. 85 (90).

820 BVerfGE 115, 97 (117) m.w.N. aus der ständigen Rspr.

821 Ähnlich *Treml* (2014), S. 155.

und abgesichert. Ebenfalls denkbar erscheint aber, dass es aufgrund der vollkommen anders ausgerichteten Schutzrichtungen und -wirkungen des Art. 3 I GG einerseits und des Art. 14 I GG andererseits bei den (vielen) Gleichheitssatzverstößen von Bruttobesteuerung und Verlustverrechnungsbeschränkungen verbleibt. Ein Automatismus, wonach vor Art. 3 I GG nicht zu rechtfertigende Verstöße gegen das objektive Nettoprinzip zugleich auch vor Art. 14 I GG nicht zu bestehen vermögen, besteht nämlich nicht.

1. *Die Bruttobesteuerung*

Es liegt auf der Hand, dass die Abgeltungsteuer bei fremdfinanzierten Kapitalanlagen zu enteignender Besteuerung führen kann, sofern die nach Abzug des Zinsaufwandes verbleibende Marge nicht ausreicht, um die entstehende Steuerbelastung zu decken[822]. Bei genauer Betrachtung der soeben angeführten BVerfG-Rechtsprechung wird aber auch deutlich, dass es auf den Regelfall ankommt. Dies macht eine Betrachtung des jeweiligen Einzelfalls erforderlich[823]. Dabei gelangt man zu dem Ergebnis, dass die schon angesprochene Möglichkeit einer erdrosselnden Wirkung zwar in der Bruttobesteuerung strukturell angelegt ist, jedoch nur eine Ausnahme darstellt[824]. Denn die übergroße Mehrheit der Steuerpflichtigen mit Kapitaleinkünften übersteigt mit ihren Werbungskosten den Sparer-Pauschbetrag schon nicht bzw. hat keine übermäßig hohe, in Richtung der kritischen Grenze von 75 Prozent gehende Werbungskostenquote, sodass bei ihnen nicht davon gesprochen werden kann, dass sich die Erzielung von Einkünften aus Kapitalvermögen nicht mehr lohnen würde[825].

Weil aber Art. 14 I GG nicht nur eine erdrosselnde, sondern auch eine gegen das Übermaßverbot verstoßende Besteuerung verbietet, ist in einem zweiten Schritt noch die Verhältnismäßigkeit der durch die Bruttobesteuerung bedingten Belastung zu prüfen[826]. Allerdings ergibt sich hierbei – ungeachtet des Umstandes, dass sich eine genaue Grenze, die für das Vorliegen einer Übermaßbesteuerung überschritten sein müsste, schwer definieren lässt – ebenfalls das Problem, dass die Bruttobesteuerung zwar nicht generell zu einer übermäßigen Steuerbelastung führt, gleichwohl aber zahlreiche Fallgestaltungen denkbar sind, in denen es als Folge der gesetzlichen

---

822 Vgl. nur exemplarisch *Behrens*, DStR 2007, S. 1998 (2002); *Recnik* (2011), S. 75 f., der aber ohne weitere Substanz bleibt, wenn er es bei der Feststellung belässt, dass eine übermäßige Belastung bei einem erheblichen Überschuss der Werbungskosten über die Einnahmen denkbar ist, ohne diesen Gedanken im weiteren Verlauf der Arbeit noch an irgendeiner Stelle mit Inhalt zu füllen, indem er ihn etwa im Rahmen seiner Untersuchungen zur Bruttobesteuerung wieder aufgriffe und konkretisierte, um letztlich auch zu einem (End)Ergebnis zu gelangen.

823 *Treml* (2014), S. 156.

824 *Worgulla* (2013), S. 291.

825 Ebenso *Treml* (2014), S. 156; *Worgulla* (2013), S. 291.

826 Vgl. *Worgulla* (2013), S. 292; *Treml* (2014), S. 157.

Regelung zwingend hierzu kommt[827]. Die typischen Fälle sind also auch nicht von einer Übermaßbesteuerung betroffen. Bliebe es bei diesem Befund, müsste man, um das Individualrecht des Art. 14 I GG nicht durch völliges Unberücksichtigtlassen des Einzelfalls zu entwerten, abwägen, ob die Billigkeitsregelungen der §§ 163, 227 AO an dieser Stelle ausreichten, Härten im Einzelfall Rechnung zu tragen und eine Übermaßbesteuerung mit ihrer Hilfe im Ergebnis ausnahmslos vermeiden zu können[828]. Allerdings ist im Rahmen einer Verhältnismäßigkeitsprüfung nicht nur eine punktuelle, auf die Höhe der Belastung im Einzelfall zielende, sondern eine möglichst umfassende Betrachtung zulässig und geboten. Und aus einer solchen Gesamtabwägung lässt sich die Bruttobesteuerung zumindest vor Art. 14 I GG rechtfertigen[829].

So handelt es sich bei den Kapitaleinkünften insoweit um eine besondere Einkunftsart, als nur eine verschwindend geringe Zahl von Steuerpflichtigen hieraus ihre Haupteinkünfte schöpft. Die Basis für die wirtschaftliche Existenz der allermeisten Steuerpflichtigen wird in anderen Bereichen (vor allem durch Erzielung von Einkünften gemäß §§ 13, 15, 18 und 19 EStG) gelegt. Sollte dies im Einzelfall doch einmal anders sein (Einkünfte gemäß § 20 EStG nicht nur als Nebeneinkunftsquelle), so ist dem Steuerpflichtigen die Möglichkeit eröffnet, dies unter den gleichen wirtschaftlichen, aber anderen steuerlichen Vorzeichen im Rahmen einer gewerblichen Tätigkeit zu tun und hiermit den Anwendungsbereich der Abgeltungsteuer und der Bruttobesteuerung zu verlassen. Die – im Übrigen aus freien Stücken; auch dies darf im Rahmen der Verhältnismäßigkeitsprüfung Berücksichtigung finden – fremdfinanzierte Kapitalanlage führt damit nur dann zu einer Übermaßbesteuerung, wenn der Steuerpflichtige dies quasi „sehenden Auges“ zulässt, indem er auf problemlos gängige Vermeidungsstrategien verzichtet. Darin liegt der entscheidende Unterschied zu den schon angesprochenen „typischen“ Haupteinkünften, bei denen eine infolge einer (fiktiven) Bruttobesteuerung dort ggf. eintretende Übermaßbesteuerung unumgänglich wäre.

Damit liegt ein Verstoß der Bruttobesteuerung im Rahmen der Abgeltungsteuer gegen Art. 14 I GG nicht vor[830]. Stattdessen bleibt es dabei, dass § 20 IX EStG nur im Rahmen der von Art. 3 I GG geforderten Besteuerung nach der wirtschaftlichen Leistungsfähigkeit sowie durch seinen Angriff auf den Wesensgehalt des objektiven Nettoprinzips Breitenwirkung entfalten kann und deshalb verfassungswidrig ist, während ihm im Bereich des Art. 14 I GG nur eine begrenzte negative Ausstrahlwirkung auf normativ vorgezeichnete Einzelfälle zukommt.

---

827 *Worgulla* (2013), S. 297.

828 Dazu *Worgulla* (2013), S. 300 f., der diese Frage aufgrund der normativen Vorzeichnung der Übermaßbesteuerung und der somit fehlenden Atypik der Einzelfälle verneint.

829 S. zu den nachfolgenden Erwägungen auch *Treml* (2014), S. 157 f.; tendenziell ablehnend hierzu *Worgulla* (2013), S. 298 f.

830 Wie hier auch *Treml* (2014), S. 158; a.A. *Worgulla* (2013), S. 301.

2. *Die Verlustverrechnungsbeschränkungen*[831]

Auch im Bereich des § 20 VI EStG erweist es sich als problematisch, dass eine Steuerzahlung aus der Substanz nicht auszuschließen ist. Insoweit sind zunächst jedoch zwei Alternativen zu unterscheiden.

Zum einen kann im Bereich der progressiv besteuerten Einkunftsarten ein Verlust (z.B. 50.000 €) anfallen, während im Bereich der Kapitaleinkünfte ein Überschuss (von z.B. 60.000 €) erzielt wird. Zum anderen können sich die Vorzeichen im soeben gebildeten Beispiel auch ändern, sodass progressiv besteuerten Gewinnen Verluste aus Kapitaleinkünften gegenüberstehen. Im erstgenannten Beispiel fällt Abgeltungsteuer in Höhe von 15.000 € an, obwohl der Steuerpflichtige nur einen Gesamtertrag von 10.000 € erwirtschaftet hat; mithin läge unzweifelhaft ein Fall von Übermaßbesteuerung vor. Allerdings fehlt es für diese Konstellation im Ergebnis an einer Verlustverrechnungssperre, weil der Steuerpflichtige zumindest die (indes betrachtet wenig attraktive, weil wirtschaftlich ungünstigere) Möglichkeit hat, auf dem Wege der Günstigerprüfung nach § 32d VI EStG eine Besteuerung auf der Basis des „Gesamtergebnisses" von lediglich 10.000 € Ertrag zu erreichen. Ein Verstoß gegen das Übermaßverbot ist in dieser Konstellation somit nicht gegeben[832].

Im anderen Beispiel greift hingegen § 20 VI 1 EStG, was dazu führt, dass der Steuerpflichtige – da der Verlust unberücksichtigt bleibt – in erheblichem Umfang mit Einkommensteuer belastet wird, obwohl die Aufbürdung einer Steuerlast aufgrund des insgesamt erlittenen Verlusts von 10.000 € eigentlich entfallen müsste. § 20 VI 4 EStG steigert diesen für den Steuerpflichtigen misslichen Zustand noch weiter, wenn sich z.B. der genannte Verlustbetrag aus Kapitaleinkünften derart aufteilt, dass Zinserträgen in Höhe von 40.000 € Verluste aus Aktiengeschäften in Höhe von 100.000 € gegenüberstehen. In diesem Fall zahlt der Steuerpflichtige nochmals 10.000 € mehr (Abgeltung)Steuer als im Ausgangsbeispiel.

Die Verlustverrechnungsbeschränkung des § 20 VI 1 EStG schließt die Möglichkeit einer Verrechnung von Verlusten aus Kapitalvermögen mit progressiv besteuerten Einkünften aus und verhindert so eine Steuerarbitrage[833]. Ein Komplettausschluss der intraperiodischen Verlustverrechnung solle aber nicht erforderlich sein und stelle damit einen unverhältnismäßigen Eingriff in Art. 14 I GG dar[834]. Begründe die Missbrauchsvermeidung noch einen ausreichenden sachlichen Grund für die Durchbrechung der Belastungsgleichheit[835], so stehe im Hinblick auf die Eigentumsgarantie mit einer indirekten Verlustverrechnung mittels Steuergutschrift ein milderes

---

831 Zu den grundlegenden freiheitsrechtlichen Vorgaben konkret des Art. 14 I GG für die Verlustverrechnung vgl. ausführlich *Röder* (2010), S. 212 ff. (zur hier allein relevanten intraperiodischen Verlustverrechnung) sowie S. 277 ff. (zur interperiodischen Verlustverrechnung).

832 Ebenso *Röder* (2010), S. 44 ff. u. 339.

833 Vgl. *Röder* (2010), S. 339; *Dinkelbach*, DB 2009, 870 (873).

834 So *Röder* (2010), S. 341.

835 Dazu allgemein bereits unter C. III.

und dabei gleichermaßen effektives Mittel zur Verhinderung der Ausnutzung von Steuersatzdifferenzen im Rahmen einer Schedulenbesteuerung zur Verfügung[836]. Richtig ist, dass allein ein überzeugender sachlicher Grund nicht ausreicht, um einen ggf. bestehenden Eingriff in Art. 14 I GG zu rechtfertigen. Vielmehr ist hier konsequent eine strikte Verhältnismäßigkeitsprüfung vorzunehmen. Dem Ergebnis, dass aus dieser Prüfung sich (ebenfalls) die Verfassungswidrigkeit des § 20 VI 1 EStG ergeben soll, kann jedoch nicht zugestimmt werden. Dafür sprechen gleich mehrere Argumente.

So ist auch hier in die Prüfung mit einzubeziehen, dass eine durch Anwendung des § 20 VI 1 (ebenso wie des § 20 VI 4) EStG bedingte übermäßige Besteuerung die Ausnahme bildet[837]; mithin muss die geringe Zahl von Fällen einer Übermaßbesteuerung im Rahmen der Gesamtwürdigung Berücksichtigung finden. Insbesondere führt nicht jeder Verlust im Bereich der Kapitaleinkünfte zu einer Übermaß- oder gar Substanzbesteuerung. Vielmehr handelt es sich dabei ganz überwiegend um Fälle, in denen eine Besteuerung unter Verstoß gegen das Gebot einer Besteuerung nach der wirtschaftlichen Leistungsfähigkeit (Art. 3 I GG) erfolgt, nicht aber um eine Übermaßbesteuerung im Sinne des Art. 14 I GG.

Schließlich kann auch der Annahme, dass ein zwar milderes, aber ebenso effektives Mittel zur Verhinderung der Steuerarbitrage bestehe, nicht gefolgt werden. Eine solche Sichtweise verkennt nämlich den Einschätzungsspielraum des Gesetzgebers bei der Beurteilung der Effektivität einer Maßnahme. Eine intraperiodische Verlustverrechnung mittels indirekter Verlustverrechnung im Wege einer Steuergutschrift ist zweifellos ein für den Steuerpflichtigen milderes Mittel. Allerdings erfordert ein Gutschriftmodell wiederum neuen Verwaltungsaufwand, den der Gesetzgeber im Zuge der Einführung der Abgeltungsteuer gerade zu minimieren suchte. Wenn er sich aus diesem Grund für die Regelung, die infolge einer strikten Trennung von Kapitaleinkünften und sonstigen Einkünften zum vermutlich geringsten Verwaltungsaufwand führt, entscheidet, so liegt dieser Entschluss nicht außerhalb des verfassungsrechtlich zulässigen Rahmen.

Unabhängig davon wäre eine intraperiodische Verlustverrechnung aus steuersystematischer Sicht zu begrüßen – verfassungsrechtlich zwingend ist sie aber nicht. Gleiches gilt im Übrigen auch für das Interesse des Steuerpflichtigen daran, dass seine positiven Einkünfte aus Kapitalvermögen, die in die Veranlagung miteinbezogen werden, nicht dazu dienen, um Verluste aus dem Regeltarif unterfallenden Einkünften zu mindern[838]. Für den Steuerpflichtigen erwiese es sich als günstiger, wenn er optional die Möglichkeit hätte, vorrangig dem progressiven Tarif unterliegende

836 *Röder* (2010), S. 340 f.

837 *Worgulla* (2013), S. 299 f., der a.a.O., S. 301 gleichwohl ebenfalls einen Verstoß gegen Art. 14 I GG bejaht.

838 Hierzu *Dinkelbach*, DB 2009, S. 870 (873).

negative und positive Einkünfte auch intertemporal auszugleichen oder miteinander zu verrechnen[839].

3. *Annex: § 17 II 6 EStG*

Zweifelhaft – gemessen am Maßstab des Art. 14 I GG – ist die Verfassungsmäßigkeit des § 17 II 6 EStG. Nach dieser Norm bleiben Veräußerungsverluste im Falle einer wesentlichen Beteiligung in bestimmten Fällen vollständig unberücksichtigt; mithin wird jegliche Verlustberücksichtigung untersagt. Trotz dieser weitreichenden steuerlichen Folge wird die Vorschrift als klassisch der Missbrauchsvermeidung dienend zum Teil nicht als verfassungsrechtlich problematisch eingestuft[840]. Zutreffend ist hier zwar, dass die Missbrauchsvermeidung bis zur Einführung der Abgeltungsteuer zur Rechtfertigung eines Eigentumseingriffs herangezogen werden konnte[841]. Eine solche Betrachtung ist nach Einführung der Abgeltungsteuer aber nicht mehr sachgerecht. Sollte zuvor verhindert werden, dass bei nicht steuerverhafteten Beteiligungen durch kurzfristigen Ausbau der Beteiligung eine im Privatvermögen entstandene und folglich steuerlich nicht relevante Wertminderung Eingang in den steuerlichen Verlustausgleich fand, so sind ab dem 01.01.2009 erworbene Anteile nunmehr unabhängig von der Beteiligungshöhe steuerverhaftet und Verluste stets steuerlich relevant[842]. Der Ausschluss jeglicher Verlustberücksichtigung geht über eine Verschiebung der Verlustverrechnung vom intraperiodischen zum interperiodischen Verlustausgleich weit hinaus. Er legt regelmäßig und nicht nur im Ausnahmefall die Möglichkeit einer Übermaßbesteuerung nahe und eröffnet damit den Schutzbereich des Art. 14 I GG. Aufgrund der nach Einführung der Abgeltungsteuer bestehenden Steuerverhaftung sämtlicher Kapitalgesellschaftsbeteiligungen ist bereits fraglich, ob der Gesetzgeber mit § 17 II 6 EStG überhaupt noch ein legitimes Ziel verfolgen kann, weil die typischen Missbrauchskonstellationen insoweit nicht mehr denkbar sind. Allein die Möglichkeit, dass ein Steuerpflichtiger durch entsprechende Gestaltungen beim Erwerb seiner Beteiligungen der eingeschränkten Verlustverrechnung nach § 20 VI EStG entgehen könnte[843], kann an dieser Stelle noch eine Legitimation für das Handeln des Gesetzgebers darstellen. Geeignetheit und Erforderlichkeit des vollständigen Verlustberücksichtigungsverbots sind jedoch zu verneinen. Um die Flucht des Steuerpflichtigen aus der eingeschränkten Verlustverrechnung nach § 20

839 *Dinkelbach*, DB 2009, S. 870 (873).

840 Wollte er im Bereich des § 20 VI 1 EStG noch deutlich unter Berufung auf Art. 14 I GG die Verfassungswidrigkeit der Norm begründen, so verwundert es, dass *Röder* (2010), S. 336 eine solche Möglichkeit im Hinblick auf § 17 II 6 EStG noch nicht einmal in Erwägung zieht: „[...] im Hinblick auf Art. 14 I GG ist § 17 Abs. 2 S. 6 EStG unproblematisch als verhältnismäßig einzustufen. Im Ergebnis besteht somit [...] aus verfassungsrechtlicher Sicht kein Handlungsbedarf."

841 Vgl. *Schmidt/Weber-Grellet*, EStG[34], § 17 Rdnrn. 196 ff m.w.N.

842 *Dinkelbach*, DB 2009, S. 870 (874).

843 *Dinkelbach*, DB 2009, S. 870 (874 Fn. 41).

VI EStG zu verhindern, reichte es aus, wenn der Gesetzgeber Verluste nach § 17 II 6 EStG in die Regelung des § 20 VI EStG zurückverwiese[844]. An dieser Stelle sind auch keine Anhaltspunkte dafür ersichtlich, dass dem Gesetzgeber insoweit ein Einschätzungsspielraum zuzugestehen wäre. Dafür fällt die Erforderlichkeits- und Geeignetheitsprüfung des § 17 II 6 EStG zu eindeutig zu Lasten des Gesetzgebers aus. Raum für eine verfassungsrechtlich tragende Begründung des Verlustberücksichtigungsverbots in § 17 II 6 EStG bleibt daher nicht[845]. Im Ergebnis ist die Norm daher nach Einführung der Abgeltungsteuer wegen Verstoßes gegen Art. 14 I GG als verfassungswidrig einzustufen.

II. Art. 12 I GG

Auch die grundgesetzlich verbürgte Berufsausübungsfreiheit[846] wird durch die Abgeltungsteuer berührt. Dies geschieht gleich in zweifacher Hinsicht. Durch die Schaffung einer Schedule für Kapitaleinkünfte mit relativ niedrigem Steuersatz legt das Steuerrecht dem Steuerpflichtigen nahe, sein Einkommen möglichst in dieser privilegierten Form zu erzielen[847], um auf diese Weise der – jedenfalls bei überschaubaren Werbungskosten – höheren Progressivbesteuerung zu entgehen. Des Weiteren wirkt die Abgeltungsteuer lenkend auf den Steuerpflichtigen ein, indem sie eine Unternehmensfinanzierung mittels Fremdkapital gegenüber der Eigenkapitalfinanzierung begünstigt[848]. Allerdings ist auch zu berücksichtigen, dass ein Eingriff in Art. 12 I GG regelmäßig nur dann anzunehmen ist, wenn die staatliche Regelung subjektiv oder objektiv eine berufsregelnde Tendenz besitzt, also entweder gerade auf die Berufsregelung zielt, oder im Falle einer berufsneutralen Zielsetzung, sich unmittelbar oder zumindest mittelbar gewichtig auf die berufliche Tätigkeit auswirkt[849]. Für die Abgeltungsteuer bedeutet dies konkret, dass sie nur dann als Eingriff in die Berufsfreiheit angesehen werden kann, wenn sie – trotz der zweifellos fehlenden subjektiven berufsregelnden Zielsetzung – dennoch unmittelbare

844 *Dinkelbach*, a.a.O., S. 874; *Ott*, BB 2012, S. 2666 (2670); darüber hinaus hält *Recnik* (2011), S. 197 f. sogar eine verfassungskonforme Auslegung der Rechtsfolge des § 17 II 6 EStG durch die genannte Rückverweisung für möglich, wodurch sich verfassungsrechtliche Bedenken ausräumen ließen. Dieses Ergebnis überdehnt aber m.E. die Grenzen der Auslegung, weil der eindeutige Wortlaut der Norm dieses Ergebnis nicht einmal im Ansatz zu rechtfertigen vermag. Vielmehr kann allein der Gesetzgeber, nicht aber ein Gericht, hier Abhilfe schaffen, weshalb es einstweilen beim sogleich genannten Ergebnis verbleiben muss.

845 Wie hier auch *Ott*, BB 2012, S. 2666; insoweit gleicher Ansicht auch *Recnik* (2011), S. 191 ff.

846 Allgemein zum Verhältnis von Besteuerung und Berufsfreiheit *Tipke*, StRO[2], Bd. I, S. 431 ff.

847 Vgl. *Eckhoff*, in: *FS Solms*, S. 27 (28).

848 Vgl. *Eckhoff*, FR 2007, S. 989 (993).

849 Statt vieler *Pieroth/Schlink/Kingreen/Poscher*, Staatsrecht II, Rdnr. 892.

oder nennenswerte mittelbare Auswirkungen auf bestimmte Berufe aufweist[850]. Unmittelbare Auswirkungen auf bestimmte Berufe sind aber nicht erkennbar. Zwar wird sich ein Unternehmensinhaber durchaus fragen, ob er nunmehr wann immer möglich der Fremdfinanzierung den Vorzug gegenüber der Investition von Eigenkapital gibt. Unmittelbaren Einfluss auf die Ausübung seiner beruflichen Tätigkeit hat dies aber nicht. Anders verhielte es sich im umgekehrten Fall der steuerlichen Privilegierung der Eigenkapitalfinanzierung, weil dies für den Steuerpflichtigen wirtschaftlich wesentlich schwieriger nutzbar ist, da sich Eigenkapital in bedeutsamer Größenordnung nur bei exzellent laufenden Geschäften generieren lässt, während eine Fremdfinanzierung erheblich einfacher realisierbar ist. Zudem spricht auch die im Folgenden[851] noch zu untersuchende Ausnahmeregelung des § 32d II Nr. 1 lit. c) EStG für einen nicht allzu großen praktischen unmittelbaren Einfluss.

Ein mittelbarer Einfluss der Abgeltungsteuer auf die Berufsausübung lässt sich jedoch nicht leugnen. Gerade Steuerpflichtige, die mit ihren Einkünften dem Spitzensteuersatz unterliegen, werden (sofern sie hierbei keine nennenswerten Werbungskosten produzieren müssen) darüber nachdenken, ob sie nicht Kapital – in welcher Form auch immer – anstatt in ihre hauptberufliche Tätigkeit in Aktien, Sparbriefe, Fonds u.Ä. investieren, um somit geringer besteuerte Einkünfte zu erzielen. Auch der Unternehmer wird sich fragen, ob er nicht Kapital aus dem Unternehmen abzieht und ins Privatvermögen zum Zwecke der Anlage überführt, um außerhalb der Missbrauchsregelung des § 32d II EStG zu agieren. Damit ist aber noch nicht entschieden, ob der so entstehende mittelbare Einfluss auf die Berufsausübungsfreiheit von ausreichendem Gewicht ist. Dafür spricht vor allem, dass die Zahl der potenziell Betroffenen nicht gering ist. Für einen effektiven Grundrechtsschutz sollte die Eingriffsschwelle zudem nicht zu hoch angesetzt werden, weshalb auch wie hier die Geringfügigkeitsschwelle überschreitende gesetzgeberische Akte erfasst werden müssen.

Liegt folglich ein Eingriff in das Grundrecht des Art. 12 I GG vor, so müsste dieser verfassungsrechtlich gerechtfertigt sein. Da nur die Berufsausübung betroffen ist, dürfen hieran keine zu hohen Anforderungen gestellt werden, sondern reichen nachvollziehbare sachliche Gründe aus[852]. Der Gesetzgeber verfolgt subjektiv durch die Abgeltungsteuer in keiner Weise eine für die Berufsausübung relevante Maßnahme. Sämtliche Auswirkungen der Abgeltungsteuer auf die Berufsausübung stellen sich daher nur als nicht beabsichtigte Begleiterscheinung dar. Gleichwohl hat sich der Gesetzgeber aus von ihm dargelegten Gründen[853] für die vorliegende Ausgestaltung entschieden. Die angestrebten Ziele strahlen zwar, wie aufgezeigt,

850 Vgl. BVerfGE 13, 181 (185 f.); 47, 1 (21 f.).

851 Unter III. 4.

852 Vgl. nur BVerfGE 121, 317 (346, 354) m.w.N. aus der BVerfG-Rspr.; *Sodan*, in: *Sodan*, GG, Art. 12 Rdnrn. 30 ff.; *Mann*, in: *Sachs*, GG, Art. 12 Rdnr. 126; *Pieroth/Schlink/Kingreen/Poscher*, Staatsrecht II, Rdnr. 925.

853 Dazu oben in § 4 unter A. und C.

mitunter in die Berufsausübung aus, betreffen in der Sache aber final einen ganz anderen Bereich, nämlich die das Leistungsfähigkeitsprinzip wahrende und zugleich Steuerhinterziehung und Steuerflucht begegnende Ausgestaltung. Ob dies tatsächlich gelungen ist, wurde im Rahmen der gleichheitsrechtlichen Prüfung bereits hinterfragt (und verneint). Jedenfalls ist der als Nebeneffekt entstehende Eingriff in Art. 12 I GG nicht unverhältnismäßig, sondern ist als durch den vom Gesetzgeber erkennbar verfolgten Hauptzweck überlagert und gerechtfertigt anzusehen[854].

III. Art. 6 I GG

1. § 32d II EStG

§ 32d II EStG bestimmt, dass in einer Reihe von Fällen der in § 32d I EStG vorgesehene Abgeltungsteuersatz von 25 Prozent nicht zur Anwendung gelangt. Stattdessen bleibt es bei der progressiven Besteuerung. Außerdem gelten die Verlustverrechnungsbeschränkungen des § 20 VI EStG und der Ausschluss des tatsächlichen Werbungskostenabzugs im Sinne des § 20 IX EStG nicht (§ 32d II 2 EStG). Hinter dieser Rückausnahmeregelung steht der Gedanke, dass Gestaltungen verhindert werden sollen, durch die progressiv zu versteuernde Einkünfte in Einkünfte aus Kapitalvermögen umgewandelt werden, um die Steuerbelastung auf 25 Prozent zu reduzieren. Außerdem soll bei typischerweise unternehmerischer Beteiligung eine Optionsmöglichkeit zur Anwendung des progressiven Tarifs geschaffen werden, um ebenfalls die Anwendung von § 20 VI, IX EStG zu vermeiden[855]. Dabei wird in vielen Fällen des partiarischen Darlehensgebers und stillen Gesellschafters sowie bei Darlehenszinsen die Abgeltungsteuer dann nicht zugelassen, wenn Gläubiger und Schuldner einander nahe stehende Personen sind. Dies gilt entsprechend, soweit ein Dritter die Kapitalerträge schuldet oder Kapital an eine dem Gläubiger der Kapitalerträge nahe stehende Person überlassen wird. Durch die Einschränkungen in Fällen einer „nahe stehenden Person“ könnte der Schutzbereich des Art. 6 I GG berührt werden. Dem wird im folgenden Abschnitt nachgegangen.

---

854 I.E. ebenfalls einen Verstoß der Abgeltungsteuer gegen die Berufsfreiheit verneinend *Treml* (2014), S. 158 ff.

855 Ausführlich zu § 32d II EStG *Schmidt/Wänger*, NWB 2008, S. 423 ff.; speziell zu § 32d II Nr. 1 EStG *Behrens/Renner*, BB 2008, S. 2319 ff.; *Worgulla* (2013), S. 280 ff. hält § 32d II Nr. 1 EStG bereits wegen eines Verstoßes gegen das Folgerichtigkeitsgebot insgesamt für verfassungswidrig. Diese seine Auffassung beruht indes auf der m.E. zu weitgehenden Annahme, dass die Regelung insgesamt zur Missbrauchsabwehr weder erforderlich noch angemessen ist.

2. *Verhältnis zu Art. 6 I GG*

Aus dem Blickwinkel des Art. 6 I GG verdient vor allem die Regelung des § 32d II Nr. 1 lit. a) EStG besondere Aufmerksamkeit[856]. Bei unbefangener Betrachtung des Wortlauts gelangt man zu der Einschätzung, dass z.B. die Zinsen, die der Sohn seinem Vater für die Überlassung einer bestimmten Geldsumme zwecks Anschaffung einer Immobilie, deren Vermietung der Sohn beabsichtigt, zahlt, nicht dem Abgeltungsteuersatz, sondern dem progressiven Einkommensteuersatz unterliegen. Nach allgemeinem Verständnis handelt es sich bei der Beziehung von Eltern zu ihren Kindern zweifellos um eine solche von „nahe stehenden Personen". Zugleich bilden Eltern und Kinder aber auch den Kern einer Familie im Sinne des Art. 6 I GG. Damit stehen sie unter besonderem staatlichen Schutz. Infolgedessen unterliegt der Ausschluss des Abgeltungsteuersatzes im angeführten Beispielsfall einem Rechtfertigungszwang, weil er gerade an das innerfamiliäre Darlehen im Vergleich zum Darlehen unter fremden Dritten steuerlich nachteilige Folgen knüpft.

Eine solche Rechtfertigung lässt sich indes nicht überzeugend herleiten. Gerade mit Blick auf die jüngsten weltweiten Finanzmarktkrisen ist das Vertrauen in die Anlageprodukte und die Anlagestrategien der Banken erheblich gesunken. Wenn nun hieraus der Steuerpflichtige für sich die Konsequenz zieht, sein Anlagekapital zu Investitionszwecken einer Person im Kreise der Verwandtschaft zu einem bestimmten Zinssatz anzuvertrauen, so müssen auch diese Zinsen bei Zufluss an den Steuerpflichtigen dem Abgeltungsteuersatz – in diesem Fall freilich erst im Rahmen der Veranlagung – unterliegen. Nur so käme der Staat seinem verfassungsrechtlichen Schutzauftrag aus Art. 6 I GG hinreichend nach. Andernfalls würde der Steuerpflichtige auf seiner Suche nach einer sicheren und attraktiven Finanzanlage bei gleichzeitigem fundamentalen Misstrauen gegenüber den Banken faktisch gezwungen, sein Geld quasi „unter dem Kopfkissen" zu deponieren und auf jeglichen Zuwachs zu verzichten. Hierin läge aber eine – aufgrund der fehlenden Anknüpfung an die Unangemessenheit oder Nichtmarktüblichkeit der Zinskonditionen[857] – schon nicht

---

856 Die Norm galt zunächst ohne Einschränkung für nahestehende Personen, obwohl bei einem Darlehen im rein privaten Bereich die Schuldzinsen beim Schuldner nicht abzugsfähig sind und der Gläubiger in diesen Fällen ohnehin (also z.B. auch bei einer alternativen Bankanlage) in den Genuss des Abgeltungsteuersatzes kommt. Durch das JStG 2010 v. 08.12.2010, BGBl. I 2010, 1768 (1771) wurde die Ausnahmeregelung dann auf die Fälle beschränkt, in denen eine Steuersatzspreizung (d.h. Abzug der gezahlten Entgelte als Betriebsausgaben bzw. Werbungskosten zum individuellen Steuersatz, demgegenüber Besteuerung der vereinnahmten Erträge mit dem Abgeltungsteuersatz) überhaupt zu gestalten ist, da nur insoweit ein Regelungsbedürfnis besteht, vgl. BT-Drs. 17/3549, S. 19.

857 Grundlegend zur Prüfung des Fremdvergleichs bei Darlehensverträgen zwischen nahen Angehörigen zuletzt BFH BStBl. II 2014, 374. Auf die Bedeutung des Fremdvergleichs für die Fälle des § 32d II Nr. 1 lit. a) EStG wird im nächsten Abschnitt noch näher eingegangen. An dieser Stelle sei aber schon einmal darauf hingewiesen, dass zwar das unzweifelhaft bei nahen Angehörigen bestehende

erforderliche und im Ergebnis unverhältnismäßige staatliche Maßnahme. Zwar ist der Staat nicht gehalten, dem Steuerpflichtigen steuerliche Vorteile jedweder Art im Zusammenhang mit Einkünften aus Kapitalvermögen zuteil werden zu lassen. Bietet er solche wie im Falle der Abgeltungsteuer gleichwohl z.B. für Zinseinkünfte an, so ist es ihm nach Art. 6 I GG verwehrt, dem Steuerpflichtigen dieses Privileg im Falle von entsprechenden familiären Gestaltungen der o.g. Art zu versagen. Damit verstößt die Regelung des § 32d II Nr. 1 lit. a) EStG prima facie gegen Art. 6 I GG.

In Anbetracht eines zunächst nur in der Literatur bestehenden Streits[858] zum Verständnis des Begriffs der „nahe stehenden Person" soll nun untersucht werden, ob die soeben attestierte Verfassungswidrigkeit sich nicht auf einfache Art und Weise beseitigen lässt.

3. Reichweite des Begriffs der „nahe stehenden Person" in § 32d II Nr. 1 EStG

Wurde soeben auf die übliche sprachliche Verwendung des Ausdrucks rekurriert, so soll nun darauf eingegangen werden, dass die „nahe stehende Person" im Sinne der Abgeltungsteuer unter Umständen einschränkend zu verstehen ist. Ausgangspunkt ist die Gesetzesbegründung zur Abgeltungsteuer, die der Verwendung dieses Ausdrucks im Sinne von § 1 II AStG nahe steht[859]. Der einzige Unterschied besteht darin, dass die Gesetzesbegründung ein wirtschaftliches Interesse an der Einkünfteerzielung fordert, während nach § 1 II Nr. 3 AStG ein allgemeines persönliches Interesse ausreicht. Hinzu kommt, dass der Gesetzeswortlaut – anders als z.B. in § 8a II KStG – nicht auf die Vorschrift des AStG verweist[860]. Infolgedessen herrscht auch Uneinigkeit über die Auslegung des Begriffs. Während nach einer Ansicht ein Näheverhältnis im Sinne der Vorschrift stets auch bei Angehörigen im Sinne des

---

Missbrauchspotenzial (Beispiel: Zinsabzug beim Unternehmer zum Grenzsteuersatz von 45 Prozent als Betriebsausgabe, Besteuerung beim Unternehmerkind mit 25 Prozent Abgeltungsteuer – Folge: Arbitragegewinn) ein durchaus einleuchtend erscheinender Beweggrund für die Regelung des § 32d II Nr. 1 lit. a) EStG ist. Zudem wird die Abgeltungsteuer als Instrument zur Abwicklung von Massenverfahren im bankentypischen Geschäftsverkehr angesehen, während es in den hier genannten Konstellationen um individuelle Darlehensverträge in der Familie geht. Gleichwohl darf auch Gestaltungen in der Familie, die – wie hier – i. E. ebenso mit Dritten getroffen werden könnten [Unternehmer nimmt Kredit bei der Bank auf – Folge (ebenfalls): Zinsabzug zum Grenzsteuersatz; Unternehmerkind legt Geld bei der Bank an – Folge (ebenfalls): Abgeltungsteuer auf Erträge], nicht per se die steuerliche Anerkennung verweigert werden, sofern gewisse – gleichfalls im nächsten Abschnitt zu entwickelnde – Mindestanforderungen erfüllt werden.

858 S. hierzu aus der Rspr. zuerst FG Niedersachsen EFG 2012, 242.

859 Vgl. BT-Drs. 16/4841, S. 61.

860 *Schmidt/Wänger*, NWB 2008, S. 423 (432).

§ 15 AO gegeben sein soll[861], nimmt die Gegenmeinung ein engeres Verständnis im Sinne des § 1 II AStG an[862]. Um für die Praxis Klarheit zu schaffen, hatte auch das BMF Stellung bezogen und sich der erstgenannten Auffassung angeschlossen[863].

Beide Auslegungen können für sich einige nennenswerte Argumente ins Feld führen. So lässt sich für das weite Verständnis anführen, dass auf § 1 II AStG eben nicht verwiesen wird, obwohl der Gesetzgeber dies bei § 8a KStG getan hat[864]. Umgekehrt hat er aber auf jeden Verweis und damit genauso auf eine explizite weite Auslegung im Sinne des § 15 AO verzichtet. Die Gesetzesbegründung legt vom Wortlaut her zwar wiederum ein enges Verständnis nahe, versäumt es andererseits aber, die sich dann ergebenden Konsequenzen zu benennen, indem Angehörige explizit vom Anwendungsbereich der Norm ausgenommen werden.

Ein Streitentscheid ergibt sich indes bereits aus der zuvor vorgenommen Prüfung des § 32d II Nr. 1 lit. a) EStG am Maßstab des Art. 6 I GG von selbst. Nur ein enges Verständnis ist geeignet, die Verfassungswidrigkeit der Norm zu verhindern. Dass das BMF diese Möglichkeit in seinen Schreiben vom 22.12.2009 und 09.10.2012 nicht wahrgenommen hat, ist misslich. Dass es darüber hinaus sogar ausdrücklich die gegenteilige Meinung vertrat, hat naturgemäß zu Verfahren vor den FG geführt[865]. Inzwischen hat der BFH hier mit einer Reihe von Entscheidungen[866] auf überzeugende Weise für Klarheit gesorgt. Unter Rückgriff auf allgemein anerkannte Auslegungsmethoden entwickelte er ein eigenständiges Begriffsverständnis und legte den Begriff „einander nahestehende Personen" autonom aus[867]. Dabei erkennt der BFH zutreffend, dass ein ausschließliches Anknüpfen des Ausschlusses vom gesonderten Steuertarif für Kapitaleinkünfte an eine enge familiäre Beziehung jedenfalls dann nicht mit Art. 6 I GG vereinbar wäre, wenn die Gestaltung des familienrechtlichen Darlehensvertrags einem Fremdvergleich standhält[868]. In diesem Fall erweist sich

---

861 So *Homburg*, DStR 2007, S. 686 (690); *Schmidt/Wänger*, NWB 2008, S. 423 (432 f.); *Schmidt/Weber-Grellet*, EStG[29], § 32d Rdnr. 8; unter Verweis auf die Rspr. zur vGA in die gleiche Richtung denkend *Kirchhof/Lambrecht*, EStG[13], § 32d Rdnr. 11.

862 *Fischer*, DStR 2007, S. 1898 (1899); *Behrens/Renner*, BB 2008, S. 2319 (2321); *Schulz/Vogt*, DStR 2008, S. 2189 (2191 f.); *Lippross/Rosarius*, EStG, § 32d Rdnr. 9; wohl auch *Elser/Bindl*, FR 2010, S. 360 (361); *Baumgärtel/Lange*, in: *H/H/R*, EStG, § 32d Anm. 20; ohne klar erkennbare eigene Meinung *Schlotter*, in: *L/B/P*, ESt, § 32d Rdnr. 27.

863 BMF BStBl. I 2010, 94 (113 Rdnr. 136) u. BStBl. I 2012, 953 (974 Rdnr. 136).

864 S. bereits Fn. 861.

865 FG Niedersachsen EFG 2012, 242 und 2009; FG München EFG 2013, 1764; FG Baden-Württemberg EFG 2013, 2020; FG Münster EFG 2013, 2007; FG Köln EFG 2014, 1393.

866 BFH BStBl. II 2014, 986 ff., 990 ff. u. 992 ff.; daneben auch noch BFH BStBl. II 2014, 884 ff. u. 995 ff. zu § 32d II Nr. 1 lit. b) EStG. Literarische Stellungnahmen zu den genannten Urteilen finden sich bei *Werth*, DStZ 2014, S. 670 ff.; *Moritz/Strohm*, DB 2014, S. 2306 ff.; *Gläser/Zöller*, DStR 2014, S. 497 ff.

867 *Moritz/Strohm*, DB 2014, S. 2306 (2310); *Werth*, DStZ 2014, S. 670.

868 BFH BStBl. II 2014, 986 (989) u. 992 (995); s. ferner *Gläser/Zöller*, DStR 2015, S. 497 (499), die zurecht darauf hinweisen, dass die fehlende Fremdüblichkeit einer

nämlich die in § 32d II Nr. 1 lit. a) EStG unwiderlegbar vermutete missbräuchliche Ausnutzung des Abgeltungsteuersatzes durch Ehegatten und Familienangehörige als unverhältnismäßig, woran auch ein aufgrund des Steuersatzgefälles ggf. bei Gläubiger und Schuldner der Kapitalerträge entstehender sog. Gesamtbelastungsvorteil nichts ändert, weil – außerhalb von Missbrauchskonstellationen – eine Gesamtbetrachtung der Familie aufgrund des im Einkommensteuerrecht geltenden Grundsatzes der Individualbesteuerung unzulässig ist[869]. Hieraus folgt zugleich, dass ein allein aus der Familienangehörigkeit oder Ehe abgeleitetes persönliches Interesse nicht ausreichen kann, um ein Näheverhältnis im Sinne des § 32d II Nr. 1 lit. a) EStG zu begründen[870]. Maßgeblich muss vielmehr sein, inwiefern ein echtes Abhängigkeitsverhältnis dergestalt vorliegt, dass vom Gläubiger auf den Schuldner oder umgekehrt oder von dritter Seite auf beide tatsächlich beherrschender Einfluss ausgeübt werden kann, sodass der beherrschten Person im Wesentlichen kein eigener Entscheidungsspielraum mehr bleibt[871]. Dabei kommt es letztlich entscheidend darauf an, ob die beherrschte(n) Person(en) wirklich keine Alternative hat/haben, mit jemand anderem als dem Beherrscher zu kontrahieren, denn andernfalls kann von einer Beherrschung nicht gesprochen werden. Nur wenn auf dem freien Markt ein Profitieren vom Steuersatzgefälle zwischen Gläubiger und Schuldner ebenfalls nicht möglich wäre, erscheint es sachgerecht, diesen Weg auch im Rahmen von Gestaltungen zwischen nahestehenden Personen zu verschließen. Dies kann immer nur einzelfallabhängig beurteilt werden. Dabei darf man auch nicht der Versuchung erliegen, ein eigenes wirtschaftliches Interesse eines Vertragspartners an der Erzielung der Einkünfte des anderen bereits deshalb anzunehmen, weil im Rahmen einer Gesamtbetrachtung aufgrund der Steuersatzspreizung eine Steuerersparnis erzielt wird, da dies gerade der Schedulenbesteuerung immanent ist[872].

Zuzugeben ist, dass mit der hier vorgenommenen Auslegung eine nicht unerhebliche Ausweitung des Anwendungsbereichs der Abgeltungsteuer auf Kapitaleinkünfte einhergeht, die sicherlich auch Gestaltungsmöglichkeiten zur Reduzierung der ertragsteuerlichen Gesamtbelastung im familiären Umfeld eröffnet[873]. Hieraus

---

Geschäftsbeziehung lediglich ein Indiz für das Vorliegen eines Näheverhältnisses sein kann, ein solches jedoch keinesfalls zu begründen vermag.

869 BFH BStBl. II 2014, 986 (989 f.) u. 992 (995); s. außerdem *Werth*, DStZ 2014, S. 670 (672).

870 So auch BFH BStBl. II 2014, 990 (991) u. 992 (994); *Moritz/Strohm*, DB 2014, S. 2306 (2311).

871 Vgl. *Gläser/Zöller*, DStR 2015, S. 497 (500 f.) mit Anwendungsbeispielen auch zur Frage einer Beherrschung durch außerhalb der Geschäftsbeziehung begründeten Einfluss sowie des eigenen wirtschaftlichen Interesses an der Einkunftserzielung des anderen.

872 *Werth*, DStR 2015, S. 1343 (1346).

873 S. *Gläser/Zöller*, DStR 2015, S. 497 (502); ähnlich *Moritz/Strohm*, DB 2014, S. 2306 (2308). Umgekehrt könnten Steuerpflichtige aber auch geneigt sein, durch entsprechenden Vortrag ein Beherrschungsverhältnis zu konstruieren, um z.B. zum

zu schlussfolgern, dass die Voraussetzungen für ein Näheverhältnis im Sinne des § 32d II Nr. 1 lit. a) EStG nunmehr aber vielleicht überhaupt nicht mehr erfüllt sein können, wäre indes zu weitreichend[874]. Näher liegt es anzunehmen, dem Fremdvergleich werde zukünftig eine noch größere Bedeutung zukommen, da hiervon die – vor der Frage nach der Anwendung des § 32d II Nr. 1 lit. a) EStG zu klärende – steuerliche Anerkennung von Darlehensverträgen unter Angehörigen abhängt[875]. Dies gilt umso mehr, als das BMF seine fiskalisch geprägte alte Auffassung aufgegeben hat und jetzt der Rechtsprechung des BFH folgt[876].

Insgesamt ist damit festzuhalten, dass aufgrund einer möglichen und auch vom BFH praktizierten verfassungskonformen Auslegung die in der Norm des § 32d II Nr. 1 lit. a) EStG[877] dem Grunde nach angelegte Verfassungswidrigkeit der Vorschrift vermieden werden kann und ein Verstoß gegen Art. 6 I GG nicht vorliegt.

4. Annex: Hausbankprinzip und Doppelbankenfall – Art. 2 I GG

Ursprünglich sah der Gesetzentwurf zum Unternehmensteuerreformgesetz 2008 in § 32d II Nr. 1 lit. c) EStG vor, dass eine schädliche Back-to-back-Finanzierung, die zum Ausschluss des Abgeltungsteuersatzes und zur Anwendung des progressiven Tarifs führt, bereits dann vorliegen sollte, sobald ein Dritter die Kapitalerträge schuldet, der seinerseits Kapital an einen Betrieb des Gläubigers überlassen hat[878]. Diese Regelung nahm indes auch solche Konstellationen von der Abgeltungsteuer aus, in denen nicht zwecks Steuerersparnis Kredit und Guthaben aufgeteilt wurden, sondern allein im Rahmen eines geschäftsüblichen Verhaltens[879]. Hinzu kam, dass

---

vollen Werbungskostenabzug des Darlehensgebers zu gelangen, was wiederum die Gefahr birgt, dass das Darlehensverhältnis u.U. als Scheingeschäft betrachtet und ihm die steuerliche Anerkennung versagt wird, vgl. *Werth*, DStR 2015, S. 1343 (1347).

874 Entsprechende Gedanken finden sich bei *Werth*, DStZ 2014, S. 670 (671). BFH BStBl. II 2015, 397 (dazu *Gläser/Zöller*, BB 2015, S. 1632 ff.) behandelte aber z.B. jüngst einen Fall der finanziellen Beherrschung unter Ehegatten und versagte folgerichtig die Anwendung des Abgeltungsteuersatzes bei Kapitalerträgen aus Darlehen zwischen den Ehegatten.

875 Ebenso *Gläser/Zöller*, DStR 2015, S. 497 (502).

876 S. BMF BStBl. I 2016, 85 (107 Rdnr. 136) wo allerdings nicht näher konkretisiert wird, was unter dem dort genannten „absoluten Abhängigkeitsverhältnis" genau zu verstehen sein soll.

877 Entsprechendes gilt für die Behandlung der „nahestehenden Person" i.S.d. § 32d II Nr. 1 lit. b) Satz 2 EStG (vgl. BFH BStBl. II 2014, 995 (997); grundlegend zur Verfassungsmäßigkeit des § 32d II Nr. 1 lit. b) EStG insgesamt, insb. unter Berücksichtigung des Art. 2 I GG und des Willkürverbots BFH BStBl. II 2014, 884 [Verfassungsbeschwerde 2 BvR 2325/14]) und auch im Rahmen des § 32d II Nr. 1 lit. c) Satz lit. aa) EStG kann nichts anderes gelten.

878 Vgl. BT-Drs. 16/4841, S. 10.

879 *Knebel/Spahn/Plenker*, DB 2007, S. 2733 (2736).

die Vorschrift von ihrem Wortlaut her auch ermöglichte, bereits bei einer Überziehung auf einem betrieblichen Kontokorrent den Ausschluss der Abgeltungsteuer zu bejahen[880]. Auf diese Weise wurde das Hausbankenprinzip – also die Finanzierung und Geldanlage bei demselben Kreditinstitut – beschränkt, weil der Steuerpflichtige faktisch gezwungen war, seine Privatanlagen bei einer anderen Bank als bei seiner darlehensgebenden Bank zu tätigen, was aber schon deshalb misslich wäre, weil die privaten Guthaben häufig gerade der Sicherung des Kredits dienen; dies setzt aber die Anwendung des Hausbankenmodells voraus[881]. Schließlich wurde übersehen, dass zwischen Kreditzinsen und Anlagezinsen regelmäßig eine nicht unerhebliche Differenz zugunsten der Darlehenszinsen besteht, sodass der Steuerpflichtige hieraus in entsprechenden Fällen überhaupt keine finanziellen Vorteile ziehen kann[882].

Nach alledem müsste auch die verfassungsrechtliche Prüfung des § 32d II Nr. 1 lit. c) EStG negativ ausfallen. Denn es läge zumindest ein Eingriff in die allgemeine Handlungsfreiheit des Art. 2 I GG vor, wenn der Steuerpflichtige geradezu gezwungen wird, nicht nur Beziehungen zu seiner Hausbank, sondern mindestens noch zu einem weiteren Kreditinstitut zu unterhalten, um wirtschaftliche Nachteile im Rahmen von Unternehmensfinanzierungen zu vermeiden. Berücksichtigt man daneben, dass in den Fällen, in denen der Steuerpflichtige tatsächlich wenigstens eine weitere Bank einschaltet, er immer noch missbräuchlich handeln kann, indem er zeitgleich umfangreiches Eigenkapital bei einer Bank anlegt und zugleich bei seinem anderen Kreditinstitut in ähnlicher Höhe ein Darlehen für seinen Betrieb aufnimmt, so scheitert eine Rechtfertigung des Eingriffs bereits auf der Stufe der Geeignetheit. Dies gilt trotz der grundsätzlichen Freiheit des Gesetzgebers, hier eine selbständige und im Wesentlichen nicht gerichtlich überprüfbare Prognose zu treffen. Dafür war die Regelung, wie aufgezeigt, zu offensichtlich ungeeignet, um das Ziel der Vermeidung einer Ausnutzung des Steuersatzgefälles zwischen Abgeltungsteuersatz und dem progressiven Steuersatz zu erreichen. Vielmehr griff sie in Fällen ein, in denen ein solcher Missbrauch völlig fern lag, während sie hingegen Konstellationen der Doppelbanken nicht erfasste, in denen offensichtlich die Möglichkeit eines Missbrauchs nahe lag.

Anders als im Falle des § 32d II Nr. 1 lit. a) EStG hat der Gesetzgeber dieses verfassungsrechtliche Problem allerdings selbst erkannt und die überschießende und folglich unverhältnismäßige Wirkung der Norm insbesondere durch die Einschränkungen und Konkretisierungen in § 32d II Nr. 1 lit. c) Sätze 3–5 EStG, beseitigt[883]. Auf diese Weise wurde die Norm auf ihren Kernzweck als Missbrauchsvermeidungsregelung zurückgeführt, wobei zugleich bisher nicht berücksichtigte Missbrauchsmöglichkeiten

880 *Fischer*, DStR 2007, S. 1898 (1899).

881 Vgl. *Behrens/Renner*, BB 2008, S. 2319 (2323); *Fischer*, DStR 2007, S. 1898 (1899).

882 Ebenso *Behrens/Renner* und *Fischer* a.a.O.

883 Vgl. BT/Drs. 16/7036, S. 13.

miteinbezogen wurden[884]. Somit haftet ihr das Verdikt der Verfassungswidrigkeit nun nicht mehr an.

IV. Art. 4 I GG

Immer wenn ein Abzug von Kirchensteuer direkt an der Quelle erfolgen soll, können sich neben technischen auch (verfassungs)rechtliche Schwierigkeiten ergeben[885]. Denn Art. 4 I GG schützt u.a. die negative Bekenntnisfreiheit der Steuerpflichtigen und dies konkretisierend ist nach Art. 140 GG in Verbindung mit Art. 136 III 1 WRV niemand zur Offenbarung seiner religiösen Überzeugung, also auch nicht seiner Religionszugehörigkeit, verpflichtet. Ein Kirchensteuerabzug direkt an der Quelle kann jedoch im Bereich der Abgeltungsteuer nur dann erfolgen, wenn die Banken als Abzugsverpflichtete die Kirchenzugehörigkeit der jeweiligen Steuerpflichtigen kennen. Banken sind aber kein Finanzamt, sodass sich eine Offenbarungspflicht in Bezug auf die Religionszugehörigkeit ihnen gegenüber nicht bereits damit rechtfertigen lässt, dass dies der einzig mögliche Weg zum tatsächlichen Vollzug des Kirchensteuerverfahrens wäre[886]. Hierfür reichte es grundsätzlich aus, dass einer einzigen staatlichen Institution (sinnvollerweise z.B. den Finanzämtern) die Religionszugehörigkeit der Steuerpflichtigen bekannt ist.

Bei Einführung der Abgeltungsteuer hat der Gesetzgeber zunächst darauf verzichtet, den Banken ein Recht zur Feststellung des Glaubensbekenntnisses einzuräumen. Stattdessen räumte er den (Kirchen)Steuerpflichtigen ein Wahlrecht ein, ob sie ihrer Bank zur Ermöglichung der unmittelbaren Abführung der Kirchensteuer auf Kapitalerträge die Religionszugehörigkeit offenbaren wollten oder ob sie diese erst in der Jahreseinkommensteuererklärung weiterhin nur gegenüber dem Finanzamt offenlegen wollten[887]. Konkret wurde dies dadurch bewirkt, dass § 51a IIc 1 EStG in der gemäß § 52 XLIX EStG bis zum 31.12.2014 geltenden Fassung den Einbehalt der auf die Kapitalertragsteuer entfallenden Kirchensteuer durch die Banken nur auf Antrag der Kirchensteuerpflichtigen ermöglichte. Diese Regelung stellte es dem Steuerpflichtigen frei, ob er seine Religionszugehörigkeit gegenüber der Bank offenbarte. Da auch keine andere gesetzliche Möglichkeit für die Banken bestand, entsprechende Auskünfte einzuholen, blieb der Kirchensteuerpflichtige

884 Ebenso *Schmidt/Wänger*, NWB 2008, S. 423 (431).

885 Konkret auf die Kapitalertragsteuer bezogen *Eckhoff*, FR 2007, S. 989 (993); *Weber*, in: *Birk/Ehlers* (Hrsg.), S. 149 (163); auf die umstrittene Frage der Gesetzgebungskompetenz des Bundes für § 51a EStG wird an dieser Stelle nicht eingegangen. Insoweit handelt es sich einerseits nicht um eine freiheitsrechtliche Fragestellung, andererseits auch nicht um ein abgeltungsteuerrechtliches Spezifikum. Schließlich ist die Gesetzgebungskompetenz des Bundes i.E. auch zu bejahen, vgl. mit überzeugender Begründung *Blümich/Treiber*, EStG, § 51a Rdnr. 36 f.

886 S. außerdem auch die nur für Behörden geltende Privilegierung durch Art. 136 III 2 WRV.

887 Vgl. *Schießl*, StWa 2009, S. 93 (96).

im Bereich der Abgeltungsteuer bis zum 31.12.2014 umfassend in seiner negativen Bekenntnisfreiheit geschützt. Gleiches galt insoweit auch für das in diesem Bereich weniger spezielle Grundrecht auf informationelle Selbstbestimmung. Schon ein Eingriff in Grundrechtspositionen lag nicht vor; die Verfassungsmäßigkeit des § 51a IIc-IIe EStG a.F. ist damit zu bejahen.

Durch die zum 01.01.2015 in Kraft getretene Neufassung von § 51a IIc EStG[888] könnte sich dieser Befund geändert haben. Denn nun werden die Kirchensteuerabzugsverpflichteten (also regelmäßig die Banken) ermächtigt, die relevanten Kirchensteuermerkmale des steuerpflichtigen Kapitalertragsgläubigers direkt beim BZSt abzurufen. Auf diese Weise würden die Kreditinstitute Kenntnis von der Religionszugehörigkeit mehrerer zehn Millionen Konto- und Depotinhaber erhalten, was nicht nur gewisse Missbrauchsrisiken birgt und Begehrlichkeiten anderer Stellen wecken könnte, sondern insbesondere einen massiven Eingriff in die negative Bekenntnisfreiheit der Steuerpflichtigen darstellt. Allerdings erscheint eine Rechtfertigung dieses Grundrechtseingriffs möglich. Zumindest hinsichtlich der Geeignetheit und Erforderlichkeit der verabschiedeten gesetzlichen Neuregelung bestehen keine Bedenken. Denn es läuft dem Vereinfachungszweck der Abgeltungsteuer zuwider, wenn mit ihr nicht zugleich der gesamte Bereich der Zuschlagsteuern, also auch der Kirchensteuer, abschließend abgedeckt würde. Die Neuregelung ist das einzig wirksame Mittel, um die Finanzämter aus der Veranlagungsarbeit im Bereich der Kirchensteuer[889] auf Kapitalerträge zu entlassen. Fraglich bleibt somit allein, ob auch die Verhältnismäßigkeit im engeren Sinne gewahrt wird.

---

888 Ausführlich hierzu *Wagner*, in: *H/H/R*, EStG, § 51a Anm. 37; *Blümich/Treiber*, EStG, § 51a Rdnrn. 121–132 sowie *Spieker*, DB 2014, S. 1892 ff.; die Auswirkungen von (in der Praxis zweifellos den Regelfall bildenden) unterjährigen Kirchenein- und -austritten auf die Kirchensteuer im Rahmen der Abgeltungsteuer wird behandelt von *Meyering/Serocka*, DStR 2013, S. 2608 ff.

889 Eine ganz andere, wenngleich nicht Art. 4 I GG, sondern das grundsätzliche Verhältnis von Staat und Kirche betreffende und deshalb hier nicht vertieft zu behandelnde Frage ist, warum der Staat den zur Erhebung von Kirchensteuern berechtigten Religionsgemeinschaften überhaupt eine weitreichende Verwaltungshilfe über das BZSt gewährt. Würden die Religionskörperschaften des öffentlichen Rechts ihren eigenen Mitgliedern vertrauen, dass diese ihre Kapitalerträge durch Deklaration gegenüber dem Finanzamt offenbaren und damit von sich aus der Kirchensteuer unterwerfen, so bedürfte es der staatlichen Unterstützung schon nicht. Wäre dies hingegen nicht der Fall und würde die Steuerehrlichkeit der Kirchenglieder von Seiten der Kirchen bezweifelt, so wäre es eine eigene Aufgabe der öffentlich-rechtlichen Religionsgemeinschaften, selbst ein funktionsfähiges Vollzugssystem aufzubauen. Vor diesem Hintergrund ist das zwar sehr praktikable und zweckmäßig ausgestaltete Kirchensteuerabzugsverfahren im Rahmen der Abgeltungsteuer zumindest rechtspolitisch kritisch zu sehen.

Hier kommt dem Gesetzgeber zugute, dass er sich der von ihm verursachten Grundrechtseingriffe offenbar bewusst ist[890] und dem Steuerpflichtigen deshalb zugleich das Recht eröffnet, sich dem staatlichen Eingriff zu entziehen. Gemäß § 51a IIe 1 EStG kann der Steuerpflichtige (als Schuldner der Kapitalertragsteuer) nämlich durch schriftlichen Antrag beim BZSt den automatisierten Abruf seiner Daten zu Kirchensteuermerkmalen sperren lassen mit der Folge, dass ein entsprechender Datenaustausch zwischen BZSt und Kreditinstituten unterbleibt und ein Einbehalt von Kirchensteuer ausgeschlossen ist. Zwar muss der Steuerpflichtige in diesem Fall zwingend eine Steuererklärung auch für Zwecke der Kirchensteuer abgeben und wird die Befolgung dieser Verpflichtung auch durch Mitteilung des BZSt über den Sperrvermerk an das Finanzamt abgesichert. Dennoch hat es der Steuerpflichtige dadurch nach wie vor in der Hand, das Bekanntwerden seiner Religionszugehörigkeit bei Kreditinstituten zu verhindern. Wenngleich also durch die neue Rechtslage der Steuerabzug durch den Schuldner der Kapitalerträge nicht mehr nur auf Antrag des Gläubigers der Kapitalerträge vorgenommen, sondern bei Untätigkeit des Steuerpflichtigen nun zur Regel werden wird, bleibt es aufgrund der Sperrvermerksoption faktisch bei einem Wahlrecht des Steuerpflichtigen zur Festsetzung der Kirchensteuer auf Kapitalerträge erst im Wege der Veranlagung[891].

Vor diesem Hintergrund ist der staatliche Eingriff in die negative Bekenntnisfreiheit deutlich abgemildert. Gänzlich weggefallen ist er indes nicht, weil der Steuerpflichtige seit dem 01.01.2015 bzw. zur effektiven Wahrung seiner Rechte bereits vorher selbst tätig werden muss, um einen ihm unerwünschten Grundrechtseingriff zu verhindern. Zuvor entstanden ihm dagegen selbst bei Untätigkeit keine Nachteile. Gleichwohl verletzt auch die Neuregelung nicht die negative Bekenntnisfreiheit der Steuerpflichtigen. Dies resultiert bereits aus der Einführung der Sperrvermerksoption. Doch selbst wenn der Steuerpflichtige von dem ihm hierdurch eingeräumten Recht – z.B. wegen fehlender Kenntnis – keinen Gebrauch macht, so senkt § 51a IIe EStG die Intensität des Grundrechtseingriffs in Form von § 51a IIc EStG auf ein so niedriges Niveau ab, dass eine Grundrechtsverletzung nicht eintreten kann. Verzichtet er bewusst auf die Beantragung eines Sperrvermerks, so liegt erst recht keine Grundrechtsverletzung vor.

Ob es dem Gesetzgeber trotz der Regelung des § 51a IIe EStG gelingt, die Kirchensteuer auf Kapitalerträge aus der Veranlagung (zumindest ganz überwiegend) herauszuhalten, mag zu bezweifeln sein. Wirklich konsequent verfolgt er in Ansehung der Sperrvermerksoption dieses Ziel jedenfalls nicht. Hinsichtlich der Verfassungsmäßigkeit der Abgeltungsteuer im Bereich des Art. 4 I GG hat er mit der besagten Regelung dagegen für ein uneingeschränkt positives Ergebnis gesorgt.

---

890 In diesem Sinne auch *Wagner*, in: *H/H/R*, EStG, § 51a Anm. 40; *Blümich/Treiber*, EStG, § 51a Rdnr. 140.

891 *Wagner*, in: *H/H/R*, EStG, § 51a Anm. 40.

E. Das Verhältnismäßigkeitsprinzip – konkret: §§ 24c EStG, 93 VII AO

Die Einführung der Abgeltungsteuer hat zum Wegfall des § 24c EStG geführt und auch die Neuregelungen zum Kontenabruf mit beeinflusst. Warum dies verfassungsrechtlichen Erörterungsbedarf nach sich zieht, liegt nicht ohne weiteres auf der Hand.

Mit Blick auf die als Ausfüllhilfe gedachte Bescheinigung nach § 24c EStG lässt sich sagen, dass in Zeiten der Abgeltungsteuer eine Anlage KAP nicht mehr ausgefüllt wird und dass für eine Günstigerprüfung vom Steuerpflichtigen gemäß § 45a II, III EStG erforderliche Bescheinigungen (regelmäßig von der Hausbank) angefordert werden können. Danach kann man den Bedarf für eine Bescheinigung nach § 24c EStG bezweifeln[892]. Verfassungsrechtlich betrachtet fällt zunächst auf, dass hierdurch der zuvor bestehende staatliche Eingriff in die Arbeitsabläufe der Kredit- und Finanzdienstleistungsinstitute sowie deren finanzielle Belastung durch die Jahresbescheinigungen ganz erheblich gemildert wird. Nunmehr ist ichnen nicht mehr vorgeschrieben, für alle Kapitalerträge und Veräußerungsgewinne ihrer steuerpflichtigen Kunden Bescheinigungen zu erstellen. Sie müssen vielmehr nur auf Verlangen der Kunden diesen die vom Finanzamt zur Günstigerprüfung benötigten Daten bescheinigen. In Anbetracht einer Vielzahl von Fällen, in denen steuerpflichtige Kunden hierauf entweder bewusst auf Anraten ihres Beraters mangels Relevanz für ihre Steuerbelastung oder unbewusst infolge fehlender Kenntnis von der Existenz der neuen Bescheinigung bzw. der Möglichkeit einer Günstigerprüfung verzichten, ist der Entlastungsfaktor auf Seiten der Kreditwirtschaft hoch. Ein Verfassungsverstoß gegenüber dieser Wirtschaftsbranche liegt daher fern.

Verfassungsrechtliche Zweifelsfragen kommen jedoch aus zwei anderen Richtungen auf. So könnten die Steuerpflichtigen durch den Wegfall des § 24c EStG unverhältnismäßig benachteiligt werden, weil sie nicht ohne weiteres Zutun einen Überblick über ihre Kapitalertragsteuerbelastung erhalten und folglich auch nicht in gleichem Maße wie zuvor steuerrechtliche Handlungsmöglichkeiten prüfen können. Daneben ist zu bedenken, dass die Kreditinstitute die Abgeltungsteuer für die Finanzämter berechnen und einbehalten. Auch hier ist, neben der Zulässigkeit dieser „Arbeitsteilung" als solcher, fraglich, ob nicht § 24c EStG als effektives Kontrollinstrument auch des Fiskus beizubehalten wäre. Schließlich wird geprüft, ob die Abgeltungsteuer mit ihrem deutlich reduzierten Kontrollbedarf auch zu einer entsprechenden, dem Verhältnismäßigkeitsprinzip genügenden Einschränkung der Kontenabrufmöglichkeiten geführt hat.

892 *Schmidt/Weber-Grellet*, EStG[29], § 24c Rdnr. 1.

I. Benachteiligung der Steuerpflichtigen durch den Wegfall des § 24c EStG

Mit Blick auf die Schlechterstellung der Steuerpflichtigen durch den Wegfall des § 24c EStG ist diese zunächst schon als nicht übermäßig stark einzuordnen. Gewiss sind Fälle denkbar und werden solche auch in der Realität vorkommen, in denen Steuerpflichtige mangels Bescheinigung den Weg der (einschlägigen) Günstigerprüfung nicht beschreiten und infolgedessen einen vermeidbaren finanziellen Nachteil erleiden. Gleichwohl wird die große Mehrheit der Steuerpflichtigen sich mit ihren Kapitalerträgen im Rahmen des Sparer-Pauschbetrages bewegen, sodass es auf die Bescheinigung nach § 24c EStG überhaupt nicht mehr ankommt. Wirklich nachteilig betroffen vom Wegfall des § 24c EStG kann damit allein noch die Gruppe derer sein, die über ein durchschnittlich hohes Einkommen aus „geregelter" Arbeit verfügt, zugleich aber Kapitaleinkünfte jenseits des Sparer-Pauschbetrages generiert. Schon wegen der Überschaubarkeit der Größe dieser Gruppe kann von einer Unverhältnismäßigkeit in Bezug auf den Wegfall der Jahresbescheinigung nicht gesprochen werden. Insbesondere aufgrund der damit einhergehenden massiven Entlastung der Banken und des Wegfallens eines staatlichen Eingriffs in diesem Sektor ist die Streichung des § 24c EStG nicht zu beanstanden. Es muss dem Gesetzgeber zugestanden sein, eine Gruppe bisher stark grundrechtsbeschränkter (juristischer) Personen zu entlasten, auch wenn dies zu einer neuen, geringfügigen Belastung bei einer kleinen Gruppe Steuerpflichtiger führt. Das Verhältnismäßigkeitsprinzip wird hierbei gewahrt, nicht zuletzt auch deshalb, weil die nachteilig betroffenen Steuerpflichtigen lediglich einer mittelbaren Benachteiligung und keiner zielgerichteten Grundrechtsbeschränkung unterliegen.

II. § 24c EStG und Indienstnahme der Banken beim Vollzug der Abgeltungsteuer

1. Die Inanspruchnahme der Banken als solche

Anderes könnte sich allerdings vor dem Hintergrund der finalen Einbeziehung der Banken in den Prozess der abgeltenden Besteuerung ergeben. Hier gilt es jedoch zunächst zu klären, ob die Indienstnahme der Banken für die Berechnung und Einbehaltung der Abgeltungsteuer an sich überhaupt zulässig ist. Immerhin greift der Staat hierdurch massiv in die Freiheitsrechtssphäre der Banken ein[893]. Eine verfassungsgerichtliche Klärung der Frage, ob die Indienstnahme Privater, z.B. zum Vollzug von Steuergesetzen, überhaupt zulässig ist, steht zwar noch aus[894]. Dennoch

---

893 Die Banken werden so zum Garanten für einen effektiven und flächendeckenden Vollzug der Abgeltungsteuer, vgl. *Jochum*, in: *GS Schindhelm*, S. 405 (407). Näher zu den an dieser Stelle einschlägigen Grundrechten (insb. Art. 12, sowie Art. 2 I, 14 I GG) *Drüen* (2005/2012), S. 214 ff.

894 *Drüen* (2005/2012), S. 27.

lässt sich der schon lange anhaltenden staats- und verwaltungsrechtlichen Diskussion[895] sowie auch der Praxis entnehmen, dass die Indienstnahme Privater jedenfalls nicht per se unzulässig sein kann[896]. Ausgehend von dieser auch hier vertretenen Prämisse ist damit nicht mehr zu fragen, ob die Banken in den Vollzug der Abgeltungsteuer einbezogen sein dürfen, sondern nur, ob ihre konkrete Einbeziehung die Grenzen der Indienstnahme Privater für den Steuervollzug wahrt. Voraussetzung hierfür ist insbesondere, dass vom Gesetzgeber mit der Indienstnahme der Banken sowohl berechtigte Ziele verfolgt werden als auch die Indienstnahme rechtfertigende Gründe vorliegen[897].

Beides ist hier zu bejahen. Zunächst verfolgt die Indienstnahme der Banken in effektiver Weise das Ziel administrativer Aufgabenerleichterung. Der Vollzug der Abgeltungsteuer durch die Banken entlastet die Finanzverwaltung im Bereich der Kapitaleinkünfte nahezu vollständig. Dies allein rechtfertigt die Indienstnahme der Banken zwar noch nicht, weil dann die Verwaltung in praktisch allen Bereichen mit dem Argument der Staatsentlastung die Indienstnahme Privater betreiben könnte. Hinzu kommt im Falle der Abgeltungsteuer jedoch die besondere Sachnähe und -verantwortung der Banken. Bei ihnen werden fast sämtliche von der Abgeltungsteuer betroffenen Transaktionen durchgeführt und laufen alle für eine gesetzmäßige Besteuerung erforderlichen Informationen zusammen. Dass der Gesetzgeber sich dies im Rahmen der Abgeltungsteuer zu Nutze macht, ist umso mehr gerechtfertigt, als er im Gegenzug die zuvor in Form des § 24c EStG bestehende, weitere Indienstnahme der Banken aufgegeben hat. Hiermit wird einer übermäßigen Indienstnahme des Bankensektors entgegengewirkt.

Fraglich ist nun allein noch, ob der Wegfall des § 24c EStG nicht deshalb doch unzulässig sein könnte, weil hierdurch der Finanzverwaltung die Kontrolle der Banken beim Vollzug der Abgeltungsteuer erschwert wird. Denn trotz der Indienstnahme trägt nach wie vor allein die Finanzverwaltung die Verantwortung für einen gesetzmäßigen und gleichmäßigen Steuervollzug. Es obliegt ihr somit, die Banken beim Vollzug der Abgeltungsteuer effektiv zu überwachen. Hierbei würde sie durch Jahresbescheinigungen gemäß § 24c EStG sicherlich unterstützt. Allerdings darf auch nicht übersehen werden, dass die Finanzämter Kenntnis von etwaigen Unregelmäßigkeiten beim Vollzug der Abgeltungsteuer zuallererst durch die regelmäßigen Außenprüfungen der Banken erhalten können[898]. Einer weiteren „Unterstützung" durch § 24c EStG bedarf es daher nicht. Hinzu kommt die flankierende Haftung der

895 Eine Rezeption aus jüngster Zeit findet sich bei *Drüen* (2005/2012), S. 28 ff.

896 *Drüen*, a.a.O., S. 184 ff.; vgl. auch S. 394 ff., wonach gerade im Bereich des Steuerrechts der Staat die hieraus erwachsenden Aufgaben allein gar nicht zu erfüllen vermag; der Schwerpunkt der Betrachtung liegt dabei zwar auf dem Lohnsteuerabzugsverfahren; eine Übertragung auch auf die Berechnung und Einbehaltung der Abgeltungsteuer durch die Banken ist aber m.E. problemlos möglich.

897 Ausführlich hierzu *Drüen* (2005/2012), S. 194 ff., 200 ff.

898 Ausführlich zu den Kapitalertragsteuer-Außenprüfungen nach Einführung der Abgeltungsteuer *Findeis*, DB 2009, S. 2397 ff.; *Schmidt/Eck*, BB 2011, S. 1751 ff.

Banken für nicht ordnungsgemäß einbehaltene und abgeführte Abgeltungsteuer. Diese ist für die Abgeltungsteuer in § 44 V 1 EStG durchaus scharf ausgestaltet, indem das Finanzamt den entrichtungspflichtigen Kreditinstituten kein Verschulden nachweisen muss, dieses vielmehr vermutet wird (der Entlastungsbeweis ist vom Haftungsschuldner zu führen) und auch die Rechtsprechung hier strenge Maßstäbe anlegt[899], sodass eine zur Haftung führende grobe Fahrlässigkeit häufig zu bejahen ist. Daneben tritt dann noch das Ordnungswidrigkeitenrecht in Form des § 380 AO, ggf. in Verbindung mit § 378 AO. Die Summe der einen ordnungsgemäßen Vollzug der Abgeltungsteuer sichernden Maßnahmen ist somit insgesamt groß genug; von einer Einladung zum Betrug beim Vollzug der Abgeltungsteuer lässt sich mit Sicherheit nicht sprechen. Deshalb und weil sich auch im praktischen Vollzug der Abgeltungsteuer durch die Banken in den letzten Jahren keine Anhaltspunkte für missbräuchliches Verhalten gezeigt haben, sind die der Finanzverwaltung zur Verfügung stehenden Kontrollmechanismen ausreichend. Der Wegfall des § 24c EStG ist auch insoweit verfassungsrechtlich nicht zu beanstanden.

2. Folgeproblem: Die Aufbürdung der Kostenlast

Ist die Einbeziehung der Banken als solche beim Vollzug der Abgeltungsteuer somit grundsätzlich zulässig, so könnte sich gleichwohl vor dem Hintergrund der konkreten Ausgestaltung dieses Mitwirkungsprozesses noch eine andere Bewertung ergeben. Denn die Banken erhalten für ihre Dienste keine monetäre Gegenleistung vom Staat. Damit ist die Frage aufgeworfen, ob die durchaus eingehende und aufwendige Indienstnahme der Banken auch entschädigungslos zulässig ist.

Eine unzweifelhafte und eindeutige Antwort hierauf gibt es insofern nicht, als dass weder der Grund für die Indienstnahme derart stark ausgeprägt ist, dass hieraus zugleich die Kostenlast des Verpflichteten folgen würde, noch dass umgekehrt eine Verpflichtung des Staates zur Entschädigung der Banken auf der Hand liegt, sodass vielmehr unter Berücksichtigung eines etwaigen Eigeninteresses des

---

899 S. im Einzelnen die diversen Beispiele bei *Gersch*, in: *K/S/M*, EStG, § 44 Rdnr. F 26. Durch die zukünftige Fassung des § 44 I 3 EStG (ab 01.01.2018), wonach die die Kapitalerträge auszahlende Stelle den Steuerabzug „unter Beachtung der im Bundessteuerblatt veröffentlichten Auslegungsvorschriften der Finanzverwaltung" für Rechnung des Gläubigers der Kapitalerträge vorzunehmen hat, wird die Rechtslage für die Kreditinstitute zwar insoweit klargestellt, als diesen kein eigenes Bewertungsrecht bzgl. der Beurteilung der einzelnen Kapitalanlage zukommt. Es ergeben sich hieraus aber Folgeprobleme für die Steuerpflichtigen, da sie als Kapitalanleger mögliche Streitfälle, in denen die rechtliche Besteuerungsauffassung der Finanzverwaltung hochgradig zweifelhaft ist, gar nicht erst erkennen und Rechtsbehelfe folglich nur schwer ergreifen können, vgl. *Delp*, DB 2015, S. 1919.

Verpflichteten sowie in Ansehung der weiteren Umstände des Einzelfalls nach einer sachgerechten Lösung zu suchen ist[900].

Hierbei ist zunächst zu berücksichtigen, dass auch ein Eigeninteresse der Banken an der Mitwirkung beim Vollzug der Abgeltungsteuer existiert. Es liegt darin, dem Kunden ein Gesamtpaket für die Konto- und Depotführung anbieten zu können, das auch die Erledigung der steuerlichen Verpflichtungen des Kunden beinhaltet. Mitunter werben die Kreditinstitute auch offen damit, dass etwaig anfallende Abgeltungsteuer von ihnen sogleich einbehalten und abgeführt wird, der Kunde sich also selbst um nichts mehr zu kümmern braucht. Die bestehende gesetzliche Verpflichtung zu dieser Vorgehensweise wird hingegen in den Hintergrund gedrängt. Die Banken profitieren also zumindest von einem beim Kunden entstehenden Gefühl einer besonders umfangreichen Dienstleistung.

Ein weiterer Aspekt ist der Zinsvorteil der Banken. Die innerhalb eines Kalendermonats einbehaltene Abgeltungsteuer ist gemäß § 44 I 5 Hs. 1 EStG erst bis zum zehnten des Folgemonats an den Fiskus abzuführen. Wenngleich § 44 I 5 Hs. 2 EStG hiervon u.a. die vom Volumen her besonders gewichtigen Dividenden und Gewinne aus Aktienverkäufen ausnimmt, für die eine ausnahmsweise gleichzeitig mit Zufluss beim Gläubiger vorzunehmende Abführung der einbehaltenen Steuer angeordnet wird, so bleibt den Kreditinstituten doch immer noch in etlichen Fällen ein Zinsvorteil für die Dauer von bis zu 40 Tagen[901]. Ein ausdrückliches Entgelt für die Indienstnahme der Banken liegt hierin zwar nicht. Der Umstand des Zinsvorteils ist aber in die Gesamtwürdigung zugunsten einer entschädigungslosen Inanspruchnahme der Banken einzustellen.

Schließlich verfügen die Kreditinstitute auch über die Möglichkeit, die ihnen bei Berechnung und Abführung der Abgeltungsteuer entstehenden Kosten auf ihre Kunden abzuwälzen. Dies kann ziemlich problemlos über die – ohnehin wenig transparenten – Kontoführungs- und vor allem Depotgebühren erfolgen.

Lässt man nicht bereits jedes (insbesondere das zuletzt genannte) hier angeführte Argument für sich betrachtet zur Rechtfertigung der Inanspruchnahme der Banken ohne Kostenausgleich ausreichen, so spricht jedenfalls die zusammengenommene Betrachtung aller hier genannten Aspekte dafür, die Kostentragung durch die Banken

---

900 Zu den genannten Kriterien für eine Beurteilung der Finanzierungsverantwortung s. *Drüen* (2005/2012), S. 204 f., der es allerdings bei dem hier übernommenen allgemeinen Leitfaden für die Beantwortung von Einzelfragen belässt, ohne selbst daraus eine Beurteilung der hier erörterten Frage zu entwickeln.

901 Bezieht man die in BT-Drs. 15/3339, S. 13 zur Einführung des § 44 I 5 Hs. 2 EStG gegebene Begründung mit in die Betrachtung ein, so zeigt sich, dass der Zinsvorteil auch nicht völlig marginal ist. Denn dort wird unter Berufung auf Untersuchungen des Bundesrechnungshofes für das Jahr 2000 ausgeführt, dass sich die Bund und Ländern durch die faktische Steuerstundung entstehenden Zinsaufwendungen auf einen mittleren zweistelligen Millionenbetrag in Euro belaufen. Danach dürfte den Banken auch heute nach der Einschränkung dieser Steuerstundung immer noch zumindest ein einstelliger Millionenbetrag pro Jahr als Vorteil bleiben.

insgesamt nicht als unverhältnismäßig und damit unzulässig zu beurteilen. Dieses Ergebnis wird nicht zuletzt auch dadurch gestützt, dass die Vertreter der Banken selbst im Rahmen der Sachverständigenanhörung ebenfalls keinen grundsätzlichen finanziellen Ausgleich für ihre Tätigkeit gefordert haben[902], die Mehrkosten sie also – wie auch hier prognostiziert – am Ende kaum oder gar nicht (selber) treffen.

Anders verhält es sich allein mit Blick auf die den Banken ebenfalls entschädigungslos aufgebürdete Durchführung des Abzugsverfahrens von auf abgeltend besteuerte Kapitalerträge entfallende Kirchensteuer. Hier tragen die zuvor angeführten Aspekte kaum als Rechtfertigungsgrundlage. Vor allem aber ist es nicht zu rechtfertigen, dass der Staat für Festsetzung und Einbehalt des Kirchensteuerzuschlages auf die Einkommensteuer von den Kirchen durch eine Beteiligung an der Kirchensteuer „entlohnt" wird, er seinerseits aber diese Tätigkeit im Rahmen der Abgeltungsteuer ohne Gegenleistung auf die Banken abwälzt. Stichhaltige Gründe für diese Ungleichbehandlung vergleichbarer Sachverhalte sind nicht ersichtlich. Insoweit ist die entschädigungslose Indienstnahme der Banken willkürlich und somit unzulässig. Es bedürfte wenigstens der Abführung eines Teils der staatlichen Beteiligung am Kirchen(lohn)steueraufkommen an die Banken.

III. Abgeltungsteuer und Kontenabruf

Im Zusammenhang mit der Abgeltungsteuer bestanden große Erwartungen hinsichtlich einer Beschränkung der Regelungen zum Kontenabruf. Denn soweit die Abgeltungsteuer greift, ist der zuvor bestehende Verifikationsbedarf bei Kapitaleinkünften weggefallenen[903]. Gleichwohl gibt es immer noch genügend Fallkonstellationen, in denen ein Bedürfnis für das Kontenabrufverfahren besteht. Ein Blick auf § 93 VII AO zeigt, dass allein in dem dort genannten Fallkatalog noch ein Abrufersuchen des Finanzamtes zulässig ist. Nach der infolge des Wegfalls von § 2 Vb Satz 2 EStG erforderlichen Anpassung[904] bleibt als direkter Bezugspunkt zur Abgeltungsteuer prima facie nur die Regelung des § 93 VII Nr. 1 AO. Dadurch erhält die Finanzbehörde im Falle einer Günstigerprüfung die Möglichkeit festzustellen, ob der Steuerpflichtige auch sämtliche Kapitaleinkünfte in seinem Antrag auf Veranlagungsverfahrenseinbeziehung mitgeteilt hat. Diese Regelung ist gerechtfertigt durch das berechtigte Verifikationsinteresse der Finanzbehörden. Wenn sie schon dem Steuerpflichtigen möglicherweise zuviel gezahlte Abgeltungsteuer zurückzahlen, dann sollte dies nur in Fällen einer wahrheitsgemäßen Tatsachengrundlage erfolgen. Ein mitunter erfolgender Eingriff in die Informations- und Selbstbestimmungssphäre des Steuerpflichtigen ist schon daher in diesen Fällen gerechtfertigt. Dies gilt außerdem auch deshalb, weil der Steuerpflichtige durch sein – ebenfalls

902 Dazu bereits ausführlich oben, § 4 F. VII; dort auch schon zum sogleich nachfolgenden Sonderproblem des Einbehalts der auf die Abgeltungsteuer entfallenden Kirchensteuer durch die Kreditinstitute.

903 *Seer*, in: *Tipke/Kruse*, AO, § 93 Rdnr. 48.

904 Vgl. StVereinfG v. 01.11.2011, BGBl. I 2011 v. 04.11.2011, 2131 u. 2137.

berechtigtes – Interesse an einer geringeren Steuerfestsetzung überhaupt erst die Kausalkette in Gang gesetzt hat. Ein Kontenabruf nach § 93 VII Nr. 1 AO ist ohne den Antrag des Steuerpflichtigen nicht denkbar. Sein Antrag kommt hiernach fast schon einer Zustimmung im Sinne des § 93 VII Nr. 5 AO nahe. Jedenfalls begründet er als erste Stufe aber den vermeidbaren staatlichen Grundrechtseingriff auf der zweiten Stufe und schließt dadurch einen grundrechtsverletzenden, weil unverhältnismäßigen Eingriff aus.

Damit bleibt nur noch § 93 VII Nr. 4 AO mit seinem nur indirekten Bezug zur Abgeltungsteuer. Dass hierdurch ein Kontenabruf in einer für den Steuerpflichtigen nicht eindeutig überschaubaren Anzahl von Fällen ermöglicht wird, ist zwar durchaus kritikwürdig[905]. Würde man hierin eine nicht hinreichend bestimmte, verfassungswidrige Regelung sehen, so wäre dieser Umstand aber nicht auf die Einführung der Abgeltungsteuer zurückzuführen. Es fehlt an einem hinreichenden Bezug der Abgeltungsteuer zum § 93 VII Nr. 4 AO. Eine etwaige Verfassungswidrigkeit spielte sich dann nicht einmal mehr im „Dunstkreis“ der Abgeltungsteuer ab und bedarf an dieser Stelle somit keiner weiteren Erörterung. Sofern durch § 93 VII Nr. 4 AO auch im Anwendungsbereich der Abgeltungsteuer eine Hintertür für einen Kontenabruf geöffnet wird, so sorgt schon die Subsidiaritätsklausel des § 93 VII 2 Hs. 2 AO[906] für eine verhältnismäßige Anwendung der Norm. Ein Anlass, Anwendungsfälle der Abgeltungsteuer aus Verhältnismäßigkeitserwägungen gänzlich von § 93 VII Nr. 4 AO auszunehmen, besteht auch nicht. Gerade weil die Abgeltungsteuer zur Verlagerung von Arbeitslohnzahlungen aus dem Spitzensteuersatz in den Anwendungsbereich des Proportionalsteuersatzes der Abgeltungsteuer verleitet, besteht nach wie vor ein Bedürfnis, diesbezüglich verdächtige Zahlungsgestaltungen einer Kontrolle unterziehen zu können, um eine zutreffende Steuerfestsetzung zu gewährleisten.

F. Abgeltungsteuer und Rückwirkung

Wie bei jeder Änderung des EStG bedurfte es auch für die Einführung der Abgeltungsteuer näherer Regelungen, ab wann die neue Rechtslage zur Anwendung kommen sollte[907]. Dies ist im Falle der Abgeltungsteuer – zunächst[908] – nicht wie

905 Insoweit wird stellvertretend auf die obige Darstellung (§ 4 unter F. XII.) zur Diskussion im Finanzausschuss verwiesen.

906 Vgl. hierzu statt vieler nur *Seer*, in: *Tipke/Kruse*, AO, § 93 Rdnrn. 17, 44 u. 50.

907 Vgl. *Hey*, in: *H/H/R*, EStG, § 52 Anm. 1.

908 Inzwischen ist durch das KroatienAnpG vom 25.07.2014, BGBl. I 2014, 1266 (1267 u. 1276) § 52a EStG zwar weggefallen, die hier erörterten Teile des § 52a X Sätze 7 und 8 sind indes inhaltlich unverändert in § 52 XXVIII Sätze 16 und 17 EStG überführt worden. Allein der ebenfalls noch zu behandelnde § 52a VIII 2 EStG ist ersatzlos entfallen. Die Ausführungen hierzu sind gleichwohl noch von Bedeutung, ist doch diese Norm Gegenstand von Verfassungsbeschwerdeverfahren vor dem BVerfG (Az.: 2 BvR 482/14 u. 2674/14).

üblich in § 52 EStG, sondern im eigens zur Einführung der Abgeltungsteuer zusammengestellten Katalog des § 52a EStG geschehen. Der Übersichtlichkeit der Anwendungsvorschriften hat dieses Vorgehen mit Sicherheit nicht geschadet; es sollte bei größeren Reformprojekten daher auch zukünftig in Erwägung gezogen werden. Gleichwohl handelte es sich auch bei § 52a EStG immer noch um ein nicht wenig komplexes Gebilde, in dem Alt- und Neuregelungen miteinander verknüpft werden, um verfassungsrechtliche Rückwirkungsprobleme zu vermeiden[909]. Bei einer ex-post-Betrachtung erweist sich dieses Anliegen insbesondere infolge der jüngeren, die Zulässigkeit unechter Rückwirkung[910] weiter einschränkenden verfassungsrechtlichen Rechtsprechung[911] als geboten. Ob eine den Makel unzulässiger Rückwirkung tragende Übergangsregelung vorliegt oder ob dem Gesetzgeber zumindest unter dem rechtsstaatlichen Aspekt des Vertrauensschutzes mit der Abgeltungsteuer ein verfassungskonformes Regelungswerk gelungen ist, soll Gegenstand der folgenden Ausführungen sein.

I. Der Grundsatz: Abgeltungsteuer birgt wenig Rückwirkungskonfliktpotenzial

Um es vorwegzunehmen: Gemessen an den gravierenden Konflikten der Abgeltungsteuer mit dem grundgesetzlichen Gleichheitssatz, stellen sich die Probleme im Verhältnis von Abgeltungsteuer und verfassungsrechtlich garantiertem Vertrauensschutz sowohl numerisch als auch hinsichtlich der Intensität fast schon als vernachlässigenswert gering dar. Gleichwohl soll über sie nicht ohne nähere Betrachtung hinweggegangen werden.

Zunächst einmal lässt sich feststellen, dass die Abgeltungsteuer überhaupt erst mehr als 16 Monate, nachdem die Einführung parlamentarisch beschlossen wurde, ihren Primäreinsatz hatte. Folglich bestand ein relativ langer Zeitraum, in dem die Steuerpflichtigen sich auf die neu auf sie zukommende Rechtslage einstellen konnten. So konnten insbesondere noch bis Ende 2008 Aktien erworben werden mit der Folge, dass für diese unabhängig vom Zeitpunkt des Verkaufs (der in etlichen Fällen wahrscheinlich sogar bis heute nicht stattgefunden hat) weiterhin die Spekulationsfrist von einem Jahr gilt[912] und danach eine steuerfreie Veräußerung möglich ist. Mit dieser Vorgehensweise hat der Gesetzgeber entgegen seinem grundsätzlich

909 *Schmidt/Weber-Grellet*, EStG[29], § 52a Rdnr. 1; *Helios/Link*, DStR 2008, S. 386 (389) m.w.N.

910 Allgemein zum Zusammenhang von Rechtsstaatsprinzip, Vertrauensschutz und Rückwirkung sowie zu den verschiedenen Bezeichnungen für rückwirkende Gesetzesanwendung und den differenzierenden Anforderungen bzgl. ihrer Zulässigkeit *Drüen*, in: *Tipke/Kruse*, AO, § 4 Rdnrn. 15 ff.; *Wernsmann*, in: *H/H/Sp*, AO, § 4 Rdnrn. 729 ff.; ferner *Leisner* (2002), S. 477 ff.

911 BVerfGE 127, 1 ff., 31 ff. und 61 ff.

912 Vgl. etwa *Buge*, in: *H/H/R*, EStG, § 20 Anm. 432.

vorhandenen Bedürfnis, Ankündigungseffekte zu vermeiden[913], gehandelt. Für die Steuerpflichtigen hingegen brachte dies planerische Sicherheit und eine Fülle von Gestaltungsmöglichkeiten mit sich. Ungewissheiten bzgl. des zeitlichen Anwendungsbereiches der Abgeltungsteuer bestanden daher nicht und auch nachträgliche Steuererhöhungen[914] für in der Vergangenheit erzielte, aber bisher noch nicht realisierte (Aktien)Kursgewinne waren nicht zu befürchten. Steuerliche Eingriffe in bereits begonnene und erst recht in schon abgeschlossene Lebenssachverhalte konnten ganz überwiegend ausgeschlossen werden. § 52a EStG a.F. ist deshalb im Zusammenhang mit der Abgeltungsteuer auch kaum zum Diskussionsgegenstand geworden[915].

II. Ausnahmen

1. *§ 52a X Satz 7 EStG a.F. = § 52 XXVIII Satz 16 EStG n.F.*

§ 52a X 7 EStG bestand aus 3 Halbsätzen, dessen dritter erst durch das Jahressteuergesetz 2009 und dessen zweiter sodann durch das Jahressteuergesetz 2010 eingefügt wurde. Aufmerksamkeit verdient an dieser Stelle allein § 52a X 7 Hs. 3 EStG a.F. (= § 52 XXVIII Satz 16 Hs. 3 EStG n.F.). Danach unterliegt bei der Veräußerung oder Einlösung einer Kapitalforderung im Sinne des § 20 II 1 Nr. 4 EStG in der am 31.12.2008 geltenden Fassung generell der sich aus dem Unterschied zwischen Erlös und Anschaffungskosten ergebende Gewinn oder Verlust der Abgeltungsteuer[916]. Diese Aussage deutet für sich genommen zunächst nicht darauf hin, dass die Anwendungsvorschrift ein Rückwirkungsproblem aufwerfen könnte. Dazu bedarf es des Kontextes mit der zuvor ergangenen BFH-Rechtsprechung zu § 20 II 1 Nr. 4 a.F. EStG[917]. Um die sich hieraus ergebenden Schwierigkeiten, insbesondere die nach Auffassung des BFH erforderliche Einzelfallprüfung, zu vermeiden, bestimmt § 52a X 7 Hs. 3 EStG a.F. (= § 52 XXVIII Satz 16 Hs. 3 EStG n.F.), dass die entsprechende BFH-Rechtsprechung keine Anwendung findet[918]. Ob hierin eine unechte Rückwirkung liegt, die zumindest in den Fällen unzulässig sein soll, in denen der Steuerpflichtige nach Ablauf der Spekulationsfrist aufgrund der BFH-Rechtsprechung

---

913 Vgl. *Hey* (2002), S. 22, dort auch allgemein zu Gesetzen in der Ablösung.

914 Zu deren Verstoß gegen das Leistungsfähigkeitsprinzip exemplarisch *Hey* (2002), S. 177 f.

915 In der Erörterung dominiert bezeichnenderweise deutlich die Kommentarliteratur, s. z.B. *Blümich/Treiber*, EStG, § 52a Rdnrn. 11 ff.; *Kirchhof/Kirchhof*, EStG[13], § 52a Rdnrn. 2 ff.; *Schmidt/Weber-Grellet*, EStG[29], § 52a Rdnrn. 2 ff.; dagegen wird eine Rückwirkung in der übrigen Literatur nur vereinzelt und auch nur sehr punktuell behandelt, so etwa *Rengier*, DB 2007, S. 1771 (1775 f.); *Oho/Hagen/Lenz*, DB 2007, S. 1322 (1326).

916 *Blümich/Treiber*, EStG, § 52a Rdnr. 20.

917 Nachweise zu der erwähnten BFH-Rspr. bei *Kirchhof/Kirchhof*, EStG[13], § 52a Rdnr. 5 (S. 2366 Fn. 6).

918 *Blümich/Treiber*, EStG, § 52a Rdnr. 20.

darauf vertrauen durfte, nicht steuerbare Vermögenszuwächse erzielt zu haben, wird unterschiedlich beurteilt[919]. Weil § 52a X 7 Hs. 1 EStG bereits vor Einführung des Hs. 3 hinsichtlich des Bestandsschutzes für Kapitalforderungen im Sinne des § 20 II 1 Nr. 4 a.F. EStG eine vertrauenszerstörende Wirkung beizumessen ist, spricht vieles dafür, dass insoweit in Hs. 3 tatsächlich schon keine rückwirkende Regelung gesehen werden kann[920]. Eine Interpretation als Klarstellung trifft den Inhalt des § 52a X 7 Hs. 3 EStG a.F. (= § 52 XXVIII Satz 16 Hs. 3 EStG n.F.) daher gut.

Darüber hinaus ist zu berücksichtigen, dass selbst bei Annahme einer unzulässigen unechten Rückwirkung diese die Abgeltungsteuer in ihrem Kern nicht verfassungswidrig machen würde. Vielmehr wäre nur ein Randbereich betroffen. Durch eine kleine Änderung des § 52 XXVIII Satz 16 Hs. 3 EStG n.F. ließe sich von Seiten des Gesetzgebers Abhilfe schaffen.

2. § 52 a X Satz 8 EStG a.F. (= § 52 XXVIII Satz 17 EStG n.F.)

§ 52 XXVIII 17 EStG (= § 52a X 8 EStG a.F.) bestimmt, dass bei Kapitalforderungen (betroffen sind vor allem sog. Zertifikate), die bisher unter § 23 EStG fielen und nicht von § 20 EStG erfasst wurden, nicht nur im Falle der Anschaffung nach Einführung der Abgeltungsteuer erzielte Veräußerungsgewinne steuerpflichtig sind, sondern dass auch zuvor angeschaffte Forderungen dieser Besteuerung unterliegen, wenn sie nicht spätestens bis zum 30.06.2009 veräußert werden[921]. Ausgenommen bleiben jedoch solche Kapitalforderungen, die bis zum 14.03.2007 (einschließlich) – dem Tage des Kabinettbeschlusses über den Gesetzentwurf zur Unternehmensteuerreform 2008 – angeschafft wurden[922]. Es wird also Inhabern älterer Zertifikate Bestandsschutz gewährt und zudem die Anwendung der Abgeltungsteuer für Neufälle nochmals um ein halbes Jahr nach hinten verlegt. Problematisch, weil weniger großzügig bemessen, erscheint allerdings das Anknüpfen an den Kabinettsbeschluss. Die Beschlussfassung des Bundestages erfolgte nämlich erst am 25.05.2007, die Zustimmung des Bundesrates schließlich am 06.07.2007. Jedenfalls für Zertifikate, deren Erwerb zwischen Kabinetts- und Bundestagsbeschluss stattfand, steht die

---

919 Bejahend *Blümich/Treiber*, EStG, § 52a Rdnr. 20; ähnlich auch *Kirchhof/Kirchhof*, EStG[13], § 52a Rdnr. 5; ebenfalls kritisch *Haarmann*, in: *FS Herzig*, S. 423 (432); verneinend wohl *Schmidt/Weber-Grellet*, EStG[29], § 52a Rdnr. 6 sowie *Buge*, in: *H/H/R*, EStG, § 20 Anm. 301 a.E., der in der Regelung lediglich eine Klarstellung sieht; ebenso auch FG Münster EFG 2012, 2284 (2285 ff.) mit vorbildlicher Auslegungstechnik.

920 I.E. ebenso *Buge*, in: *H/H/R*, EStG, § 20 Anm. 301 a.E. mit weiteren überzeugenden Ausführungen; zu einfach-rechtlichen Fragen in diesem Kontext vgl. exemplarisch FG Schleswig Holstein EFG 2015, 1367: Steuerpflicht von Stückzinsen aus der Veräußerung vor 2009 erworbener Wertpapiere [Rev. VIII R 22/15).

921 *Kirchhof/Kirchhof*, EStG[13], § 52a Rdnr. 5.

922 *Blümich/Treiber*, EStG, § 52a Rdnr. 20.

Frage einer rückwirkenden Gesetzesanwendung im Raum[923], da der Zeitpunkt eines Kabinettsbeschlusses für die Frage der Schutzwürdigkeit des von Seiten der Steuerpflichtigen begründeten Vertrauens nicht maßgeblich sein kann. Im Gegensatz zum Bundestagsbeschluss und erst recht zur Verkündung nach Art. 82 I 1 GG wohnen Beschlüssen des Kabinetts im Hinblick auf das spätere tatsächliche Zustandekommen des Gesetzes noch viele Unsicherheiten inne. So folgt einem Kabinettsbeschluss nicht zwangsläufig stets ein Gesetz, zumal auch noch mit gänzlich unverändertem Inhalt. Aufgrund der Fragilität dieses Verfahrensstands in Bezug auf das gesamte Gesetzgebungsverfahren kann ein Kabinettsbeschluss nicht der geeignete Zeitpunkt sein, um das unter dem gewichtigen Aspekt der Rechtsstaatlichkeit seitens der Bürger begründete Vertrauen in eine noch uneingeschränkt geltende Rechtslage hinreichend oder gar endgültig zu zerstören.

Ungeachtet dessen kommt der Frage, bis zu welchem Zeitpunkt das Vertrauen des Steuerpflichtigen in die alte Rechtslage schutzwürdig ist, für die Beurteilung des § 52 XXVIII 17 EStG (= § 52a X 8 EStG a.F.) keine Bedeutung zu. Dies liegt in der schon beschriebenen, sich aus dem Zusammenspiel von Bestandsschutz für Altfälle und Aufschieben der Abgeltungsteuer für Neufälle ergebenden Sondersituation begründet. Hieraus eröffnet sich für den Steuerpflichtigen ein Zeitraum von mehr als 2 Jahren, in dem er zufließende Erträge immer noch steuerfrei vereinnahmen kann, wenn er die Jahresfrist des § 23 EStG beachtet. Die Steuerpflichtigen haben es also selber in der Hand, ob die Abgeltungsteuer sie trifft oder nicht. Nun mag man dem entgegenhalten, dass z.B. Inhaber von im April 2007 erworbenen Kapitalforderungen aber grundsätzlich von der Abgeltungsbesteuerung ausgenommen sein müssten. Die getroffene Regelung stellt jedoch trotzdem einen gelungenen Kompromiss zwischen gesetzgeberischen Interessen und denen der Steuerpflichtigen dar. Das Vertrauen der Steuerpflichtigen wird nicht schlagartig zerstört, sondern in einem ersten Schritt reduziert, indem vom 15.03.2007 bis zum 29.06.2008 noch Zertifikate erworben werden konnten, die in Ansehung der Jahresfrist noch zu steuerfrei zufließenden Erträgen führen konnten. Hinzu kommt, dass die Besteuerung von Zertifikatserträgen zuvor auch keineswegs eindeutig und klar vorhersehbar war[924]. Schließt man dann noch in die Beurteilung die Kürze des Zeitraums zwischen Kabinetts- und Bundestagsbeschluss mit ein, so verbleibt ohnehin nur eine marginale Anzahl von Steuerpflichtigen, die sich überhaupt auf Vertrauensschutz berufen könnte. Ein Szenario, nach dem am 15.03.2007 oder wenige Tage später plötzlich große Scharen von Steuerpflichtigen Kapitalforderungen begründende Anschaffungen getätigt haben, ist wohl eher unrealistisch. Die Gesamtbetrachtung

923 Verfassungsrechtliche Zweifel äußern *Oho/Hagen/Lenz*, DB 2007, S. 1322 (1326).

924 Hierzu ausführlich *Schmidt/Weber-Grellet*, EStG[27], § 20 Rdnr. 175 mit umfangreichen Nachweisen zur BFH-Rspr., zum BMF und zum Schrifttum.

des § 52a X 8 EStG führt daher zur Bejahung seiner Verfassungskonformität; eine unzulässige Rückwirkung liegt nicht vor[925].

3. § 52a VIII Satz 2 EStG a.F.

Hierbei handelt es sich sicherlich um den größten Streitkomplex zum Thema „Abgeltungsteuer und Rückwirkung". Dies ist nicht zuletzt dem Umstand geschuldet, dass auch die Rechtsprechung hier inzwischen mehrfach aktiv geworden ist und auch gegenwärtig immer noch mit der Problematik befasst ist[926]. Ausgangspunkt ist die im Jahressteuergesetz 2010 vorgenommene Erweiterung des § 20 I Nr. 7 EStG um einen Satz 3 bei zugleich erfolgender Regelung zur Anwendung in § 52a VIII 2 EStG a.F.[927]. Danach war nun gesetzlich festgelegt, dass Erstattungszinsen im Sinne des § 233a AO ebenfalls Erträge im Sinne des § 20 I Nr. 7 EStG sind. Allerdings sollte dies nach § 52a VIII 2 EStG a.F. nicht etwa ab dem Steuerjahr 2011 gelten. Vielmehr soll die Steuerpflicht auch in sämtlichen Altfällen greifen, in denen die Steuer noch nicht bestandskräftig festgesetzt ist.

Bevor auf eine hierdurch möglicherweise entstandene unzulässige Rückwirkung eingegangen werden kann, ist jedoch zunächst eine einfach-rechtliche Vorfrage zu klären, nämlich, ob Erstattungszinsen trotz des eindeutigen Wortlauts des § 20 I Nr. 7 Satz 3 EStG überhaupt steuerbar sind. Hiergegen könnte sprechen, dass § 12 Nr. 3 EStG die auf dort genannte Steuern entfallenden Nebenleistungen (wozu gemäß § 3 IV AO auch Zinsen gehören) als nicht abzugsfähige Ausgaben ansieht. Daraus ließe sich im Umkehrschluss folgern, dass dann auch entsprechende Zinsen zugunsten des Steuerpflichtigen nicht als Einnahmen betrachtet werden dürfen[928].

---

925 I.E. wohl ebenso, ohne die hier aufgeworfene Fragestellung explizit zu erörtern *Kirchhof/Kirchhof*, EStG[13], § 52a Rdnr. 5; *Schmidt/Weber-Grellet*, EStG[29], § 20 Rdnr. 177 und § 52a Rdnr. 7; die Verfassungsmäßigkeit ausdrücklich bejahend *Blümich/Treiber*, § 52a Rdnr. 20 allerdings mit Art. 3 I GG als Prüfungsmaßstab.

926 S. hierzu die AdV-Verfahren BFH BStBl. II 2012, 243; BFH/NV 2012, 575 u. 575 f.; FG Schleswig-Holstein EFG 2012, 619; FG Sachsen-Anhalt EFG 2012, 1469; außerdem FG Düsseldorf Urteile v. 17.05.2011 – 6 K 703/08, n.v. [bestätigt im Wege der NZB-Abweisung durch BFH BStBl. II 2012, 697 unter 2. c)], v. 28.07.2011 – 13 K 1097 u. 1098/08 E,AO, n.v. [Rev. VIII R 38/11 u. 39/11] und EFG 2012, 120; FG Münster EFG 2011, 649 [bestätigt durch BFH/NV 2014, 830], EFG 2012, 118 und 1750 [aufgehoben durch BFH Urteil v. 24.06.2014 – VIII R 28/12, n.v.]; FG Schleswig-Holstein EFG 2011, 1687; FG Niedersachsen v. 21.09.2011 – 5 K 332/06, n.v. [aufgehoben durch BFH/NV 2014, 1568]; FG Rheinland Pfalz EFG 2012, 1656; FG München DStRE 2013, 521.

927 Vgl. BGBl. I 2010 v. 13.12.2010, 1768 (1770 u. 1777).

928 So grundlegend mit entsprechenden systematischen Erwägungen BFH BStBl. II 2011, 503. Diese Entscheidung ist auch Ausgangspunkt für die hier behandelte Frage, weil sie die o.g. Gesetzesänderung hervorgerufen hat. Monografisch zu der insgesamt problematischen Ausgestaltung der Verzinsung von Ansprüchen aus dem Steuerschuldverhältnis zuletzt *Seer/Klemke*, IFSt-Schrift Nr. 490, passim.

Schon der Zeitfaktor spricht allerdings für einen Vorrang des § 20 I Nr. 7 Satz 3 gegenüber § 12 Nr. 3 EStG, weil insoweit der Grundsatz „lex posterior derogat legi priori" gilt. Hinzu kommt vor allem aber, dass der Gesetzgeber unmissverständlich dieses Verständnis in seinen Motiven beansprucht, legt er doch ausdrücklich dar, die Folgen des soeben zitierten BFH-Urteils im Bereich der Erstattungszinsen durch die gesetzliche Neuregelung ausschließen zu wollen. Überdies begründet er detailliert, warum er die Steuerbarkeit von Erstattungszinsen als allein sachgerechte und zutreffende Lösung ansieht[929]. Dieses Ergebnis mag wegen der dennoch fortbestehenden systematischen Widersprüche zu § 12 Nr. 3 EStG kritikwürdig sein. Aufgrund des unverkennbaren, zweifelsfreien und auch hinreichend deutlich zum Ausdruck gebrachten Willens des Gesetzgebers ist § 20 I Nr. 7 Satz 3 EStG aber der Vorrang einzuräumen und die Steuerbarkeit von Erstattungszinsen dem Grunde nach zu bejahen[930].

Durch die Geltungsanordnung u.a. auch für den Veranlagungszeitraum 2009 (als erstem Anwendungsjahr der Abgeltungsteuer) liegt ganz offensichtlich eine echte Rückwirkung vor. Denn es wird mit einer erst seit Dezember 2010 rechtlich existenten Norm in einen gemäß §§ 25 I, 36 I EStG zum 31.12.2009 bereits vollständig abgeschlossenen Sachverhalt eingegriffen. Weil – anders als im Falle einer unechten Rückwirkung – hierfür prima facie regelmäßig das Unzulässigkeitspostulat gilt, liegen die Hürden für eine ausnahmsweise Zulässigkeit hoch. Im hier erörterten Fall wird eine solche Ausnahme zum Teil mit dem Argument bejaht, dass der Gesetzgeber nur eine Gesetzeslage geschaffen habe, die der vor dem bereits erwähnten BFH-Urteil und der damit verbundenen Rechtsprechungsänderung gefestigten Rechtsprechung und Rechtspraxis entsprochen habe[931]. Hieraus würde sich in der Tat ein fehlendes Vertrauen der Steuerpflichtigen ergeben, das es gerechtfertigt erscheinen ließe, ihre Schutzbedürftigkeit zu verneinen und die echte Rückwirkung in diesem Einzelfall als dem Rechtsstaatsprinzip genügend anzusehen. Zwingende Allgemeinwohlgründe oder ein rechtsdogmatisches Fehlurteil in Gestalt der BFH-Entscheidung vom 15.06.2010, die eine rückwirkende Regelung ebenfalls erlaubten, sind dagegen nicht ersichtlich. Entscheidend wird damit die Frage, ob tatsächlich mit der rückwirkenden Neuregelung auch eine ursprüngliche Rechtslage bloß wiederhergestellt worden ist.

Und genau an dieser Stelle bestehen gute und überwiegende Gründe für Zweifel. Anknüpfungspunkt ist erneut das nun schon mehrfach angesprochene BFH-Urteil aus dem Juni 2010. Nimmt man den Gewaltenteilungsgrundsatz in der gebotenen

929 BT-Drs. 17/3549, S. 17 f.

930 Ebenso auch mit überzeugender Begründung FG Schleswig-Holstein EFG 2011, 1687 [2. Senat] m.w.N. auch zur Gegenansicht; dem folgend etwa FG Sachsen-Anhalt EFG 2012, 1469; a.A. FG Münster EFG 2012, 118; stark zweifelnd auch FG Schleswig Holstein EFG 2012, 619 [1. Senat].

931 FG Münster EFG 2011, 649; FG Düsseldorf Urteile v. 17.05.2011 – 6 K 703/08 K,G, n.v. und v. 28.07.2011 – 13 K 1097 u. 1098/08 E,AO, n.v.; FG Schleswig-Holstein EFG 2011, 1687 [2. Senat]; FG Niedersachsen v. 21.09.2011 – 5 K 332/06, n.v.; FG München DStRE 2013, 521.

Konsequenz ernst, dann steht es allein dem BFH zu, eine verbindliche Auslegung von Steuergesetzen vorzunehmen. Diese erfolgt naturgemäß aber erst retrospektiv. Gelangt der BFH hierbei zu einem von der bisherigen Rechtsprechung und Verwaltungspraxis abweichenden Ergebnis, so führt dies zwar nicht rückwirkend zu Änderungen in der Beurteilung vollständig abgeschlossener Besteuerungsvorgänge. Noch offene Verfahren sind aber an dieser höchstrichterlichen Auffassung auszurichten. Dadurch erlangen Steuerpflichtige in diesen Verfahren für vergangene Veranlagungszeiträume keine neue Rechtsposition, sondern es bleibt bei derjenigen, die schon immer bestanden hat und die nunmehr auch vom BFH erkannt worden ist. Die BFH-Entscheidung begründet dieses Recht also nicht erstmals, sondern vollzieht nur eine bestehende, wenngleich bisher unerkannt gebliebene, rechtliche Stellung des Steuerpflichtigen nach. Hieraus folgt dann aber zugleich, dass die entsprechende Rechtsposition dem Steuerpflichtigen bereits vor einem Judikat des BFH zugestanden hat. Sie wäre ihm nur unter Umständen durch eine unzutreffende Auslegung der Finanzverwaltung oder der FG genommen worden. Dies ändert aber nichts daran, dass die rechtlich zutreffende Rechtsposition des Steuerpflichtigen diesem bereits mit Ablauf des entsprechenden Veranlagungszeitraumes endgültig zuteil geworden ist[932]. Sie darf ihm durch ein Gesetz nicht mehr rückwirkend genommen werden.

Nachdem der BFH die Steuerfreiheit von mit § 12 Nr. 3 EStG korrespondierenden Erstattungszinsen festgestellt hatte, erwarben die Steuerpflichtigen für alle noch offenen Besteuerungsverfahren der Vorjahre das Recht, diese Steuerfreiheit auch einfordern zu können. Wenn der Gesetzgeber ihnen dieses Recht zukünftig nicht mehr zugestehen wollte, so stand es ihm frei, dies durch eine Neuregelung zu bewirken.

---

932 Zuzugeben ist, dass gleichwohl fraglich sein könnte, auf welcher Vertrauensgrundlage vom Steuerpflichtigen vor dem Richterspruch disponiert worden ist. Würde man davon ausgehen, der Steuerpflichtige habe zuvor allein auf der Basis der früheren Rspr., wonach Erstattungszinsen als steuerbar behandelt wurden, disponieren können und verdiene daher keinen Vertrauensschutz, so griffe dies zu kurz. Denn auch nach Abschaffung des § 10 I Nr. 5 a.F. EStG zum 01.01.1999 ist die Thematik bis zum Judikat vom 15.06.2010 in Rspr. und Lit. stetig und kontrovers diskutiert worden. Somit erscheint ein Vertrauen der Steuerpflichtigen auf eine Änderung der als verfehlt erachteten Rspr. durchaus als nicht fernliegend. Ungeachtet dessen ist es aber m.E. insbesondere hier ausnahmsweise zulässig, der Frage des etwaigen Vorliegens einer Disposition keine wesentliche Bedeutung beizumessen. Hierfür spricht, dass es sich bzgl. der Steuerbarkeit von Erstattungszinsen um keine Thematik handelt, bei der von Steuerpflichtigen regelmäßig im Voraus geplant und kalkuliert wird. In diesem Bereich wird nämlich – anders als z.B. bei der Frage der Steuerbarkeit von Grundstücksgeschäften in Abhängigkeit von der Haltedauer – wohl kaum in nennenswertem Umfang disponiert, zumal die steuerlichen Auswirkungen von (nicht) zu versteuernden Erstattungszinsen im Gegensatz zu oftmals erheblichen Gewinnen aus Veräußerungen von Grundstücken eher als gering einzustufen sind. Das Kriterium der Disposition eignet sich also an dieser Stelle nicht gerade als Voraussetzung für die Gewährung von Vertrauensschutz und darf deshalb vernachlässigt werden.

Dabei durfte er aber nicht rückwirkend in die vom BFH festgestellte Rechtslage vor dem 15.06.2010 eingreifen, denn hierin lag ein unzulässiger Eingriff in die insoweit allein dem BFH zustehende Ausübung der judikativen Gewalt. Aus diesen Gründen ist die rückwirkende Regelung des § 52a VIII 2 EStG a.F. verfassungswidrig[933].

III. Insgesamt: Rückwirkungsproblematik als verfassungsrechtliches Randproblem

Abgeltungsteuer und Rückwirkungsverbot stehen im Wesentlichen nicht in Konflikt zueinander. Dies gilt uneingeschränkt im Kernbereich der Anwendungsvorschriften zur Abgeltungsteuer[934]. Probleme bestehen allein in Randzonen der Abgeltungsteuer.

---

933 Entsprechende Bedenken äußern mit ähnlicher Begründung und weiteren Nachweisen auch FG Düsseldorf EFG 2012, 120 [1. Senat]; FG Münster EFG 2012, 118; FG Schleswig-Holstein EFG 2012, 619 [1. Senat]; FG Sachsen-Anhalt EFG 2012, 1469; auch der BFH hatte zwischenzeitlich gleich mehrfach AdV gewährt, vgl. BFH BStBl. II 2012, 243; BFH/NV 2012, 575 u. 575 f. Bei abschließender Prüfung in drei Revisionsverfahren (BFH BStBl. II 2014, 168 und 998 sowie BFH/NV 2014, 830 jeweils m.w.N. zum Streitstand; vertiefend zur Problematik ferner *Drüen*, Ubg 2014, S. 683 ff.) hat er indes eine Kehrtwende vollzogen und mit der Begründung, dass sich kein schützenswertes Vertrauen habe bilden können – zumal der Zeitraum zwischen der (o.g.) Rechtsprechungsänderung und der Gesetzesänderung relativ kurz gewesen sei – die Verfassungswidrigkeit verneint. Das letzte Wort ist allerdings noch nicht gesprochen, da sich nunmehr das BVerfG aufgrund zweier eingelegter Verfassungsbeschwerden (Az.: 2 BvR 482/14 u. 2 BvR 2674/14) mit der Thematik wird befassen müssen. I.E. wie hier auch *Drüen*, Ubg 2014, S. 747 (757 f.).

934 Soweit hier inzwischen (höchstrichterliche) Rechtsprechung zur Anwendungsvorschrift des § 52a X 10 EStG a.F., wonach u.a. § 20 IX EStG erstmals auf nach dem 31.12.2008 zufließende Kapitalerträge anzuwenden ist, ergangen ist, geht es dabei nicht um das Thema Rückwirkung, sondern lediglich um einfach-gesetzliche Auslegungsfragen. Dabei gelangt BFH BStBl. II 2014, 975 (977 f.); 2015, 387 (388 f.) entgegen der jeweiligen Vorinstanz (FG Düsseldorf EFG 2013, 926; FG Köln EFG 2013, 1328) zu dem Ergebnis, dass der Werbungskostenausschluss auch dann Anwendung findet, wenn Ausgaben, die nach dem 31.12.2008 getätigt wurden, mit Kapitalerträgen zusammenhängen, die schon vor dem 01.01.2009 zugeflossen sind. Dies verdient aus mehreren Gründen Zustimmung. So ist ein solches Verständnis zunächst notwendig, um den vom Gesetzgeber gewollten „klaren Schnitt" auch konsequent zu vollziehen. Außerdem stellt der Wortlaut des § 20 IX EStG nur auf (gemeint sind angefallene und abgeflossene) Werbungskosten ab und nimmt auf zufließende Kapitalerträge gar keinen Bezug, sodass eine Verknüpfung – wie von den FG vorgenommen – überhaupt nicht zu erfolgen hat. Schließlich können auch nur auf diese Weise Ungleichbehandlungen und Systembrüche vermieden werden, die entstünden, wenn die Erträge aus vor Einführung der Abgeltungsteuer erworbenen, fremdfinanzierten Kapitalanlagen heute in vollem Umfang und ohne Abzug der tatsächlichen Werbungskosten besteuert würden, während in Fällen, in denen eine solche Kapitalanlage vor Einführung der Abgeltungsteuer mit Verlust wieder

Hier hat sich die Verfassungswidrigkeit der rückwirkenden Besteuerung von Erstattungszinsen gezeigt. Erstattungszinsen unterliegen zwar der Abgeltungsteuer, bilden aber kein grundlegendes Problem dieser Neuerung. Vielmehr war die Regelung zu ihrer Steuerbarkeit und der zugehörigen Anwendungsvorschriften eher beiläufig in die Anwendungsvorschriften zur Abgeltungsteuer geraten. Demnach lässt sich ein Rückwirkungskonflikt der Abgeltungsteuer selbst nicht erkennen. Die verfassungsrechtlichen Probleme bleiben auf andere, bereits ausführlich beschriebene Ebenen begrenzt.

G. Zwischenfazit zur verfassungsrechtlichen Bewertung

Die Abgeltungsteuer in ihrer derzeitigen Ausgestaltung ist in hohem Maße verfassungswidrig. Sie besteht die Grundgesetzkonformitätsprüfung nur in den freiheitsrechtlichen Kategorien sowie unter rechtsstaatlichen Vertrauensschutzgesichtspunkten. Diese Prüfungspunkte bilden aber vor dem Hintergrund der mit der Abgeltungsteuer einhergehenden verfassungsrechtlichen Problempunkte nur Randaspekte. Zentraler Prüfungsgegenstand ist danach der allgemeine Gleichheitssatz. Und hier kann die Abgeltungsteuer bei fast einem Dutzend wesentlicher verfassungsrechtlicher Fragestellungen nur in wenigen, untergeordneten Bereichen noch ausreichende Rechtfertigungsansätze bieten. In allen anderen Untersuchungsbereichen, darunter die

abgestoßen wurden und noch Finanzierungskosten nach dem 31.12.2008 offen sind, diese Kosten weiterhin uneingeschränkt abzugsfähig wären [s. dazu BFH BStBl. II 2014, 975 (978); 2015, 387 (389); kritisch zur zweitgenannten Entscheidung aber *Meinert*, DB 2015, S. 890 ff.]. In Anbetracht dieser überzeugenden BFH-Rspr. überraschte es nicht, dass die hierzu in Widerspruch stehende Entscheidung FG Niedersachsen EFG 2014, 1479 durch BFH DStRE 2016, 335 aufgehoben wurde, ebenso das Urteil des FG Köln EFG 2014, 1880 (diese Entscheidung ist offenbar in Unkenntnis von BFH BStBl. II 2014, 975 ergangen) im Rahmen des parallelen Rev.-Verf. VIII R 42/14.
Ebenfalls zutreffend haben FG München EFG 2013, 1915 und nachfolgend BFH BStBl. II 2015, 255 die umgekehrte Problematik aufgelöst. Dabei ging es um die Frage, wie im Bereich von Kapitaleinkünften angefallene Werbungskosten zu behandeln sind, wenn diese zwar noch vor dem 01.01.2009 abgeflossen sind, aber mit nach dem 31.12.2008 zufließenden Kapitalerträgen zusammenhängen. Hier wird die Anwendung des Abzugsverbots nach § 20 IX EStG verneint. Dafür sprechen vergleichbare Erwägungen wie im zuvor erörterten Fall. Insbesondere galt etwa im VZ 2008 noch die alte Fassung des § 2 II Nr. 2 EStG, sodass eine klassische Überschussermittlung vorzunehmen war. Darüber hinaus sind mit Einführung der Abgeltungsteuer Sparer-Freibetrag und Werbungskosten-Pauschbetrag zusammengefasst worden. Die Anwendung des § 20 IX EStG bereits vor dem 01.01.2009 hätte aber zur Folge, dass (alter) Sparer-Freibetrag und (neuer) Sparer-Pauschbetrag zu gewähren wären, was nicht dem erkennbaren Willen des Gesetzgebers entsprechen würde [s. im Einzelnen BFH BStBl. II 2015, 255 (256 f.); FG München EFG 2013, 1915 (1916 f.); a.A. FG Rheinland-Pfalz EFG 2012, 1146].

steuerrechtlich elementaren Prüfungen von leistungsfähigkeitsgerechter Besteuerung und Folgerichtigkeitsprinzip, gelingt ihr dies nicht annähernd. Aufgrund dessen ist die Abgeltungsteuer hinsichtlich der Frage ihrer Verfassungsmäßigkeit auch nicht nur ein „Wackelkandidat". Vielmehr wiegen die verfassungsrechtlichen Mängel so schwer, dass selbst bei einer Überarbeitung der Abgeltungsteuer[935] eine gänzlich verfassungskonforme Ausgestaltung, die gleichwohl die typischen Elemente einer abgeltenden Besteuerung beibehält, als kaum möglich erscheint.

935 Ausführlich zur Reformbedürftigkeit und Reformfähigkeit unten in § 8 C.

§ 7 Europarechtliche Aspekte

Zwar stellt das Europarecht nicht den Hauptgegenstand der vorliegenden Untersuchungen dar. Gleichwohl zwingt das immer weiter voranschreitende Eindringen des Unionsrechts in die nationalen Gesetze sowie die Tatsache, dass die Vereinbarkeit von nationalen Gesetzen mit dem Unionsrecht inzwischen nahezu genauso häufig und intensiv diskutiert und geprüft wird wie im Hinblick auf ihre Verfassungskonformität dazu, nachfolgend auch einige europarechtliche Erwägungen zur Abgeltungsteuer anzustellen. Hierbei ist zu differenzieren: Einerseits geht es um die Einhaltung der europarechtlichen Grundfreiheiten und damit des primären Unionsrechts, andererseits hat die Abgeltungsteuer auch auf der unionsrechtlichen Sekundärebene – hier vor allem im Bereich der zur Harmonisierung des Steuerrechts erlassenen Richtlinien – eine diskriminierende Wirkung zu vermeiden. Dabei wird sich zeigen, dass etwaige Probleme sich weniger aus den materiell-rechtlichen Regelungen der Abgeltungsteuer ergeben können, sondern ihre Ursachen im verfahrensrechtlichen Teil haben.

A. Abgeltungsteuer und primäres Unionsrecht

Die Abgeltungsteuer fungiert in einem Teilbereich des Einkommensteuerrechts und betrifft somit ausschließlich eine direkte Steuer. Da die direkten Steuern nicht unionsweit harmonisiert sind, verbleiben diese in der Zuständigkeit der Mitgliedstaaten, sodass die Entscheidung des deutschen Gesetzgebers für eine Quellensteuer und damit gegen die Erfassung der Kapitaleinkünfte im Rahmen der Veranlagung europarechtlich im Grundsatz ebenso unproblematisch ist wie Unterschiede in der Höhe des (Abgeltung)Steuersatzes[936] gegenüber anderen EU-Mitgliedstaaten[937].

Hinsichtlich der unionsrechtskonformen Ausgestaltung der Abgeltungsteuer geht es auf der Ebene der Grundfreiheiten vorwiegend um die Vereinbarkeit mit der Kapitalverkehrsfreiheit des Art. 63 I AEUV[938]. Es bedarf keiner näheren Begründung, dass die von der Abgeltungsteuer betroffenen Kapitaleinkünfte vom weit auszulegenden Gewährleistungsbereich der Kapitalverkehrsfreiheit eingeschlossen

---

936 Um hier eine – mitunter auch beim Steuerbürger vertrauensbildende – unionsrechtliche Höchstgrenze festzulegen, bedürfte es stets einer einstimmigen Entscheidung der Mitgliedstaaten, vgl. *Zeitler*, in: *FS Offerhaus*, S. 955 (961).

937 Vgl. *Lehner*, DStJG Bd. 30 (2007), S. 61 (70) mit Literaturnachweisen zu den konkreten Steuersatzunterschieden innerhalb der EU; *Dörr/Fehling*, NWB 2007, S. 2535 (2539); *Birk*, in: *Schick* (Hrsg.), S. 23 (24).

938 Ebenso *Jachmann*, BB 2003, S. 2712 (2717); ähnlich auch *Dörr/Fehling*, NWB 2007, S. 2535 (2539).

sind[939], sodass die Einschlägigkeit des Art. 63 I AEUV auf der Hand liegt. Die Abgeltungsteuer erfasst sowohl die inländischen als auch die ausländischen Kapitaleinkünfte von Steuerinländern. Hier könnte sich die Frage einer Diskriminierung der Finanzplätze anderer Mitgliedstaaten stellen, die diese Kapitaleinkünfte bei den dortigen Steuerinländern einer höheren Besteuerung unterwerfen[940]. Allerdings liegt diese Ungleichbehandlung gerade in der europarechtlich gewollten fehlenden Harmonisierung der direkten Steuern begründet[941]. Von einer Diskriminierung kann folglich keine Rede sein.

Die verfahrensrechtliche Ausgestaltung bei der Anwendung des Abgeltungsteuersatzes folgt in Abhängigkeit davon, ob es sich um in- oder ausländische Kapitaleinkünfte handelt, unterschiedlichen Regelungssystemen. Die Abgeltungsteuer wird bei Inlandseinkünften sogleich im Moment des Zuflusses beim Steuerpflichtigen erhoben, während bei Auslandseinkünften die Berücksichtigung erst über die Veranlagung nach § 32d III EStG erfolgt. Hieraus resultiert ein Zins- und Liquiditätsvorteil für den Steuerpflichtigen mit ausländischen Kapitaleinkünften und damit einhergehend eine Schlechterstellung der Fälle direkter Abgeltungswirkung bei Zufluss. Mithin liegt ein Fall der sog. Inländerdiskriminierung[942] vor, indem der Inlandsfall schlechter behandelt wird als der Auslandsfall. Nur in umgekehrten Konstellationen entfalten die Grundfreiheiten aber ihre Schutzwirkung. Der Anwendungsbereich aller Grundfreiheiten, ergo auch der Kapitalverkehrsfreiheit des Art. 63 I AEUV, ist nur eröffnet, wenn ein grenzüberschreitender Sachverhalt, also ein Fall mit transnationalem Bezug, vorliegt[943]. Daran fehlt es bzgl. des unmittelbaren Zugriffs durch die Abgeltungsteuer, weil dieser nur in rein innerstaatlichen Fällen erfolgt. Die ungünstigere Behandlung des Steuerinländers mag von diesem zwar als unbefriedigend empfunden werden (zumal er ja zugleich auch Unionsbürger ist)[944], europarechtlich ist sie jedoch ohne Relevanz[945]. Im Falle des Steuerausländers

---

939 Näher zum Anwendungsbereich der Kapitalverkehrsfreiheit und zum Begriff des Kapitalverkehrs etwa *Streinz/Sedlaczek/Züger*, EUV/AEUV, AEUV Art. 63 Rdnr. 19 f. sowie *Nettesheim*, in: *Oppermann/Classen/Nettesheim*, Europarecht, § 30 Rdnr. 9.

940 Vgl. auch *Zeitler*, in: *FS Offerhaus*, S. 955 (964).

941 *Jachmann*, BB 2003, S. 2712 (2717).

942 Vgl. zu diesem auch umgekehrte Diskriminierung genannten und grds. europarechtlich zulässigen Phänomen stellvertretend nur *Schwarze/Holoubek*, EU-Kommentar, AEUV Art. 18 Rdnr. 28 sowie *Streinz/Streinz*, EUV/AEUV, AEUV Art. 18 Rdnrn. 62 ff.

943 *Streinz/Sedlaczek/Züger*, EUV/AEUV, AEUV Art. 63 Rdnr. 26 f.; *Classen*, in: *Oppermann/Classen/Nettesheim*, Europarecht, § 22 Rdnr. 13.

944 Nachweise zu grundlegend kritischen Stimmen, ebenso wie zur st. Rspr. des EuGH, wonach das Unionsrecht eine Benachteiligung der eigenen Staatsbürger nicht untersagt, finden sich bei *Streinz/Franzen*, EUV/AEUV, AEUV Art. 45 Rdnr. 34.

945 Gleichwohl ist auch die Diskriminierung des Steuerinländers nicht der staatlichen Willkür unterworfen, sondern unterliegt bzgl. ihrer Zulässigkeit ebenfalls rechtlichen Grenzen. Diese können sich nach den soeben gemachten Ausführungen zwar nicht aus dem Europarecht, dafür aber immer noch aus dem innerstaatlichen (also

hingegen ist eine Diskriminierung gerade nicht festzustellen. Dieser wird weiterhin nur in einigen Ausnahmefällen des § 49 I Nr. 5 Satz 1 EStG überhaupt einer

---

deutschen) Verfassungsrecht ergeben (ebenso *Schwarze/Holoubek*, EU-Kommentar, AEUV Art. 18 Rdnr. 30; *Streinz/Streinz*, EUV/AEUV, AEUV Art. 18 Rdnr. 67). Dabei ist umstritten, ob die Ungleichbehandlung des Inlandssachverhaltes mit dem grenzüberschreitenden Fall (auch) am allg. Gleichheitssatz des Art. 3 I GG zu messen ist (vgl. dazu die Lit.-Nachweise bei *Schwarze/Becker*, EU-Kommentar, AEUV Art. 34 Rdnr. 21 sowie die Rspr.-Nachweise bei *Classen*, in: *Oppermann/Classen/Nettesheim*, Europarecht, § 22 Rdnr. 13) oder, weil die zur Ungleichbehandlung führenden Regelungen auf unterschiedliche Normgeber zurückzuführen sind, (nur) anhand der freiheitlichen Grundrechte überprüft werden kann (so etwa *Streinz/Streinz*, EUV/AEUV, AEUV Art. 18 Rdnr. 67; *Classen*, in: *Oppermann/Classen/Nettesheim*, Europarecht, § 22 Rdnr. 13).
Ein Streitentscheid kann hier indes dahinstehen. Denn in beiden Fällen gelangt man zu einer Rechtfertigung der Schlechterstellung des Steuerinländers. Die Berücksichtigung der Auslandseinkünfte erst im Rahmen der Veranlagung zielt nicht auf eine Privilegierung des grenzüberschreitenden Falles, sondern ist allein rational-ökonomischen Umständen geschuldet. Es wäre nämlich den Finanzbehörden schlichtweg mit den bestehenden Verwaltungskapazitäten überhaupt nicht möglich, jeden Kapitalfluss aus dem Ausland an den inländischen Steuerpflichtigen sogleich zu verarbeiten, also faktisch mitunter mehrmals jährlich und in einer millionenfachen Zahl von Fällen eine Art Zwischenveranlagung durchzuführen. Zudem wäre ein solches Vorgehen auch vor dem Hintergrund des tendenziell eher geringen Zinsvorteils für den Steuerpflichtigen unvernünftig, da immense Verwaltungsressourcen ohne einsichtigen und nachvollziehbaren Grund letztlich völlig nutzlos gebunden und damit verschwendet würden. Hinzu kommt noch, dass regelmäßig auch der Informationsfluss vom Ausland bis zu den deutschen Finanzbehörden eine gewisse Zeit in Anspruch nimmt, sodass eine unmittelbare Besteuerung des Auslandsfalles und somit eine Gleichbehandlung mit dem Zugriff durch Abgeltungsteuer direkt bei Zufluss im Inlandsfall auch tatsächlich gar nicht zu realisieren wäre. Eine Gleichbehandlung wäre deshalb allein durch ein Aufschieben des Zugriffs mittels Abgeltungsteuer erreichbar. Ungeachtet der hierbei entstehenden neuen Umsetzungsschwierigkeiten und des schon begrifflichen Widerspruchs zur Abgeltungsteuer als eines Steuerzugriffs unmittelbar an der Quelle, steht einem solchen Vorgehen bereits entgegen, dass eine leistungsfähigkeitsgerechte Besteuerung im Wesentlichen im Moment des Einkommenszuflusses ansetzen muss. Würde man im Bereich der Kapitaleinkünfte diesen Zugriff nun aber stets erheblich nach hinten verschieben, wäre dies dann etwa gegenüber den Beziehern von Einkünften nach §§ 18, 19 EStG (dort zeitnaher Zugriff durch monatliche Lohnsteuer bzw. vierteljährliche Einkommensteuer-Vorauszahlung) mit Blick auf Art. 3 I GG wesentlich problematischer als die Ungleichbehandlung von Steuerinländern mit inländischen Kapitaleinkünften gegenüber Steuerinländern mit ausländischen Kapitaleinkünften. Insgesamt sind vorstehende Gründe daher geeignet, die beschriebene – europarechtlich unproblematische – Inländerdiskriminierung auf nationaler Ebene sowohl gleichheitsrechtlich als auch (bei ohnehin nur äußerst geringer Eingriffsintensität) freiheitsrechtlich zu rechtfertigen.

Besteuerung in Deutschland unterworfen, die dann mit 25 Prozent genauso hoch ausfällt wie beim Steuerinländer[946]. Schließlich werden beschränkt Steuerpflichtige durch die Abgeltungsteuer nun auch im Zusammenhang mit dem Sparer-Pauschbetrag behandelt wie ein Steuerinländer, weil gemäß § 50 I EStG die Anwendung des § 20 IX EStG nicht ausgeschlossen ist, sodass auch bei der Veranlagung keine Berücksichtigung der tatsächlichen Werbungskosten erfolgt[947].

Die Frage des steuerlichen Zugriffszeitpunktes und der sich hieraus ergebenden finanziellen Belastungsunterschiede ist aber nicht das einzige verfahrensrechtliche Problem im unionsrechtlichen Kontext der Abgeltungsteuer. Weiteres grundfreiheitliches Konfliktpotenzial ergibt sich im Bereich des Datenschutzes respektive des informationellen Selbstbestimmungsrechts von Steuerinländern mit Auslandskapitalanlage. Fand schon vor Einführung der Abgeltungsteuer bei der steuerlichen Erfassung von Zinsen eine Unterscheidung zwischen inländischen und grenzüberschreitenden Kapitalanlagen statt, indem die inländische Kapitalanlage lediglich im Wege sporadischer Einzelauskunftsersuchen überprüft wurde, während die Kapitalanlage im grenzüberschreitenden Unionsbereich durch die der Zinsrichtlinie geschuldete obligatorische Spontanauskunft praktisch lückenlos und damit wesentlich stärker verifiziert wurde, was nicht nur eine Beschränkung der Kapitalverkehrsfreiheit zur Folge hatte, sondern zu einem Verstoß gegen Art. 56 EGV (heute Art. 63 AEUV) führte[948], so hat sich diese Problematik nun wie folgt gewandelt: Im Bereich der ehemals von der Zinsrichtlinie und inzwischen von dem mit der erneuerten Amtshilferichtlinie zum Standard erhobenen automatischen Informationsaustausch erfassten EU-Auslandskapitalanlage ist es beim automatischen Datenaustausch über die Grenze geblieben, während für die Inlandskapitalanlage nunmehr die anonyme Abgeltungsteuer greift, eine Verifikation durch Kontenabruf und Einzelauskunftsersuchen also mangels Erforderlichkeit nicht mehr erfolgt. Ein Eingriff in Datenschutzrechte und informationelle Selbstbestimmungsrechte besteht daher nur noch im Falle von grenzüberschreitend tätigen steuerinländischen Kapitalanlegern. Der Unterschied in der Eingriffsintensität zu Lasten dieser Personengruppe hat mithin durch die Abgeltungsteuer noch zugenommen. Hierdurch könnte im Binnenmarkt die Auslandkapitalanlage unattraktiv werden, weil der deutsche Fiskus – anders als bei der Abgeltungsteuer – detaillierte Informationen über die entsprechenden Aktivitäten des Steuerpflichtigen am Kapitalmarkt erhält, der Steuerpflichtige hingegen eine Offenlegung vermeiden, lediglich die geschuldete Steuer entrichten und im Übrigen möglichst in der Anonymität verbleiben möchte. Daher sind die vorgenannten verfahrensrechtlichen Folgen der Abgeltungsteuer ebenfalls mit Blick auf einen möglichen Verstoß gegen Art. 63 I AEUV zu überprüfen.

Voraussetzung für einen unionsrechtlich relevanten Verstoß gegen die Kapitalverkehrsfreiheit ist auch an dieser Stelle zunächst, dass tatsächlich eine Beschränkung im Sinne des Art. 63 I AEUV vorliegt. Denn es liegt nicht ohne weiteres auf

946 *Dörr/Fehling*, NWB 2007, S. 2535 (2539 f.).
947 Vgl. *Dörr/Fehling*, NWB 2007, S. 2535 (2541).
948 Im Einzelnen hierzu *Seer*, in: *FS Raupach*, S. 107 (122 f.).

der Hand, eine Restriktion von Grundfreiheiten bereits dann anzunehmen, wenn allein die verfahrensrechtlichen Folgen eines grenzüberschreitenden Kapitalverkehrs intensiver sind als solche im Hinblick auf nationale Kapitalanlagen. So steht es aus unionsrechtlicher Perspektive jedem einzelnen Mitgliedstaat im Grundsatz frei, wie er die Zinseinkünfte seiner Steuerinländer zu erfassen gedenkt, weshalb sich bereits bezweifeln ließe, dass in der durch die Zinsrichtlinie und damit durch EU-Recht erzwungenen Informationsweitergabe an das Ausland, für die es abgeltungsteuerbedingt im Inland keinen Bedarf gibt, überhaupt eine Diskriminierung lag[949]; nichts anderes gilt für den jetzt noch weiter reichenden automatischen Informationsaustausch[950] als neuem OECD-Standard, der einerseits Kapitaleinkünfte weitergehend, d.h. über den (zu) engen Zinsbegriff hinaus erfasst, andererseits bei grenzüberschreitenden Kapitaleinkünften den Informationsfluss unter den teilnehmenden Staaten deutlich verbessern wird. Um einer Aushöhlung der Grundfreiheiten durch die Hintertür vorzubeugen, ihnen den nicht zuletzt auch durch Art. 3 II/III EUV zugedachten wieten Anwendungsbereich zu sichern sowie im Sinne des effet utile, erscheint jedoch ein anderes Verständnis vorzugswürdig. Danach ist im Rahmen der Kapitalverkehrsfreiheit von einem weiten Eingriffsbegriff auszugehen, der auch verfahrensrechtliche Vorschriften erfasst und das Verbot der Schlechterstellung auf diese erstreckt[951]. Ein Unionsrechtsverstoß kann somit nur dann verneint werden, wenn eine Rechtfertigung der aufgezeigten Schlechterstellung gelingt.

Hier bietet es sich an, auf die in Art. 65 I lit. b) AEUV genannten rechtfertigenden Gründe abzustellen bzw. ganz allgemein darauf zurückzugreifen, dass Einschränkungen – sofern unerlässlich – durch zwingende Gründe des Allgemeinwohls gerechtfertigt sein können, wobei u.a. eine wirksame steuerliche Kontrolle ein derart anerkanntes Allgemeininteresse darstellt[952]. Eine Notwendigkeit für (nicht auf die Abgeltungsteuer einbehaltenden Banken gerichtete, sondern gegenüber den Steuerpflichtigen selbst greifende) Maßnahmen der Steueraufsicht besteht für Inlandskapitalanlagen wegen des Quellenzugriffes nicht, für den Auslandsfall zur Verifizierung der Angaben des Steuerpflichtigen im Rahmen der Veranlagung dagegen sehr wohl. Eine deutsche Quellensteuer lässt sich im Ausland nicht umsetzen. Die Bundesrepublik Deutschland trägt aber die (verfassungs-)rechtliche Verantwortung auch für die steuerliche Erfassung ausländischer (Zins-)Einkünfte von Steuerinländern. Da der deutsche Fiskus aber über keinerlei rechtliche Möglichkeiten verfügt, eigenständige hoheitliche Maßnahmen im Quellenstaat zu ergreifen, ist er auf den Informationsaustausch angewiesen, sodass der rechtfertigende Grund für die Schlechterstellung des Steuerinländers mit ausländischen Kapitaleinkünften in der Sicherung des Steueranspruchs des

949 *Birk*, in: *Schick* (Hrsg.), S. 23 (27).

950 Vgl. hierzu näher *Seer/Wilms*, StuW 2015, S. 118 (119 u. 121).

951 So auch *Streinz/Sedlaczek/Züger*, EUV/AEUV, AEUV Art. 63 Rdnr. 9 und Art. 65 Rdnr. 13 m.w.N.

952 Vgl. *Nettesheim*, in: *Oppermann/Classen/Nettesheim*, Europarecht, § 30 Rdnrn. 20 u. 22; *Schwarze/Glaesner*, EU-Kommentar, AEUV Art. 65 Rdnrn. 1 u. 5; *Seer*, in: *FS Raupach*, S. 107 (122 f.).

Wohnsitzstaates (Deutschland), die ja gerade durch die Zinsrichtlinie bezweckt wurde, zu sehen ist[953]; Gleiches gilt nunmehr jedenfalls im Grundsatz für den automatischen Informationsaustausch als neuem EU- und OECD-Standard.

Weniger nahe liegend und im Ergebnis zu verneinen ist schließlich ein Verstoß der Abgeltungsteuer gegen die Art. 107 ff. AEUV. Ein solcher würde nämlich voraussetzen, dass es sich bei der Abgeltungsteuer um ein unfaires Steuerwettbewerbsmittel handelte[954]. Dem ist indes nicht so. Zwar soll die Abgeltungsteuer durch ihren gegenüber dem Spitzensteuersatz moderaten Steuersatz einen Anreiz darstellen, Kapital aus dem Ausland ins Inland zurückzuholen bzw. einer Abwanderung deutschen Anlagekapitals ins Ausland schon entgegenzuwirken. Dies geschieht aber nicht auf unlautere Art und Weise durch eine willkürliche Absenkung des Steuersatzes in Richtung Nullpunkt. Vielmehr bewegt sich die Pauschalsteuer von 25 Prozent eher im (oberen) europäischen Mittelfeld der Kapitaleinkunftsbesteuerung[955]; unter Berücksichtigung des weitreichenden Werbungskostenausschlusses stellt sie sogar eine vergleichsweise hohe Besteuerung dar. Es liegt daher fern, dem Gesetzgeber eine beihilfegleiche und deshalb unzulässige „Köderung“ von Kapital durch Einführung der Abgeltungsteuer zu unterstellen. Zutreffend erscheint eher die Annahme, dass in der Abgeltungsteuer eine Maßnahme zu sehen ist, die dem legitimen Interesse des Fiskus, einer illegalen Abwanderung von Steuersubstrat entgegenzuwirken und die Rückführung von Schwarzgeldern aus dem Ausland zu fördern, dient. Aufgrund des schon dargestellten, keineswegs „kämpferisch“ ausfallenden Steuersatzes ist das Entstehen von Wettbewerbsverzerrungen innerhalb des europäischen Kapitalmarktes nicht zu befürchten.

B. Abgeltungsteuer und sekundäres Unionsrecht

Unterliegt die Abgeltungsteuer damit, wie soeben veranschaulicht, kaum Einschränkungen durch das primäre Unionsrecht, so könnte sich dies auf der sekundärrechtlichen Ebene anders darstellen. Die Abgeltungsteuer entfaltete bei ihrer Einführung ihre Regelungswirkungen nämlich in einem durch die sog. Zinsrichtlinie[956] bereits unionsrechtlich vorgeprägten Bereich. Bedeutsam für die

---

953 Wie hier *Ehrhardt-Rauch/Rauch*, DStR 2002, S. 57 (62); *Birk*, in: Schick (Hrsg.), S. 23 (27). S. außerdem *Worgulla*, FR 2013, S. 921 (927) zur Abmilderung etwaig verbleibender Vollzugsdefizite in diesem Kontext durch die Einführung der Abgeltungsteuer.

954 Vgl. hierzu und zur Problematik des Steuerwettbewerbs innerhalb der EU *Hey*, JZ 2006, S. 851 (853) m.w.N.

955 Vgl. hierzu bereits den Überblick in § 3 unter C. I. 3. sowie die Darstellungen zu den einzelnen Ländern in *European Tax Handbook 2015*, jeweils unter dem Punkt 1.9.2. des Abschnittes „Individual Taxation“.

956 Richtlinie 2003/48/EG des Rates vom 3. Juni 2003 im Bereich der Besteuerung von Zinserträgen, Amtsblatt der Europäischen Union 2003, L 157/38, ausgeweitet und verschärft durch Richtlinie 2014/48/EU des Rates vom 24. März 2014 zur Änderung der Zinsrichtlinie, Amtsblatt der Europäischen Union 2014, L 111/50.

Unionsrechtskonformität der Abgeltungsteuer war daher nicht zuletzt die Frage nach ihrer Vereinbarkeit mit der Zinsrichtlinie[957]. In der jüngsten Vergangenheit hat die Zinsrichtlinie aber zunächst ihre Bedeutung weitestgehend verloren, bevor sie schließlich mit Wirkung zum 01.01.2016 aufgehoben wurde[958]. Hintergrund hierfür ist, dass die OECD den sog. automatischen Informationsaustausch in Steuersachen bzgl. Finanzkonten zum allgemeinen Standard erklärt hat und die EU dem zeitnah in Gestalt einer geänderten Amsthilferichtlinie[959] gefolgt ist[960]. Daher soll im Folgenden zunächst ein Blick auf die Zeit bis zur Ablösung bzw. Aufhebung der Zinsrichtlinie geworfen werden, bevor im Anschluss hieran auf die gegenwärtige Rechtslage näher eingegangen wird.

I. Abgeltungsteuer und Zinsrichtlinie

Mit einem funktionierenden europäischen Binnenmarkt unvereinbar, weil zu wirtschaftlichen Verzerrungen führend, wäre eine Nichtbesteuerung von grenzüberschreitenden Zinserträgen[961]. Die Zinsrichtlinie sollte deshalb durch einen zwischen den Mitgliedstaaten erfolgenden Informationsaustausch (eine gesetzliche Grundlage zu dessen Umsetzung ist durch § 45e EStG geschaffen worden) gewährleisten, dass Zinsen im Ansässigkeitsstaat der zinsempfangenden Person auch tatsächlich der Besteuerung unterworfen werden[962]. Hieraus folgt für die Abgeltungsteuer zweierlei. Zum einen darf sie grundsätzlich keine außerhalb Deutschlands ansässigen Steuerpflichtigen erfassen[963], weil die Zinsrichtlinie für derartige Sachverhalte den Informationsaustausch vorsieht. Zum anderen ist die Abgeltungsteuer aber auch nur im Regelungsbereich der Zinsrichtlinie betroffen, sodass die gerade formulierte Einschränkung ausschließlich auf den Bereich der von der Zinsrichtlinie erfassten Zinsausschüttungen an natürliche Personen beschränkt bleibt.

---

957 Vgl. auch *Birk*, in: *Schick* (Hrsg.), S. 23 (25), der hierin sogar die alles entscheidende Frage sieht.

958 Dies erfolgte durch die Richtlinie (EU) 2015/2060 des Rates vom 10. November 2015, Amtsblatt der Europäischen Union 2015, L 301; dort S. 3 auch zu den wenigen zeitlich befristeten Fortgeltungsregelungen.

959 Richtlinie 2014/107/EU des Rates vom 09. Dezember 2014 zur Änderung der Richtlinie 2011/16/EU bezüglich der Verpflichtung zum automatischen Austausch von Informationen im Bereich der Besteuerung, Amtsblatt der Europäischen Union 2014, L 359.

960 Vgl. *Seer/Wilms*, StuW 2015, S. 118.

961 *Ehrhardt-Rauch/Rauch*, DStR 2002, S. 57 (59).

962 *Jachmann*, BB 2003, S. 2712 (2718); *Ehrhardt-Rauch/Rauch*, DStR 2002, S. 57 (60 f.), jeweils mit weiteren Details zum Anwendungsbereich und zum konkreten Ablauf der Informationsweitergabe; *Birk*, in: *Schick* (Hrsg.), S. 23 (25); *Dörr/Fehling*, NWB 2007, S. 2535 (2540).

963 Zu Einschränkungen dieses Grundsatzes gemäß Art. 16 der Zinsrichtlinie, der aber in der deutschen Praxis kaum zum Tragen kommt vgl. *Dörr/Fehling*, NWB 2007, S. 2535 (2540).

Betrachtet man die hieraus für die Praxis resultierende Gemengelage[964], so ergibt sich folgendes Bild. Die von deutschen Zahlstellen ausgeschütteten Zinserträge werden im Falle des Zuflusses beim Steuerinländer mit dem 25-prozentigen Abgeltungsteuersatz belastet, beim Zufluss an einen Steuerausländer werden sie hingegen aufgrund des Informationsaustausches von den dortigen Finanzbehörden erfasst und mit dem – regelmäßig höheren – Regelsteuersatz des Ansässigkeitsstaates belastet. Eine solche Schlechterstellung des Steuerausländers führt aber nicht zu einer unzulässigen Diskriminierung, da sie allein auf der Anwendung der ausländischen Steuerrechtsordnung beruht und es ein Gebot gleicher steuerlicher Belastung innerhalb der EU gerade nicht gibt[965]. Und selbst bei fälschlicher Annahme einer Diskriminierung wäre hierfür nicht die Abgeltungsteuer kausal, sondern die Zinsrichtlinie, die ja gerade nicht zu einer diskriminierungsausschließenden gleich hohen Besteuerung führt, vielmehr nur den Steuerzugriff des Ansässigkeitsstaates sicherstellen will, ohne dabei Vorgaben hinsichtlich der konkreten Belastungshöhe zu machen.

Daneben verdient noch das Zusammenspiel von Zinsrichtlinie und Informationsaustausch mit dem deutschen Bankgeheimnis im Sinne des § 30a II AO Beachtung. Ohne eine Abgeltungsteuer würden inländische Zinserträge ohne Deklaration in der Einkommensteuererklärung den Finanzbehörden wegen § 30a II AO regelmäßig unbekannt bleiben und deshalb nur mit der gegenüber dem Regelsteuersatz zumeist niedrigeren Kapitalertragsteuer (end)belastet. Dagegen wäre eine ausländische Zahlstelle in Umsetzung der Zinsrichtlinie gehalten, den deutschen Finanzbehörden Zinszahlungen an den deutschen Steuerpflichtigen informatorisch mitzuteilen, sodass diese bei der Veranlagung Berücksichtigung finden könnten. Nur im Auslandsfall wäre also eine „reguläre" Besteuerung gesichert. Dies wiederum könnte die Grundfreiheiten des AEUV auf den Plan rufen. Unabhängig davon, ob in diesem Fall tatsächlich eine Verletzung der Dienstleistungs- und Kapitalverkehrsfreiheit zu sehen ist[966], zeigt sich gerade an diesem Punkt der wohl größte europarechtliche Pluspunkt der Abgeltungsteuer. Denn diese macht obige Diskussion obsolet, führt die Abgeltungsteuer doch dazu, dass in- und ausländische Sachverhalte im Anwendungsbereich der Zinsrichtlinie (materiell-rechtlich) vom deutschen Steuerrecht gleich behandelt werden[967]. Der Steuerinländer unterliegt mit seinen inländischen Zinseinkünften unmittelbar der Abgeltungsteuer. Aber auch seine ausländischen Zinseinkünfte werden gemäß § 32d III EStG in Verbindung mit § 32d I EStG ebenfalls (nur) dem

---

964 Plastische grafische Darstellungen zu den denkbaren Konstellationen des Zusammenspiels von Abgeltungsteuer und des durch die Zinsrichtlinie vorgegebenen Informationsaustausches finden sich bei *Birk*, in: *Schick* (Hrsg.), S. 23 (26 ff.).

965 *Birk*, in: *Schick* (Hrsg.), S. 23 (27); *Dörr/Fehling*, NWB 2007, S. 2535 (2540).

966 Bejahend *Ehrhardt-Rauch/Rauch*, DStR 2002, S. 57 (63); verneinend *Birk*, in: *Schick* (Hrsg.), S. 23 (28); *Jachmann*, BB 2003, S. 2712 (2719).

967 *Jachmann*, BB 2003, S. 2712 (2719); *Birk*, in: *Schick* (Hrsg.), S. 23 (27 f.); zur demgegenüber auf verfahrensrechtlicher Ebene bestehenden Ungleichbehandlung im Bereich des Datenschutzes und des Rechts der Steuerpflichtigen auf informationelle Selbstbestimmung s. bereits oben unter A.

Abgeltungsteuersatz unterworfen, nachdem sie den inländischen Finanzbehörden im Wege des Informationsaustausches mitgeteilt worden sind und auf diese Weise in der Veranlagung Berücksichtigung finden konnten[968]. Beim Steuerausländer bietet sich ein ähnliches Bild. Er unterliegt mit seinen inländischen Zinseinkünften der – ggf. keine Abgeltungsteuer vorsehenden – Besteuerungsordnung seines Ansässigkeitsstaates und auch seine ausländischen, in Deutschland erzielten Zinseinkünfte werden den Finanzbehörden seines Ansässigkeitsstaates übermittelt und dem gleichen Besteuerungsregime unterworfen, wie schon seine inländischen Zinseinkünfte. Die deutsche Abgeltungsteuer mit ihrem mitunter abweichenden Steuersatz findet für ihn hingegen keine Anwendung[969]. Somit liegt eine Ungleichbehandlung in- und ausländischer Steuersachverhalte im Anwendungsbereich der Zinsrichtlinie nicht zuletzt durch die Einführung der Abgeltungsteuer nicht vor, sodass ein Verstoß der deutschen Abgeltungsteuer gegen sekundäres Unionsrecht nicht gegeben ist. Im Gegenteil, in der Abgeltungsteuer liegt sogar eine europarechtsfreundliche, die praktische Umsetzung der Zinsrichtlinie – trotz weiterhin bestehenden Bankgeheimnisses – fördernde Maßnahme.

II. Abgeltungsteuer und Amtshilferichtlinie

Der bereits erwähnte, von der geänderten Amtshilferichtlinie ins EU-Recht überführte neue OECD-Standard hat eine hohe Deckungsgleichheit mit der Zinsrichtlinie, genießt dabei aber Vorrang vor ihr[970], sodass es nicht verwundern konnte, dass die Zinsrichtlinie jüngst aufgehoben worden ist. Hinsichtlich der Vereinbarkeit der Abgeltungsteuer mit dem nunmehr maßgeblichen europäischen Sekundärrecht kann sich indes wegen der weitgehenden Überschneidung von Zinsrichtlinie und OECD-Standard durch die vorstehend beschriebene Entwicklung keine grundlegende Änderung ergeben.

Konkret betrachet hat sich die Situation insofern sogar noch verbessert, als es nunmehr nicht mehr lediglich im Bereich von Zinseinkünften, sondern darüber hinaus auch im übrigen Bereich der Kapitaleinkünfte, wie z.B. der Dividenden, zu der materiell-rechtlichen Gleichbehandlung von in- und ausländischen Kapitaleinkünften

968 Zutreffend weisen *Dörr/Fehling*, NWB 2007, S. 2535 (2539) darauf hin, dass durch die erst einige Zeit nach Zufluss erfolgende Veranlagung zwar ein Zins- und Liquiditätsvorteil gegenüber der unmittelbar beim Zufluss greifenden Abgeltungsteuer entsteht, dies europarechtlich aber unerheblich bleibt, weil sich die Benachteiligung lediglich auf einen Inlandsfall erstreckt. Unabhängig hiervon dürfte aber selbst im ungekehrten Fall die (Eingriffs)Intensität der Benachteiligung nicht hinreichend groß sein, um einen Unionsrechtsverstoß zu begründen. S. insgesamt hierzu bereits ausführlich oben unter A.

969 Kritisch zur Unterscheidung durch Abgeltungsteuer für Steuerinländer und Kontrollmitteilungen für Steuerausländer *Jarass*, IStR 2002, S. 46 (48): hierdurch verliere eine Abgeltungsteuer gegenüber einer Mindest-Quellensteuer viel Charme.

970 S. *Seer/Wilms*, StuW 2015, S. 118 (121).

kommen wird. Umgekehrt führt die mit dem automatischen Informationsaustausch einhergehende Ausweitung des zwischenstaatlichen Informationsflusses zu einer nahezu vollständigen Transparenz der Auslandskapitalanlage und damit zu einer Vertiefung der schon zuvor gegebenen und vorstehend näher dargestellten verfahrensrechtlichen Diskriminierung der Auslandskapitalanlage. Es bleibt also einerseits bei der vollständigen Anonymität durch die Abgeltungsteuer im Falle der Inlandskapitalanlge, während bei der grenzüberschreitenden Kapitalanlage die Durchleuchtung des steuerpflichtigen Inländers durch den nunmehr global bedeutend unterstützten deutschen Fiskus eine Intensivierung erfährt. Wenngleich, wie bereits ausgeführt, nach wie vor die Sicherstellung der Durchsetzung des deutschen Steueranspruchs zur Rechtfertigung dieser, die Auslandskapitalanlage schlechter stellenden Ungleichbehandlung herangezogen werden kann, so hat dieses Argument aber zumindest nicht unerheblich an Gewicht verloren; für den Fall, dass – was indes die Praxis erst noch zeigen muss – der Informationsaustausch zwischen den EU-Staaten und darüber hinaus tatsächlich reibungslos und ohne Einschränkungen, etwa durch inkonsequente Um- und vor allem Durchsetzung aus falsch verstandener Rücksichtnahme gegenüber Banken und gern gesehenen ausländischen Kapitalanlegern und damit letztlich einem Rückfall in „alte Zeiten", funktioniert, ist es ernstlich in Frage zu stellen. Denn dann würde sich ein von uneingeschränktem gegenseitigem Vertrauen in die jeweils vom anderen Staat erhaltenen Informationen über die ausländischen Kapitalanlagen des Steuerinländers geprägtes Bild ergeben. Warum sich der deutsche Fiskus dann aber nicht mit der Übermittlung der Höhe der ausländischen Kapitalerträge im Wege des Informationsaustausch zufrieden gibt, wie er dies im Inlandsfall bei Anwendung der Abgeltungsteuer tut, erschließt sich nicht.

Ungeachtet dessen entbehrt die Abgeltungsteuer im europäischen Kontext gerade angesichts der bereits beschriebenen aktuellen Entwicklung einer inneren Logik. International wurde der automatische Informationsaustausch massiv und auf inzwischen sehr breiter Basis erfolgreich vorangetrieben[971], national geschieht jedoch

971 Von herausragender Bedeutung war hierbei – neben der wenige Wochen später geänderten EU-Amtshilferichtlinie – das am 29.10.2014 in Berlin von etwa 50 Staaten (darunter alle EU-Mitgliedstaaten und die am 19.11.2014 unterzeichnende Schweiz, aber auch als Steueroasen bekannte Länder wie Liechtenstein, Bermuda und die Cayman Islands) unterzeichnete internationale Steuerabkommen zum umfassenden grenzüberschreitenden Datenaustausch in Steuerangelegenheiten. Insgesamt hat sich hierdurch der OECD-Standard erstaunlich schnell zu einem global anerkennten Standard entwickelt [wie hier auch *Seer*/Wilms, StuW 2015, S. 118 (133)]. Dieser ist nicht auf den Bereich von Zinsen beschränkt, sondern erfasst z.B. auch Dividenden sowie weitere (Kapital-)Einkünfte, die von im Inland steuerpflichtigen Personen über ausländische Konten bezogen werden. Spätestens mit der vollständigen praktischen Umsetzung dieser Vereinbarung im Laufe des Jahres 2017 wird der breit angelegte Informationsaustausch über Finanztransaktionen über die Grenzen der EU hinaus zum Standard. In Anbetracht dessen dürften nunmehr auch endlich die Tage des Bankgeheimnisses gezählt sein, da

das genaue Gegenteil. Dadurch entsteht ein Widerspruch zwischen dem auch von Deutschland an den Tag gelegten Interesse an der Erlangung umfassender Daten und Informationen über die hier steuerpflichtigen Bürger, sofern es um Kapitaleinkünfte ausländischer Herkunft geht, während für inländische Kapitaleinkünfte der gleichen Person ein Weg der völligen Anonymisierung gewählt wurde.

C. Unionsrechtliches Fazit

Die europarechtliche Beurteilung der Abgeltungsteuer stellt sich zwar besser dar als die vorangegangene verfassungsrechtliche Bewertung; uneingeschränkt positiv kann die Kritik aber auch an dieser Stelle nicht ausfallen. Zu begrüßen ist vor allem die Tatsache, dass die Abgeltungsteuer zur materiell-rechtlichen Gleichbehandlung der vom Anwendungsbereich der Zinsrichtlinie bzw. des automatischen Informationsaustausches erfassten Inlands- wie Auslandssachverhalte führt. Verfahrensrechtlich ist hingegen eine Vertiefung der schon zuvor bestehenden Ungleichbehandlung

---

es zumindest im Bereich dieses internationalen Abkommens faktisch außer Kraft gesetzt und damit abgeschafft wird.
In die gleiche Richtung zielt auch das am 27.05.2015 von der EU und der Schweiz unterzeichnete Steuertransparenzabkommen. Darin wurde sich darauf geeinigt, dass ab 2018 automatisch Informationen über die Finanzkonten der Bürger des jeweils anderen Staates ausgetauscht werden, was faktisch einem Ende des schweizerischen Bankgeheimnisses für EU-Bürger gleichkommt und z.B. dem deutschen Fiskus Einsicht in nicht versteuerte Einkünfte deutscher Steuerpflichtiger auf schweizerischen Konten ermöglichen wird.
Vor diesem Hintergrund vermag der von *Dahm/Hamacher*, IFSt-Schrift Nr. 478, passim., unternommene Versuch, Möglichkeiten für einen „Export" der Abgeltungsteuer auch in das bilaterale Verhältnis zu anderen Staaten aufzuzeigen, schon vom Ansatz her nicht zu überzeugen.
Am 15.07.2015 hat die Bundesregierung nun zwei Gesetzentwürfe vorgestellt (Entwurf eines Gesetzes zu der Mehrseitigen Vereinbarung vom 29. Oktober 2014 zwischen den zuständigen Behörden über den automatischen Austausch von Informationen über Finanzkonten; Entwurf eines Gesetzes zum automatischen Austausch von Informationen über Finanzkonten in Steuersachen und zur Änderung weiterer Gesetze; beide Entwürfe sind abrufbar über die Homepage des BMF), mit denen die Verpflichtungen aus dem o.g. ersten Abkommen aus dem Herbst 2014 in nationales Recht umgesetzt werden sollen. Dazu werden einerseits die rechtlichen Rahmenbedingungen für die Einhaltung der erforderlichen Sorgfalts- und Meldepflichten geschaffen, andererseits soll gewährleistet werden, dass dem hohen deutschen Datenschutzniveau auch im Rahmen des Austausches von Steuerdaten Rechnung getragen wird. Mit dem im September 2017 beginnenden weltweiten automatischen Austausch von Informationen über Finanzkonten werden dann auch für die deutschen Finanzbehörden ausländische Kapitalerträge transparent.
Nicht zuletzt mit Blick auf diese Entwicklungen stellt die Abgeltungsteuer eine rückwärtsgewandte, nicht mehr zeitgemäße Besteuerung von Kapitaleinkünften dar.

von innerstaatlichen und grenzüberschreitenden Kapitalanlagen von Steuerinländern festzustellen. Diese lässt sich zwar noch rechtfertigen, doch bestehen gleichwohl Zweifel, ob schon die bloße Rechtfertigung für sich genommen mögliche Kritik dauerhaft verstummen lässt. Denn durch den inzwischen umfangreich angelegten automatischen Informationsaustausch ist das Steueraufsichtsargument in seinen Grundpfeilern erschüttert worden. Es ließe sich nun lediglich noch anführen, dass dem ausländischen Besteuerungsverfahren von deutscher Seite kein ausreichendes Vertrauen entgegengebracht werde, um auf den Informationsaustausch zu verzichten, sodass selbst in diesem Fall der Steuerzugriff bevorzugt durch eigene nationale Einrichtungen zu erfolgen habe. Würde sich indes tatsächlich das Angebot eines EU-Mitgliedstaates oder der Schweiz, die Abgeltungsteuer für den deutschen Fiskus einzubehalten, eröffnen und mit soeben beschriebener Argumentation von deutscher Seite abgelehnt, ließe sich dies vor dem Hintergrund der Kapitalverkehrsfreiheit wohl kaum halten.

§ 8 Ausblick und Perspektive

A. Prognose: Weiterer Gang des Gesetzeswerkes

Da sich keine nennenswerten Konflikte der Abgeltungsteuer mit dem Unionsrecht gezeigt haben, geht es an dieser Stelle im Wesentlichen um die Frage, wie sich die finanzgerichtliche Rechtsprechung gegenüber der Abgeltungsteuer positionieren sollte. Entscheidende Bedeutung kommt letztlich indes der Haltung des BVerfG zu, das grundgesetzlich allein dazu berufen ist, das Verdikt der Verfassungswidrigkeit folgewirksam auszusprechen. Für diesen Fall stellt sich zudem die Anschlussfrage, wie weitreichend die Konsequenzen einer solchen Entscheidung sein können.

I. Die Rolle der Finanzgerichtsbarkeit

Bevor sich zwischenzeitlich auch der BFH mit der Abgeltungsteuer beschäftigen musste, sahen sich dem Instanzenzug gemäß zunächst die FG mit ihr konfrontiert. Weil die Abgeltungsteuer inzwischen bereits einige Jahre geltendes Recht ist, sind auch schon etliche FG-Entscheidungen hierzu ergangen, die sich jedoch ganz überwiegend nur mit verfassungsrechtlichen Randfragen beschäftigt haben, ohne zu den Kernproblemen vordringen zu müssen[972]. Lediglich eine Entscheidung betrachtete und bejahte dabei die Verfassungsmäßigkeit des Einkommensteuerrechts im Jahre 2009 einschließlich der damals schon in Kraft getretenen Abgeltungsteuer[973]. Hierbei lag der abgeltungsteuerspezifische Schwerpunkt der Entscheidung auf der Erörterung der Schedulenbesteuerung. Damit wurde immerhin eine wesentliche verfassungsrechtliche Zweifelsfrage der Abgeltungsteuer behandelt. Indes begründet das FG seine Auffassung in nur wenigen Sätzen, was der Problematik – unabhängig vom gefundenen Ergebnis – nicht gerecht wird[974]. Ob die Entscheidung tatsächlich aus

972 FG Düsseldorf EFG 2011, 798 und FG Münster EFG 2012, 1464 jeweils zu § 2 Vb EStG; FG Rheinland-Pfalz EFG 2012, 1146 und Hessisches FG EFG 2012, 1163 [bestätigt durch BFH BStBl. II 2013, 682] jeweils zu § 52a X EStG; FG Niedersachsen EFG 2012, 242 [aufgehoben durch BFH BStBl. II 2014, 995] und EFG 2012, 2009 [aufgehoben durch BFH BStBl. II 2014, 986] jeweils zu § 32d II Nr. 1 EStG; FG Düsseldorf EFG 2013, 520 [Rev. VIII R 10/13] zur Besteuerung einer Barabfindung i.S.d. § 20 IVa 2 EStG; FG Thüringen EFG 2014, 277 (und nachfolgend BFH DStR 2015, 2278) zum Verständnis des Begriffs der „beruflichen Tätigkeit" i.S.d. § 32d II Nr. 3 lit. b) EStG; FG Baden-Württemberg EFG 2014, 1958 zur Zuordnung von Finanzierungsaufwendungen für den Beteiligungserwerb am Arbeitgeber nach Einführung der Abgeltungsteuer.

973 FG Nürnberg EFG 2012, 1054.

974 FG Nürnberg EFG 2012, 1054 (1057) übernimmt dabei weitgehend unkritisch die vom Gesetzgeber angeführten Begründungszüge; ausführlich und mit dezidiert anderer Würdigung bereits oben, § 6 unter C. III.

voller Überzeugung erfolgte oder lediglich der bequemere Weg gewählt wurde, um sich den zweifellos mühsameren und im Ergebnis nicht selten frustrierenden Weg einer Vorlagebegründung an das BVerfG zu ersparen, mag dahinstehen. Es ändert jedenfalls nichts an dem positiven Gesamtbild der deutschen (Finanz)Rechtsprechung, die schon unmittelbar nach Inkrafttreten des Bonner Grundgesetzes die Bindung des Gesetzgebers an Art. 3 I GG bejaht und für sich in Anspruch genommen hat, Gesetzgebungsakte auf ihre entsprechende verfassungsrechtliche Vereinbarkeit hin zu überprüfen[975]. Gerade im Bereich der Finanzgerichte finden sich nicht zuletzt in der jüngeren Vergangenheit etliche beeindruckende Beispiele, in denen konsequent der Weg des Art. 100 I GG beschritten wurde und unter Berufung auf Art. 3 I GG Vorlagebeschlüsse an das BVerfG ergingen[976]. Dies obgleich des nicht unerheblichen Risikos, diese seitenlange Werk mit wenigen knappen Sätzen aus Karlsruhe als „offensichtlich unzulässig bzw. unbegründet" zurückzuerhalten. Aus diesem Grund ist davon auszugehen, dass in absehbarer Zeit (doch noch) eine Vorlage der Abgeltungsteuer an das BVerfG durch ein FG erfolgen wird; es bedarf hierfür (nur oder jedoch) des passenden Anlassfalles bei einem vorlagewilligen Gericht[977].

Sollte dies wider Erwarten nicht geschehen, so könnte der BFH im Rahmen von weiteren Revisionsverfahren abermals mit der Thematik befasst werden. Anders als bei Einführung der Abgeltungsteuer, als eine Positionierung des BFH schwer vorhersehbar war, da literarische Stellungnahmen der Mitglieder des zuständigen

---

975 Vgl. hierzu schon *Leibholz* (1959), S. 256 ff.

976 Stellvertretend nur FG Hamburg EFG 2011, 1460 ff. zu § 8c S. 1 KStG a.F. = § 8c I 1 KStG n.F. sowie aus jüngster Zeit FG Niedersachsen EFG 2014, 932 ff. (zum Kindergeld für im Inland lebende Ausländer, Az. beim BVerfG 2 BvL 9-14/14), FG Niedersachsen DStRE 2014, 534 ff. ([nach „Scheitern" im ersten Anlauf sogar zum wiederholten Male] zum Solidaritätszuschlag, Az. beim BVerfG 2 BvL 6/14) und BFH BStBl. II 2014, 957 ff. (zu den Vorschriften über die Einheitsbewertung, Az. beim BVerfG 1 BvL 11/14).

977 Prädestiniert erschien dabei das lange Zeit anhängige Verfahren 9 K 1637/10 beim FG Baden-Württemberg, bei dem es um die zentrale Frage des Werbungskostenausschlusses nach § 20 IX EStG ging. Allerdings ist in diesem Verfahren kürzlich eine Entscheidung ohne Vorlage gefallen (EFG 2013, 1041 m. Anm. von *Mertens/Karrenbrock*, DStR 2013, 950 ff.); zur Kritik hieran s. oben, Fn. 677. Dagegen hat das FG Münster im Verfahren 6 K 607/11 F infolge Klagerücknahme keine Möglichkeit mehr, sich zu § 20 IX EStG zu äußern. Auch das dort lange Zeit anhängige, über Jahre ruhende Verfahren 3 K 1277/11 E ist zwischenzeitlich durch Urteil vom 30.09.2015 zulasten des Steuerpflichtigen entschieden worden. Der Senat hält § 20 IX EStG für verfassungsgemäß und beruft sich hierzu auf die zwischenzeitlich mehrfach ergangenen BFH-Entscheidungen, wobei er diesen ohne jeden vertieften inhaltlichen Einstieg in die Materie folgt. Seine Ausführungen in der Sache erschöpfen sich in einem einzigen kurzen Absatz, der zudem zur Hälfte aus für sich genommenen völlig unergiebigen Zitaten der BVerfG-Rspr. besteht. Wenig überraschend wurde dann im Nachgang die NZB durch BFH, Beschluss v. 23.02.2016 – VIII B 108/15, n.v., verworfen.

VIII. Senats zur Verfassungsmäßigkeit der Abgeltungsteuer, soweit ersichtlich, nicht vorlagen, ist nach den jüngsten Entwicklungen für Steuerpflichtige keine Hilfe vom obersten deutschen Steuergericht zu erwarten[978]. Insoweit ist die Haltung des BFH aber auch weniger bedeutsam, da die Steuerpflichtigen im Falle einer die Vorlage an das BVerfG ablehnenden BFH-Entscheidung den Rechtsweg erschöpft haben und ihnen folglich die Verfassungsbeschwerde offen steht. Entscheidend ist damit, zu welcher Wertung das BVerfG im wahrscheinlichen Falle seiner Befassung mit der Abgeltungsteuer – sei es durch Richtervorlage oder Verfassungsbeschwerde – gelangen wird.

II. Die Tendenzen in der bisherigen BVerfG-Rechtsprechung

Ausgangspunkt einer BVerfG-Entscheidung zur Abgeltungsteuer wird mit Sicherheit das Urteil vom 27.06.1991 sein. Danach „bliebe [es] auch im Rahmen des gesetzgeberischen Einschätzungsspielraums, wenn der Gesetzgeber die ihrer Natur nach nicht einer bestimmten Person zugeordnete und geographisch nicht gebundene Erwerbsgrundlage „Finanzkapital" dadurch erfaßte, daß er alle Kapitaleinkünfte – unabhängig von ihrer Anlageform und buchungstechnischen Erfassung – an der Quelle besteuert und mit einer Definitivsteuer belastet, die in einem linearen Satz den absetzbaren Aufwand und Progressionssatz in Durchschnittswerten typisiert"[979].

---

978 S. zu der angesprochenen, viel zu oberflächlichen Haltung des VIII. Senats im Bereich des § 20 IX EStG sowie einzelnen im Ergebnis ebenso judizierenden FG schon oben, Fn. 599. Wenngleich dort darauf hingewiesen wurde, dass sich zumindest in einem Revisionsverfahren auch der IX. Senat mit der Verfassungsmäßigkeit der Bruttobesteuerung befassen musste, so hat sich erwartungsgemäß gezeigt, dass dies an der hier aufgestellten Prognose nichts zu ändern vermochte, da aus den bisherigen literarischen Stellungnahmen der Senatsmitglieder *Jachmann-Michel* und *Ratschow* keine Ablehnung des Werbungskostenausschlusses sprach. Hoffnung machte allein die auch im Rahmen dieser Arbeit zitierten Stellungnahmen des Vors. des IX. Senats, Präsident *Mellinghoff*, der dann allerdings mit seiner ggf. skeptischen Haltung die beiden übrigen Senatsmitglieder offenbar nicht überzeugen konnte, um eine Mehrheit für einen Vorlagebeschluss zu finden. Die Formulierung des IX. Senats, die sich in dem Satz „An der Verfassungsmäßigkeit dieser Regelung [= § 20 IX EStG] hat der Senat in Bezug auf die Finanzierungskosten der Kläger keine Zweifel." erschöpft und zur Begründung auf den VIII. Senat verweist, lässt letztlich gleichwohl mehrere Interpretationen zu. Entweder ist die Rechtslage für den IX. Senat derart klar, dass das Kapitel „Verfassungsmäßigkeit des Werbungskostenausschlusses" beim BFH endgültig durch Bejahung geschlossen ist. Oder aber die Formulierung „in Bezug auf die Finanzierungskosten der Kläger" stellt eine Einschränkung dar, sodass das letzte Wort noch nicht gesprochen ist. In diesem Fall könnte sich der Wechsel der stellvertretenden Vors. *Jachmann-Michel* (seit 01.04.2016 nunmehr Vors. des VIII. Senats; sie wurde ersetzt durch den zuvor im IV. Senat tätigen Richter *Schießl*) durchaus noch – nach hiesiger Auffassung positiv – auswirken.

979 BVerfGE 84, 239 (282 f.).

Hieraus lässt sich allein vorhersehen, dass das BVerfG keine Bedenken gegen eine Schedule „Kapitaleinkünfte" hat und deshalb offenbar auch die Ungleichbehandlung von Kapitaleinkünften und den übrigen Einkunftsarten verfassungsrechtlich nicht als unzulässig ansieht. Dass dem zu widersprechen ist, wurde bereits ausführlich dargelegt. Jedenfalls aber müsste das BVerfG, anders als 1991, seine Auffassung mit erheblichen Begründungssträngen versehen, will es den damals eingeschlagenen Weg nun auch „im Ernstfall" tatsächlich beschreiten. Gleichwohl lässt sich nicht verhehlen, dass sich das BVerfG nach seinem Präjudiz von 1991 „einen Ruck geben" müsste, um hinsichtlich der mit der Abgeltungsteuer eingeführten Schedule zu dem hier gefundenen Ergebnis zu gelangen.

Unklar ist darüber hinaus, ob das BVerfG einen Verfassungsverstoß der Abgeltungsteuer im Hinblick auf das objektive Nettoprinzip ebenfalls bejahen wird. Dies hängt nach hier vertretener Auffassung ganz entscheidend davon ab, ob es anerkennt, dass die Abgeltungsteuer dazu zwingt, sich zum Verfassungsrang dieses Besteuerungsprinzips zu verhalten, weil die bisher geübte Praxis des Offenhaltens dieser Frage nunmehr an ihre Grenzen stößt. Sollte sich das BVerfG tatsächlich gezwungen sehen, insoweit klar und eindeutig Position zu beziehen, so erscheint es nicht unwahrscheinlich, dass dabei nach dem subjektiven auch das objektive Nettoprinzip in den Rang eines Verfassungsprinzips gehoben wird. Dies wäre zwar eine fundamentale, weitreichende Entscheidung des BVerfG. Weil es vor einer solchen aber in der Vergangenheit in Bezug auf das subjektive Nettoprinzip nicht zurückgeschreckt ist, sollte ihm dieser Schritt auch hinsichtlich des objektiven Nettoprinzips möglich sein.

Begründete Hoffnung besteht hingegen, dass die Abgeltungsteuer vor dem BVerfG jedenfalls wegen Überschreitung des gesetzgeberischen Pauschalierungs- und Typisierungsspielraums scheitert[980]. Voraussetzung hierfür ist indes, dass sich das BVerfG bei der Beurteilung der Typisierung nicht von der Gesetzesbegründung blenden lässt und vorschnell die von ihm geforderte Einbeziehung von absetzbarem Aufwand und Progressionssatz in den Steuersatz bejaht. Auf dieser Grundlage wäre nicht auszuschließen, dass die sich aus der Typisierung und Pauschalierung ergebende Ungleichbehandlung als nur von geringem Gewicht gewertet wird und möglicherweise auftretende Härten als eher selten und nicht gravierend eingestuft werden[981]. Bei genauer Betrachtung und kritischer Hinterfragung der Typisierung würde das BVerfG sicherlich die verfassungsrechtlich nicht mehr tragbaren Schwächen hinsichtlich der Realitätsgerechtigkeit aufdecken und infolgedessen feststellen, dass den verfassungsrechtlichen Anforderungen nicht mehr genügt wird[982].

---

980 Vgl. auch *BK/Rüfner*, Art. 3 Abs. 1 Rdnr. 114, der dem BVerfG attestiert, dass falsche Typisierungen immer beanstandet wurden; ferner *Arndt/Schumacher*, AöR Bd. 118 (1993), S. 513 (524), die bezweifeln, dass das BVerfG besonders weitgehende Typisierungen, wie sie mit einer Bruttobesteuerung verbunden sind, akzeptieren würde.

981 So z.B. in BVerfGE 87, 234 (267); 127, 224 (263).

982 Erfreulich klar hierzu in der Vergangenheit etwa BVerfGE 112, 268 (282 f.); 117, 1 (44); BVerfG BStBl. II 2015, 50 (81) = DStR 2015, 31 (56 f.).

Wie sich das BVerfG zur Abgeltungsteuer mit Blick auf die Folgerichtigkeit der konkreten Ausgestaltung äußern würde, ist dagegen offen. Im Anschluss an die bereits zitierte Aussage zur Typisierung formulierte es 1991: „Allerdings wäre es dann nur folgerichtig, dem vermutlich unterdurchschnittlichen Steuersatz der Kleinsparer durch beachtliche Freibeträge Rechnung zu tragen"[983]. Ob es sich nach Meinung des BVerfG beim Sparer-Pauschbetrag von 801 € um einen solch beachtlichen Betrag handelt, lässt sich nicht vorhersehen. Entscheidend ist aber auch, ob die hier aufgezeigten Folgeunrichtigkeiten vom BVerfG erkannt und hinreichend gewichtet würden. Hieraus resultierten nämlich wesentlich gravierendere Folgerichtigkeitsbedenken als aus einem ggf. zu niedrigen Sparerfreibetrag. Darüber hinaus wird das BVerfG im Zusammenhang mit einer Überprüfung der Folgerichtigkeit die Abgeltungsteuer aber auch im Zusammenhang mit dem vorgenommenen Systemwechsel untersuchen. Wenn es dabei parallel zu seiner Betrachtung in der Entscheidung zur Pendlerpauschale erkennt, dass es am erforderlichen Mindestmaß von Ansätzen neuer Prinzipien- oder Systemorientierung fehlt und insbesondere allein fiskalisch motivierte Systemeingriffe erfolgen[984], wird es dies hoffentlich mit der gleichen Klarheit rügen wie damals. Dann wird auch das BVerfG im Prüfungskomplex der Folgerichtigkeit und Systemgerechtigkeit der Abgeltungsteuer einen Verfassungsverstoß vorliegen sehen.

Nicht zuletzt lohnt auch ein Vergleich mit der Entscheidung des BVerfG zu § 8b III 1/V 1 KStG. Der Prüfungsgegenstand dieses Verfahrens weist gewisse Parallelen zur Abgeltungsteuer auf. Schwerpunktmäßig geht es in beiden Fällen um das objektive Nettoprinzip und die Grenzen zulässiger Typisierung. Zwar hat das BVerfG § 8b III 1/V 1 KStG verfassungsrechtlich gebilligt, was befürchten ließe, dass dies – zumindest soweit die Parallelen reichen – auch bei der Abgeltungsteuer geschehen könnte. Im Falle des § 8b KStG hat das BVerfG aber zu Recht angeführt, dass eine steuerliche Belastung der Körperschaft im Falle des pauschalen Betriebsausgabenabzugsverbotes jedenfalls nicht ohne einen entsprechenden Zuwachs an Leistungsfähigkeit denkbar ist[985]. Gerade dies ist bei der Abgeltungsteuer im Ergebnis dagegen nicht ausreichend gesichert. Von daher spricht der Beschluss des BVerfG zu § 8b KStG nur auf den ersten Blick dafür, dass die Abgeltungsteuer vom BVerfG weitgehend gebilligt werden wird. Bei näherer Betrachtung hingegen lässt sich, wie soeben dargelegt, diesem Judikat eher das Gegenteil entnehmen.

Insgesamt bleibt somit festzuhalten, dass das BVerfG auch nach seiner Entscheidung aus dem Jahre 1991 ohne Brüche mit seiner bisherigen Rechtsprechung und damit trotz des scheinbaren Präjudiz gesichtswahrend zur Verfassungswidrigkeit der Abgeltungsteuer gelangen kann. Insbesondere die Rechtsprechung des vergangenen Jahrzehnts stimmt ganz überwiegend zuversichtlich. Ihre konsequente Fortführung führt auf einer breiten Grundlage zur Bejahung der Verfassungswidrigkeit der Abgeltungsteuer auch durch das BVerfG.

983 BVerfGE 84, 239 (283).
984 So die zutreffenden Erwägungen in BVerfGE 122, 210 (242, 244).
985 Vgl. BVerfGE 127, 224 (249).

III. Reichweite der prognostizierten BVerfG-Entscheidung

1. Das Rechtsfolgeninstrumentarium des BVerfG

Gesetzlich vorgesehen und eindeutig geregelt ist gemäß §§ 78, 82 I, 95 III BVerfGG, dass die Rechtsfolge eines verfassungswidrigen Gesetzes die Nichtigerklärung durch das BVerfG ist. Nach den genannten Normen gilt dies insbesondere für die hier relevanten Fälle der Verfassungsbeschwerde und der konkreten Normenkontrolle. Hiernach bildet die Nichtigerklärung bei unbefangener Betrachtungsweise den Normalfall[986]. Gleichwohl stellt sich die Praxis des BVerfG, jedenfalls im Bereich des Abgabenrechts, genau umgekehrt dar, indem die in §§ 31 II, 79 I BVerfGG gesetzlich zwar vorausgesetzte, aber nicht näher geregelte Unvereinbarkeitserklärung zum Hauptinstrument wird[987]. Inzwischen hat das BVerfG selbst sogar ausdrücklich geäußert, dass sich nach ständiger Rechtsprechung das Regel-Ausnahme-Verhältnis umgekehrt habe, mit der Unvereinbarkeit als Regelfolge und der Nichtigkeit als Ausnahme[988]. Ungeachtet dieses in Anbetracht der anders lautenden Gesetzeslage fragwürdigen Vorgehens hält das BVerfG eine Unvereinbarkeitserklärung vor allem dann für geboten, wenn der Gesetzgeber verschiedene Möglichkeiten hat, einen Verfassungsverstoß zu beseitigen, was bei Verletzungen von Art. 3 I GG regelmäßig der Fall sei[989]. Zutreffend hieran ist der diesen Ansatz tragende Gedanke, wonach das BVerfG infolge des Gewaltenteilungsprinzips grundsätzlich nicht zu ersatzgesetzgeberischen Maßnahmen berufen ist. Die Unvereinbarkeitserklärung eröffnet der Legislative die Möglichkeit einer Gesetzeskorrektur mit dem Ziel der Verfassungskonformität des zuvor verfassungswidrigen Gesetzes. Durch eine Nichtigerklärung würde dem Gesetzgeber aber im Ergebnis auch nichts anderes abverlangt; allein der Arbeitsaufwand für eine vollständig neue Gesetzgebung wäre größer. Dafür würden ihm aber umso mehr die Folgen seiner unzureichenden Verfassungsbeachtung vor Augen geführt, was für die Qualität zukünftiger Gesetze durchaus förderlich sein könnte. Demnach überzeugt die Argumentation des BVerfG für Unvereinbarkeitserklärungen bei Gleichheitssatzverstößen nur bedingt.

Von noch größerer Bedeutung für die Steuerpflichtigen ist des Weiteren die Frage nach den zeitlichen Auswirkungen einer die Verfassungswidrigkeit bejahenden Entscheidung des BVerfG[990]. So gilt der Grundsatz, dass die Feststellung der Unvereinbarkeit einer Norm mit Art. 3 I GG auf den Zeitpunkt des Inkrafttretens zurückwirkt, Gerichte und Verwaltungsbehörden die Norm im Umfang der festgestellten Unvereinbarkeit nicht mehr anwenden dürfen, laufende Verfahren

---

986 Ebenso *Habscheidt* (2003), S. 5; vgl. auch *Wernsmann* (2000), S. 75 u. 79.

987 Vgl. *Seer*, in: *Tipke/Lang*, SteuerR^{22}, § 22 Rdnr. 285 f.

988 BVerfGE 110, 94 (138).

989 Vgl. beispielhaft aus dieser ständigen Rspr. etwa BVerfGE 61, 319 (354 ff.); 105, 73 (133); 107, 27 (57); 126, 268 (284 f.); 133, 377 (422 f.); BVerfG BStBl. II 2015, 50 (89) = DStR 2015, 31 (65) jeweils m.w.N.; BVerfG DStR 2015, 1678 (1688).

990 S. hierzu *Wernsmann* (2000), S. 217 ff.

auszusetzen sind und der Gesetzgeber zur auf den in der gerichtlichen Feststellung genannten Zeitpunkt rückwirkenden verfassungsgemäßen Umgestaltung verpflichtet ist[991]. Doch nicht diese ex-tunc-Wirkung bildet in der Realität den Regelfall, sondern eine Wirkung ex-nunc, was teilweise mit Vertrauensschutz- und Rechtssicherheitsaspekten begründet wird[992]. Hauptursächlich ist insbesondere aber eine die Wirkung der Verfassungswidrigkeit stark entwertende und insgesamt unhaltbare, falsch verstandene Haushaltsbudgetfürsorge des BVerfG[993]. Die Steuerpflichtigen werden auf diese Weise häufig ihres – im Falle der weniger schwer wiegenden einfachen Rechtswidrigkeit der Steuerfestsetzung unzweifelhaft bestehenden – Steuererstattungsanspruchs beraubt, der Gesetzgeber für seinen mitunter fiskalisch motivierten Verfassungsverstoß nicht auch fiskalisch, sondern nur auf moralisch-politischer Ebene sanktioniert. Effektiver Rechtsschutz in diesem Bereich sieht anders aus, ebenso ein wirksames und nachhaltiges Einwirken auf allzu sorgloses Steuergesetzgebaren der Legislative.

Daneben hält der „Werkzeugkoffer" des BVerfG für die möglichen Rechtsfolgen einer Verfassungswidrigkeit im Bereich des Abgabenrechts noch einige weitere besondere Behandlungsinstrumente und Ausnahmeregelungen bereit, auf die im Zusammenhang mit der nun folgenden Suche nach der sachgerechten Lösung für die Abgeltungsteuer eingegangen wird.

2. Sachgerechter Ausspruch im Falle der Abgeltungsteuer

Die Abgeltungsteuer hat in diversen Normen ihre konkrete Ausgestaltung erhalten. Somit handelt es sich zunächst schon einmal nicht um eine einheitliche Vorschrift, die nur im Ganzen gültig oder nichtig sein kann[994]. Auch lassen sich einzelne Punkte der Verfassungswidrigkeit an bestimmten Paragraphen festmachen. Somit sind die verfassungswidrigen Teile der Abgeltungsteuer dem Grunde nach abgrenzbar und nicht Teil eines undurchsichtigen Normengeflechts, was gegen eine Unvereinbarkeitserklärung und für eine Nichtigkeit spricht[995]. Diese Nichtigkeitserklärung kann sich im Rahmen einer Verfassungsbeschwerde aber nur auf den konkret bezeichneten Gegenstand, also z.B. die Verlustausgleichsbeschränkung oder die Regelung des § 20 IX EStG beziehen[996]. Ebenfalls nicht gegen eine Nichtigkeitserklärung der abgeltungsteuerspezifischen gesetzlichen Regelungen sprechen die unmittelbaren Folgen dieses Ausspruchs. So würde der Wegfall des § 20 IX EStG zu einer unbegrenzten Einbeziehung von Werbungskosten in die Veranlagung führen, die Nichtigkeit von

991 Vgl. nur BVerfGE 99, 280 (298); 122, 210 (246); 125, 1 (39); 133, 377 (423 ff.); BVerfG DStR 2015, 1678 (1688).

992 So etwa BVerfGE 99, 280 (299).

993 Instruktiv näher dargelegt und überzeugend kritisiert von *Seer*, in: *Tipke/Lang*, SteuerR[22], § 22 Rdnr. 287 f.; ebenfalls deutliche Kritik bei *Habscheidt* (2003), S. 1 u. 107 f.

994 Hierzu BVerfGE 6, 55 (84).

995 Zu diesem Abgrenzungskriterium BVerfGE 112, 268 (284).

996 Vgl. BVerfGE 99, 88 (99).

§ 20 VI 1 und 4 EStG zum Wiederaufleben der Verlustverrechnung und die Unzulässigkeit der Schedulenbesteuerung zur Rückkehr zum ganzheitlichen Synthetikprinzip. All diese Folgen führten nicht zu einer Rechtslage, die der Verfassungsmäßigkeit noch ferner stünden als die momentane Situation, sodass ein schonender Übergang durch eine Unvereinbarkeitserklärung[997] nicht geboten erscheint.

Zu berücksichtigen ist gleichwohl, dass die Verfassungswidrigkeit aus zahlreichen Gründen auf einem Verstoß gegen Art. 3 I GG beruht. Zwar wurde bereits aufgezeigt, dass allein die Rücksichtnahme auf die Gestaltungszuständigkeit des Gesetzgebers kein hinreichendes Argument für den Verzicht auf die Nichtigkeitsfeststellung zugunsten der Unvereinbarkeitserklärung darstellt. Dennoch gebührt der Unvereinbarkeitserklärung im Falle der Abgeltungsteuer der Vorzug. Zunächst spricht hierfür die festgestellte Folgeunrichtigkeit und Systemwidrigkeit. Diese verfassungswidrigen Schwächen können allenfalls durch gesetzgeberisches Handeln beseitigt werden, bei dem das gesamte Gebilde der Abgeltungsteuer sowie die Systematik des EStG betrachtet werden müssen. Aufgrund der Komplexität dieser dem Gesetzgeber obliegenden Überlegungen erscheint eine Nichtigkeitserklärung einzelner Normen trotz des nicht gegebenen Normengeflechts unangebracht. Vielmehr sollte auch im Falle eines Systemkomplexes die Unvereinbarkeitserklärung gewählt werden. Dies gilt auch hinsichtlich der verfassungswidrigen Typisierung und Pauschalierung. Obwohl sich eine verfassungsgemäße Regelung der Abgeltungsteuer insoweit als nur schwer denkbar erweist[998], so bleibt ungeachtet dessen das Recht des Gesetzgebers zu generalisierenden und typisierenden Regelungen auch bei einer Neuregelung bestehen[999]. Dem trägt eine Unvereinbarkeitserklärung jedoch besser Rechnung als die Nichtigkeitsfeststellung.

Besonderes Gewicht für eine Unvereinbarkeitserklärung sollte schließlich einem zentralen Motiv für die Einführung der Abgeltungsteuer zukommen. In Deutschland steuerbares, aber im Ausland „verstecktes" Kapitalvermögen soll durch den Anreiz des moderaten Linearsteuersatzes wieder ins Inland zurückfließen und dort der Besteuerung unterworfen werden können. Steuerpflichtige, die infolgedessen in die Legalität zurückgekehrt sind, könnte eine Nichtigkeitserklärung besonders hart treffen, müssten sie unter Umständen ihre Kapitaleinkünfte dann doch wieder mit dem Spitzensteuersatz der progressiven Besteuerung versteuern. Erneute Steuerflucht könnte die Folge sein. Eine Unvereinbarkeitserklärung könnte den Gesetzgeber hingegen zur schnellen Herstellung einer verfassungsgemäßen Regelung veranlassen, die zugleich weiterhin seinem Interesse, Anreize für die Rückführung illegal ins Ausland transferierten Kapitalvermögens zu schaffen, Rechnung trägt.

---

997 Eine solche Ausnahme wird etwa von BVerfGE 112, 268 (283) m.w.N. erörtert.

998 S. dazu die Darstellung und Begründung oben in § 6 unter C. IX. 3. c); allerdings ist die Beseitigung der Verfassungswidrigkeit der Abgeltungsteuer insgesamt durch den Gesetzgeber nicht per se ausgeschlossen, sodass kein Ausnahmefall zur grds. Unvereinbarkeitserklärung bei Gleichheitssatzverstößen im Sinne von BVerfGE 110, 94 (139) gegeben ist.

999 Vgl. etwa BVerfGE 84, 348 (365).

Ist somit die Unvereinbarkeitserklärung der abgeltungsteuerspezifischen Gesetzesnormen die sachgerechte Reaktion auf ihre Verfassungswidrigkeit, so stellt sich noch die Frage, ob diese tatsächlich auch in diesem Fall die vom BVerfG regelmäßig verweigerte ex-tunc-Wirkung haben sollte. Ausgeschlossen ist eine ex-nunc-Wirkung jedenfalls mit der Begründung, der Gesetzgeber habe den Gleichheitssatzverstoß nicht erkennen können[1000], weil diesbezüglich im Rahmen des Gesetzgebungsverfahrens von Seiten der Sachverständigen mehr als genug vorgetragen worden ist[1001]. Von der Erziehungs- und Disziplinierungsfunktion einer ex-tunc-Wirkung einmal abgesehen spricht im Falle der Abgeltungsteuer ausnahmsweise mehr für eine ex-nunc-Wirkung der Unvereinbarkeitserklärung. Dies hat seinen Grund in der Eigenart der Abgeltungsteuer[1002] und den Möglichkeiten der Steuerpflichtigen, auf sie zu reagieren.

So findet zunächst eine Einbeziehung von Kapitaleinkünften in die Veranlagung seit Einführung der Abgeltungsteuer im Regelfall nicht mehr statt. Die Besteuerung erfolgt abgeltend an der Quelle. Sollte man nun aber z.B. für die Jahre 2009 oder 2010 doch Werbungskosten rückwirkend geltend machen können, müsste eine unüberschaubare Zahl von Veranlagungsverfahren wieder aufgerollt werden und die Banken ebenfalls in diesen Prozess aufwendig eingebunden werden. Schon theoretisch und erst recht praktisch wäre eine verfassungsgemäße Steuerfestsetzung so – wenn überhaupt – nur mit unverhältnismäßigem Aufwand möglich. Darüber hinaus konnten sich die Steuerpflichtigen zumindest auf die verfassungswidrige Rechtslage einstellen und weitgehend selbst entscheiden, ob sie von der Abgeltungsteuer betroffen sein wollten oder auf relevante Kapitalanlagen (z.B. solche, die mit hohen Werbungskosten verbunden sein würden) verzichten. Ähnliche Steuerungsmöglichkeiten hatten sie auch im Bereich der Verluste aus Aktiengeschäften (z.B. die Möglichkeit, mit dem Aktienverkauf zuzuwarten), sodass die Hinnahme der verfassungswidrigen Besteuerung für die Vergangenheit[1003] nicht gänzlich inakzeptabel erscheint.

Dabei ist für den Zeitraum bis zu einer gesetzlichen Neuregelung vom BVerfG eine vorläufige, klare und einheitliche Übergangsregelung zu formulieren, die eine kontinuierliche Bewältigung des steuerlichen Massenverfahrens zur Wahrung der Funktionsfähigkeit der Finanzverwaltung gewährleistet[1004]. Hierbei kann bei den betroffenen gesetzlichen Regelungen auch der ex-nunc-Wirkung Rechnung getra-

1000 So noch BVerfGE 84, 239 (284 f.) zum strukturellen Vollzugsdefizit mit der Folge, dass mit Blick auf das rechtsstaatliche Kontinuitätsgebot sogar eine Übergangsfrist der Fortgeltung verfassungswidrigen Rechts gewährt wurde. BVerfG DStR 2015, 1678 (1689) hat hingegen im Rahmen der Feststellung der Unvereinbarkeit des § 8 II GrEStG den Gesetzgeber zu einer auf den 01.01.2009 zurückwirkenden Neuregelung verpflichtet, weil sich nach BVerfG 117, 1 auch die Verfassungswidrigkeit der Grunderwerbsteuerbemessung allen Beteiligten praktisch aufdrängen musste.

1001 Ausführlich hierzu in § 4 F. VI.

1002 Auch BVerfGE 99, 280 (299) bemüht ein ähnliches Argumentationsmuster, um im dortigen Fall rückwirkende Folgen der Verfassungswidrigkeit abzulehnen.

1003 Vgl. zu diesem Aspekt BVerfGE 84, 239 (285).

1004 BVerfGE 122, 210 (247).

gen werden, so etwa durch Ausschluss der Verlustverrechnungsbeschränkungen des § 20 VI EStG, sodass z.B. Aktienbesitzer Verluste bis zu einer gesetzlichen Neuregelung uneingeschränkt mit anderen Kapitaleinkünften verrechnen könnten und somit auch in der Vergangenheit erlittene Verluste, die bisher nicht realisiert wurden, nunmehr berücksichtigt würden. Auch denkbar wäre eine auf Antrag erfolgende Einbeziehung der Kapitaleinkünfte einschließlich der hiermit zusammenhängenden Werbungskosten in die Veranlagung des Steuerpflichtigen, die dann konsequenterweise aber auch insoweit dem progressiven Tarif unterworfen werden müsste. Durch Nichtanwendung des § 20 IX EStG entfällt nämlich auch die Typisierung des Steuersatzes. Die vom BVerfG auszusprechende Unvereinbarkeitserklärung der Abgeltungsteuer mit Art. 3 I GG darf folglich, unter Betonung des Ausnahmefalls einer solchen Wirkung, ex-nunc und damit ohne rückwirkende Folgen gelten.

B. Hat der Gesetzgeber durch Einführung der Abgeltungsteuer (wenigstens) die in den Gesetzesmotiven formulierten Ziele erreicht?

Wenngleich die Abgeltungsteuer nach alledem verfassungsrechtlich zum Scheitern verurteilt ist, so sagt dies noch nichts darüber aus, ob der Gesetzgeber mit ihr nicht nur rechtlich, sondern auch tatsächlich das Ziel verfehlt hat. Bevor auf Reparaturmöglichkeiten durch eine Reform der Abgeltungsteuer eingegangen wird, sollen daher nun zunächst die mit der Abgeltungsteuer vom Gesetzgeber verfolgten Ziele der realen Entwicklung gegenübergestellt werden.

Was die langfristige Sicherung des deutschen Steuersubstrates anbelangt, so erscheint es doch gleich aus mehreren Gründen sehr zweifelhaft, dass die Abgeltungsteuer hierzu tatsächlich einen Beitrag zu leisten vermag. Zwar erreichten die Steuereinnahmen von Bund, Ländern und Kommunen in den letzten Jahren immer neue Rekordwerte und ein Ende dieser „Rallye“ ist auch noch nicht abzusehen[1005]. Es ist aber zu konstatieren, dass hierfür primär zwei Faktoren ursächlich sind, die nichts mit der Abgeltungsteuer zu tun haben: zum einen die weit überdurchschnittlich gute Bewältigung der Finanz- und Schuldenkrise durch die Bundesrepublik Deutschland, zum anderen die lange Zeit nicht in Angriff genommene Bekämpfung der sog. kalten Progression. Dagegen lässt sich noch nicht einmal eine zumindest unterstützende

1005 Vgl. hierzu die Ergebnisse der Steuerschätzung vom November 2014, abgedruckt bei *Heine*, KStZ 2014, S. 221 (222 u. 224), wonach allein von 2014 bis 2019 ein Anstieg der Einnahmen von 120 Milliarden Euro erwartet und ein Anwachsen des BIP um fast eine halbe Billion Euro prognostiziert wird; s. ferner zu den nachfolgend genannten Zahlen und Stellungnahmen des BMF die Monatsberichte des BMF aus den Monaten Juli 2011 (für das Haushaltsjahr 2010), Oktober 2012 (für das Haushaltsjahr 2011), Juli 2013 (für das Haushaltsjahr 2012), Januar 2014 (für das Haushaltsjahr 2013) und Januar 2015 (für das Haushaltsjahr 2014) sowie *Heine*, KStZ 2011, 121 (132) und KStZ 2014, 221 (227).

Funktion der Abgeltungsteuer erkennen. So lagen die Einnahmen aus der Abgeltungsteuer auf Zins- und Veräußerungserträge im Jahr 2009 mit ca. 12,5 Milliarden Euro noch unter dem Wert der Kapitalertragsteuer des Jahres 2008 (13,5 Milliarden Euro). Sodann brachen sie im Jahr 2010 auf nur noch knapp 9 Milliarden Euro, im Jahr 2011 sogar noch weiter auf 8 Milliarden Euro ein und selbst der seitdem zu beobachtende und weiterhin erwartete Anstieg fällt so gering aus, dass nicht einmal mehr die zunächst bis zum Jahr 2015 prognostizierte kontinuierliche Zunahme auf dann fast 11 Milliarden Euro erfolgen, sondern nur noch ein Wert von gut 9 Milliarden Euro, und dies auch erst 2019, erreicht werden soll[1006] – ein immer noch geringerer Wert als 2008. Das BMF bemühte sich auch sogleich anhand verschiedener Ansätze zu erklären, dass es verfehlt wäre, hieraus auf einen „Flop" der Abgeltungsteuer zu schließen. Im Bereich der Dividendenbesteuerung ist die Entwicklung dagegen positiv. Allerdings ist dies allein – wie auch das BMF zutreffend angibt – auf die gute konjunkturelle Entwicklung und die daraus folgende Zunahme der Unternehmensgewinne zurückzuführen. Ein Zusammenhang mit der Abgeltungsteuer besteht im Wesentlichen nicht.

Bei Lichte betrachtet ist aber auch nach Einführung der Abgeltungsteuer das Interesse privater Anleger, Kapital allein aus steuerlichen Gründen ins Ausland zu transferieren, anscheinend immer noch vorhanden. Denn eine Rückkehr von zuvor im Ausland „geschützten" Kapital in den Machtbereich der deutschen Besteuerungsgewalt ist bislang nicht erfolgt[1007]. Anderenfalls hätte sich dies deutlich in einem sprunghaften Anstieg der Einnahmen aus der Abgeltungsteuer zeigen müssen, liegen doch die im Ausland vermuteten Kapitalvermögen deutscher Steuerpflichtiger im (oberen) dreistelligen Milliardenbereich. Es bedarf aufgrund des Proportionalsteuersatzes der Abgeltungsteuer keiner großen Rechenkünste um zu erkennen, in welchen Größenordnungen sich die Steuereinnahmen in diesem Bereich bewegen würden, wenn auch nur ein Teil der Auslandsgelder wieder nach Deutschland zurückgeführt würde. Anhaltspunkte, dass dies geschehen wäre, sind

---

1006 Wenn dies in erster Linie mit der stark gesunkenen Durchschnittsverzinsung erklärt wird (so etwa *Weber-Grellet*, DStR 2013, S. 1357 [1358]), greift man damit m.E. zu kurz. Zwar lässt sich die seit 2009 anhaltende drastische Niedrigzinsphase nicht leugnen. Doch erfasst die Abgeltungsteuer z.B. auch die Überschüsse aus Aktienverkäufen. Der Leitindex des deutschen Aktienmarktes (DAX) notiert aber inzwischen mehr als doppelt so hoch wie zum Zeitpunkt des Beginns der die Absenkung des Zinsniveaus begründenden Finanz- und Wirtschaftskrise. Im Jahr 2014 erreichte der DAX sogar ein neues Allzeithoch. Da sich aus Aktiengeschäften wesentlich höhere Renditen als bei festverzinslichen Anlagen erzielen lassen, müsste die beschriebene Entwicklung eigentlich dazu geführt haben, dass die Einnahmen aus der Abgeltungsteuer jedenfalls in den letzten beiden Jahren erheblich angestiegen wären. Dies ist, wie aufgezeigt, nicht der Fall und kann, wie vorstehend dargelegt, mit dem aktuellen Zinsniveau auch nicht überzeugend begründet werden.

1007 So auch *Haarmann*, in: *FS Herzig*, S. 423 (437); von Anfang an skeptisch *S. Wagner*, Stbg 207, S. 313 (329); zuvor schon *Siegel*, DB 2003, S. 795 (796).

aber nach den o.g. Zahlen nicht einmal in geringstem Umfang gegeben. Weil die Abgeltungsteuer in inzwischen mehr als sechs Jahren nicht zu der erstrebten Kapitalrückführung geführt hat, ist dies auch zukünftig nicht zu erwarten[1008]. Insgesamt kann somit von einem Beitrag der Abgeltungsteuer zur langfristigen Sicherung des deutschen Steuersubstrates – nicht zuletzt in Anbetracht ihres geringen Anteils am Gesamtsteueraufkommen – nicht gesprochen werden.

Hieraus folgt zugleich, dass die Abgeltungsteuer auch das weitere Ziel des Gesetzgebers, einen gerechteren Beitrag des Faktors Kapital am Gesamtsteueraufkommen sicherzustellen, nicht erreicht. Denn hierzu bedürfte es offensichtlich wesentlich weitergehender Maßnahmen, die auch tatsächlich Steuerhinterziehung im großen Stil durch Wegschaffen von Kapital ins Ausland verhinderten. Mit Blick auf die immens hohen Kapitalrücklagen deutscher Steuerpflichtiger kann von einem entsprechend hohen und damit gerechten Beitrag am Gesamtsteueraufkommen nach wie vor nicht die Rede sein.

Wenn außerdem die Abgeltungsteuer die Anonymität der Anleger wahren soll, so tut sie dies zwar; allerdings gilt dies auch nur im Bereich Kapitalanlage an sich. Was hingegen die hiermit ggf. in unmittelbarem Zusammenhang stehende Kirchensteuer anbelangt, so kann hierfür die Konfessionszugehörigkeit nicht anonym bleiben. Dass diese aber nunmehr durch die Abgeltungsteuer nicht nur der Finanzbehörde, sondern auch den Banken bekannt wird, erfüllt zumindest nicht die Anforderungen an eine größtmögliche Anonymität. Insoweit erreicht der Gesetzgeber die Zielvorgaben in diesem Bereich nur zu einem Teil.

Zu dem gleichen Ergebnis gelangt man mit Blick auf die Beseitigung der vor Einführung der Abgeltungsteuer vom Gesetzgeber festgestellten unterschiedlichen Besteuerung von Dividenden, Zinsen und privaten Veräußerungsgewinnen. Grundsätzlich trägt die Abgeltungsteuer hier zur Vereinheitlichung bei. Andererseits bleiben auch nach ihrer Einführung immer noch zahlreiche Ausnahmen (man denke hier an das Teileinkünfteverfahren) und Optionsregelungen (z.B. im Katalog des § 32d II EStG), die einer wirklichen Vereinheitlichung im Wege stehen.

Bei Betrachtung der vom Gesetzgeber suggerierten massiven Steuervereinfachung und der nicht unerheblichen Steuerentlastung der Bürger wird abschließend nochmals eine Zielverfehlung deutlich. Von einer massiven Vereinfachung der Besteuerung kann keine Rede sein[1009]. Dies mag allenfalls für die Finanzverwaltung

---

1008 Wenn dagegen tatsächlich vereinzelt größere Kapitalrückflüsse zu verzeichnen sein sollten, so dürfte die Abgeltungsteuer hierfür nicht ansatzweise kausal sein. Vielmehr ist die Rückkehr mancher Steuerflüchtlinge in die Legalität dann dem hohen Ermittlungsdruck der Finanzbehörden geschuldet, den diese im Zusammenhang mit dem Erwerb von entsprechenden Datenträgern über ausländische Kapitalanlagen deutscher Steuerpflichtiger an den Tag legen; in diesem Sinne auch *Pezzer*, DStJG Bd. 34 (2011), S. 207 (208 f.).

1009 Ebenso mit noch schärferer Kritik *Hänsch*, SteuStud 2012, S. 275 (279 f.), der insoweit von einer Zielverfehlung auf ganzer Linie spricht und i.E. durch die Abgeltungsteuer das Gegenteil einer Vereinfachung bewirkt sieht. Auch *Haarmann*,

gelten, deren Arbeitsaufwand sich im Bereich der Einkünfte aus Kapitalvermögen in der Tat erheblich reduziert, was aber auf Kosten der Banken sowie der Steuerpflichtigen und ihrer Berater geschieht. Für diese Gruppe sind durch Einführung der Abgeltungsteuer in großem Umfang Zweifelsfragen bzgl. der richtigen Anwendung aufgetreten. Und selbst durch das zunächst immerhin 40seitige und inzwischen auf 47 Seiten (!) angewachsene, immer wieder ergänzte BMF-Schreiben[1010] sind noch längst nicht alle Antworten gegeben[1011]. Eine massive Vereinfachung liegt deshalb

---

in: *FS Herzig*, S. 423 (436 f.) sieht dies ähnlich und macht hierfür insb. auch die Nachjustierungen im Laufe der Jahre verantwortlich.

1010 BStBl. I 2010, 94–133, BStBl. I 2012, 953–998, BStBl. I 2014, 1608–1610 und BStBl. I 2016, 85–131; vor diesem Hintergrund erhalten manche Äußerungen in der Literatur eine gewisse Ironie, so etwa, wenn bei *Spieker*, DB 2012, S. 2836 (2841) zu lesen ist: „Mit der erneuten Überarbeitung des Anwendungsschreibens zur Abgeltungsteuer zeigt sich, wie komplex die Thematik der [...] *drastisch vereinfachten* [...] Besteuerung von Kapitalerträgen nach wie vor ist" (Hervorhebung durch den dortigen Verfasser). S. zuvor auch schon *Elser/Bindl*, FR 2010, S. 360 (369) zum ersten BMF-Schreiben, wonach schon zum damaligen Zeitpunkt aus der Gesamtschau dieses Schreibens die fehlende Vereinfachungswirkung erkennbar sei; ebenso *Kracht*, NWB-EV 2010, S. 142 (148).

1011 Dies gilt umso mehr, als dass es noch über 30 weitere BMF-Schreiben gibt (so auch *Schäfer/Scholz*, DStR 2012, S. 1885 mit entsprechenden Nachweisen), die sich ebenfalls mit (Rand)Fragen der Abgeltungsteuer befassen. Beispielhaft aus den literarischen Abhandlungen sei an dieser Stelle darüber hinaus insb. auf all jene verwiesen, die sich ebenfalls nicht mit den verfassungsrechtlichen Hauptproblemen der Abgeltungsteuer, sondern mit eher am Rande liegenden einfachrechtlichen Fragestellungen befassen, so etwa *Behrens*, DStR 2007, S. 1998 ff. und *Delp*, DB 2008, S. 2381 ff., jeweils zu empfehlenswerten Handlungsmöglichkeiten von Anlegern; *Czisz/Krane*, DStR 2010, S. 2226 ff. zur Besteuerung von Einkünften aus typisch stillen Gesellschaften; *Dinkelbach*, DB 2009, S. 870 (871 f., 872 f.) zur Berücksichtigung von Verlusten aus typisch stillen Gesellschaften und zur Erfassung und Besteuerung von Währungskomponenten im Zusammenhang mit Kapitaleinkünften; *Gragert*, NWB 2010, S. 2450 ff. zum Zusammenspiel von Abgeltungsteuer und § 15b EStG; *Haisch*, DStZ 2007, S. 762 zur Besteuerung von Finanzprodukten; *Haisch/Krampe*, DStR 2011, S. 2178 ff. zur Bedeutung der Überschusserzielungsabsicht bei Kapitalanlagen unter der Abgeltungsteuer, vgl. hierzu auch FG Düsseldorf EFG 2016, 377 [Rev. VIII R 38/15]; *Helios/Link*, DStR 2008, S. 386 ff. zur Anwendung der Abgeltungsteuer auf Erträge aus Finanzinnovationen und offenen Fonds; *Kämmerer*, DStR 2010, S. 27 (29 f.) zum verfahrensrechtlichen Weg rechtswidrig abgeführte Abgeltungsteuer zurückzuerhalten; *Kellersmann*, FR 2012, S. 57 ff. zur Behandlung „unrealisierter" Kapitalvermögenseinbußen; *Kleinmanns*, DStR 2009, S. 2359 ff. zu den Voraussetzungen unter denen wirtschaftliche Verluste aus Kapitalvermögen unter der Abgeltungsteuer zu negativen Einkünften führen können; *Kollruss*, GmbHR 2007, S. 1133 ff. zu Gestaltungs- und Missbrauchsmöglichkeiten durch die Steuersatzspreizung bei Familienunternehmen; *ders.*, BB 2008, S. 2437 ff. zur Abgeltungsteuer auf vGA; *Niemeyer/Stock*, DStR 2011,

nicht vor. Allenfalls kann von einer punktuellen Vereinfachung gesprochen werden, von der aber längst nicht alle am Besteuerungsverfahren nach dem Abgeltungsteuerprinzip Beteiligten profitieren.

Die steuerliche Entlastung der Bürger existiert gleichfalls überwiegend nur auf dem Papier. Denn der Verweis des Gesetzgebers auf den gegenüber dem Spitzensteuersatz moderaten Abgeltungsteuersatz blendet vollständig aus, dass diese 25 Prozent mit einer Bruttobesteuerung verbunden sind. Deshalb kommt es in etlichen Fällen sogar zu einer steuerlichen Mehrbelastung. Ebenfalls unberücksichtigt lässt der Gesetzgeber, dass Veräußerungserträge im Bereich der Kapitalanlagen durch die Abgeltungsteuer auch außerhalb der vormals geltenden Spekulationsfrist erfasst werden. Für die betroffenen Steuerpflichtigen steigt der Steuersatz von 0 auf 25 Prozent. Mit der These von einer steuerlichen Entlastung ist dies aber schlichtweg unvereinbar. Zwar gibt es sicherlich auch nicht wenige Fälle, in denen Steuerpflichtige durch die Abgeltungsteuer tatsächlich eine steuerliche Entlastung erfahren. Weil es daneben aber eben auch die gerade beschriebenen nachteilig betroffenen Gruppen gibt, kann die Abgeltungsteuer als Gesamtkonstruktion nicht als steuerentlastende Maßnahme gewertet werden. Hierin zeigt sich nicht zuletzt auch ein Widerspruch innerhalb der vom Gesetzgeber mit der Abgeltungsteuer verfolgten Ziele: Die Sicherung des Steuersubstrats ist mit einer steuerlichen Entlastung der Bürger schwerlich kompatibel, denn die Verwirklichung fiskalischer Begehrlichkeiten führt wohl kaum zu Wohltaten gegenüber den Steuerpflichtigen.

Der Gesetzgeber hat somit sogar die von ihm selbst im Zusammenhang mit der Abgeltungsteuer formulierten Ziele überwiegend nicht erreicht[1012]. Damit bleibt

---

S. 445 ff. zu notleidenden Gesellschafterdarlehen; *Sikorski,* NWB 2011, S. 1064 ff. zur nachträglichen Ausübung von Wahlrechten; *Strauch*, DStR 2010, S. 254 ff. zu Strategien, um Altverluste im Rahmen der Abgeltungsteuer zu nutzen; *S. Wagner*, DStZ 2007, S. 748 ff. zur Besteuerung von Stillhalterprämien; *Weber*, NWB 2007, S. 3031 (3045 ff.) zur Besteuerung von Gewinnausschüttungen und Entnahmen; *Worgulla/Söffing*, FR 2007, S. 1005 ff. allgemein zu Gestaltungsmöglichkeiten und -pflichten; *Worgulla*, NWB 2010, S. 3182 ff. zu stillen Gesellschaften, partiarischen Darlehen und Unterbeteiligungen; schließlich allgemein zu den zahlreichen aktuellen (einfach-rechtlichen) Problemkreisen der Abgeltungsteuer *Haarmann*, in: *FS Herzig*, S. 423 ff. sowie zu Gestaltungsempfehlungen *Graf/Paukstadt,* FR 2011, S. 249 ff.

1012 Selbst wenn man also die vom Gesetzgeber vertretenen Rechtfertigungsgründe (Steuersubstratsicherung, mehr Steuerehrlichkeit, gerechter und gleichmäßiger Steuervollzug) für die diversen, hier als verfassungswidrig eingestuften, Ungleichbehandlungen anerkennen würde, so müsste man inzwischen attestieren, dass diese Rechtfertigungsgründe in der Praxis nicht vorliegen. Weil ein Gesetz aber auch in die Verfassungswidrigkeit hineinwachsen kann (vgl. BFH BStBl. II 2006, 178 [182]), ergäbe sich spätestens hieraus die fehlende Grundgesetzkonformität der Abgeltungsteuer. Denn die als Rechtfertigungsgrund für die Einführung der Abgeltungsteuer angeführte Verhinderung der Kapitalflucht in das nicht kontrollierbare Ausland erweist sich spätestens (letztlich aber auch schon von Anfang an,

noch die Frage, ob sich durch eine Reform der Abgeltungsteuer auch insoweit Abhilfe schaffen ließe.

C. Reformbedürftigkeit und Reformfähigkeit

Die Abgeltungsteuer in ihrer bisherigen Ausgestaltung hat keine Zukunft. Dies haben die steuersystematische und gerade auch die verfassungsrechtliche Analyse deutlich zu Tage treten lassen. Zugleich hat sich hierdurch auch die Reformbedürftigkeit der Abgeltungsteuer offenbart. Dies setzt indes voraus, dass sie einer Reform auch tatsächlich zugänglich, mithin reformfähig ist. Reformerwägungen sind zudem stets perspektivisch ausgerichtet. Sie haben deshalb überdies zu fragen, ob selbst im Falle der Möglichkeit „abgeltungsteuererhaltender" Maßnahmen diese auch unter Zweckmäßigkeitsaspekten zu favorisieren und ihre Durchführung somit letztlich anzuraten ist. Die Alternative besteht in der gänzlichen Trennung vom Modell Abgeltungsteuer. In diesem Fall müsste eine Wiedereingliederung der Kapitaleinkünfte in das übrige System der Einkommensbesteuerung erfolgen.

Im Zusammenhang mit Reformen im Bereich des Einkommensteuerrechts mangelt es nicht an Vorschlägen. Mehr als ein halbes Dutzend Untersuchungen befassen sich ausführlich und in detailliert niedergelegten Begründungsansätzen mit der vollständigen Erneuerung des EStG[1013]. Die jeweilige Würdigung dieser Ansätze ist zwar nicht Gegenstand dieser Arbeit und würde auch ihren Rahmen bei weitem

---

vgl. oben § 6 C. III. 2) mit Blick auf die Entwicklung im Bereich des zwischenstaatlichen Informationsaustausches (s. dazu oben § 7 B.) als nicht tragfähig, wird hier doch in unzulässiger Weise zwischen anonymer Inlandsanlage und transparenter Auslandsanlage differenziert. Insofern liegt daher jedenfalls ein Hineinwachsen der Abgeltungsteuer in die Verfassungswidrigkeit vor.

1013 Genannt seien an dieser Stelle der *Heidelberger Entwurf* um *Manfred Rose*, der Karlsruher Entwurf um *Paul Kirchhof*, *Michael Elickers* Entwurf einer proportionalen Netto-Einkommensteuer, der von der Frankfurter Humanistischen Stiftung preisgekrönte Vorschlag von *Joachim Mitschke*, der *Kölner Entwurf* eines Einkommensteuergesetzes, der Reformvorschlag der Einkommens- und Unternehmensbesteuerung durch die Duale Einkommensteuer (in Auftrag gegeben vom BMF und dem BM für Wirtschaft und Arbeit; verfasst vom *Sachverständigenrat zur Begutachtung der gesamtwirtschaftlichen Entwicklung, dem Max-Planck-Institut und dem ZEW*) sowie jüngst das besonders weitreichende Reformmodell eines Bundessteuergesetzbuches von *Paul Kirchhof*; vgl. ferner auch das steuerpolitische Programm der *Stiftung Marktwirtschaft/Kommission „Steuergesetzbuch"*. Aus jüngster Zeit s. den (punktuellen) Vorschlag von *Hirte/Mertz*, DStR 2013, S. 331 ff., die aus volkswirtschaftlicher Sicht zum Zwecke höherer Veranlagungseffizienz der Abgeltungsteuer eine automatisierte Steuererstattung nach erfolgreichen Musterklageverfahren vorschlagen; schließlich *Körner*, DB 2015, S. 397 ff., der ein Alternativkonzept zur Abgeltungsteuer unter besonderer Berücksichtigung standort- und ordnungspolitischer Aspekte und mit dem Fokus auf die Beseitigung der Diskriminierung von Eigenkapitalfinanzierungen vorschlägt.

sprengen. Eine Betrachtung dieser Reformvorschläge erfolgt aber dennoch, und zwar unter ausschließlicher Fokussierung auf den Bereich der Besteuerung von Kapitaleinkünften. Insofern ist von Interesse, ob auch diese Entwürfe zumindest eine Abgeltungsteuer an sich vorsehen oder gänzlich auf sie verzichten. Hieraus lassen sich dann erste Rückschlüsse sowohl auf die Reformfähigkeit als auch – in noch höherem Maße – auf die Sinn- und Zweckhaftigkeit der Beibehaltung einer reformierten Abgeltungsteuer ziehen.

Die Mehrheit der Entwürfe sieht von einer Abgeltungsteuer auf Kapitaleinkünfte ab[1014] und unterwirft sie stattdessen demselben proportionalen[1015] oder progressiven[1016] Tarif, der auch für die übrigen Einkunftsarten gelten soll. Auf einen Steuerzugriff an der Quelle wird damit aber nicht verzichtet, denn überwiegend (wenngleich in unterschiedlichem Umfang) ist ein solcher in Form der Kapitalertragsteuer o.Ä. vorgesehen[1017].

An anderer Stelle ist zwar eine Abgeltungsteuer vorgesehen, dies jedoch nur von vorübergehender Dauer und mit zum Teil sehr geringen Steuersätzen, um sodann die Besteuerung im Bereich der Kapitaleinkünfte insgesamt ganz erheblich zurückzudrängen[1018]. Die Abgeltungsteuer dient damit nur als Übergangslösung und wird im Ergebnis auch hier nicht als dauerhafte und insgesamt zu befürwortende Lösung angeboten.

Fester Bestandteil eines Reformmodells ist eine Abgeltungsteuer allein bei der Dualen Einkommensteuer, die auch tariflich zwischen Erwerbseinkommen und (weit gefasstem, z.B. auch Mieteinkünfte einschließendem) Kapitaleinkommen unterscheidet[1019]. Dies ist darauf zurückzuführen, dass die umfassende und lückenlose Besteuerung von Kapitaleinkommen, und zwar soweit wie möglich durch abgeltende Erhebung an der Quelle, ein konstitutives Merkmal der Dualen Einkommensteuer darstellt[1020]. Wesentlicher Unterschied der mit der Dualen Einkommensteuer verbundenen Abgeltungsteuer zur heutigen Abgeltungsteuer ist jedoch, dass Erstere mit einer Veranlagungsoption verbunden sein soll, um den Anforderungen des Nettoprinzips zu genügen und verfassungsrechtliche Zweifelsfragen (insoweit) erst gar nicht aufkommen zu lassen[1021].

Nach alledem spricht zunächst einmal der Sachverstand zahlreicher renommierter Wissenschaftler gegen eine Abgeltungsteuer im Rahmen des heutigen EStG. Dies

---

1014 So etwa explizit *Kölner Entwurf*, S. 3, 107; zur näheren, überzeugenden Begründung vgl. *Stiftung Marktwirtschaft/Kommission „Steuergesetzbuch"*, S. 49 f.

1015 *Elicker* (2004), S. 261; *Mitscke* (2004), S. 30, dort allerdings mit zwei Stufen; *Kirchhof*, BStGB, S. 366 ff.

1016 *Karlsruher Entwurf*, S. 8; *Kölner Entwurf*, S. 1 f.

1017 *Mitschke* (2004), S. 37, 79 f.; *Kölner Entwurf*, S. 25, 104 ff.; Kirchhof, BStGB, S. 498 ff.

1018 *Heidelberger Entwurf*, S. 148 f., 185 ff.

1019 *BMF/Sachverständigenrat* (Hrsg.), Duale Einkommensteuer, S. 26 ff., 29.

1020 Vgl. *Englisch*, IFSt-Schrift Nr. 432, S. 19.

1021 *BMF/Sachverständigenrat* (Hrsg.), Duale Einkommensteuer, S. 29; *Englisch*, IFSt-Schrift Nr. 432, S. 156.

bedeutete, dass Reformbestrebungen mit dem Ziel des Erhalts der Abgeltungsteuer nicht angezeigt wären. Als Konsequenz ergäbe sich die Abschaffung der Abgeltungsteuer, wofür des Weiteren auch die in mehreren Punkten vorliegende Verfassungswidrigkeit der Abgeltungsteuer spricht. Allein mit einer Reform, die die Einführung einer Veranlagungsoption beinhaltet, wäre es schließlich nicht getan. Hinzukommen müsste eine Überarbeitung der Verlustverrechnung, was sich wohl noch mit vertretbarem Aufwand bewältigen ließe. Schwieriger gestaltete es sich da schon, den Abgeltungsteuertarif sachgerecht zu reformieren. Hinsichtlich des Werbungskostenausschlusses fallen die Typisierungsprobleme zwar weg, dafür bleiben sie im Hinblick auf die Inflationsfrage weiterhin unlösbar (soweit wiederum nur singulär behandelt) bestehen und stellte sich bei Einführung einer Veranlagungsoption ganz neu die Frage nach der Rechtfertigung eines Sondertarifs für Kapitaleinkünfte[1022]. Vor diesem Hintergrund sprechen sowohl Qualitätskriterien als auch Zweckmäßigkeitserwägungen eindeutig dafür, auf eine mögliche, aber mit erheblichem Aufwand und neuen verfassungsrechtlichen Problemen verbundene Reform der Abgeltungsteuer zu verzichten. Der mit ihr verbundene Teil der Unternehmensteuerreform 2008 ist vielmehr insgesamt zurückzunehmen, mit Ausnahme der erweiterten Veräußerungsgewinnbesteuerung. Im Ergebnis führt dies zu einer Wiedereingliederung der Kapitaleinkünfte in das synthetische Prinzip des EStG. Auch der progressive Tarif findet dann wie zuvor Anwendung. Zuzugeben ist, dass damit auch das Problem der unvollständigen Erfassung von Kapitaleinkünften als Folge der in diesem Einkünftebereich weit verbreiteten Steuerunehrlichkeit wieder aufleben könnte. Dem lässt sich allerdings wirkungsvoll begegnen.

Die Abschaffung der Abgeltungsteuer flankierend, wäre zunächst in einem ersten Schritt – wie in der Vergangenheit auch – eine Kapitalertragsteuer zu erheben. Vor allem aber müsste der Fiskus dann endlich auf seine durchaus wirksamen, bisher aber nicht ausgeschöpften Erfassungs- und Einziehungsalternativen zurückgreifen, wie etwa Bankauskünfte, Einsicht in Bankunterlagen, Kontrollmitteilungen usw., ggf. unter Änderung bzw. Aufhebung des § 30a AO[1023]; der automatische Informationsaustausch, der heute bereits bei Renten und Arbeitnehmereinkünften erfolgt, könnte auf Kapitaleinkünfte ausgeweitet

1022 Aus diesem Grund ist auch eine Reform dergestalt, dass die Abgeltungsteuer beibehalten und ein weiterer Schritt hin zur vollständigen Realisierung der Dualen Einkommensteuer gegangen wird, nicht zu befürworten; ebenso i.E. auch *Hey*, DB 2004, S. 724 (729 f.). Inzwischen rücken auch die Folgen einer Abschaffung der Abgeltungsteuer wieder verstärkt in den Blickpunkt, vgl. *Scheffler/Christ*, Ubg 2016, S. 157 ff. zu den konkreten Folgewirkungen auf die Unternehmensbesteuerung; vgl. außerdem *Cropp*, FR 2015, S. 878 ff., der u.a. auf politische Forderungen nach einer Anhebung des Abgeltungsteuersatzes auf 32 Prozent eingeht und anhand ausführlicher Berechnungen sowie umfangreichen Zahlenmaterials erläutert, warum eine solche Anhebung oder gar eine solche auf 35 Prozent unter gleichheitsrechtlichen Gründen auch angezeigt sei.

1023 Vgl. *Mitschke* (2004), S. 7; außerdem *Hey*, DB 2004, S. 724 (728 f.).

werden. Steuerflüchtlinge lassen sich auf diese Weise zwar nicht unbedingt wieder zurück ins Land holen, aber dies hat auch die Abgeltungsteuer nicht zu leisten vermocht. Die Rückkehr zu einem optimierten System der Einbeziehung von Kapitaleinkünften in die Besteuerungssynthese würde den momentanen verfassungswidrigen Zustand beseitigen und einen erheblichen Beitrag zu einer wieder (leistungsfähigkeits)gerechteren Besteuerung leisten. Die früher bestehenden Vollzugsschwierigkeiten ließen sich bei einer Bereitschaft der Politik zu mehr (aber immer noch verhältnismäßiger) Kontrolle beheben. Nicht zuletzt präsentierte sich diese Lösung des Rückschritts als steuersystematischer Fortschritt. An der dringend gebotenen grundlegenden Reform des EStG ändert dies freilich nichts[1024]. Aufgrund der Verfassungswidrigkeit der Abgeltungsteuer darf indes auch nicht mit Verweis auf eine regelmäßig angekündigte, aber bisher niemals durchgeführte Grundsatzreform die Reform der Kapitaleinkünftebesteuerung verzögert werden. Sie ist umgehend einzuleiten, um absehbare weitere gerichtliche Streitigkeiten doch noch zu vermeiden.

1024 S. auch *Kirchhof*, FR 2012, S. 701 zur Gebotenheit einer grundlegenden Reform des Steuerrechts überhaupt: Das bisherige Modell sei nicht einmal mehr reparaturfähig, sodass nur noch ein neues Modell helfen könne. Für die Schaffung eines neuen, von Verständlichkeit und Nachvollziehbarkeit geprägten, maßvollen Steuerrechts unter Berücksichtigung verfassungs- und europarechtlicher Vorgaben auch *Mellinghoff*, Stbg 2007, S. 549 (554).

§ 9 Abschluss und Zusammenfassung

A. Abschließende Gedanken

Bereits in der Einführung ist auf die von Anfang an weit verbreitete Kritik an der Abgeltungsteuer hingewiesen worden. Doch in Anbetracht der nachfolgend gefundenen Ergebnisse muss man attestieren, dass eine noch wesentlich schärfere Ablehnung geboten ist. Deshalb verwundert die vielfach bereits früh eingekehrte Gleichgültigkeit gegenüber der Abgeltungsteuer schon sehr[1025]. Dabei bildet doch nur die Abgeltungsteuer den Teil des Unternehmensteuerreformgesetzes 2008, der Auswirkungen auf nahezu alle Steuerpflichtigen hat[1026]. Ein wesentlicher Grund für die inzwischen eingekehrte „Ruhe nach dem Sturm" dürfte darin liegen, dass die Abgeltungsteuer ihr wahres Gesicht geschickt zu verschleiern vermag. So strahlt sie mit ihrem vermeintlich niedrigen, attraktiven Steuersatz wie die Sonne vom Himmel. Dadurch blendet sie aber, um im Bilde zu bleiben, die Steuerpflichtigen dermaßen, dass der notwendige Blick auf die tatsächlichen finanziellen Belastungen unterbleibt. Die Abgeltungsteuer suggeriert den Steuerpflichtigen somit eine – nur in den wenigsten Fällen gegebene[1027] – geringere Steuerbelastung als zuvor. Hinzu kommt, dass sie durch ihren Facettenreichtum den gut beratenen Steuerpflichtigen privilegiert und zur Ausnutzung der diversen Gestaltungsmöglichkeiten und der damit verbundenen steuerlichen Vorteile animiert[1028].

Ungeachtet dessen erweist sich die Abgeltungsteuer als ein negatives Paradebeispiel für die mitunter zu beobachtende Ignoranz der (Steuer)Politik gegenüber der Wissenschaft. Obwohl beide letztlich dem Wohle der Gesellschaft dienen sollen, scheinen sie häufig – so auch im Falle der Abgeltungsteuer – nicht miteinander zu harmonieren[1029]. Dass der Gesetzgeber am Ende am längeren Hebel sitzt, ist von Verfassungs wegen vorgegeben. Dies entbindet ihn aber nicht von seiner Verantwortung, im Bereich des Steuerrechts Gesetze zu schaffen, die entsprechend den Grundsätzen über die gerechte Lastenverteilung ausgestaltet sind[1030]. Das hierfür jeweils erforderliche Messen der steuerlichen Leistungsfähigkeit ist politisch aber

---

1025 Vgl. auch *Hey*, BB 2007, S. 1303 (1309); *Homburg*, DStR 2007, S. 686 (690); *Loos*, DB 2007, S. 704 (706).

1026 Ebenso *Gemmel/Hoffmann-Fölkersamb*, NWB 2007, S. 2935.

1027 S. hierzu die steuerlichen Belastungsvergleiche bei *von Glasenapp*, BB 2008, S. 360 (361 ff.); speziell zur gestiegenen Steuerbelastung von Dividenden *Siegmund/Kleene*, DStZ 2009, S. 366 (367 f., 372).

1028 Vgl. *Schäfer/Scholz*, DStR 2012, S. 1885 (1894); *Delp*, DB 2007, S. 2381 (2390).

1029 So auch das Ergebnis einer jüngst von *Tipke*, StuW 2013, S. 97 ff. vorgenommenen Analyse.

1030 Vgl. *Birk*, StuW 2004, S. 277; vgl. auch schon *ders.* (1983), S. 154.

nicht manipulierbar[1031]. Gleichwohl hat der Gesetzgeber mit der Abgeltungsteuer solche Manipulationen vorgenommen. Er erweitert die Bemessungsgrundlage zur Finanzierung eines Mogeltarifs, obwohl er den Tarif umgekehrt auf einer wahren, dem Nettoprinzip entsprechenden Bemessungsgrundlage aufbauen müsste[1032]. Im Rahmen der Abgeltungsteuer ist somit wieder einmal der Fiskalismus als schlimmster Feind des Nettoprinzips[1033] hervorgetreten. Hoffnungen, dass der Gesetzgeber sich hinsichtlich des Nettoprinzips noch eines Besseren besinnen möge[1034], sind inzwischen wohl als gänzlich zerstört zu betrachten. Damit wächst zugleich die Erwartung an die Judikative, die in der jüngeren Vergangenheit schon zu beobachtende kritische Distanz gegenüber einer immer weitergehenden Aushöhlung des objektiven Nettoprinzips[1035] noch zu vergrößern, indem die Abgeltungsteuer zum Anlass für die Formulierung sehr deutlicher, auch vom Gesetzgeber nicht zu überhörender, Maßstäbe genommen wird.

In diesem Zusammenhang darf zudem nicht vergessen werden, dass im Falle der Abgeltungsteuer auch noch die klare Abgrenzbarkeit von erwerbswirtschaftlicher und privater Sphäre für die Wahrung des objektiven Nettoprinzips streitet. Anders als z.B. beim häuslichen Arbeitszimmer besteht bei den privaten Kapitaleinkünften keine, nur mühsam aufzuklärende und zu beweisende, Abgrenzungsproblematik. Im Gegensatz z.B. zur Pendlerpauschale besteht bei der Abgeltungsteuer auch kein Berührungspunkt zu privaten Belangen des Steuerpflichtigen. Man kann daher nicht grundsätzlich die Wahrung des Nettoprinzips als Voraussetzung für die Akzeptanz der Steuerpolitik fordern, umgekehrt aber bei der Abgeltungsteuer von einer Sondersituation sprechen, bei der dies nicht gelte[1036]. Denn die Abgeltungsteuer stellt insoweit gerade keine besondere, schwierige Situation dar, sondern ist geradezu leicht zu handhaben. Auch dies gilt es bei der Frage, mit welcher Intensität das objektive Nettoprinzip im Rahmen der Abgeltungsteuer zu verteidigen ist, zu berücksichtigen.

Diejenigen, die (nahezu) alle hier festgestellten Verfassungsverstöße verneinen[1037], insbesondere auch im Bereich des objektiven Nettoprinzips, seien an ihre selbst aufgestellten Maßstäbe für eine verfassungsgemäße Abgeltungsteuer erinnert[1038].

1031 *Lang*, StuW 2007, S. 3 (8).

1032 Vgl. *Tipke*, SZ vom 17.03.2004, zitiert nach *Drenseck*, in: *GS Trzaskalik*, S. 283 (284) = FR 2006, S. 1 (2).

1033 *Lang*, StuW 2007, S. 3 (7); konkret zur Abgeltungsteuer *Seer*, DStJG Bd. 34 (2011), S. 1 (7).

1034 So etwa noch *Oho/Hagen/Lenz*, DB 2007, S. 1322 (1324).

1035 S. hierzu *Seiler*, DStJG Bd. 34 (2011), S. 87 f.; *Bergkemper*, DB 2011, S. 1947 (1949); a.A. *Spindler*, zitiert in: *Paetsch u.a.*, DStR 2009, Beihefter zu Heft 34, S. 78 (80), der die Türen für eine Abweichung vom obj. Nettoprinzip immer noch als vom BVerfG weit geöffnet ansieht.

1036 So aber *Jachmann*, zitiert in: *Paetsch u.a.*, DStR 2009, Beihefter zu Heft 34, S. 78 (87).

1037 Vor allem *Jachmann*, DStJG Bd. 34 (2011), S. 251 (258 ff.); *Weber-Grellet*, NJW 2008, S. 545 (547 ff.).

1038 Zuallererst *Jachmann*, Bd. I, S. 126 f.; *dies.*, in: *Schick* (Hrsg.), S. 21 f.

Wo ist eine Tariforientierung der Abgeltungsteuer am halben Spitzensteuersatz, wo die weitere Einbeziehung des Progressionssatzes in Durchschnittswerten und vor allem der zusätzliche Abschlag für die Typisierung des Aufwandsabzuges sowie die grundsätzlich allgemein einzuräumende Veranlagungsoption?

Wenn an anderer Stelle u.a. die Deklaration, Verifikation und Durchsetzung des Steueranspruchs als Rechtfertigung unter Beachtung einer „Grund-Gerechtigkeit" angesehen wird[1039], dann ist dem entgegenzuhalten, dass die Beseitigung eines Verfassungsverstoßes (Vollzugsdefizit) doch nicht dazu dienen darf, einen neuen Verfassungsverstoß (Verletzung des Gleichheitsgebots) zu rechtfertigen. Überdies wird sogar eingeräumt, dass die Abgeltungsteuer zur Verhinderung von Steuerflucht praktisch ungeeignet ist[1040]. Dies stellt schon den angeführten Rechtfertigungsgrund des umfassenden Vollzugs in Frage. Mit der häufig eingeforderten – keinesfalls nur zweitrangigen – Steuergerechtigkeit[1041] hat die Abgeltungsteuer danach ebenfalls kaum etwas zu tun. Denn der Gesetzgeber lässt sich bei der Abgeltungsteuer nicht von Gerechtigkeitserwägungen leiten, sondern von mehr oder weniger willkürlichen Maßnahmen zur maximalen Ertragserzielung; nur das umgekehrte Verhalten verdiente aber die Honorierung durch die Gerichte[1042]. Damit manifestiert sich auch im Falle der Abgeltungsteuer eine schon Jahrzehnte alte Erkenntnis[1043], wonach letztlich nur entsprechend eingestellte und motivierte Richter die Gerechtigkeitsfunktion des Steuerrechts sichern können.

Wer schließlich, unter immerhin zu begrüßender Ablehnung der Abgeltungsteuer insgesamt, gerade noch einen Verfassungsverstoß unter Verweis auf die signifikante Steuervereinfachung und die Vollzugssicherung verneint[1044], der lasse sich fragen, ob tatsächlich eine Rechtfertigung allein durch allenfalls zwei im Ergebnis nur bedingt einschlägige und deshalb schwache Gründe gelingen kann. Müsste man nicht eine größere Zahl an zudem auch noch tragfähigeren Gründen anführen? Immerhin zerstört und konterkariert die Abgeltungsteuer das Steuersystem vielfach und führt auch zu diversen verfassungsrechtlichen Problemen. Diese kann man aber doch nicht mit immer der gleichen Antwort lösen. Der Preis für

1039 *Weber-Grellet*, NJW 2008, S. 545 (550).
1040 *Weber-Grellet*, a.a.O.
1041 S. hierzu *Tipke*, StuW 2007, S. 201 (202).
1042 Vgl. *Hey* (2002), S. 344 f.
1043 Zu ihr gelangte *Tipke* (1981), S. VIII.
1044 Vgl. insb. *Musil*, DStJG Bd. 34 (2011), S. 283 f.; *ders.*, FR 2010, S. 149 (155) jeweils mit der Aufforderung zum Ausstieg; *Eckhoff*, FR 2007, S. 989 (998); ferner *Birk*, DStJG Bd. 34 (2011), S. 11 (22 f.). Dagegen will selbst eine verfassungsrechtlich durchaus kritische monografische Würdigung der Abgeltungsteuer, die immerhin in einigen wesentlichen verfassungsrechtlichen Prüfungspunkten mit den hier gefundenen Ergebnissen übereinstimmt, die Bruttobesteuerung von Kapitaleinkünften auf Basis einer verfassungsgemäßen Ausgestaltung fortführen [*Worgulla* (2013), S. 302 ff.], weil die Bruttobesteuerung insgesamt positiv zu bewerten sei, *Worgulla*, FR 2013, S. 921 (931). Ganz ähnlich i.E. wohl auch *Rockoff* (2014), S. 247 ff.

die Abgeltungsteuer ist eben nicht nur systematisch exorbitant hoch[1045], sondern müsste auch auf verfassungsrechtlicher Ebene gezahlt werden. Dies ist aber weder akzeptabel noch rechtlich zulässig.

Neben den rechtspolitischen, steuersystematischen und verfassungsrechtlichen Fragen fordert die Abgeltungsteuer aber auch dazu auf, sich in einigen steuerrechtlich grundlegenden Fragen zu positionieren. Soll das Leistungsfähigkeitsprinzip dadurch abgelöst werden, dass stattdessen zukünftig nach einer Idee der Mobilität besteuert wird[1046]? Hier gilt es, gerade auch im Rahmen der Beschäftigung mit der Abgeltungsteuer, das Leistungsfähigkeitsprinzip hochzuhalten und anderen Konzepten wegen ihres Defizits an Gerechtigkeit eine Absage zu erteilen.

Außerdem führt die Abgeltungsteuer vor Augen, dass ein ähnlich effizienter Steuervollzug im Bereich der Kapitaleinkünfte alternativ nur durch eine Ausweitung der Kontrollbefugnisse der Finanzbehörden zu erreichen ist. Die hiermit einhergehenden Einschnitte in Freiheitsgrundrechte sind durchaus beachtlich. Trotzdem sollte man sie hinnehmen, da die mit ihnen gewährleistete gleichmäßige, gerechte Besteuerung höher zu bewerten ist als ein die Privatsphäre geringfügig besser schützendes, steuerliches Unrecht in Form der Abgeltungsteuer.

Schließlich ist es ernüchternd zu beobachten, dass die Abgeltungsteuer nur eines – wenn auch nach hier vertretener Auffassung das bedeutsamste und umfangreichste – der mit der Unternehmensteuerreform 2008 einhergehenden Probleme darstellt. Etliche weitere Ungereimtheiten innerhalb des Reformprojektes sowie bis zum heutigen Tage immer wieder vorgenommene Korrekturmaßnahmen künden von der fehlenden Abstimmung von Abgeltungsteuer und Unternehmensbesteuerung[1047].

Wenigstens eines soll aber an dieser Stelle, wenn auch nicht zur rechtlichen, so doch zur Verteidigung der Ehre des Gesetzgebers, nicht unerwähnt bleiben. Dieser wird nämlich vom Willen angetrieben, missbräuchliche Steuergestaltungen zu unterbinden, zugleich aber von einem der Steuervereinfachung häufig im Wege stehenden Streben nach Einzelfallgerechtigkeit gebremst, sodass es nach wie vor sowohl für den Gesetzgeber als auch die Finanzverwaltung der Quadratur des Kreises gleichkommt, die Ziele Steuervereinfachung, Steuergerechtigkeit, Aufkommenssicherung und Missbrauchsvermeidung bei der Besteuerung von Kapitaleinkünften zu vereinen[1048]. Mit der Abgeltungsteuer hat er sich vom Ziel der Bewältigung dieser „Herkulesaufgabe“ nur leider mehr entfernt als genähert.

1045 So aber *Eckhoff*, FR 2007, S. 989 (998); wie hier dagegen *Pezzer*, DStJG Bd. 34 (2011), S. 207 (209 Fn. 8).

1046 Hierzu schon *Hey*, DStJG Bd. 30 (2007), S. 84 f.; *Kirchhof*, ebenda, S. 86.

1047 Vgl. auch die exemplarische Darstellung bei *Seer*, DStJG Bd. 34 (2011), S. 1 (6 f.).

1048 *Spieker*, DB 2012, S. 2836 (2841).

B. Zusammenfassung der Ergebnisse

- Die Abgeltungsteuer verdient besondere Aufmerksamkeit, die sie von ihrer „Geburtsstunde“ an bis zum heutigen Tage auch in hohem Maße erfahren hat. Neben ihren ebenfalls erheblichen, aber hier nicht erörterten, ökonomischen Auswirkungen wirft sie eine Fülle steuersystematischer und (verfassungs)rechtlicher Fragen auf, deren Beantwortung Gegenstand dieser Untersuchung ist.
- Ihr Name lässt nur ansatzweise erahnen, welch weitreichende Auswirkung die Abgeltungsteuer für das Einkommensteuerrecht seit dem 01.01.2009 hat. Insbesondere verschleiert er die Vielzahl von mit ihr einhergehenden gesetzlichen Änderungen. Ebenfalls nicht auf der Hand liegend ist der Umstand, dass die Abgeltungsteuer nur Kapitalanlagen, und auch dort nur den privaten, nicht betrieblichen Bereich betrifft. Schließlich lässt sie auch die mit ihr einhergehende Erweiterung der Besteuerung nicht erkennen.
- Die Abgeltungsteuer sucht ihresgleichen in der Geschichte des deutschen Einkommensteuerrechts. Eine Weltneuheit ist sie indes nicht, sondern wird vor allem in Europa in unterschiedlichen Ausprägungen praktiziert. Weil sich die Bundesrepublik Deutschland zunehmend durch Steuerflucht und Steuerhinterziehung bedingten Defiziten im Bereich des Vollzugs der Kapitalertragsbesteuerung gegenüber sah, entschloss sich der Gesetzgeber vor diesem Hintergrund für die Einführung der Abgeltungsteuer auch in Deutschland.
- Die Abgeltungsteuer ist eine Kreation der Großen Koalition aus CDU/CSU und SPD (2005–2009), die im Sommer 2007 als ein wesentlicher Bestandteil im Rahmen der Unternehmensteuerreform 2008 beschlossen wurde. Man versprach sich von der Abgeltungsteuer einen Beitrag zur dauerhaften Sicherung des deutschen Steuersubstrats sowie vor allem eine erhebliche Reduzierung der Anreize für eine mitunter rechtswidrige Verlagerung von privatem Kapital ins Ausland.
- Das Gesetzgebungsverfahren erwies sich allerdings nicht als eine parlamentarische Glanzleistung. Denn trotz im Finanzausschuss von allen sachverständigen Seiten geäußerter Kritik an der Ausgestaltung der Abgeltungsteuer oder an diesem Instrument überhaupt, ließ sich die Politik quasi in keiner Weise auf wirklich nennenswerte Änderungen am Regierungsentwurf ein. Die Folgen dieser Ignoranz sind nicht nur ein (weiterer) Verlust der Kultur zwischen Politik und Wissenschaft. Sie sind mit Blick auf das entstandene Ergebnis sogar fatal.
- Steuersystematisch stellt die Abgeltungsteuer einen Fremdkörper dar und reißt das Einkommensteuerrecht noch weiter in den Abgrund. Allen voran die „Weiterentwicklung“ des Dualismus zu einem Trialismus verdient in keiner Weise Beifall. Ein Bemühen, die Abgeltungsteuer klar strukturiert und unter Beibehaltung der das Einkommensteuerrecht prägenden Prinzipien in das EStG zu integrieren, ist kaum zu beobachten. Dies ist allerdings zumindest zum Teil auch der Tatsache geschuldet, dass die Abgeltungsteuer von Natur aus wenig „integrativ“ ist. Gleichwohl hätte es alternative, im Ergebnis freilich radikalere Lösungen gegeben, die wenigstens steuersystematisch keinen Anlass zu nachdrücklicher Kritik geboten hätten.

- Die verfassungsrechtliche Prüfung besteht die Abgeltungsteuer eindeutig nicht. Sie verletzt Art. 3 I GG als den zentralen Prüfungsmaßstab, indem sie gegen das Gebot der Besteuerung nach der wirtschaftlichen Leistungsfähigkeit verstößt und auch das Gebot der Folgerichtigkeit nicht wahrt. Zudem werden durch die Abgeltungsteuer in unzulässiger Weise Typisierungen vorgenommen, weil in Bereichen typisiert wird, in denen ein Typus bei näherer Betrachtung überhaupt nicht existiert und folglich auch nicht realitätsgerecht gebildet werden kann. Auch aus diesem Grund sowie wegen der rohen Bruttobesteuerung führt die Abgeltungsteuer mitunter zu willkürlichen, verfassungsrechtlich nicht mehr hinnehmbaren Ergebnissen. Hinzu kommt, dass dem Steuerpflichtigen in der weit überwiegenden Mehrzahl der Fälle die dringend gebotene Veranlagungsoption zur Herbeiführung einer synthetischen Besteuerung versagt wird. Insgesamt führt damit der in der Abgeltungsteuer abermals verkörperte, zugleich aber bemerkenswert gut verschleierte Fiskalismus zu verfassungswidrigen Resultaten.
- Dass die Abgeltungsteuer daneben nicht auch noch gegen Art. 4 I, 6 I, 12 I, 14 I GG sowie rechtsstaatliche Vertrauensschutzaspekte verstößt, ist vor diesem Hintergrund nur ein sehr schwacher Trost.
- Europarechtlich ist die Abgeltungsteuer ebenfalls kritisch zu bewerten, auch wenn sie nach hier vertretener Ansicht zumindest (derzeit noch) insoweit nicht zu beanstanden ist, als sie weder gegen geltendes Primär- noch gegen Sekundärrecht verstößt. Dies könnte sich aber infolge des jüngst immer weiter voranschreitenden internationalen Informationsaustausches in Steuersachen schnell ändern. Deshalb und weil Systematik und Entwicklung auf internationaler Ebene nicht mit der gegenteiligen Entwicklung einer auf Anonymität gerichteten Abgeltungsteuer harmonieren, spricht auch das Unionsrecht letztlich gegen ihre Beibehaltung.
- Wegen ihrer schon einfach-rechtlich erheblichen Komplexität hat die Abgeltungsteuer die Finanzgerichte bereits mehrfach beschäftigt und ist in wichtigen Bereichen auch schon bis zum BFH vorgedrungen. Mit weiteren Verfahren, die über kurz oder lang auch das BVerfG erreichen werden, ist zu rechnen. Entgegen – durch Lektüre zweier älterer Entscheidungen des BVerfG – möglicherweise vorschnell aufkommender und leider teilweise von den Finanzgerichten und vor allem vom BFH (allzu unkritisch) aufgenommenen Vermutungen ist die Abgeltungsteuer vom obersten deutschen Gericht nicht bereits im Voraus abgesegnet. Ganz im Gegenteil sollte (spätestens) das BVerfG erkennen, dass die Abgeltungsteuer den in der verfassungsgerichtlichen Rechtsprechung für Steuergesetze aufgestellten Prüfungsmaßstäben nicht genügt. Überdies ist das BVerfG im Falle der Überprüfung der Abgeltungsteuer gehalten, sich erstmals zur Frage des Verfassungsrangs des objektiven Nettoprinzips zu positionieren. Es sollte sie bejahen.
- Die vor dem BVerfG zu erwartende Niederlage kann der Gesetzgeber allein durch eine Reform der Abgeltungsteuer noch vermeiden. Allerdings würden hierdurch die ohnehin im Ergebnis schon kaum vorhandenen Vereinfachungswirkungen der Abgeltungsteuer vollends aufgegeben werden müssen. Überdies könnte der

(verfassungsrechtliche) „Flächenbrand Abgeltungsteuer" nur durch mehrere Reformmaßnahmen zugleich gelöscht werden. Solche Reformen in Form von Notoperationen sind aber stets die allenfalls zweitbeste Lösung. Vorzugswürdig ist vielmehr die vielfach geforderte Abschaffung der Abgeltungsteuer und die Rückführung der privaten Kapitaleinkünfte in ein – durch eine Reform vollzugsoptimiertes – synthetisches Einkommensteuerrecht. Hierfür spricht schließlich schon, dass der Gesetzgeber ganz überwiegend noch nicht einmal die von ihm selbst mit der Abgeltungsteuer verfolgten Ziele erreicht hat. Dies sollte ihm das Einschlagen des hier vorgeschlagenen Weges zusätzlich erleichtern.

- Letztlich bleibt die immense Problematik der gerechten Besteuerung von Kapitaleinkünften mitsamt dem zugehörigen effektiven, tatsächlichen Vollzug jedoch mit und ohne Abgeltungsteuer als fast schon unlösbare Herausforderung bestehen. Die Abgeltungsteuer drängt aber Politik und Wissenschaft geradezu, sich mit grundlegenden Fragen des Steuerrechts zukunftsbezogen auseinanderzusetzen und entsprechend der gefundenen Ergebnisse Weichenstellungen vorzunehmen. Dabei sollte man sich primär von Überlegungen, die zur Verwirklichung von Steuergerechtigkeit führen, leiten lassen. Auch die Rechtsprechung sollte diesen Aspekt bei der Beurteilung der Abgeltungsteuer nicht unberücksichtigt lassen. Vor allem aber sollte sie die schon bisher – ungeachtet etwaiger (vorrangig fiskalischer) Befindlichkeiten der Politik – häufig an den Tag gelegte Gradlinigkeit bei der Beurteilung von Steuergesetzen auch im Falle der Abgeltungsteuer beibehalten. Für ein systematisches und gerechtes Einkommensteuerrecht, das auch Kapitaleinkünfte gleichmäßig erfasst und besteuert, kann indes nur die Legislative selbst sorgen. Hoffentlich handelt sie bald. Rechtsprechung und (Kapitaleinkünfte beziehende) Steuerpflichtige würden dies dem Gesetzgeber sicherlich danken.

Literaturverzeichnis

Arbeitskreis Quantitative Steuerlehre (arqus): arqus-Stellungnahme zur notwendigen Reform der Abgeltungsteuer, in: BB 2008, S. 957–958

Arndt, Hans-Wolfgang/Schuhmacher, Andreas: Einkommensbesteuerung und Grundrechte – Zum Einfluß grundrechtlicher Entscheidungen des Bundesverfassungsgerichts auf die Entwicklung der Einkommensbesteuerung in der Bundesrepublik Deutschland, in: AöR Band 118 (1993), S. 513–590

Axer, Jochen: Abgeltungs- und Veräußerungsgewinnbesteuerung ab 2009, in: Stbg 2007, S. 201–210

Bäuml, Swen Oliver: System und Reform der Besteuerung privater Veräußerungsgeschäfte – Bestandsaufnahme und Analyse von Reformansätzen unter steuersystematischen und verfassungsrechtlichen Aspekten; Dissertation Halle-Wittenberg, Frankfurt a.M. 2005 [zitiert: Bäuml (2005)]

Bäuml, Swen Oliver/Gageur, Patrick: Die geplante Abgeltungsteuer auf Kapitaleinkünfte – Aktuelles Beratungs-Know-How und potenzielle Verfassungswidrigkeit, in: FR 2006, S. 213–218

Behrens, Stefan: Neuregelung der Besteuerung der Einkünfte aus Kapitalvermögen ab 2009 nach dem Regierungsentwurf eines Unternehmenssteuerreformgesetzes vom 14.3.2007, in: BB 2007, S. 1025–1031

Behrens, Stefan: Abgeltungsteuer 2009 – Handlungsmöglichkeiten des Privatanlegers im Übergangszeitraum, in: DStR 2007, S. 1998–2002

Behrens, Stefan/Renner, Georg: Beschränkung des Anwendungsbereichs der Abgeltungsteuer zur Missbrauchsvermeidung nach § 32d Abs. 2 Nr. 1 EStG, in: BB 2008, S. 2319–2328

Beiser, Reinhold: Das Leistungsfähigkeitsprinzip – Irrweg oder Richtschnur?, in: ÖStZ 2000, S. 413–423

Bergkemper, Winfried: Die Bedeutung des objektiven Nettoprinzips für den Abzug beruflicher/betrieblicher Aufwendungen in der Rechtsprechung des Bundesfinanzhofs, in: StuW 2006, S. 311–316

Bergkemper, Winfried: Kosten für berufliche Erstausbildung und Erststudium unmittelbar nach Schulabschluss können in voller Höhe abziehbar sein, in: DB 2011, S. 1947–1949

Birk, Dieter: Das Leistungsfähigkeitsprinzip als Maßstab der Steuernormen – Ein Beitrag zu den Grundfragen des Verhältnisses Steuerrecht und Verfassungsrecht; Habilitation München, Köln 1983 [zitiert: Birk (1983)]

Birk, Dieter: Das Leistungsfähigkeitsprinzip in der Unternehmenssteuerreform, in: StuW 2000, S. 328–336

Birk, Dieter: Zur Vereinbarkeit einer Abgeltungsteuer mit dem europäischen Recht, in: Veranlagung – Abgeltung – Steuerfreiheit – Besteuerung von Kapitalerträgen im Rechtsstaat, hrsg. von Gerhard Schick; Berlin 2003, S. 23–29 [zitiert: Birk, in: Schick (Hrsg.)]

Birk, Dieter: Das Gebot des gleichmäßigen Steuervollzugs und dessen Sanktionierung, in: StuW 2004, S. 277–282

Birk, Dieter: Einkommen, Einkunftsarten und Einkünfteermittlung, in: Einkünfteermittlung, hrsg. von Johanna Hey; Köln 2011, S. 11–29 [zitiert: Birk, DStJG Bd. 34 (2011)]

Birk, Dieter/Desens, Marc/Tappe, Henning: Steuerrecht; 17. Auflage, Heidelberg 2014 [zitiert: Birk/Desens/Tappe, SteuerR]

Birkenfeld, Wolfram: Der Einfluß des Gemeinschaftsrechts auf die Rechtsverwirklichung im Steuerrecht – Eine Bestandsaufnahme, in: StuW 1998, S. 55–75

Blümich, Walter: EStG • KStG • GewStG – Einkommensteuergesetz, Körperschaftsteuergesetz, Gewerbesteuergesetz, Kommentar, hrsg. von Bernd Heuermann und Peter Brandis, Loseblattsammlung, Stand: 127. Ergänzungslieferung (März 2015); München [zitiert: Blümich/Bearbeiter, Gesetz]

Boeijen-Ostaszewska, Ola van/Schellekens, Marnix: European Tax Handbook 2012; Amsterdam 2012 [zitiert: European Tax Handbook 2012]

Breinersdorfer, Stefan: Kompliziertes Steuerrecht, muss das sein? – Eine normanalytische Betrachtung der neueren Steuergesetzgebung am Beispiel des „Mantelkaufs“ und der „back-to-back-Finanzierung“ bei der Abgeltungsteuer, in: StuW 2008, S. 216–227

Breinersdorfer, Stefan: Abzugsverbote und objektives Nettoprinzip – Neue Tendenzen in der verfassungsgerichtlichen Kontrolle des Gesetzgebers, in: DStR 2010, S. 2492–2497

Breithecker, Volker/Garden, Christian/Thönnes, Marco: Steuerbelastung jenseits der Steuerbelastung, in: DStR 2007, S. 361–367

Brusch, Friedrich: Unternehmensteuerreformgesetz 2008: Abgeltungsteuer, in: FR 2007, S. 999–1004

Calle, Enrique Ortiz: Die spanische duale Einkommensteuer, in: StuW 2010, S. 121–136

Canaris, Claus-Wilhelm: Systemdenken und Systembegriff in der Jurisprudenz – entwickelt am Beispiel des deutschen Privatrechts; 2. Auflage, Berlin 1983 [zitiert: Canaris (1983)]

Cropp, Olaf Christian: Ungleichbesteuerung durch Abgeltungsteuer – Plädoyer gegen eine leistungsfähigkeitswidrige Einkommensbesteuerung, in: FR 2015, S. 878–887

Czisz, Konrad/Krane, Manuela: Die Besteuerung von Einkünften aus typisch stillen Gesellschaften unter der Abgeltungsteuer, in: DStR 2010, S. 2226–2231

Dahm, Joachim/Hamacher, Rolfjosef: Export der Abgeltungsteuer – Zur Vereinfachung und grenzüberschreitenden Anwendung der Abgeltungsteuer; IFSt-Schrift Nr. 478, Bonn 2012 [zitiert: Dahm/Hamacher, IFSt-Schrift Nr. 478]

Dechant, René-Marcel: Die Besteuerung privater Veräußerungsgeschäfte in systematischer und verfassungsrechtlicher Hinsicht; Dissertation Münster, Berlin 2006 [zitiert: Dechant (2006)]

Degenhart, Christoph: Systemgerechtigkeit und Selbstbindung des Gesetzgebers als Verfassungspostulat; Dissertation München, München 1976 [zitiert: Degenhart (1976)]

Delp, Udo A.: Die Anlegerseite der Abgeltungsteuer, in: DB 2008, S. 2381–2390

Delp, Udo A.: Aktuelle Problemstränge zwischen Abgeltungsteuer und Einkommensteuererklärung, in: DB 2015, S. 1919–1925

Desens, Marc: Das Halbeinkünfteverfahren – Eine theoretische, historische, systematische und verfassungsrechtliche Würdigung; Dissertation Münster, Köln 2004 [zitiert: Desens (2004)]

Di Fabio, Udo: Steuern und Gerechtigkeit – Das Freiheits- und Gleichheitsgebot im Steuerrecht, in: JZ 2007, S. 749–755

Dinkelbach, Andreas: Offene Fragen und Ungereimtheiten bei Kapitaleinkünften nach der Unternehmensteuerreform, in: DB 2009, S. 870–875

Dolzer, Rudolf/Graßhof, Karin/Kahl, Wolfgang/Waldhoff, Christian (Hrsg.): Bonner Kommentar zum Grundgesetz, Loseblattsammlung, Stand: 172. Ergänzungslieferung (Mai 2015); Heidelberg 1950 [zitiert: BK/Bearbeiter]

Dörr, Ingmar/Fehling, Daniel: Europarechtliche Aspekte der Unternehmensteuerreform 2008 – Gesetzesänderungen im Lichte des Gemeinschaftsrechts, in: NWB 2007, S. 2535–2550

Dreier, Horst: Grundgesetz, Kommentar – Band I: Präambel, Artikel 1–19; 3. Auflage, Tübingen 2013 [zitiert: Bearbeiter, in: Dreier, GG]

Drenseck, Walter: Einkommensteuerreform und objektives Nettoprinzip, in: Gedächtnisschrift für Christoph Trzaskalik, hrsg. von Klaus Tipke und Hartmut Söhn; Köln 2005, S. 283–294 (= FR 2006, S. 1–7) [zitiert: Drenseck, in: GS Trzaskalik]

Drüen, Klaus-Dieter: Die Bruttobesteuerung von Einkommen als verfassungsrechtliches Vabanquespiel, in: StuW 2008, S. 3–14

Drüen, Klaus-Dieter: Die Indienstnahme Privater für den Vollzug von Steuergesetzen; Habilitation Bochum 2005, Tübingen 2012 [zitiert: Drüen (2005/2012)]

Drüen, Klaus-Dieter: Verfassungsrechtliche Grenzen rückwirkender Rechtsprechungskorrektur – Dargestellt am Beispiel der Besteuerung von Erstattungszinsen, in: Ubg 2014, S. 683–693 (Teil I) und S. 747–758 (Teil II)

Durchlaub, Thomas: Zur Steuerpflicht der Gewinne aus der Veräußerung von Privatvermögen; Dissertation Bochum, Berlin 1993 [zitiert: Durchlaub (1993)]

Eckhoff, Rolf: Rechtsanwendungsgleichheit im Steuerrecht – Die Verantwortung des Gesetzgebers für einen gleichmäßigen Vollzug des Einkommensteuerrechts; Habilitation Münster, Köln 1999 [zitiert: Eckhoff (1999)]

Eckhoff, Rolf: Verluste im Einkommensteuerrecht, in: Verluste im Steuerrecht, hrsg. von Rüdiger von Groll; Köln 2005, S. 11–39 [zitiert: Eckhoff, DStJG Bd. 28 (2005)]

Eckhoff, Rolf: Die Schedule – de lege lata und de lege ferenda, in: Festschrift für Hermann Otto Solms, hrsg. von Paul Kirchhof, Otto Graf Lambsdorff und Andreas Pinkwart; Berlin 2005, S. 27–34 [zitiert: Eckhoff, in: FS Solms]

Eckhoff, Rolf: Abgeltungsteuer – Steuersystematische und verfassungsrechtliche Aspekte, in: FR 2007, S. 989–998

Eggesiecker, Fritz/Ellerbeck, Eike: Scheingewinneliminierung als notwendige Bedingung einer rationalen Einkommensteuerreform, in: DB 2004, S. 839–841

Ehrhardt-Rauch, Andrea/Rauch, Steffen Gregor: Ist der Schutz von Bankkunden nach § 30a AO auch künftig noch haltbar? – Neue Wege bei der europäischen Zinsbesteuerung, in: DStR 2002, S. 57–64

Eilers, Stephan: Fremdfinanzierung im Unternehmen nach der Unternehmensteuerreform 2008, in: FR 2007, S. 733–735

Eilfort, Michael/Lang, Joachim (Hrsg.): Kommission „Steuergesetzbuch" Steuerpolitisches Programm; Einfacher, gerechter, sozialer: Eine umfassende Ertragsteuerreform für mehr Wachstum und Beschäftigung; Berlin 2006 [zitiert: Stiftung Marktwirtschaft/Kommission „Steuergesetzbuch"]

Elicker, Michael: Darf der Steuerzugriff ein Unternehmen zahlungsunfähig machen?, in: StuW 2002, S. 217–234

Elicker, Michael: Entwurf einer proportionalen Netto-Einkommensteuer – Textentwurf und Begründung; Köln 2004 [zitiert: Elicker (2004)]

Elschen, Rainer: Entscheidungsneutralität, Allokationseffizienz und Besteuerung nach der Leistungsfähigkeit – Gibt es ein gemeinsames Fundament der Steuerwissenschaften, in: StuW 1991, S. 99–115

Elser, Thomas/Bindl, Elmar: Einzelfragen zur Abgeltungsteuer – Teil II, in: FR 2010, S. 360–369

Endres, Dieter/Spengel, Christoph/Reister, Timo: Neu Maß nehmen: Auswirkungen der Unternehmensteuerreform 2008, in: WPg 2007, S. 478–489

Englisch, Joachim: Dividendenbesteuerung – Europa- und verfassungsrechtliche Vorgaben im Vergleich der Körperschaftsteuersysteme Deutschlands und Spaniens; Dissertation Köln, Köln 2005 [zitiert: Englisch (2005)]

Englisch, Joachim: Die Duale Einkommensteuer – Reformmodell für Deutschland?; IFSt-Schrift Nr. 432, Bonn 2005 [zitiert: Englisch, IFSt-Schrift Nr. 432]

Englisch, Joachim: Steuerliche Abziehbarkeit existenzsichernder Vorsorgeaufwendungen, in: NJW 2006, S. 1025–1029

Englisch, Joachim: Verfassungsrechtliche und steuersystematische Kritik der Abgeltungsteuer, in: StuW 2007, S. 221–240

Englisch, Joachim: Wettbewerbsgleichheit im grenzüberschreitenden Handel – mit Schlussfolgerungen für indirekte Steuern; Habilitation Köln, Tübingen 2008 [zitiert: Englisch (2008)]

Englisch, Joachim: Verfassungsrechtliche Grundlagen und Grenzen des objektiven Nettoprinzips, in: DStR 2009, Beihefter zu Heft 34, S. 92–100

Faltlhauser, Kurt: Die Verlockungen der Schedule, in: Festschrift für Wolfgang Ritter, hrsg. von Max Dietrich Kley, Eckart Sünner und Arnold Willemsen; Köln 1997, S. 511–518 [zitiert: Faltlhauser, in: FS Ritter]

Findeis, Bernd: Kapitalertragsteuer-Außenprüfung unter dem Regime der Abgeltungsteuer, in: DB 2009, S. 2397–2402

Fischer, Carola: Problemfelder bei der Abgeltungsteuer – ein Appell für Korrekturen noch vor 2009, in: DStR 2007, S. 1898–1900

Förster, Guido: Unternehmensteuerreform 2008: Kapitalgesellschaften, in: Stbg 2007, S. 559–572

Friauf, Heinrich/Höfling, Wolfram: Berliner Kommentar zum Grundgesetz, Loseblattsammlung, Stand: 45. Ergänzungslieferung (Mai 2015); Berlin 2000 [zitiert: Bearbeiter, in: Friauf/Höfling, BKGG]

Fuisting, Bernhard: Die Grundzüge der Steuerlehre; Berlin 1902 [zitiert: Fuisting (1902)]

Gassner, Wolfgang/Lang, Michael: Das Leistungsfähigkeitsprinzip im Einkommen- und Körperschaftsteuerrecht – Dogmatische Grundfragen – Rechtspolitischer Stellenwert, Gutachten für den 14. ÖJT in Wien 2000; Wien 2000, S. 1–121 [zitiert: Gassner/Lang, 14. ÖJT, Wien 2000, Bd. III/1]

Gassner, Wolfgang/Lang, Michael: Die mangelnde Leistungsfähigkeit des Leistungsfähigkeitsprinzips, in: ÖStZ 2000, S. 643–644

Gemmel, Heiko/Hoffmann-Fölkersamb, Peter: Die Abgeltungsteuer – Ein neues System der Besteuerung von Kapitaleinkünften und Veräußerungsgewinnen, in: NWB 2007, S. 2935–2948

Glasenapp, Gero von: Die Auswirkungen der Unternehmensteuerreform 2008 auf die Einkünfte aus Kapitalvermögen, in: BB 2008, S. 360–367

Gläser, Sven Christian/Zöller, Daniel: Der Begriff der nahestehenden Person im Sinne des § 32d EStG – Anmerkungen zu den BFH-Urteilen vom 29.4.2014 – VIII R 9/13, VIII R 35/13 und VIII R 44/13 sowie vom 14.5.2014 – VIII R 31/11, in: DStR 2015, S. 497–502

Gläser, Sven Christian/Zöller, Daniel: Abgeltungsteuer bei Angehörigen-Darlehen: Begriff der absoluten finanziellen Abhängigkeit – Anmerkungen zum BFH-Urteil vom 28.01.2015 – VIII R 8/14, in: BB 2015, S. 1632–1634

Görke, Roger: Einkommensteuer und objektives Nettoprinzip, in: DStR 2009, Beihefter zu Heft 34, S. 106–109

Götzenberger, Anton-Rudolf: Abgeltungsteuer in der Schweiz: Die neue Initiative der Schweizer Banken, in: BB 2010, S. 2544–2545

Graf, Roland W./Paukstadt, Maik: Abgeltungsteuer – Praxiserfahrungen, Verbesserungsbedarf und Gestaltungsempfehlungen, in: FR 2011, S. 249–267

Gragert, Katja: Abgeltungsteuer und die Verlustverrechnung gem. § 15b EStG, in: NWB 2010, S. 2450–2454

Groh, Manfred: Unternehmensteuerreform 2008/MoMiG 2008: Neuerungen bei § 17 EStG, in: FR 2008, S. 264–267

Haarmann, Wilhelm: Aktuelle Problemkreise bei der Abgeltungsteuer, in: Festschrift für Norbert Herzig, hrsg. von Wolfgang Kessler, Guido Förster und Christoph Watrin; München 2010, S. 423–437 [zitiert: Haarmann, in: FS Herzig]

Habscheidt, Gerhard: Der Anspruch des Bürgers auf Erstattung verfassungswidriger Steuern; Dissertation Bochum, Köln 2003 [zitiert: Habscheidt (2003)]

Haisch, Martin L.: Besteuerung von Finanzprodukten unter der Abgeltungsteuer, in: DStZ 2007, S. 762–773

Haisch, Martin L./Krampe, Stephan: Einzelfragen zur Abgeltungsteuer – Teil I, in: FR 2010, S. 311–321

Hammerstein, Fritz von: Der verfassungsrechtliche Schutz der Privatsphäre im Steuerrecht; Dissertation Heidelberg, Frankfurt am Main 1993 [zitiert: v. Hammerstein (1993)]

Hänsch, Falco: Die Einführung der Schedulenbesteuerung aus verfassungsrechtlicher Sicht – Die Abgeltungsteuer im System der Einkommensteuer, in: SteuStud 2012, S. 275–283

Heidrich, Paul: Die Lehre von den obersten Steuerprinzipien – Ein Beitrag zur Theorie der öffentlichen Wirtschaft; Jena 1929 [zitiert: Heidrich (1929)]

Heine, Peter: Ergebnisse der neuen Steuerschätzung für 2011 bis 2015, in: KStZ 2011, S. 121–132

Heine, Peter: Ergebnisse der 145. Sitzung des Arbeitskreises „Steuerschätzungen" vom 4. bis 6.11.2014 in Wismar, in: KStZ 2014, S. 221–230

Heintzen, Markus: Die unterschiedliche Behandlung von Gewinnen und Verlusten, in: Verluste im Steuerrecht, hrsg. von Rüdiger von Groll; Köln 2005, S. 163–184 [zitiert: Heintzen, DStJG Bd. 28 (2005)]

Helios, Marcus/Link, Mathias: Zweifelsfragen der Abgeltungsteuer auf Kapitalerträge aus Finanzinnovationen und offenen Fonds, in: DStR 2008, S. 386–392

Hensel, Albert: Verfassungsrechtliche Bindungen des Steuergesetzgebers. Besteuerung nach der Leistungsfähigkeit – Gleichheit vor dem Gesetz, in: VjSchrStFR 1930, S. 441–493

Herrmann, Carl/Heuer, Gerhard/Raupach, Arndt: Einkommensteuer- und Körperschaftsteuergesetz, Kommentar, hrsg. von Johanna Hey, Ulrich Prinz und Michael Wendt, Loseblattsammlung, Stand: 269. Ergänzungslieferung (Mai 2015); Köln 1950 [zitiert: Bearbeiter, in: H/H/R]

Herzberg, Anja: Zu einem neuen Verständnis des § 30a AO im Kontext von Abgeltungsteuerprüfungen? – Eine Gesamtschau der §§ 30a, 93 AO und des § 50b EStG, in: DStR 2014, S. 1535–1537

Herzig, Norbert: Spannungsverhältnis zwischen Finanzierungsfreiheit und fehlender Finanzierungsneutralität der Besteuerung, in: FR 1994, S. 589–602

Heuermann, Bernd: System- und Prinzipienfragen beim Verlustabzug – Zugleich zur Verfassungsmäßigkeit der Mindestbesteuerung, in: FR 2012, S. 435–442

Heuermann, Bernd: Steuerinnovation im Wandel: Einige Thesen zur Zinsschranke und ihrer Verfassungsmäßigkeit, in: DStR 2013, S. 1–5

Hey, Johanna: Harmonisierung der Unternehmensbesteuerung in Europa – Ein Vorschlag unter Auswertung des Ruding-Berichts und der US-amerikanischen ‚integration debate'; Dissertation Köln, Köln 1997 [zitiert: Hey (1997)]

Hey, Johanna: Steuerplanungssicherheit als Rechtsproblem; Habilitation Köln, Köln 2002 [zitiert: Hey (2002)]

Hey, Johanna: Vollzugsdefizite bei Kapitaleinkommen: Rechtsschutzkonsequenzen und Reformoptionen, in: DB 2004, S. 724–730

Hey, Johanna: Besteuerung von Einkommen – Aufgaben, Wirkungen und europäische Herausforderungen, in: JZ 2006, S. 851–860

Hey, Johanna: Verletzung fundamentaler Besteuerungsprinzipien durch die Gegenfinanzierungsmaßnahmen des Unternehmensteuerreformgesetzes 2008, in: BB 2007, S. 1303–1309

Hey, Johanna: Verfassungswidrige Übergangsvorschriften zur Verrechnung von Altverlusten aus Aktiengeschäften nach dem 31.12.2013 – (§§ 23 Abs. 3 Sätze 9 u. 10; 52a Abs. 11 Satz 11 EStG), in: FR 2014, S. 349–353

Heyes, Martin: Ursachen, Rahmenbedingungen und neue Rechtfertigungsansätze zur Zinsschranke (§ 4h EStG, § 8a KStG); Dissertation Bochum, Berlin 2014 [zitiert: Heyes (2014)]

Hirte, Heribert/Mertz, Nicolai Moritz: Eine Abgeltungsteuer, die ihren Namen verdient – Höhere Veranlagungseffizienz der Abgeltungsteuer durch automatisierte Steuererstattung nach erfolgreichen Musterklageverfahren, in: DStR 2013, S. 331–335

Höller, Timo: Eine kritische Analyse der Unternehmensteuerreform 2008 im historischen Kontext; Dissertation Bochum, Frankfurt a.M. u.a. 2011 [zitiert: Höller (2011)]

Homburg, Stefan: Die Abgeltungsteuer als Instrument der Unternehmensfinanzierung, in: DStR 2007, S. 686–690

Homburg, Stefan/Houben, Henriette/Maiterth, Ralf: Rechtsform und Finanzierung nach der Unternehmensteuerreform 2008, in: WPg 2007, S. 376–381

Hörster, Ralf: Gesetz zur Umsetzung der Beitreibungsrichtlinie sowie zur Änderung steuerlicher Vorschriften – Änderungen zum Regierungsentwurf, in: NWB 2011, S. 4208–4221

Hübschmann, Walter/Hepp, Ernst/Spitaler, Armin: Abgabenordnung/Finanzgerichtsordnung, Kommentar, Loseblattsammlung, Stand: 232. Ergänzungslieferung (April 2015); Köln 1951 [zitiert: Bearbeiter, in: H/H/Sp, Gesetz]

Huster, Stefan: Rechte und Ziele – Zur Dogmatik des allgemeinen Gleichheitssatzes; Dissertation Heidelberg, Berlin 1993 [zitiert: Huster (1993)]

Intemann, Jens: Einbeziehung von Dividenden in die Abgeltungsteuer verfassungswidrig?, in: DB 2007, S. 1658–1661

Isensee, Josef: Die typisierende Verwaltung – Gesetzesvollzug im Massenverfahren am Beispiel der typisierenden Betrachtungsweise des Steuerrechts; Habilitation Erlangen-Nürnberg, Berlin 1976 [zitiert: Isensee (1976)]

Isensee, Josef: Vom Beruf unserer Zeit für Steuervereinfachung, in: StuW 1994, S. 3–14

Isensee, Josef/Kirchhof, Paul: Handbuch des Staatsrechts der Bundesrepublik Deutschland, Band VIII – Grundrechte: Wirtschaft, Verfahren, Gleichheit; 3. Auflage, Heidelberg 2010 [zitiert: Bearbeiter, in: Isensee/Kirchhof, HStR]

Jachmann, Monika: Besteuerung von Unternehmen als Gleichheitsproblem – Unterschiedliche Behandlung von Rechtsformen, Einkunftsarten, Werten und Steuersubjekten im Ertrag- und Erbschaftsteuerrecht, in: Europa- und verfassungsrechtliche Grenzen der Unternehmensbesteuerung, hrsg. von Jürgen Pelka; Köln 2000, S. 9–65 [zitiert: Jachmann, DStJG Bd. 23 (2000)]

Jachmann, Monika: Zur Vereinbarkeit einer Abgeltungsteuer mit dem deutschen Verfassungsrecht, in: Veranlagung – Abgeltung – Steuerfreiheit – Besteuerung von Kapitalerträgen im Rechtsstaat, hrsg. von Gerhard Schick; Berlin 2003, S. 15–22 [zitiert: Jachmann, in: Schick (Hrsg.)]

Jachmann, Monika: Nachhaltige Entwicklung und Steuern – Ansätze zu einer an der Gemeinwohlverantwortung des Einzelnen ausgerichteten Lastenverteilungsgleichheit, Bd. I der Hamburger Schriften zum Finanz- und Steuerrecht, hrsg. von Monika Jachmann und Peter Selmer; Stuttgart, München et al. 2003 [zitiert: Jachmann, Bd. I]

Jachmann, Monika: Eine deutsche Abgeltungsteuer auf Kapitalerträge im europäischen Kontext, in: BB 2003, S. 2712–2719

Jachmann, Monika: Objektives Nettoprinzip als tragendes Element im Gesamtsystem des Steuerrechts und Grenze für die Steuerpolitik, in: DStR 2009, Beihefter zu Heft 34, S. 129–134

Jachmann, Monika: Ermittlung von Vermögenseinkünften – Abgeltungsteuer, in: Einkünfteermittlung, hrsg. von Johanna Hey; Köln 2011, S. 251–277 [zitiert: Jachmann, DStJG Bd. 34 (2011)]

Jacobs, Otto H./Schreiber, Ulrich/Spengel, Christoph/Gutekunst, Gerd/Lammersen, Lothar: Stellungnahme zum Steuervergünstigungsabbaugesetz und zu weiteren steuerlichen Maßnahmen, in: DB 2003, S. 519–525

Jarass, Hans D./Pieroth, Bodo: Grundgesetz für die Bundesrepublik Deutschland, Kommentar; 13. Auflage, München 2014 [zitiert: Bearbeiter, in: Jarass/Pieroth, GG]

Jarass, Lorenz: Zinsbesteuerung in Europa – Möglichkeit einer Abgeltungsteuer in Deutschland, in: IStR 2002, S. 46–50

Jochum, Heike: Die Abgeltungsteuer 2009 – Sündenfall der Typisierung im Steuerrecht, in: Gedächtnisschrift für Malte Schindhelm, hrsg. von Christian von Bar, Heiko Hellwege, Jörg Manfred Mössner und Norbert Winkeljohann; Köln 2009, S. 405–418 [zitiert: Jochum, in: GS Schindhelm]

Jochum, Heike: Verfassungsrechtliche Grenzen der Pauschalierung und Typisierung am Beispiel der Besteuerung privater Aktiengeschäfte, in: DStZ 2010, S. 309–315

Jonas, Bernd: Regierungsentwurf eines Unternehmensteuerreformgesetzes, in: WPg 2007, S. 407–411

Kämmerer, Bardo: Abgeltungsteuer und das Verbot des Werbungskostenabzugs – Dargestellt am Beispiel der Besteuerung von fremdfinanzierten Lebensversicherungen, in: DStR 2010, S. 27–30

Kanzler, Hans-Joachim: Steuerreform: Von der Einkommensteuer zur Schedulenbesteuerung? oder: Die Schedule ist tot! Es lebe die Schedule!, in: FR 1999, S. 363–367

Karrenbrock, Lukas: Werbungskosten im Rahmen der Abgeltungsteuer – Aktuelle Rechtsprechung, in: NWB 2015, S. 1310–1317

Kellersmann, Dietrich: Behandlung „unrealisierter" Kapitalvermögenseinbußen im Rahmen der Abgeltungsteuer, in: FR 2012, S. 57–68

Kirchhof, Paul: Steuergleichheit, in: StuW 1984, S. 297–314

Kirchhof, Paul: Empfiehlt es sich, das Einkommensteuerrecht zur Beseitigung von Ungleichbehandlungen und zur Vereinfachung neu zu ordnen?, Gutachten F für den 57. Deutschen Juristentag in Mainz 1988; München 1988, S. 1–96 [zitiert: Kirchhof, 57. DJT, Mainz 1988, Teil F, Bd. I (Gutachten)]

Kirchhof, Paul/Althoefer, Klaus/Arndt, Hans-Wolfgang/Bareis, Peter/Eckmann, Gottfried/Freudenberg, Reinhart/Hahnemann, Meinert/Kopei, Dieter/Lang, Friedbert/Lückhardt, Josef/Schlüter, Ernst: Karlsruher Entwurf zur Reform des Einkommensteuergesetzes; Heidelberg 2001 [zitiert: Karlsruher Entwurf]

Kirchhof, Paul: Die freiheitsrechtliche Struktur der Steuerrechtsordnung – Ein Verfassungstest für Steuerreformen, in: StuW 2006, S. 3–21

Kirchhof, Paul: Bundessteuergesetzbuch – Ein Reformentwurf zur Erneuerung des Steuerrechts; Heidelberg 2011 [zitiert: Kirchhof, BStGB]

Kirchhof, Paul: Warum eine grundlegende Steuerreform verfassungsrechtlich geboten und politisch notwendig ist, in: FR 2012, S. 701–707

Kirchhof, Paul: Einkommensteuergesetz, Kommentar; 13. Auflage, Köln 2014 [zitiert: Kirchhof/Bearbeiter, EStG[13]]

Kirchhof, Paul: Einkommensteuergesetz, Kommentar; 14. Auflage, Köln 2015 [zitiert: Kirchhof/Bearbeiter, EStG[14]]

Kirchhof, Paul/Söhn, Hartmut/Mellinghoff, Rudolf: Einkommensteuergesetz, Kommentar, Loseblattsammlung, Stand: 258. Ergänzungslieferung (Mai 2015); Heidelberg 1986 [zitiert: Bearbeiter, in: K/S/M, EStG]

Kleinmanns, Florian: Negative Einkünfte aus Kapitalvermögen und die Abgeltungsteuer, in: DStR 2009, S. 2359–2361

Klotz, Christopher: Steuerentlastung als Verfassungsbruch?, in: DÖV 2012, S. 504–509

Knebel, Ilona/Spahn, Marcus/Plenker, Jürgen: Jahressteuergesetz 2008 – Änderungen im Einkommensteuerrecht, in: DB 2007, S. 2733–2739

Knebusch, Martin: Probleme und Entscheidungswirkungen der neuen Abgeltungsteuer für Kapitaleinkünfte; Diplomarbeit Hamburg, Hamburg 2008 [zitiert: Knebusch (2008)]

Kollruss, Thomas: Steuersatzspreizung bei Familienunternehmen – das Zusammenspiel von Abgeltungsteuer und Zinsschranke, in: GmbHR 2007, S. 1133–1137

Kollruss, Thomas: Abgeltungsteuer auf verdeckte Gewinnausschüttungen trotz Nichtbesteuerung der verdeckten Gewinnausschüttung auf Gesellschaftsebene, in: BB 2008, S. 2437–2439

Körner, Andreas: Alternativkonzept zur Abgeltungsteuer, in: DB 2015, S. 397–405

Kracht, Robert: Abgeltungsteuer: Reihenweise Antworten auf Fragen zur Anlegerpraxis, in: NWB-EV 2010, S. 77–82

Kracht, Robert: Abgeltungsteuer: Antworten auf Detailfragen rund um die private Geldanlage, in: NWB-EV 2010, S. 142–148

Kraft, Gerhard/Bäuml, Swen O.: Verfassungswidrigkeit der Spekulationsgewinnbesteuerung bei Wertpapieren: Eine Analyse der jüngsten Urteile des BVerfG und des BFH sowie ihrer Folgen für die Konzeption der Besteuerung privater Veräußerungsgeschäfte, in: DB 2004, S. 615–620

Kruse, Heinrich Wilhelm: Steuerspezifische Gründe und Grenzen der Gesetzesbindung, in: Grenzen der Rechtsfortbildung durch Rechtsprechung und Verwaltungsvorschriften im Steuerrecht, hrsg. von Klaus Tipke; Köln 1982, S. 71–83 [zitiert: Kruse, DStJG Bd. 5 (1982)]

Kruse, Heinrich Wilhelm: Die Einkommensteuer und die Leistungsfähigkeit des Steuerpflichtigen, in: Festschrift für Karl Heinrich Friauf, hrsg. von Rudolf Wendt, Wolfram Höfling, Ulrich Karpen und Martin Oldiges; Heidelberg 1996, S. 793–807 [zitiert: Kruse, in: FS Friauf]

Kube, Hanno: Steuergerechtigkeit – Zum verfassungsrechtlichen Rahmen, in: AmosInternational 2010, Heft 2, S. 10–17

Kube, Hanno: Die intertemporale Verlustverrechnung – Verfassungsrechtlicher Rahmen und legislativer Gestaltungsraum, in: DStR 2011, S. 1781–1792

Kube, Hanno: Die intertemporale Verlustverrechnung – Zur Einbeziehung von Altverlusten in eine Neuregelung, in: DStR 2011, S. 1829–1837

Kube, Hanno: EU-Bankenabgabe und objektives Nettoprinzip, in: DStR 2016, S. 572–578

Lang, Joachim: Die Bemessungsgrundlage der Einkommensteuer – Rechtssystematische Grundlagen steuerlicher Leistungsfähigkeit im deutschen Einkommensteuerrecht; Habilitation Köln 1981, Köln 1988 [zitiert: Lang (1981/1988)]

Lang, Joachim: Prinzipien und Systeme der Besteuerung von Einkommen, in: Besteuerung von Einkommen, hrsg. von Iris Ebling; Köln 2001, S. 49–133 [zitiert: Lang, DStJG Bd. 24 (2001)]

Lang, Joachim: Konkretisierungen und Restriktionen des Leistungsfähigkeitsprinzips, in: Festschrift für Heinrich Wilhelm Kruse, hrsg. von Walter Drenseck und Roman Seer; Köln 2001, S. 313–338 [zitiert: Lang, in: FS Kruse]

Lang, Joachim/Englisch, Joachim: Zur Verfassungswidrigkeit der neuen Mindestbesteuerung, in: StuW 2005, S. 3–24

Lang, Joachim/Herzig, Norbert/Hey, Johanna/Horlemann, Heinz-Gerd/Pelka, Jürgen/Pezzer, Heinz-Jürgen/Seer, Roman/Tipke, Klaus: Kölner Entwurf eines Einkommensteuergesetzes; Köln 2005 [zitiert: Kölner Entwurf]

Lang, Joachim: Die gleichheitsrechtliche Verwirklichung der Steuerrechtsordnung, in: StuW 2006, S. 22–33

Lang, Joachim: Der Stellenwert des objektiven Nettoprinzips im deutschen Einkommensteuerrecht, in: StuW 2007, S. 3–15

Lehner, Moris: Einkommensteuerrecht und Sozialhilferecht – Bausteine zu einem Verfassungsrecht des sozialen Steuerstaates; Habilitation München, Tübingen 1993 [zitiert: Lehner (1993)]

Lehner, Moris: Die Reform der Kapitaleinkommensbesteuerung im Rahmen des Verfassungs- und Europarechts, in: Einkommen aus Kapital, hrsg. von Wolfgang Schön; Köln 2007, S. 61–82 [zitiert: Lehner, DStJG Bd. 30 (2007)]

Lehner, Moris: Die verfassungsrechtliche Verankerung des objektiven Nettoprinzips – Zum Vorlagebeschluss des BFH und zur Entscheidung des BVerfG über die Verfassungswidrigkeit der Entfernungspauschale, in: DStR 2009, S. 185–191

Leibholz, Gerhard: Die Gleichheit vor dem Gesetz – Eine Studie auf rechtsvergleichender und rechtsphilosophischer Grundlage; Dissertation Berlin, 2. Auflage, München/Berlin 1959 [zitiert: Leibholz (1959)]

Leibholz, Gerhard/Rinck, Hans-Justus: Grundgesetz für die Bundesrepublik Deutschland, Kommentar, Rechtsprechung des Bundesverfassungsgerichts, Loseblattsammlung, Stand: 67. Ergänzungslieferung (Februar 2015); Köln 1975 [zitiert: Bearbeiter, in: Leibholz/Rinck, GG]

Leisner, Anna: Kontinuität als Verfassungsprinzip – unter besonderer Berücksichtigung des Steuerrechts; Habilitation München, Tübingen 2002 [zitiert: Leisner (2002)]

Lippross, Otto-Gerd: Basiskommentar Steuerrecht, hrsg. von Otto-Gerd Lippross und Wolfgang Seibel, Loseblattsammlung, Stand: 89. Ergänzungslieferung (April 2015); Köln 1999 [zitiert: Lippross/Bearbeiter, Gesetz]

Littmann, Eberhard: Das Einkommensteuerrecht, Kommentar zum Einkommensteuerrecht, hrsg. von Horst Bitz und Hartmut Pust, Loseblattsammlung, Stand: 110. Ergänzungslieferung (Juni 2015); Stuttgart 1988 [zitiert: Bearbeiter, in: L/B/P, EStG]

Loos, Gerold: Benachteiligungen der Aktionäre/Gesellschafter mit Anteilen im Privatvermögen in der Unternehmensteuerreform, in: DB 2007, S. 704–706

Loos, Gerold: Ist die Einschränkung der Verrechnungsfähigkeit von Verlusten aus der Veräußerung von Aktien im Privatvermögen (§ 20 Abs. 6 Satz 5 EStG) verfassungskonform?, in: DStZ 2010, S. 78–84

Mangoldt, Hermann von/Klein, Friedrich/Starck, Christian: Kommentar zum Grundgesetz; 6. Auflage, München 2010 [zitiert: Bearbeiter, in: v. Mangoldt/Klein/Starck, GG]

Maunz, Theodor/Dürig, Günter: Grundgesetz, Kommentar, hrsg. von Roman Herzog, Rupert Scholz, Matthias Herdegen und Hans H. Klein, Loseblattsammlung, Stand: 73. Ergänzungslieferung (Dezember 2014); München 1958 [zitiert: Bearbeiter, in: Maunz/Dürig, GG]

Meinert, Carsten: Nachträgliche Werbungskosten beim Systemwechsel zur Abgeltungsteuer – Zugleich Anm. zum BFH-Urteil vom 02.12.2014 (VIII R 34/13, DB 2015, S. 659), in: DB 2015, S. 890–893

Melchior, Jürgen: Unternehmensteuerreform 2008 und Abgeltungsteuer, in: DStR 2007, S. 1229–1237

Melchior, Jürgen: Das Jahressteuergesetz 2009 im Überblick, in: DStR 2009, S. 4–14

Melchior, Jürgen: Das Jahressteuergesetz 2010 im Überblick, in: DStR 2010, S. 2481–2491

Mellinghoff, Rudolf: Besteuerung von Einkommen – Aufgaben, Wirkungen und europäische Herausforderungen; Referat Q für den 66. Deutschen Juristentag in

Stuttgart 2006; München 2006, S. 85–126 [zitiert: Mellinghoff, 66. DJT, Stuttgart 2006, Teil Q, Bd. II/1 (Referate)]

Mellinghoff, Rudolf: Anforderungen an ein zukunftsfähiges Steuerrecht, in: Stbg 2007, S. 549–559

Mellinghoff, Rudolf: Der Beitrag der Rechtsprechung zur Systematisierung des Steuerrechts am Beispiel des Gebots der Folgerichtigkeit, in: Ubg 2012, S. 369–375

Mennel, Annemarie/Förster, Jutta: Steuern in Europa, Amerika und Asien, Loseblattsammlung, Stand: 102. Ergänzungslieferung (April 2015); Herne/Berlin 1980 [zitiert: Bearbeiter, in: Mennel/Förster, Steuern, Land]

Merkenich, Kurt: Die unterschiedlichen Arten der Einkünfteermittlung im deutschen Einkommensteuerrecht; Dissertation Köln, Berlin 1982 [zitiert: Merkenich (1982)]

Mertens, Heinz-Peter/Karrenbrock, Lukas: Die Abgeltungsteuer im Kontext des objektiven und subjektiven Nettoprinzips – Zugleich Anmerkungen zum Urteil des FG Baden-Württemberg vom 17.12.2012, 9 K 1637/10, in: DStR 2013, S. 950–953

Meyering, Stephan/Serocka, Johanna: Kirchensteuer im Rahmen der Abgeltungsteuer – Analyse der Wirkungen eines unterjährigen Kirchenein- oder -austritts am Beispiel des KiStG NRW, in: DStR 2013, S. 2608–2613

Mitschke, Joachim: Erneuerung des deutschen Einkommensteuerrechts – Gesetzestextentwurf und Begründung. Mit einer Grundsicherungsvariante; Köln 2004 [zitiert: Mitschke (2004)]

Moritz, Joachim/Strohm, Joachim: Abgeltungsteuer bei nahestehenden Personen und Gesellschafter-Fremdfinanzierung – Neue BFH-Rechtsprechung, in: DB 2014, S. 2306–2312

Müller-Franken, Sebastian: Verfassungsrecht und Einkommensteuerrecht – Dargestellt am Beispiel der Besteuerung privater Veräußerungsgeschäfte, in: Gedächtnisschrift für Christoph Trzaskalik, hrsg. von Klaus Tipke und Hartmut Söhn; Köln 2005, S. 195–218 [zitiert: Müller-Franken, in: GS Trzaskalik]

Müller-Gantermann, Gert: Unternehmensteuerreform 2008, in: Stbg 2007, S. 145–161

München, Markus/Mückl, Norbert: Die Vereinbarkeit der Zinsschranke mit dem Grundgesetz – Eine verfassungsrechtliche Bestandsaufnahme und Würdigung des BFH-Beschlusses vom 18.12.2013, in: DStR 2014, S. 1469–1475

Musil, Andreas: Abzugsbeschränkungen bei der Abgeltungsteuer als steuersystematisches und verfassungsrechtliches Problem, in: FR 2010, S. 149–155

Neumark, Fritz: Grundsätze gerechter und ökonomisch rationaler Steuerpolitik; Tübingen 1970 (zitiert: Neumark [1970])

Niemeyer, Markus/Stock, Cornelius: Notleidende Gesellschafterdarlehen im Lichte der Abgeltungsteuer, in: DStR 2011, S. 445–448

Noack, Harald: Die Abgeltungsteuer aus politischer Perspektive: Eine sympathische Alternative zu Kontrollmitteilungen, in: Veranlagung – Abgeltung – Steuerfreiheit – Besteuerung von Kapitalerträgen im Rechtsstaat, hrsg. von Gerhard Schick; Berlin 2003, S. 79–82 [zitiert: Noack, in: Schick (Hrsg.)]

Oho, Wolfgang/Hagen, Alexander/Lenz, Thomas: Zur geplanten Einführung einer Abgeltungsteuer im Rahmen der Unternehmensteuerreform 2008, in: DB 2007, S. 1322–1326

Oppermann, Thomas/Classen, Dieter/Nettesheim, Martin: Europarecht – Ein Studienbuch; 6. Auflage, München 2014 [zitiert: Bearbeiter, in: Oppermann/Classen/Nettesheim, Europarecht]

Osterloh, Lerke: Gesetzesbindung und Typisierungsspielräume bei der Anwendung der Steuergesetze; Habilitation Berlin, Baden-Baden 1992 [zitiert: Osterloh (1992)]

Ott, Michaela: Die Verlustbeschränkung in § 17 EStG ist nicht mehr angemessen!, in: BB 2012, S. 2666–2670

Paetsch, Ralf u.a.: „Zulässigkeit und Grenzen der Durchbrechung des objektiven Nettoprinzips im Einkommen- und Körperschaftsteuerrecht“ – Tagungsbericht zum 2. Steuerwissenschaftlichen Symposium im Bundesfinanzhof, in: DStR 2009, Beihefter zu Heft 34, S. 78–87

Paukstadt, Maik/Luckner, Markus: Die Abgeltungsteuer ab 2009 nach dem Regierungsentwurf zur Unternehmensteuerreform, in: DStR 2007, S. 653–657

Peine, Franz-Joseph: Systemgerechtigkeit – Die Selbstbindung des Gesetzgebers als Maßstab der Normenkontrolle; Habilitation Bielefeld, Baden-Baden 1985 [zitiert: Peine (1985)]

Pelka, Jürgen: Vollzugsdefizite im Steuerrecht aus der Sicht des Steuerberaters, in: StuW 2005, S. 378–384

Pernice, Ingolf: Billigkeit und Härteklauseln im öffentlichen Recht – Grundlagen und Konturen einer Billigkeitskompetenz der Verwaltung; Habilitation Bayreuth, Baden-Baden 1991 [zitiert: Pernice (1991)]

Pezzer, Heinz-Jürgen: Rechtfertigung und Rechtsnatur der Körperschaftsteuer, in: Besteuerung der GmbH und ihrer Gesellschafter, hrsg. von Siegfried Widmann; Köln 1997, S. 5–20 [zitiert: Pezzer, DStJG Bd. 20 (1997)]

Pezzer, Heinz-Jürgen: Die Besteuerung des Anteilseigners, in: Perspektiven der Unternehmensbesteuerung, hrsg. von Siegbert F. Seeger; Köln 2002, S. 37–57 [zitiert: Pezzer, DStJG Bd. 25 (2002)]

Pezzer, Heinz-Jürgen: Arten der Einkünfteermittlung – Bestandsaufnahme und Kritik – Überschussermittlung, in: Einkünfteermittlung, hrsg. von Johanna Hey; Köln 2011, S. 207–221 [zitiert: Pezzer, DStJG Bd. 34 (2011)]

Philipowski, Rüdiger: Abgeltungsteuer: Die unterschiedliche Behandlung der Altverluste verstößt gegen Art. 3 I GG, in: DStR 2014, S. 2051–2055

Pieroth, Bodo/Schlink, Bernhard/Kingreen, Thorsten/Poscher, Ralf: Grundrechte – Staatsrecht II; 30. Auflage, Heidelberg 2014 [zitiert: Pieroth/Schlink/Kingreen/Poscher, Staatsrecht II]

Prinz, Ulrich: Ist die Zinsschranke verfassungsrechtlich besser als ihr Ruf? – Eine Einschätzung aus Praktikersicht, in: FR 2013, S. 145–148

Rädler, Albert J.: Gedanken zur deutschen Steuerreform zu Beginn 2006, in: Festschrift für Arndt Raupach, hrsg. von Paul Kirchhof, Karsten Schmidt, Wolfgang Schön und Klaus Vogel; Köln 2006, S. 97–105 [zitiert: Rädler, in: FS Raupach]

Rädler, Albert J.: Die Schlechterstellung des inländischen Portfolioaktionärs nach dem Regierungsentwurf und die Reaktionsmöglichkeiten des Aktionärs, in: DB 2007, S. 988–993

Raupach, Arndt: Der Niedergang des deutschen Einkommensteuerrechts – Möglichkeiten der Neubesinnung, in: Niedergang oder Neuordnung des deutschen Einkommensteuerrechts?, Münsteraner Symposium Bd. I, hrsg. von Dieter Birk; Köln 1985, S. 15–132 [zitiert: Raupach, in: Birk (Hrsg.)]

Ravenstein, Christian: Die Besteuerung von Kapitalerträgen nach der Unternehmensteuerreform, in: StuB 2007, S. 527–531

Recnik, Gabriel: Die Besteuerung privater Kapitaleinkünfte durch die Abgeltungsteuer – Verfassungsrechtliche Aspekte des Systemwechsels; Dissertation Düsseldorf, Hamburg 2011 [zitiert: Recnik (2011)]

Rengier, Christian: Besteuerung von Kapitalversicherungen nach der Unternehmensteuerreform 2008, in: DB 2007, S. 1771–1777

Rockoff, André: Beeinflussung der Investitionsentscheidung durch die Abgeltungsteuer; Dissertation Köln, Frankfurt a.M. 2014 [zitiert: Rockoff (2014)]

Roderburg, Georg: Die Steuerfreiheit der Anteilsveräußerungsgewinne im neuen Körperschaftssteuersystem – Steuerrechtliche Analyse der in § 8b Abs. 2 KStG normierten Veräußerungsgewinnfreistellung für Kapitalgesellschaften vor dem Hintergrund der übrigen unternehmenssteuerlichen Vorschriften zur Anteilsveräußerungsbesteuerung; Dissertation Köln, Berlin 2004 [zitiert: Roderburg (2004)]

Röder, Erik: Das System der Verlustverrechnung im deutschen Steuerrecht – Verfassungsrechtliche Vorgaben und Ausgestaltung de lege ferenda; Dissertation Bayreuth, Köln 2010 [zitiert: Röder (2010)]

Ronig, Ronald: Einzelfragen zur Abgeltungsteuer, in: DB 2010, S. 128–137

Ronig, Ronald: Aktualisiertes Anwendungsschreiben zur Abgeltungsteuer, in: NWB 2012, S. 3770–3775

Rose, Manfred (Hrsg.): Reform der Einkommensbesteuerung in Deutschland – Konzept, Auswirkungen und Rechtsgrundlagen der Einfachsteuer des Heidelberger Steuerkreises; Heidelberg 2002 [zitiert: Heidelberger Entwurf]

Roth, Gregor: Unternehmensteuerreform 2008: Widerspruch zum Spendenabzug des Gesetzes zur weiteren Stärkung des bürgerschaftlichen Engagements, in: FR 2008, S. 209–217

Ruppe, Hans Georg: Die steuerliche Doppelbelastung der Körperschaftsgewinne; Dissertation Wien, Wien 1967 [zitiert: Ruppe (1967)]

Ruppe, Hans Georg: Steuergleichheit als Grenze der Steuervereinfachung, in: Steuervereinfachung, hrsg. von Peter Fischer; Köln 1998, S. 29–65 [zitiert: Ruppe, DStJG Bd. 21 (1998)]

Sachs, Michael: Grundgesetz, Kommentar; 7. Auflage, München 2014 [zitiert: Bearbeiter, in: Sachs, GG]

Sachverständigenrat zur Begutachtung der gesamtwirtschaftlichen Entwicklung/Max-Planck-Institut für geistiges Eigentum, Wettbewerbs- und Steuerrecht/Zentrum für Europäische Wirtschaftsforschung: Reform der Einkommens- und Unternehmensbesteuerung durch die Duale Einkommensteuer – Expertise im Auftrag der Bundesminister der Finanzen und für Wirtschaft und Arbeit; BMF-Schriftenreihe Band 79, Bonn 2006 [zitiert: BMF/Sachverständigenrat (Hrsg.), Duale Einkommensteuer]

Schäfer, Harald/Scholz, Marcus: Offene Fragen und Gestaltungsmöglichkeiten bei der Abgeltungsteuer, in: DStR 2012, S. 1885–1894

Schanz, Georg: Der Einkommensbegriff und die Einkommensteuergesetze, in: Finanz-Archiv 1896 (13. Jahrgang), S. 1–87

Schellekens, Marnix: European Tax Handbook 2015; Amsterdam 2015 [zitiert: European Tax Handbook 2015]

Scheffler, Wolfram/Christ, Ramona: Abschaffung der Abgeltungsteuer: Folgewirkungen auf die Unternehmensbesteuerung, in: Ubg 2016, S. 157–163

Schenk, Matthias/Brusch, Friedrich: Eine neue Kapitalsteuer für Deutschland, in: DStR 2005, S. 1254–1260

Schießl, Harald: Ausgewählte Problemfelder zur Abgeltungsteuer – Anwendungsbereich, Erhebung, Ergänzung durch JStG 2009, in: StWa 2009, S. 93–96

Schmidt, Carsten/Eck, Anne-Kathrin: Die Kapitalertragsteuer-Sonderprüfung unter dem Regime der Abgeltungsteuer – rechtliche Aspekte und praxisorientierte Hinweise, in: BB 2011, S. 1751–1761

Schmidt, Ludwig: Einkommensteuergesetz, Kommentar, hrsg. von Walter Drenseck; 27. Auflage, München 2008 [zitiert: Schmidt/Bearbeiter, $EStG^{27}$]

Schmidt, Ludwig: Einkommensteuergesetz, Kommentar, hrsg. von Walter Drenseck; 29. Auflage, München 2010 [zitiert: Schmidt/Bearbeiter, $EStG^{29}$]

Schmidt, Ludwig: Einkommensteuergesetz, Kommentar, hrsg. von Heinrich Weber-Grellet; 34. Auflage, München 2015 [zitiert: Schmidt/Bearbeiter, $EStG^{34}$]

Schmidt, Volker/Wänger, Manuela: Änderungen bei der Abgeltungsteuer durch das Jahressteuergesetz 2008 – Die erste, aber sicherlich nicht letzte Gesetzeskorrektur, in: NWB 2008, S. 423–438

Schmitt, Michael: Die neue Besteuerung der Kapitalerträge – Systemwechsel hin zur Abgeltungsteuer, in: Stbg 2009, S. 55–62 (Teil 1) und S. 101–111 (Teil 2)

Schneider, Dieter: Investition, Finanzierung und Besteuerung; 7. Auflage, Wiesbaden 1992 [zitiert: D. Schneider, IFB]

Schneider, Stefan: Der Tatbestand der privaten Vermögensverwaltung im Einkommensteuerrecht; Dissertation Heidelberg, Heidelberg 1995 [zitiert: S. Schneider (1995)]

Schneider, Stefan: Verfassungsrechtliche Grundlagen und Grenzen des objektiven Nettoprinzips, in: DStR 2009, Beihefter zu Heft 34, S. 87–91

Schön, Wolfgang: Steuerreform in Deutschland – Anmerkungen zum verfassungsrechtlichen Rahmen, in: Festschrift für Hermann Otto Solms, hrsg. von Paul Kirchhof, Otto Graf Lambsdorff und Andreas Pinkwart; Berlin 2005, S. 263–272 [zitiert: Schön, in: FS Solms]

Schön, Wolfgang: Leitideen des Steuerrechts – oder: Nichtwissen als staatswissenschaftliches Problem, in: StuW 2013, S. 289–297

Schönwald, Stefan: Besteuerung der Anteilseigner einer Kapitalgesellschaft – Rechtslage bis 2008 und ab 2009, in: SteuStud 2008, S. 524–533

Schultze, Pascal: Veräußerungsgewinnbesteuerung in Frankreich, in: NWB 2010, S. 631–641

Schwarze, Jürgen: EU-Kommentar; 3. Auflage, Baden-Baden/Basel/Wien 2012 [zitiert: Schwarze/Bearbeiter, EU-Kommentar]

Seer, Roman: Verständigungen in Steuerverfahren; Habilitation Köln, Köln 1996 [zitiert: Seer (1996)]

Seer, Roman: Verfassungsrechtliche Grenzen der Gesamtbelastung von Unternehmen, in: Europa- und verfassungsrechtliche Grenzen der Unternehmensbesteuerung, hrsg. von Jürgen Pelka; Köln 2000, S. 87–126 [zitiert: Seer, DStJG Bd. 23 (2000)]

Seer, Roman: Einkommensteuerreform – Flat Tax oder Dual Income Tax?, in: BB 2004, S. 2272–2278

Seer, Roman: Die Besteuerung von Einkommen – Aufgaben, Wirkungen und europäische Herausforderungen; Referat Q für den 66. Deutschen Juristentag in Stuttgart 2006; München 2006, S. 127–166 [zitiert: Seer, 66. DJT, Stuttgart 2006, Teil Q, Bd. II/1 (Referate)]

Seer, Roman: Datenabruf bei der sog. Kontenevidenzzentrale für steuerliche Zwecke, in: Festschrift für Arndt Raupach, hrsg. von Paul Kirchhof, Karsten Schmidt, Wolfgang Schön und Klaus Vogel; Köln 2006, S. 107–128 [zitiert: Seer, in: FS Raupach]

Seer, Roman: Die steuerliche Behandlung von Verlusten aus unternehmerischen Beteiligungen an Kapitalgesellschaften, in: Festschrift für Uwe Hüffer, hrsg. von Peter Kindler, Jens Koch, Peter Ulmer und Martin Winter; München 2010, S. 937–953 [zitiert: Seer, in: FS Hüffer]

Seer, Roman: Personenunternehmerbesteuerung – Zur Willkürlichkeit des Einkunftsarten-Steuerrechts, in: Festschrift für Joachim Lang – Gestaltung der Steuerrechtsordnung, hrsg. von Klaus Tipke, Roman Seer, Johanna Hey und Joachim Englisch; Köln 2010, S. 655–681 [zitiert: Seer, in: FS Lang]

Seer, Roman: Einkünfteermittlung – Einführung und Rechtfertigung des Themas, in: Einkünfteermittlung, hrsg. von Johanna Hey; Köln 2011, S. 1–9 [zitiert: Seer, DStJG Bd. 34 (2011)]

Seer, Roman/Klemke, Sina: Neuordnung der Verzinsung von Ansprüchen aus dem Steuerschuldverhältnis; IFSt-Schrift Nr. 490, Berlin 2013 [zitiert: Seer/Klemke, IFSt-Schrift Nr. 490]

Seer, Roman/Wilms, Anna Lena: Der automatische Informationsaustausch als neuer OECD-Standard zur steuerlichen Erfassung des Finanzkapitals im Spannungsverhältnis zu Maßnahmen der Geldwäschebekämpfung, in: StuW 2015, S. 118–133

Seiler, Christian: Prinzipien der Einkünfteermittlung, in: Einkünfteermittlung, hrsg. von Johanna Hey; Köln 2011, S. 61–89 [zitiert: Seiler, DStJG Bd. 34 (2011)]

Siegel, Theodor: Lohnsteuer = Einkommensteuer + Immobilitätszuschlag?, in: DB 2003, S. 795–796

Siegmund, Olaf/Kleene, Michael: Steuerbelastung von Dividenden ab dem Jahr 2009, in: DStZ 2009, S. 366–372

Sikorski, Ralf: Verfahrensrechtliche Probleme bei der nachträglichen Erklärung von Kapitaleinkünften – Keine nachträgliche Ausübung von Wahlrechten bei der Abgeltungsteuer?, in: NWB 2011, S. 1064–1070

Sikorski, Ralf: Korrektur von Steuerbescheiden bei einbehaltener Abgeltungsteuer – Der Antrag auf Günstigerprüfung: ein Beitrag zur Vereinfachung des Besteuerungsverfahrens?, in: NWB 2016, S. 621–630

Sodan, Helge: Grundgesetz, Kompakt-Kommentar; 2. Auflage, München 2011 [zitiert: Bearbeiter, in: Sodan, GG]

Söhn, Hartmut: Der Dualismus der Einkunftsarten im geltenden Recht, in: Einkommen aus Kapital, hrsg. von Wolfgang Schön; Köln 2007, S. 13–37 [zitiert: Söhn, DStJG Bd. 30 (2007)]

Spieker, Sascha: Aktualisiertes Anwendungsschreiben zur Abgeltungsteuer – Die wesentlichen Änderungen im Überblick, in: DB 2012, S. 2836–2841

Spieker, Sascha: Kirchensteuer auf Abgeltungsteuer: Dringender Handlungsbedarf bei Kapitalgesellschaften, in: DB 2014, S. 1892–1896

Spieker, Sascha: Aktualisierte Anwendungsschreiben zur Abgeltungsteuer und zur Ausstellung von Steuerbescheinigungen für Kapitalerträge – Die wesentlichen Änderungen im Überblick, in: DB 2015, S. 207–212

Spieker, Sascha: Überarbeitetes Anwendungsschreiben zur Abgeltungsteuer – Die wesentlichen Änderungen im Überblick, in: DB 2016, S. 197–203

Stern, Klaus: Das Staatsrecht der Bundesrepublik Deutschland; München 1984 ff. [zitiert: Bearbeiter, in: Stern, StaatsR]

Stratthaus, Gerhard: Die Abgeltungsteuer aus politischer Perspektive: Plädoyer für Pragmatismus, in: Veranlagung – Abgeltung – Steuerfreiheit – Besteuerung von Kapitalerträgen im Rechtsstaat, hrsg. von Gerhard Schick; Berlin 2003, S. 83–85 [zitiert: Stratthaus, in: Schick (Hrsg.)]

Strauch, Robert: Strategien zur Nutzung von Altverlusten im Rahmen der Abgeltungsteuer, in: DStR 2010, S. 254–256

Streinz, Rudolf: EUV/AEUV – Vertrag über die Europäische Union und Vertrag über die Arbeitsweise der Europäischen Union; 2. Auflage, München 2012 [zitiert: Streinz/Bearbeiter, EUV/AEUV]

Strohm, Joachim: Abgeltungsteuer – Systematische Darstellung und ausgewählte Zweifelsfragen; Dissertation München, Stuttgart 2010 [zitiert: Strohm (2010)]

Strunk, Günther: Unternehmensteuerreform 2008 – Erste Anmerkungen zum Referentenentwurf vom 5.2.2007, in: Stbg 2007, S. 101–105

Thiel, Jochen: Die Zukunft der Einkommensteuer – Einheit oder Pluralismus der Einkünfte, in: Festschrift 50 Jahre Arbeitsgemeinschaft der Fachanwälte für Steuerrecht e.V. – 50 Jahre Steuerrechtliche Jahresarbeitstagung, hrsg. von der Arbeitsgemeinschaft der Fachanwälte für Steuerrecht e.V., Bochum; Herne/Berlin 1999, S. 75–88 [zitiert: Thiel, in: FS ArbgemFAfStR]

Thönnes, Marco: Die Abgeltungsteuer – Einfluss der Unternehmensteuerreform 2008 auf die Besteuerung von Kapitalerträgen ab dem 1.1.2009, in: SteuStud 2008, S. 480–493

Tipke, Klaus: Steuerrecht – Chaos, Konglomerat oder System?, in: StuW 1971, S. 2–17

Tipke, Klaus: Die dualistische Einkünfteermittlung nach dem Einkommensteuergesetz – Entstehung, Motivation und Berechtigung, in: Festschrift für Heinz Paulick, hrsg. von Heinrich Wilhelm Kruse; Köln 1973, S. 391–401 [zitiert: Tipke, in: FS Paulick]

Tipke, Klaus: Steuergerechtigkeit in Theorie und Praxis – Vom politischen Schlagwort zum Rechtsbegriff und zur praktischen Anwendung; Köln 1981 [zitiert: Tipke (1981)]

Tipke, Klaus: Konsequenzen aus dem Zinssteuer-Urteil des Bundesverfassungsgerichts, in: FR 1991, S. 480–481

Tipke, Klaus: Die Steuerrechtsordnung, 3 Bände; Köln 1993 [zitiert: Tipke, StRO]

Tipke, Klaus: Die Steuerrechtsordnung, 3 Bände; 2. Auflage, Köln 2000/2003/2012 [zitiert: Tipke, StRO[2]]

Tipke, Klaus: Steuergerechtigkeit – unter besonderer Berücksichtigung des Folgerichtigkeitsgebots, in: StuW 2007, S. 201–220

Tipke, Klaus: Warum Steuerrechtswissenschaft und Steuerpolitik nicht harmonieren, in: StuW 2013, S. 97–106

Tipke, Klaus/Kruse, Heinrich Wilhelm: Abgabenordnung, Finanzgerichtsordnung – Kommentar zur AO und FGO, Loseblattsammlung, Stand: 140. Ergänzungslieferung (Mai 2015); Köln 1961 [zitiert: Bearbeiter, in: Tipke/Kruse]

Tipke, Klaus/Lang, Joachim: Steuerrecht; 20. Auflage, Köln 2010 [zitiert: Bearbeiter, in: Tipke/Lang, SteuerR[20]]

Tipke, Klaus/Lang, Joachim: Steuerrecht; 22. Auflage, Köln 2015 [zitiert: Bearbeiter, in: Tipke/Lang, SteuerR[22]]

Titgemeyer, Marion: Zinsbesteuerung in einkommens- und konsumorientierten Steuersystemen – Eine Analyse vor dem Hintergrund des Leistungsfähigkeitsprinzips, des Europarechts und der Entscheidungsneutralität; Dissertation Osnabrück, Wiesbaden 2009 [zitiert: Titgemeyer (2009)]

Treml, Marius: Die Bruttobesteuerung bei der Abgeltungsteuer auf Einkünfte aus Kapitalvermögen; Dissertation Regensburg, Berlin 2014 [zitiert: Treml (2014)]

Uelner, Adalbert: Zur Konkretisierung des subjektiven Nettoprinzips im Einkommensteuerrecht, in: Festschrift für Ludwig Schmidt, hrsg. von Arndt Raupach und Adalbert Uelner; München 1993, S. 21–35 [zitiert: Uelner, in: FS Schmidt]

Umlauf, Jan: Finanzierungsneutralität im deutschen Steuerrecht – Die Auswirkungen der Finanzierungsentscheidungen deutscher Unternehmen; Saarbrücken 2008 [zitiert: Umlauf (2008)]

Wäckerlin, Urs: Betriebsausgabenabzugsbeschränkung und Halbeinkünfteverfahren – Zugleich ein Beitrag zur Besteuerung des Anteilseigners einer Kapitalgesellschaft; Dissertation Passau, Berlin 2006 [zitiert: Wäckerlin (2006)]

Wagner, Franz W.: Neutralität und Gleichmäßigkeit als ökonomische und rechtliche Kriterien steuerlicher Normkritik, in: StuW 1992, S. 2–13

Wagner, Franz W.: Die Integration einer Abgeltungsteuer in das Steuersystem – Ökonomische Analyse der Kapitaleinkommensbesteuerung in Deutschland und der EU, in: DB 1999, S. 1520–1528

Wagner, Franz W.: Was bedeutet und wozu dient Rechtsformneutralität der Unternehmensbesteuerung?, in: StuW 2006, S. 101–114

Wagner, Siegried: Die Abgeltungsteuer, in: Stbg 2007, S. 313–320 und 329

Wagner, Siegfried: Die Besteuerung von Stillhalterprämien – Lösung bislang bestehender steuerlicher Probleme durch die Abgeltungsteuer, in: DStZ 2007, S. 748–752

Watrin, Christoph/Lühn, Michael: Besteuerung privater Veräußerungsgewinne nach dem StVergAbG-E, in: DB 2003, S. 168–173

Watrin, Christoph/Benhof, Hanno: Besteuerung langfristiger privater Veräußerungsgewinne: Rechtliche Bedenken und Folgen für den Kapitalmarkt, in: DB 2007, S. 233–238

Weber, Hermann: Kirchensteuer bei Einkünften aus Kapitalvermögen – Abgeltungsteuer/Halbeinkünfteverfahren, in: Aktuelle Rechtsfragen der Kirchensteuer, hrsg. von Dieter Birk und Dirk Ehlers; Baden-Baden 2012, S. 149–167 [zitiert: Weber, in: Birk/Ehlers (Hrsg.)]

Weber, Klaus: Rechtsformwahl – Auswirkungen der Unternehmensteuerreform 2008, in: NWB 2007, S. 3031–3062

Weber-Grellet, Heinrich: Steuern im modernen Verfassungsstaat – Funktionen, Prinzipien und Strukturen des Steuerstaats und des Steuerrechts; Habilitation Münster, Köln 2001 [zitiert: Weber-Grellet (2001)]

Weber-Grellet, Heinrich: Die Abgeltungsteuer: Irritiertes Rechtsempfinden oder Zukunftschance?, in: NJW 2008, S. 545–550

Weber-Grellet, Heinrich: Die Funktion der Kapitalertragsteuer im System der Abgeltungsteuer, in: DStR 2013, S. 1357–1363 (Teil I) und S. 1412–1417 (Teil II)

Wendt, Michael: Prinzipien der Verlustberücksichtigung, in: Verluste im Steuerrecht, hrsg. von Rüdiger von Groll; Köln 2005, S. 41–80 [zitiert: M. Wendt, DStJG Bd. 28 (2005)]

Wendt, Rudolf: Eigentum und Gesetzgebung; Habilitation Köln, Hamburg 1985 [zitiert: R. Wendt (1985)]

Wendt, Rudolf: Steuerreform durch Tarifbegrenzung für gewerbliche Einkünfte als Rechtsproblem – Sicherung des Wirtschaftsstandorts Deutschland durch Senkung des Spitzensteuersatzes ausschließlich für gewerbliche Einkünfte?, in: FR 1993, S. 1–8

Wenzel, Sebastian: Ist der Sparer-Pauschbetrag verfassungswidrig?, in: DStR 2009, S. 1182–1185

Wernsmann, Rainer: Das gleichheitswidrige Steuergesetz – Rechtsfolgen und Rechtsschutz; Dissertation Münster, Berlin 2000 [zitiert: Wernsmann (2000)]

Wernsmann, Rainer: Die Einschränkungen des Werbungskosten- und Betriebsausgabenabzugs im Zusammenhang mit Pendlerpauschale, Arbeitszimmer, Alterseinkünften und Abgeltungssteuer, in: Beihefter zu DStR 2008, Heft 17, S. 37–48

Wernsmann, Rainer: Einkommensteuer und objektives Nettoprinzip, in: DStR 2009, Beihefter zu Heft 34, S. 101–106

Werth, Franceska: Aktuelle Rechtsprechung zum Ausschluss des Abgeltungsteuersatzes nach § 32d Abs. 2 Satz 1 Nr. 1 EStG – Besprechung der BFH-Urteile jeweils vom 29.4.2014 – VIII R 9/13, VIII R 44/13, VIII R 35/13, VIII R 23/13 – und vom 14.5.2014 – VIII R 31/11, in: DStZ 2014, S. 670–674

Werth, Franceska: Erste BFH-Rechtsprechung zur Abgeltungsteuer, in: DStR 2015, S. 1343–1350

Weyss, Frank Anton: Erfahrungen mit dem österreichischen Modell einer Abgeltungsteuer, in: Veranlagung – Abgeltung – Steuerfreiheit – Besteuerung von Kapitalerträgen im Rechtsstaat, hrsg. von Gerhard Schick; Berlin 2003, S. 63–67 [zitiert: Weyss, in: Schick (Hrsg.)]

Windisch, Rupert/Blankenburg, Götz: Globalisierung und Besteuerung nach dem Leistungsfähigkeitsprinzip, in: Festschrift für Manfred Rose, hrsg. von Michael Ahlheim, Heinz-Dieter Wenzel und Wolfgang Wiegard; Berlin u.a. 2003, S. 211–236 [zitiert: Windisch/Blankenburg, in: FS Rose]

Worgulla, Niels/Söffing, Matthias: Gestaltungsmöglichkeiten und -pflichten bis zur bzw. nach der Einführung der Abgeltungsteuer auf Kapitalerträge, in: FR 2007, S. 1005–1011

Worgulla, Niels: Abgrenzung und steuerliche Besonderheiten im Regime der Abgeltungsteuer – Stille Gesellschaften, partiarische Darlehen und Unterbeteiligungen, in: NWB 2010, S. 3182–3189

Worgulla, Niels: Die Bruttobesteuerung in der Schedule der Einkünfte aus Kapitalvermögen; Dissertation Köln, Baden-Baden 2013 [zitiert: Worgulla (2013)]

Worgulla, Niels: Bruttobesteuerung der Einkünfte aus Kapitalvermögen und der allgemeine Gleichheitssatz, in: FR 2013, S. 921–931

Zeitler, Franz-Christoph: Kapitalmarkt und Steuergerechtigkeit – Abgeltungsteuer und europäische Steuerharmonisierung, in: Festschrift für Klaus Offerhaus, hrsg. von Paul Kirchhof, Wolfgang Jakob und Albert Beermann; Köln 1999, S. 955–967 [zitiert: Zeitler, in: FS Offerhaus]

Gebraucht werden die üblichen Abkürzungen, vgl.
Kirchner, Hildebert: Abkürzungsverzeichnis der Rechtssprache
7. Auflage, Berlin/Boston 2013

Entscheidungsregister

I. Entscheidungen des Bundesverfassungsgerichts

Datum	Aktenzeichen	Fundstelle
Beschluss vom 17.01.1957	1 BvL 4/54	BVerfGE 6, 55 - 84
Urteil vom 24.06.1958	2 BvF 1/57	BVerfGE 8, 51 - 71
Beschluss vom 14.04.1959	1 BvL 23, 34/57	BVerfGE 9, 237 - 250
Urteil vom 24.01.1962	1 BvL 32/57	BVerfGE 13, 290 - 318
Urteil vom 24.01.1962	1 BvR 845/58	BVerfGE 13, 331 - 355
Beschluss vom 01.06.1965	2 BvR 616/63	BVerfGE 19, 76 - 87
Beschluss vom 09.07.1969	2 BvL 20/65	BVerfGE 26, 302 - 314
Beschluss vom 02.10.1969	1 BvL 12/68	BVerfGE 27, 58 - 70
Beschluss vom 23.11.1976	1 BvR 150/75	BVerfGE 43, 108 - 125
Beschluss vom 19.12.1978	1 BvR 335, 427, 811/76	BVerfGE 50, 57 - 108
Urteil vom 03.11.1982	1 BvR 620/78, 1335/78, 1104/79 und 363/80	BVerfGE 61, 319 - 357
Beschluss vom 22.02.1984	1 BvL 10/80	BVerfGE 66, 214 - 226
Beschluss vom 06.11.1985	1 BvL 47/83	BVerfGE 71, 146 - 158
Beschluss vom 08.06.1988	2 BvL 9/85 und 3/86	BVerfGE 78, 249 - 289
Beschluss vom 23.01.1990	1 BvL 4, 5, 6, 7/87	BVerfGE 81, 228 - 242
Beschluss vom 29.05.1990	1 BvL 20, 26/84 und 4/86	BVerfGE 82, 60 - 105
Urteil vom 27.06.1991	2 BvR 1493/89	BVerfGE 84, 239 - 285
Beschluss vom 08.10.1991	1 BvL 50/86	BVerfGE 84, 348 - 365
Urteil vom 17.11.1992	1 BvL 8/87	BVerfGE 87, 234 - 269
Beschluss vom 08.06.1993	1 BvL 20/85	BVerfGE 89, 15 - 27
Beschluss vom 14.12.1993	1 BvL 25/88	BVerfGE 89, 329 - 339
Beschluss vom 22.06.1995	2 BvL 37/91	BVerfGE 93, 121 - 165
Beschluss vom 10.04.1997	2 BvL 77/92	BVerfGE 96, 1 - 10
Beschluss vom 30.09.1998	2 BvR 1818/91	BVerfGE 99, 88 – 100
Beschluss vom 11.11.1998	2 BvL 10/95	BVerfGE 99, 280 - 300

Datum	Aktenzeichen	Fundstelle
Urteil vom 07.12.1999	2 BvR 301/98	BVerfGE 101, 297 - 312
Beschluss vom 04.04.2001	2 BvL 7/98	BVerfGE 103, 310 - 332
Beschluss vom 05.02.2002	2 BvR 305, 348/93	BVerfGE 105, 17 - 48
Urteil vom 06.03.2002	2 BvL 17/99	BVerfGE 105, 73 - 135
Beschluss vom 04.12.2002	2 BvR 400/98, 1735/00	BVerfGE 107, 27 - 58
Urteil vom 09.03.2004	2 BvL 17/02	BVerfGE 110, 94 - 141
Urteil vom 20.04.2004	1 BvR 1748/99, 905/00	BVerfGE 110, 274 - 304
Beschluss vom 08.06.2004	2 BvL 5/00	BVerfGE 110, 412 - 446
Beschluss vom 16.03.2005	2 BvL 7/00	BVerfGE 112, 268 - 284
Beschluss vom 18.01.2006	2 BvR 2194/99	BVerfGE 115, 97 - 118
Beschluss vom 21.06.2006	2 BvL 2/99	BVerfGE 116, 164 - 202
Beschluss vom 07.11.2006	1 BvL 10/02	BVerfGE 117, 1 - 70
Urteil vom 09.12.2008	2 BvL 1, 2/07, 1, 2/08	BVerfGE 122, 210 - 248
Beschluss vom 13.10.2009	2 BvL 3/05	BVerfGE 124, 282 - 299
Beschluss vom 17.11.2009	1 BvR 2192/05	BVerfGE 125, 1 - 39
Beschluss vom 06.07.2010	2 BvL 13/09	BVerfGE 126, 268 - 286
Beschluss vom 07.07.2010	2 BvL 14/02, 2/04, 13/05	BVerfGE 127, 1 - 31
Beschluss vom 07.07.2010	2 BvL 1/03, 57, 58/06	BVerfGE 127, 31 - 60
Beschluss vom 07.07.2010	2 BvR 748, 753, 1738/05	BVerfGE 127, 61 - 87
Beschluss vom 12.10.2010	1 BvL 12/07	BVerfGE 127, 224 - 263
Beschluss vom 18.07.2012	1 BvL 16/11	BVerfGE 132, 179 - 194
Beschluss vom 07.05.2013	2 BvR 909, 1981/08, 288/07	BVerfGE 133, 377 - 443
Urteil vom 17.12.2014	1 BvL 21/12	BStBl. II 2015, 50 - 91 = DStR 2015, 31 - 67
Beschluss vom 23.06.2015	1 BvL 13/11 und 14/11	DStR 2015, 1678 - 1689

II. Entscheidungen des Bundesfinanzhofs

Datum	Aktenzeichen	Fundstelle
Urteil vom 12.12.1990	I R 43/89	BStBl. II 1991, 427 - 434
Urteil vom 05.02.1992	I R 127/90	BStBl. II 1992, 532 - 537
Beschluss vom 08.12.1997	GrS 1–2/95	BStBl. II 1998, 193 - 200
Vorlagebeschluss vom 24.02.1999	X R 171/96	BStBl. II 1999, 450 - 466
Urteil vom 26.03.2002	VI R 26/00	BStBl. II 2002, 823 - 827
Vorlagebeschluss vom 16.12.2003	IX R 46/02	BStBl. II 2004, 284 - 300
Urteil vom 07.09.2005	VIII R 90/04	BStBl. II 2006, 61 - 66
Urteil vom 29.11.2005	IX 49/04	BStBl. II 2006, 178 - 182
Urteil vom 18.10.2006	IX 28/05	BStBl. II 2007, 259 - 261
Urteil vom 29.05.2008	IX R 77/06	BStBl. II 2008, 789 - 790
Urteil vom 25.08.2009	IX R 60/07	BStBl. II 2009, 999 - 1000
Urteil vom 25.08.2009	IX R 55/07	BFH/NV 2010, 387 - 388
Urteil vom 15.06.2010	VIII R 33/07	BStBl. II 2011, 503 - 506
Beschluss vom 22.12.2011	VIII B 190/11	BStBl. II 2012, 243 - 244
Beschluss vom 22.12.2011	VIII B 146/11	BFH/NV 2012, 575 - 576
Beschluss vom 09.01.2012	VIII B 95/11	BFH/NV 2012, 575
Beschluss vom 15.02.2012	I B 97/11	BStBl. II 2012, 697 - 699
Beschluss vom 13.03.2012	1 B 111/11	BStBl. II 2012, 611 - 618
Vorlagebeschluss vom 27.09.2012	II R 9/11	BStBl. II 2012, 899 - 917
Urteil vom 24.10.2012	IX R 36/11	BStBl. II 2013, 164 - 165
Urteil vom 12.12.2012	I R 27/12	BStBl. II 2013, 682 - 684
Urteil vom 22.10.2013	X R 26/11	BStBl. II 2014, 374 - 382
Urteil vom 12.11.2013	VIII R 36/10	BStBl. II 2014, 168 - 172
Urteil vom 12.11.2013	VIII R 1/11	BFH/NV 2014, 830 - 832
Beschluss vom 18.12.2013	I B 85/13	BStBl. II 2014, 947 - 952
Urteil vom 29.04.2014	VIII R 23/13	BStBl. II 2014, 884 - 886

Datum	**Aktenzeichen**	**Fundstelle**
Urteil vom 29.04.2014	VIII R 9/13	BStBl. II 2014, 986 - 990
Urteil vom 29.04.2014	VIII R 35/13	BStBl. II 2014, 990 - 992
Urteil vom 29.04.2014	VIII R 44/13	BStBl. II 2014, 992 - 995
Urteil vom 14.05.2014	VIII R 31/11	BStBl. II 2014, 995 - 998
Beschluss vom 24.06.2014	VIII R 48/11	BFH/NV 2014, 1568
Urteil vom 24.06.2014	VIII R 29/12	BStBl. II 2014, 998 - 999
Urteil vom 01.07.2014	VIII R 53/12	BStBl. II 2014, 975 - 978
Urteil vom 27.08.2014	VIII R 60/13	BStBl. II 2015, 255 - 257
Urteil vom 02.09.2014	IX R 43/13	BStBl. II 2015, 257 - 260
Urteil vom 21.10.2014	VIII R 48/12	BStBl. II 2015, 270 - 273
Vorlagebeschluss vom 22.10.2014	II R 16/13	BStBl. II 2014, 957 - 966
Urteil vom 02.12.2014	VIII R 34/13	BStBl. II 2015, 387 - 389
Urteil vom 28.01.2015	VIII R 8/14	BStBl. II 2015, 397 - 399
Urteil vom 12.05.2015	VIII R 14/13	DStR 2015, 2061 - 2063
Urteil vom 09.06.2015	VIII R 12/14	DStRE 2016, 335- 338
Urteil vom 28.07.2015	VIII R 50/14	DStR 2015, 2234 - 2237
Urteil vom 25.08.2015	VIII R 3/14	DStR 2015, 2278 - 2280
Urteil vom 10.09.2015	IV R 8/13	DStR 2015, 2539 - 2542
Vorlagebeschluss vom 14.10.2015	I R 20/15	DStR 2016, 301 - 311
Urteil vom 03.11.2015	VIII R 37/13	DStR 2016, 583 - 587
Urteil vom 12.01.2016	IX R 48/14	DStR 2016, 527 - 530

III. Entscheidungen der Finanzgerichte

Finanzgericht	Datum	Aktenzeichen	Fundstelle
FG Schleswig-Holstein	Urteil vom 14.09.2006	5 K 286/03	EFG 2007, 192 - 193
FG Düsseldorf	Urteil vom 13.10.2010	15 K 2712/10 E	EFG 2011, 798 - 799
FG Münster	Urteil vom 16.12.2010	5 K 3626/03 E	EFG 2011, 649 - 651
FG Hamburg	Vorlagebeschluss vom 04.04.2011	2 K 33/10	EFG 2011, 1460 - 1466
FG Schleswig-Holstein	Beschluss vom 01.06.2011	2 V 35/11	EFG 2011, 1687 - 1688
FG Niedersachsen	Urteil vom 06.07.2011	4 K 322/10	EFG 2012, 242 - 243
FG Düsseldorf	Beschluss vom 05.09.2011	1 V 2325/11 A(E)	EFG 2012, 120 - 122
FG Düsseldorf	Urteil vom 06.10.2011	8 K 3811/09 E	EFG 2012, 516 - 517
FG Berlin-Brandenburg	Beschluss vom 13.10.2011	12 V 12089/11	EFG 2012, 358 - 360
FG Münster	Beschluss vom 27.10.2011	2 V 913/11 E	EFG 2012, 118 - 120
FG Rheinland-Pfalz	Urteil vom 14.12.2011	2 K 1176/11	EFG 2012, 1146 - 1147
FG Schleswig-Holstein	Beschluss vom 27.01.2012	1 V 226/11	EFG 2012, 619 - 622
FG München	Urteil vom 07.02.2012	6 K 1151/09	DStRE 2013, 521
FG Sachsen-Anhalt	Beschluss vom 09.02.2012	4 V 953/11	EFG 2012, 1469 - 1471
FG Hessen	Urteil vom 16.02.2012	4 K 639/11	EFG 2012, 1163 - 1165
FG Niedersachsen	Urteil vom 28.02.2012	12 K 10250/09	EFG 2012, 1337 - 1343
FG Nürnberg	Urteil vom 07.03.2012	3 K 1045/11	EFG 2012, 1054 - 1057
FG Münster	Urteil vom 28.03.2012	11 K 3383/11 E	EFG 2012, 1464 - 1465
FG Münster	Urteil vom 24.04.2012	6 K 4728/09 E	EFG 2012, 1764 - 1767
FG Münster	Urteil vom 10.05.2012	2 K 1947/00 E	EFG 2012, 1750 - 1753
FG Rheinland-Pfalz	Urteil vom 29.05.2012	3 K 1954/11	EFG 2012, 1656 - 1658
FG Niedersachsen	Urteil vom 18.06.2012	15 K 417/10	EFG 2012, 2009 - 2014
FG Münster	Urteil vom 02.08.2012	2 K 3644/10 E	EFG 2012, 2284 - 2287

Finanzgericht	Datum	Aktenzeichen	Fundstelle
FG Baden-Württemberg	Urteil vom 12.09.2012	1 K 4484/11	EFG 2013, 35 - 37
FG Düsseldorf	Urteil vom 14.11.2012	2 K 3893/11 E	EFG 2013, 926 - 927
FG Düsseldorf	Urteil vom 11.12.2012	10 K 4059/10 E	EFG 2013, 520 - 522
FG Baden-Württemberg	Urteil vom 17.12.2012	9 K 1637/10	EFG 2013, 1041 - 1045
FG München	Urteil vom 26.02.2013	11 K 2365/10	EFG 2013, 1764 - 1767
FG Rheinland-Pfalz	Urteil vom 11.04.2013	6 K 1295/11	EFG 2013, 932 - 933
FG Baden-Württemberg	Urteil vom 16.04.2013	8 K 3100/11	EFG 2013, 2020 - 2023
FG Köln	Urteil vom 17.04.2013	7 K 244/12	EFG 2013, 1328 - 1331
FG Berlin-Brandenburg	Urteil vom 25.04.2013	3 K 3273/11	EFG 2013, 1219 - 1222
FG Niedersachsen	Vorlagebeschlüsse vom 19. und 21.08.2013	7 K 9/10, 111–114/13, 116/13	EFG 2014, 932 - 936
FG Niedersachsen	Vorlagebeschluss vom 21.08.2013	7 K 143/08	DStRE 2014, 534 - 544
FG Münster	Urteil vom 20.09.2013	4 K 718/13 E	EFG 2013, 2007 - 2010
FG München	Urteil vom 23.09.2013	7 K 3206/12	EFG 2013, 1915 - 1917
FG Thüringen	Urteil vom 09.10.2013	3 K 1059/11	EFG 2014, 1305 - 1309
FG Thüringen	Urteil vom 13.11.2013	3 K 366/13	EFG 2014, 277 - 279
FG Münster	Urteil vom 22.01.2014	12 K 3703/11 E	EFG 2014, 1005 - 1006
FG Köln	Urteil vom 28.01.2014	12 K 3373/12	EFG 2014, 1393 - 1395
FG Nürnberg	Urteil vom 12.02.2014	5 K 1251/12	EFG 2014, 1103 - 1106
FG Niedersachsen	Urteil vom 18.02.2014	3 K 433/13	EFG 2014, 1479 - 1480
FG Saarland	Urteil vom 23.04.2014	2 K 1157/11	EFG 2014, 1592 - 1595
FG München	Urteil vom 06.06.2014	8 K 2051/12	EFG 2014, 2118 - 2119
FG Münster	Urteil vom 16.07.2014	10 K 2637/11 E	EFG 2014, 1793 - 1796
FG Köln	Urteil vom 22.07.2014	8 K 1937/11	EFG 2014, 1880 - 1881
FG Baden-Württemberg	Urteil vom 29.07.2014	6 K 767/14	EFG 2014, 1958 - 1961
FG Rheinland-Pfalz	Urteil vom 09.12.2014	3 K 2697/12	EFG 2015, 405 - 406

Finanzgericht	Datum	Aktenzeichen	Fundstelle
FG München	Urteil vom 02.03.2015	7 K 2372/13	EFG 2015, 1127 - 1128
FG München	Urteil vom 06.03.2015	7 K 680/12	EFG 2015, 1126 - 1127
FG München	Urteil vom 06.03.2015	7 K 3431/12	EFG 2015, 1127
FG Schleswig-Holstein	Urteil vom 30.04.2015	4 K 39/13	EFG 2015, 1367 - 1369
FG Düsseldorf	Urteil vom 23.10.2015	1 K 2011/13 E	EFG 2016, 377 - 381
FG Sachsen	Urteil vom 10.11.2015	2 K 741/15	EFG 2016, 196 - 197

Anhang

Statistisches Bundesamt
F308 Stand: Juli 2012

Jährliche Einkommensteuerstatistik 2008

Entstehung der Einkünfte aus Kapitalvermögen

	Steuerpflichtige	**1.000€**	**Durchschnitt in €**	**Median in €**
Einnahmen aus Kapitalvermögen	8.905.803	46.343.661	5.204	1.666
dar. Einnahmen aus Dividenden	4.004.917	20.141.565	5.029	147
dar. Einnahmen aus Beteiligungen	125.587	2.455.035	19.548	109
Werbungskosten für Einnahmen aus Kapitalvermögen	8.908.662	3.110.687	349	102
Sparerfreibetrag	8.053.962	7.286.136	905	750
Einkünfte aus Kapitalvermögen	5.552.680	35.946.852	6.474	1.833
Gesamtbetrag der Einkünfte	26.516.540	1.094.665.498	41.282	29.678

Jährliche Einkommensteuerstatistik 2008

Entstehung der Einkünfte aus nichtselbständiger Arbeit

Einkünfte aus nichtselbständiger Arbeit	**Steuerpflichtige**	**1.000 €**	**Durchschnitt in €**	**Median in €**
Bruttolohn	22.063.278	866.202.326	39.260	32.134
Werbungskosten	20.384.703	45.418.152	2.228	1.661
Versorgungsfreibetrag	2.406.726	7.681.420	3.188	3.900
Einkünfte aus nichtselbständiger Arbeit insgesamt	21.724.097	811.907.830	37.374	30.258

Bochumer Schriften zum Steuerrecht

Herausgegeben von Roman Seer

Band 1 Roman Seer / Burkhard Kämper (Hrsg.): Bochumer Kirchensteuertag. Grundlagen, Gestaltung und Zukunft der Kirchensteuer. 2004.

Band 2 Roman Seer (Hrsg.): Bochumer Lohnsteuertag. Die Lohnsteuer im Spannungsfeld zwischen Unternehmerfreiheit und Fiskalinteresse. 2005.

Band 3 Frank-André Mönkemöller: Die Zurechnung der Überschusseinkünfte bei Personengesellschaften. 2005.

Band 4 Kai Thulfaut: Die Besteuerung international tätiger Anwaltssozietäten. 2005.

Band 5 Jens Hoffmann: Die Besteuerung von Kapitalgesellschaften und ihren Anteilseignern in Irland im Vergleich zu Deutschland. Zugleich ein Beitrag zu den Grenzen des Steuerwettbewerbs in der Europäischen Union. 2005.

Band 6 Theresa Franz: Körperschaftsteuerliche Behandlung der grenzüberschreitenden Betätigung von Kapitalgesellschaften innerhalb der EG. Eine Betrachtung unter Berücksichtigung der Rechtsprechung des EuGH, der geplanten 14. gesellschaftsrechtlichen Richtlinie und der Societas Europaea. 2006.

Band 7 Jan Michaelis: Die territoriale Zuordnung von Beteiligungsaufwand im Europäischen Unternehmenssteuerrecht. Zugleich zur Verfassungsmäßigkeit des § 8b Abs. 5 KStG in der Fassung des ProtErklG. 2006.

Band 8 Hans Anders: Die Überschussrechnung nach § 4 Abs. 3 EStG im System der steuerlichen Einkünfteermittlung. 2007.

Band 9 Björn Kahler: Die Freistellungsmethode in deutschen Doppelbesteuerungsabkommen und ihre Vereinbarkeit mit dem EG-Vertrag. Betrachtung der Freistellungsmethode in deutschen Doppelbesteuerungsabkommen, Untersuchung ihrer Folgen im Ertragsteuerrecht und Prüfung ihrer Vereinbarkeit mit dem EG-Vertrag. 2007.

Band 10 Lars Rehfeld: Die Vereinbarkeit des Außensteuergesetzes mit den Grundfreiheiten des EG-Vertrags. 2008.

Band 11 Heike Rüping: Die Umsatzsteuer-Nachschau nach § 27b UStG. 2008.

Band 12 Marius Frederik Schumann: Das Dispensverfahren im europäischen Mehrwertsteuerrecht. Grenzen nationaler Alleingänge nach Art. 395 der Mehrwertsteuersystemrichtlinie in der Betrugsbekämpfung. 2008.

Band 13 Daniela Zuschlag: Die pauschalierte Gewerbesteueranrechnung nach § 35 EStG. 2009.

Band 14 Napoleão Dagnese: Verrechnungspreise und die Aufzeichnungspflicht im brasilianischen und deutschen Steuerrecht. 2009.

Band 15 Marcel Krumm: Steuervollzug und formelle Insolvenz. 2009.

Band 16 Martin Karl Plappert: Gemeinnützigkeits- und Spendenrecht: Ein steuersystematischer Rechtsvergleich zwischen den USA und Deutschland. 2009.

Band 17 Karina Grundmann: Das Recht auf Akteneinsicht im Besteuerungsverfahren. 2009.

Band 18 Claus Möllenbeck: Das Verhältnis der EG-Amtshilfe zu den erweiterten Mitwirkungspflichten bei internationalen Steuerfällen. 2010.

Band 19 Sibyl Tanja Rieper: Steuerverfehlungen als Tatbestandsmerkmale von AO-Vorschriften. 2010.

Band 20 Kristina Frankus: Die Verlustverrechnung von Körperschaften nach § 8 Abs. 4 KStG, § 8c KStG im Rechtsvergleich mit dem US-amerikanischen Steuerrecht. 2010.

Band 21 Timo Höller: Eine kritische Analyse der Unternehmensteuerreform 2008 im historischen Kontext. 2011.

Band 22 Björn Schüßler: Der Datenzugriff der Finanzverwaltung im Rahmen der (digitalen) Außenprüfung. 2010.

Band 23 Kristina Dudde: Die Umsatzbesteuerung gemeinnütziger Sportvereine. 2011.

Band 24 Susanne Stiewe: Die verfahrensrechtliche Umsetzung internationaler Verständigungsvereinbarungen (§ 175a AO). 2011.

Band 25 Metin Yilmaz: Das Besteuerungsverfahren der Türkei aus dem Blickwinkel des deutschen Steuerrechts. 2011.

Band 26 Sascha Bleschick: Die Revisionszulassungsgründe des § 115 Abs. 2 Nr. 1 und 2 FGO im Spannungsverhältnis zwischen Individualrechtsschutz und Allgemeininteresse. 2012.

Band 27 Thomas Blum: Bewertungsgleichmaß und Verschonungsregelungen. Gleichmäßigkeit der Besteuerung im Erbschaft- und Schenkungsteuerrecht. 2012.

Band 28 Roman Seer (Hrsg.): Steuern im historischen Kontext. Ein Ausschnitt aus der Steuergeschichte anhand ausgewählter Fragestellungen. 2014.

Band 29 Pascal Thebrath: Die Revisionszulassungsgründe gemäß § 115 Abs. 2 Nrn. 1 und 2 FGO und ihre Darlegung im Rahmen der Nichtzulassungsbeschwerde. 2015.

Band 30 Alexander Witfeld: Das Umsatzsteuerverfahren und die Insolvenz. 2016.

Band 31 Christopher Klotz: Die Abgeltungsteuer. Eine verfassungsrechtliche Analyse unter Einbeziehung rechtspolitischer, steuersystematischer und europarechtlicher Aspekte. 2017.

www.peterlang.com

www.ingramcontent.com/pod-product-compliance
Ingram Content Group UK Ltd.
Pitfield, Milton Keynes, MK11 3LW, UK
UKHW022103051026
15623UKWH00003B/641

9 783631 677070